明代の専制政治

岩本真利絵

若い知性が拓く未来

今西錦司が『生物の世界』を著して、すべての生物に社会があると宣言したのは、三九歳のことでした。以来、ヒト以外の生物に社会などあるはずがないという欧米の古い世界観に見られた批判を乗り越えて、今西の生物観は、動物の行動や生態、特に霊長類の研究において、日本が世界をリードする礎になりました。

若手研究者のポスト問題等、様々な課題を抱えつつも、大学院重点化によって多くの優秀な人材を学界に迎えたことで、学術研究は新しい活況を呈しています。これまで資料として注目されなかった非言語の事柄を扱うことで斬新な歴史的視点を拓く研究、あるいは語学的才能を駆使し多言語の資料を比較することで既存の社会観を覆そうとするものなど、これまでの研究には見られなかった溌剌とした視点や方法が、若い人々によってもたらされています。

京都大学では、常にフロンティアに挑戦してきた百有余年の歴史の上に立ち、こうした若手研究者の優れた業績を世に出すための支援制度を設けています。プリミエ・コレクションの各巻は、いずれもこの制度のもとに刊行されるモノグラフです。「プリミエ」とは、初演を意味するフランス語「première」に由来した「初めて主役を演じる」を意味する英語ですが、本コレクションのタイトルには、初々しい若い知性のデビュー作という意味が込められています。

地球規模の大きさ、あるいは生命史・人類史の長さを考慮して解決すべき問題に私たちが直面する今日、若き日の今西錦司が、それまでの自然科学と人文科学の強固な垣根を越えたように、本コレクションでデビューした研究が、我が国のみならず、国際的な学界において新しい学問の形を拓くことを願ってやみません。

第26代　京都大学総長　山極壽一

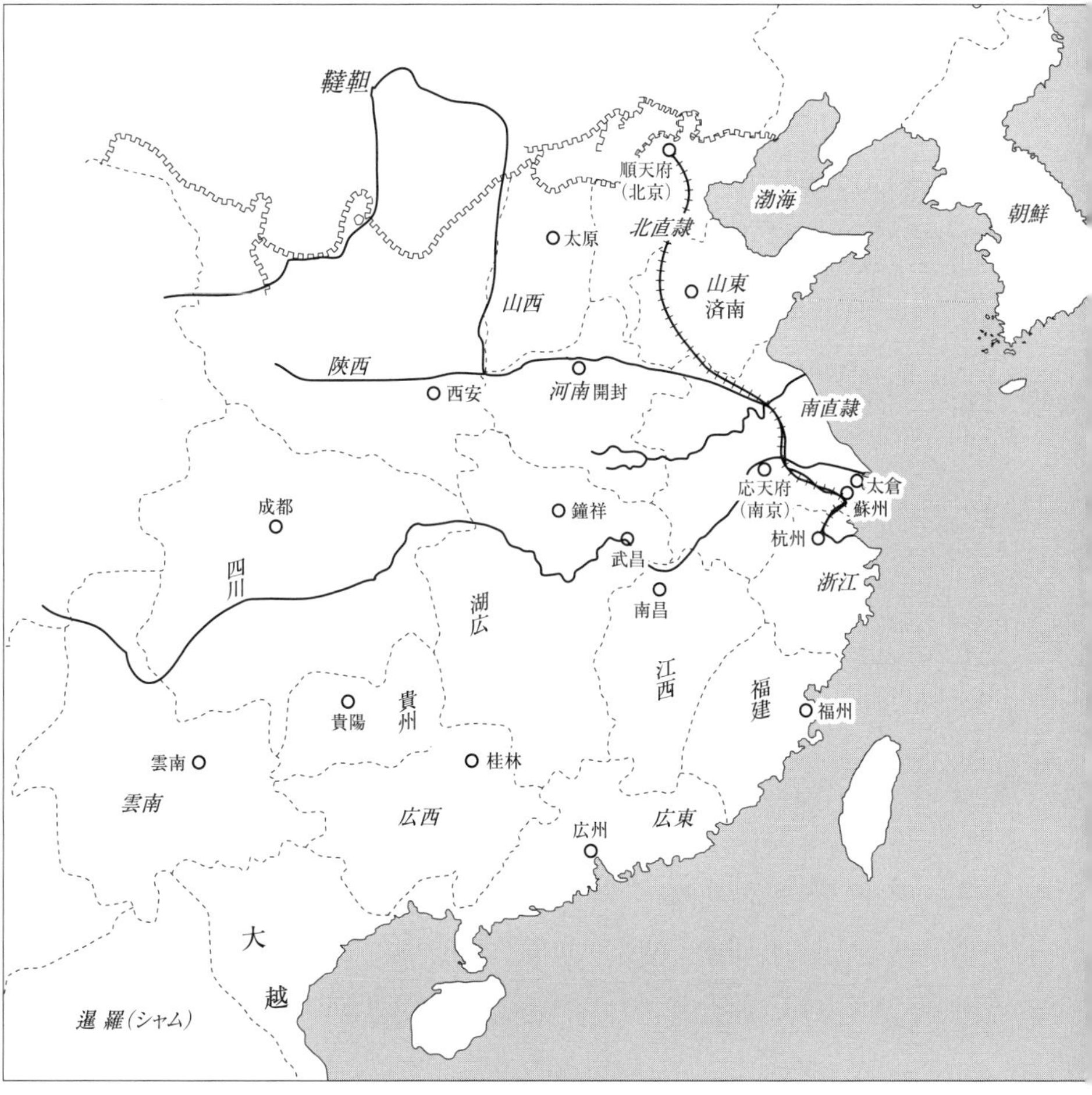
韃靼
順天府
(北京)
北直隷
渤海
朝鮮
太原
山西
山東
済南
陝西
西安
河南
開封
南直隷
応天府
(南京)
太倉
蘇州
杭州
成都
鍾祥
武昌
四
川
浙江
南昌
湖
広
江
西
福
建
福州
貴陽
貴
州
雲南
桂林
雲南
広西
広州
広東
大
越
暹 羅(シャム)

明代地図（16 世紀）

目　次

序章

はじめに

二〇一四年頃から北京の歩道橋や工事現場、バス停で「社会主義核心価値観」という垂れ幕やポスターを目にすることが多くなった。「社会主義核心価値観」とは「富強」、「民主」、「文明」、「和諧」、「自由」、「平等」、「公正」、「法治」、「愛国」、「敬業」、「誠信」、「友善」の十二箇条である。これらは二〇一二年、胡錦濤政権の最後に、中国共産党第十八回全国代表大会で「三個倡導（三つのスローガン）」という三×四個の条目として提出された理念であり、二〇一三年の末には「関于培育和践行社会主義核心価値観的意見（社会主義革新価値観の涵養と実践に関する意見）」が公布され、翌年から習近平政権のスローガンである「中国夢」と同様に「社会主義核心価値観」の二十四文字を宣伝するキャンペーンが展開されるようになった[1]。

筆者は北京大学留学当時、街を歩きながらいたるところでこの「社会主義核心価値観」のスローガンを目にした。そして、いわゆる西側陣営の国で生まれた人間として、社会主義を標榜する国家がこの二十四文字を「核心価値観」として唱えることに違和感を覚えざるをえなかった。共産党一党独裁の国家のどこが「民主」で、どこが「自由」なのか。高考（全国普通高等学校招生入学考試）の合格ラインが地域によって違う国家のどこが「平等」で、どこが「公正」なのか。往々にして人治が行われていると批判される中国に「法治」など存立しえるだろうか。当時の筆者の目には、「社会主義核心価値観」は中国政治の現実と矛盾した、中国共産党が掲げる中身のないスローガンにすぎないとうつっていた。

しかし、中国は元来このような一見矛盾した概念を包括しうる存在であるようにも見える。かつて、梁啓超（一八七三～一九二九）は中国人が「ばらばらの砂」になってしまったのは中国の政治体制が専制体制であったからだとした。そして、「ばらばらの砂」の言葉を広めた孫文（一八六六～一九二五）は従来の中国人は自由でありすぎたと論じた(2)。もちろん、彼らの言論にはそれぞれの目的のためのレトリックという側面があることも否めないが、彼らの感覚では「専制」と「自由」という一見矛盾した概念は両立しうるものであった。そうであるとすれば、先に挙げた「社会主義核心価値観」の十二項目も現実を反映しない単なる空虚なお題目ではなく、むしろ中国政治の感覚のなかでは実現可能性を帯びた理想であるとみなすこともできるかもしれない。中国政治におけるこの感覚を理解できてこそ、外国人は初めて中国という国が理解できるのではないか。

それでは、外国人はどこから中国政治に対する理解を始めればよいだろうか。一つの鍵となるのが、中国と「専制」の関係である。周知のとおり、中国政治は往々にして「専制」と揶揄される。中国の政治を「専制」と結びつける議論は最近始まったのではなく、近世ヨーロッパに端を発した。明末清初期にイエズス会士が布教のために中国を訪れ、中国に関する多くの情報をヨーロッパに送っており、中国事情は書物として出版されもした。そこから知識を得たヨーロッパの知識人たちはそれぞれ独自の中国論を戦わせた。とりわけ喧々諤々と議論したのが十八世紀フランスの啓蒙思想家たちである。代表的な論者としては、後藤末雄氏が紹介しているように、モンテスキュー、ヴォルテール、ケネーらが挙げられる(3)。彼らは中国の政治についてもおのおの一家言を有していた。中国の政治を「専制」だとするモンテスキュー、それを否定するヴォルテール、そして外観は皇帝の「専制」であるが実態は皇帝権力に制限がかかっているとするケネー。彼らの中国観がそれぞれの政治主張に根差していることは言を待たない。

それでは、彼らが議論した「専制」とはそもそも何なのか。モンテスキューは『法の精神』で国家の運営のために「共和国においては徳が必要であり、君主国においては名誉が必要であるように専制政体の国においては「恐怖」が必要である」といい[4]、中国では名誉心の否定と徳義心の否定という事象が見られることから、中国＝「専制」と位置づけた[5]。一方、ヴォルテールは『風俗試論』で「専制政治とは君主が法律に詢らず、自己の意志以外の形式も理由もなしに、ある国民の生命財産を奪いうる政体である」と定義し、中国≠「専制」と論じた[6]。つまり、啓蒙思想家たちの議論のなかで「専制」という概念は固定されておらず、彼らは中国と「専制」がイコールかイコールでないかというそれぞれの主義主張によって自由に「専制」の定義を行っていたのである。そのことは今日の各種百科事典に見られる「専制」の定義の曖昧さ、「専制」と「独裁」の境界線の不明瞭さにもつながっている[7]。

そこで注目すべきは中国＝「専制」の論者も、中国≠「専制」の論者も、中国と「専制」の関連性という議論から逃れられなかったことである。中国≠「専制」の論者であっても、その内実はともかく中国の政治の外観が皇帝の意志によってすべてが執り行われる「専制」的な政治体制であることは否定しえなかった。しかし、一方で中国が内実も本当に「専制」なのかについて、中国＝「専制」の論者が明快な理論を打ち立てたとはいえない。それは現代日本における中国史論、たとえば宮崎市定氏の議論を見れば一目瞭然である。宮崎氏は宋代を「君主独裁」、明代以降を「皇帝専制」と位置づけたが、同時に明代の中期以降は「君主独裁」に似た状況に変化したとする[8]。また、岸本美緒氏は明清時代の中国の政治は、無為政治を理想とする君主独裁から強権的な皇帝専制に至るまで様々な形態をとりえた「フレキシブルな体制」であったと論じている[9]。つまり、中国の政治はつねに「専制」と結びつけられると同時に、「専制」と完全なイコール関係では結べないという非常に掴みにくい体制なのである。したがって、中国の政治が「専制」であったかどうかの判断を行って、中国政治の全体構造を定義づけることは不可能である。

しかし、だからといって中国の政治を「専制」という概念と全く切り離してとらえるとしたら、それは行きすぎである。むしろ、中国の政治が「専制」という概念と不即不離の曖昧な関係になってしまっているその原因を究明することが、中国の政治を理解するために必要であり、また実行可能でもある。そのためには、まずは実際の政治でどのような事象が起きたり、どのような言論が交わされていたりするのかを正確に把握していき、それらの事象・言説が中国政治の外観にどのような影響を与えるのかを解明しなくてはいけない。

一　明代の皇帝政治

中国の政治を理解するために、筆者が重要だと考えるのが明代（一三六八～一六四四）である。明王朝の創設者太祖朱元璋（一三二八～一三九八、皇帝在位：一三六八～一三九八）は乞食から身を起こして元末の戦乱を勝ち抜き、ついには皇帝に即位した。太祖の政治は我々が一般に想起する「専制」そのものであったといわれる。これまでも太祖の政治に関する数多くの論考が発表されてきたが、ここでは檀上寛氏・足立啓二氏・余英時氏の研究を紹介する。檀上氏と足立氏は太祖の政治志向に注目する。檀上氏は太祖が行った諸政策の目的として、一君万民の理念に基づく皇帝権の絶対化を指摘した。(10)また、足立氏は、太祖が里甲制などの人為的な社会編成を通じて皇帝の自由な意志決定に依存する専制国家を作り上げたと論じた。(11)一方、余英時氏は太祖の政治に対する士大夫の反応に注目し、廷杖という暴力装置に恐怖を覚えた士大夫たちが政治から距離を置こうとしたと論じた[12]。

太祖の死後、里甲制などの諸制度は、有名無実と化していく。太祖は乱世の英雄であり、多分にそのカリスマによって統治を行っていたと考えられるが、後継者たちにはカリスマ性はなく、政治的リーダーシップをとることができた皇帝は少数にとどまる。しかし、先行研究では太祖の死後においても皇帝専制政治が行われていたとされる[13]。その理由として挙げられるのが、明代の皇帝の「恣意」の発現である[14]。たとえば、明の万暦年間（一五七三〜一六二〇）、神宗（一五六三〜一六二〇、在位：一五七二〜一六二〇）が長男を皇太子になかなかたてず、また寵愛する鄭貴妃の子（三男）を贔屓した。このような皇帝の「恣意」はいわゆる東林党と呼ばれる人々の非難の対象となり、激しい政争が展開されたが、過去の研究においてはこれを皇帝専制政治と士大夫の対抗という構図でとらえてきた。小野和子氏や溝口雄三氏の東林党研究がその代表といえよう[15]。

明朝の創設者の太祖の時代とその後代とでは、皇帝が実際に政治のリーダーシップをとっていたか否かについては違いがあるものの、皇帝の意志が政治の決定権をもっていたという点は共通している。ゆえに明代政治の外観は岸本氏が述べたように「フレキシブルな体制」であるといえ、また太祖の治世を「専制」と規定するのなら、明代の政治の本質が一代をとおして変化していない以上はすべて「専制」であったといえるかもしれない。しかし、前節で述べたように明代が「専制」の時代であったか否かは、中国政治を理解するためにあまり有効な論点であるとは思われない。むしろ皇帝の意志が政治を決定するというプロセスが実際の政治の現場でどのように作用していたのかを解明してこそ、明代の政治の外観だけではなく内実も理解することができる。そのためには、そもそも明代における皇帝の意志がいったいどのように生まれ、どのように政治の現場に作用していったのかを明らかにする必要がある。よって本書では皇帝自身の思考様式に注目し、それが実際の政治とどのようにかかわっていたのかを明らかにする。

二　世宗と管志道

（一）政治史のアプローチ

明代の皇帝の意志という問題を明らかにするためには、当然のことながら検証作業に必要な史料を確保する必要があるが、明代初・中期は史料に乏しく、研究対象として取り上げづらい。そこで筆者が注目したのが、嘉靖年間（一五二二～一五六六）の皇帝・世宗（一五〇七～一五六六、在位：一五二一～一五六六）である。世宗は政治の主導権を握ることに心血を注ぎ続けた皇帝である。いいかえれば、自らの意志による政治を自覚的に行おうとした人物なのであり、しかも本書で論じるように政治運営に際して大量の書面を使用しており、その思考様式を明らかにできる可能性が高い。

それゆえ、二十世紀末以来、世宗は明代後期の政治史研究のなかで注目を集める存在になっている。先行研究のなかでの最大の成果が城地孝氏の研究である。城地氏の研究の主眼は世宗ではなく内閣であるが、後述するように内閣が皇帝の秘書組織である以上、内閣研究は皇帝研究と不可分である。城地氏は嘉靖後半から隆慶年間（一五六七～一五七二）にかけての明の対モンゴル政策の政策決定過程を緻密に分析し、嘉靖年間における政策が世宗の現実を無視した理想主義により混乱に陥っていたことを明らかにした。そして、内閣は政治の主導権を握る世宗の「顧問団」にすぎなかったが、世宗の息子の穆宗（一五三七～一五七二、在位：一五六六～一五七二）は政治にあまり関心がなかったため基本的に政治を内閣に任せ、結果として内閣に「行政府」の面貌が出現したという[16]。城地氏の描く世宗はまさに皇帝の恣意により政治を左右する専制君主の典型である。世宗がなぜそれほどまでに政治の主導権を握ることに固執したのかについては多くの論考があるが、どれもが後述する大礼の議の影響を一致して主張している。大礼の議により自身の皇帝位の「正当性」[17]を揺るがされた世宗は、皇帝としての権威を再創出しなくてはならなくなり、特に宗廟祭祀や天地祭祀、孔廟祭祀などの礼制改革をすすめ、自己の正当性の担保をはかったという[18]。

つまり、城地氏を始めとする近年の研究が描き出す世宗像は「専制」を実行した皇帝、いわゆる専制君主としての姿である。先行研究では世宗が専制君主であり皇帝専制政治を行ったことは自明の事実として扱われ、往々にして世宗と士大夫の利害がぶつかる様子が取り上げられてきた。ところが、世宗の思考様式そのものについては実は十分に検討されてきたとはいえない。世宗がどのような思考様式のもとで何を目指してどのように政治を行っていったのかについては、十分に検討する余地が残されている。

（二）思想史のアプローチ

世宗の思考様式を考察するうえで考えなければならないのが、先行研究においては、世宗は皇帝であり、それゆえに皇帝として士大夫とは対立する思考をもっていたはずであるという前提が存在していたことである。確かに皇帝の利害や立場は士大夫とは懸絶している。ゆえに皇帝の思考が士大夫の思考とは別個に存在するという前提は当然のようにも思われる。しかし、紫禁城の奥深くで、そして治世の後半生には紫禁城西側の西苑に引きこもって現実離れした理想主義的な政策を唱えていた世宗とはいえ、現実と無関係でいられたわけではない。政治の主導権を握り続けようとするがゆえに、世宗は理想主義を掲げながらも現実を突きつけられ続けていた。一方、逆にいえば世宗が現実と接点を持ち続ける以上、士大夫の世界も皇帝である世宗からの影響を免れなかった。つまり、世宗の思考と士大夫の思考が別個に存在して両者が摩擦を起こしていただけではなく、両者は時に重なり時にぶつかり、時代の大きな思潮の枠組みを形成していたのではないか。そうであるとすれば、当時の思潮の中に世宗の思考を位置づけてみるという作業も必要になってくる。

世宗の治世は中国の思想史上できわめて重要な時期に当たる。陽明学を唱えた王守仁（一四七二～一五二八、浙江余姚の人、弘治十二年進士）とその弟子たちが政治史上で活躍した時代であるからである。政治史上の陽明学については論じられることが少なかったが[19]、近年になって王守仁およびその弟子たちの政治活動が脚光を浴びつつある。その代表が鄧志峰氏の研究である。氏は皇帝権力に対抗する士大夫側の理念として「師道」に注目する。「師道」とは学問の師の道の継承者の系譜を意味し、孔子以来、士大夫が継承者として措定されているものである。鄧志峰氏は「師道」を軸として世宗即位直後の大礼の議から万暦年間に活躍した陽明学者の李贄（一五二七～一六〇二、福建晋江の人、嘉靖三十一年挙人）に至るまでの陽明学と政治の関係を論じ、道教と礼制改革しか頭にない世宗は自身の正当性を確保するために「師道」を抑圧し、むしろ自らこそが「師道」の後継者であると主張していたという。一方、王守仁が自ら「師道」を任じることはなかったが、その弟子王艮（一四八三～一五四一、南直隷泰州の人）を始めとする泰州学派は「師道」を自任するようになった。しかし、泰州学派の末流である羅汝芳（一五一五～一五八八、江西南城の人、嘉靖三十二年進士）・李贄、そして泰州学派に批判的であると同時にその影響を受けていた管志道（一五三六～一六〇八、南直隷太倉の人、隆慶五年進士）らは「師道」は皇帝にあると主張するようになり、学者が「師道」を自任する流れはついに本流とはなりえなかった。一方、嘉靖末年には徐階（一五〇三～一五八三、南直隷華亭の人、嘉靖二年進士）、万暦年間には耿定向（一五二四～一五九七、湖広麻城の人、嘉靖三十五年進士）といった陽明学の信奉者が高位高官に上り詰めて「在朝王学」というべき勢力を築き上げたという[20]。鄧志峰氏はこれらの事象に対して総括を行っていないが、著書に頻出する「皇帝専制」という語が陽明学の以上の動向の背景に設定されているとみてもよいだろう。

鄧氏の研究の志向は明代後期の政治や思想を政治・思想のそれぞれの枠だけにとらわれずにとらえようとするものである。ただ、氏の研究にしても、同じく陽明学と政治の関係に着目した焦竑氏の研究[21]にしても、陽明学を軸として明の政治を見渡しているところが限界になっている。鄧氏らの研究は王守仁や陽明学を善とし、それに敵対する勢力を悪とする無意識の色分けを脱していない。すなわち、かつての明代政治史研究が善悪二項対立で語られていたこと[22]や陽明学を中心とした思想史研究が思想そのものにいわずもがなの価値があるとして哲学的思索に終始しがちであったことと関連する現象が見られるのである。

もちろん陽明学の固有の価値を否定することはできない。しかし、明代後期の思想史は陽明学研究、あるいは陽明学と朱子学の対立[23]だけでは描けないように思われる。世宗の思考も陽明学の思考も、皇帝も大臣も士大夫も彼らすべてを包括する当時の人々の思想の基層を設定することはできないのだろうか。

(三) 本書の目的

本書では明代後期の政治における皇帝について検討するため、主に二人の人物を中心に取り上げる。一人はいうまでもなく皇帝世宗である。そして、もう一人は東林党の論敵であった管志道である。この二人の共通点としては、皇帝が頂点にたち政治を主導していく政治制度を志向していたことが挙げられる。

なぜ本書では世宗だけではなく、管志道も取り上げるのか。管志道が何者であったかについての詳しい説明は第六章・第七章に譲るが、管志道は陽明学の批判者という側面を持ち、その一方で陽明学と深い関係をもっていた。[24]管志道は世宗の治世中は郷試に何度も失敗した一生員にすぎず、皇帝である世宗とは無関係のように見える。しかし、管志道は第七章で述べるように太祖の治世の崇拝者という側面をもつと同時に、世宗の治世についても評価していた。その一つが、世宗が嘉靖九年（一五三〇）に行った孔廟祭祀改定であり[25]、管志道は孔子の王号を「先師」号に改めたことを高く評価していた[26]。ゆえに「師道」の所在を通して明代後期の政治を考察した鄧志峰氏は管志道の思想について世宗と張璁[27]（一四七五～一五三九、浙江永嘉の人、正徳十六年進士）の立場に戻ってきたと評している[28]。士大夫官僚である管志道が皇帝である世宗の「立場に戻ってきた」ように見えるという現象は、明代後期の政治思想の大きな枠組みをとらえるうえで重要であると思われる。皇帝世宗と士大夫管志道、嘉靖から万暦へという百年に近い時間の流れのなかで、彼らが共有していたと思われる価値観はどこから生まれたのか。その問題に関して政治史の面から考察を行うことで明代後期の政治の背後にある思想の潮流を明らかにし、中国明代の政治における皇帝のはたらきを解明するのが本書の目的であるため、管志道をも取り上げる。

また、世宗・管志道以外の重要人物として世宗の寵臣である張璁が本書には頻出する。張璁は二十代で挙人となったものの、その後は連続して会試に落第し続けた。晴れて進士となり任官の途についたのは正徳十六年（一五二一）、四十七歳の時だった。しかし、当時朝廷で勃発していた大礼の議が張璁の人生を一変させる。張璁は世宗の意向を支持する上奏文を提出し、世宗の寵臣の一人となり、異例のスピード出世を遂げる（本書第三章参照）。そして、世宗の政治運営で重要な役割を果たすようになった。本書で論じるように世宗の政治手法の確立は張璁の存在によるところが大きい。

三　世宗をめぐる政治状況

本文に入る前に、本書の前提となる明代の諸制度および世宗即位当初に起きた大礼の議について説明する。

（一）明代の諸制度

①明代の版図

明の太祖は応天府（現在の南京市）に首都を定めた。太祖は長男を皇太子に立てていたが、太祖よりも先に亡くなってしまったので、長男の息子を皇太孫に立てた。これが建文帝である（一三七七～一四〇二、皇帝在位：一三九八～一四〇二）。しかし、建文帝の叔父で北平府（現在の北京市）に封じられていた燕王が反乱を起こした。燕王は首都応天府まで攻め込み、建文帝は行方不明となり、燕王が即位した。これが太宗[29]（一三六〇～一四二四、在位：一四〇二～一四二四）である。太宗は即位後、応天府からもとの根拠地の順天府（北平府を改称）に首都の移転を行い、これを京師とした。ただし、太宗はもとの首都であり太祖の陵墓も存在する応天府をただの一地方都市にすることはせず、南京とした。

京師および南京を中心とする行政区画は直隷と呼ばれた。一般に前者を北直隷、後者を南直隷と呼ぶ。北直隷はおおよそ清代の直隷省、現代の北京市・天津市・河北省にあたる。南直隷はおおよそ清代以降の安徽省・江蘇省にあたる。そして、版図のその他の主要部分は、山東・山西・河南・陝西・四川・湖広・浙江・江西・

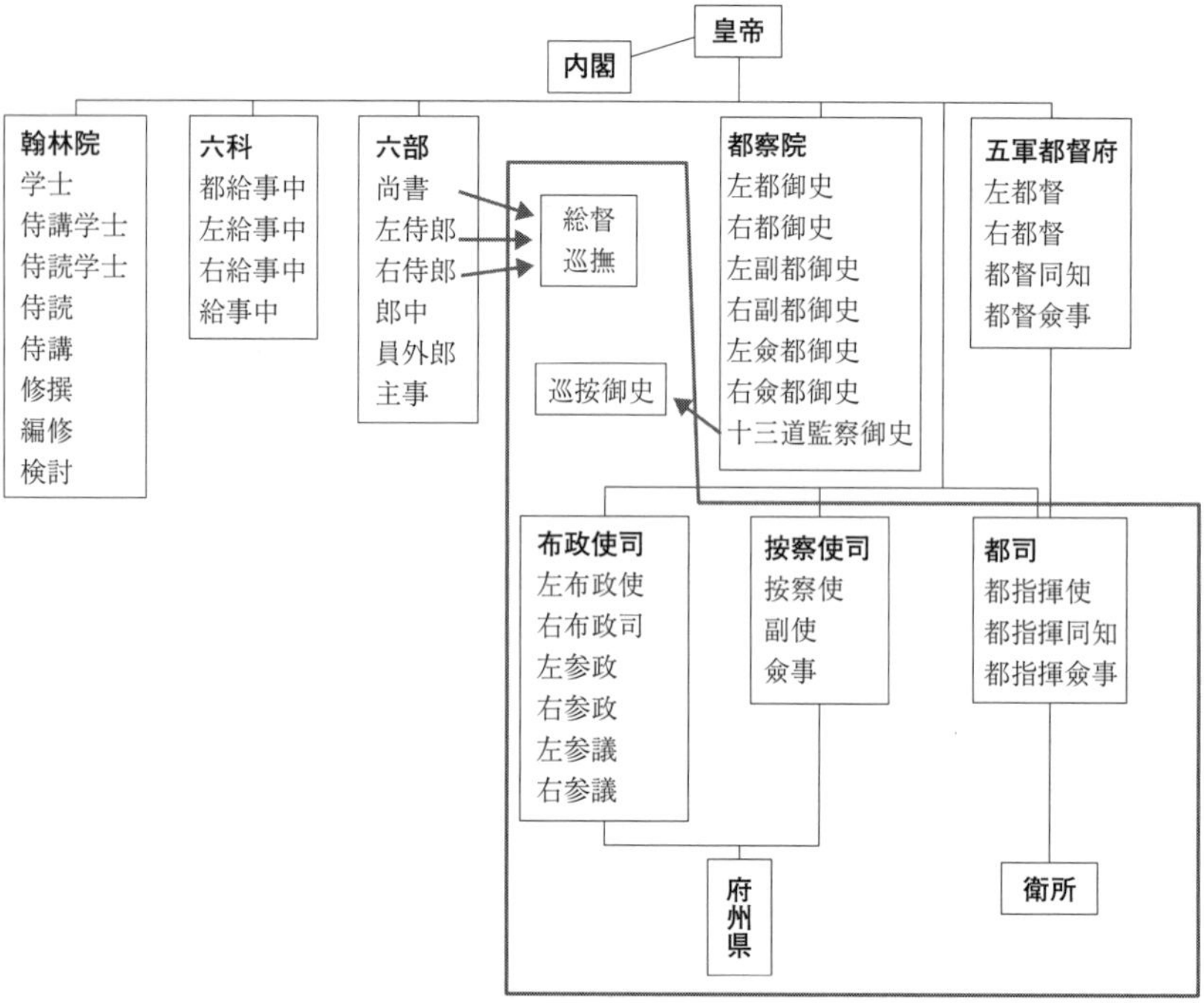

【図1】 明代後期主要官制概念図（太枠内は地方）

福建・広東・広西・雲南・貴州という十三の布政使司に分けられた。

②明代の官僚制度[30]【図1】

明代の官僚制度の一番の特色は、太祖が丞相の設置を厳禁して、六部を皇帝に直属させたことである。これにより、皇帝の下に六部・都察院・六科・翰林院・五軍都督府・布政使司・按察使司・都司など文武の主要官僚組織がすべて並列するという状態が出現した。以下に本書の記述に関係する主要な官僚組織について説明を行う。

A　中央の文職

六部は吏部・戸部・礼部・兵部・刑部・工部から構成される。吏部は官僚人事、戸部は財政、礼部は儀礼・教育・外交、兵部は軍政、刑部は司法、工部は建設を担った。六部のトップは尚書（正二品）、次官が左侍郎・右侍郎（正三品）である。彼らは朝廷で重大問題を話し合う廷臣会議が開かれる際には出席することが多かった。さらにその下に郎中（正五品）・員外郎（従五品）・主事（正六品）がいて、六部内の各部局（清吏司）に属していた。

都察院は人事の監察を担当する組織であり、トップは左都御史・右都御史（正二品）である。都御史は六部尚書と並べて七卿と称された。その下に左副都御史・右副都御史（正三品）、さらに左僉都御史・右僉都御史（正四品）がいた。その下に十三道監察御史（正七品）がいた。十三道とは十三布政使司を指す。[31]十三道監察御史のなかで実際に地方に赴いて地方官員の監察を行う官は巡按と称された。

六科も監察を担当するが、それ以外に上奏文の出納にも関与した。六科は吏科・戸科・礼科・兵科・刑科・工科から構成され、都給事中（正八品）・左給事中・右給事中（従八品）・給事中（正九品）が所属した。六科と都察院は合わせて科道官または言官と称され、不正の告発や皇帝への諫言などの言論を担う官員と目されていた。

翰林院は詔勅の管理や史料の編纂、皇帝への進講を担当する。機構のトップは学士（正五品）で、その下に侍講学士・侍読学士（従五品）、さらに侍読・侍講（正六品）がいた。また、史料の編纂のための若手の人員として、修撰（従六品）、編修（正七品）、検討（従七品）がいた。明代中期以降、翰林院の官僚になることは一番のエリートコースに乗ることを意味した。なぜなら、慣例的に内閣に入ることができるのは翰林院の官僚の経験者のみに限られていたからである。さらに、翰林院の官僚になることができる人材も限られていた。科挙の上位合格者三名、もしくは科挙合格者を対象とした別の試験を受けて庶吉士に採用されなければ、[32]翰林院の官僚になる道は基本的に閉ざされていた。

内閣は六部・都察院・六科・翰林院などとは、位置づけが異なる組織である。設置したのは太宗であり、最初は文章作成を担ったが、後には皇帝の秘書のような役割を果たすようになる。明代後期の内閣の一番の職務は、皇帝に提出された上奏文に対する指示の原案を作成することであり、これは票擬または擬票と呼ばれた。内閣の構成員である内閣大学士そのものの官品は正五品だが、明代後期には六部尚書や侍郎の肩書を帯びるのが普通であり、くわえて中には従一品の少師・少傅・少保・太子少師・太子少傅・太子少保の散階を与えられる者もいた。また、内閣には平均三人の大学士が同時にいることが多かったが、明代後期には序列がつけられるようになり、序列第一は首輔と呼ばれることが多い。皇帝の指示の原案を作成したり、皇帝から政治についての諮問を受けたりするため、宰相や相国という表現がとられることもある。[33]

なお、中央の文職・武職の官僚組織は内閣を除いて北京だけではなく南京にも同様の機構が設置されていた。つまり、南京にも六部・都察院・六科・翰林院・五軍都督府などが存在した。

B　地方の文職

元代の行省にあたる行政単位では、承宣布政使司・提刑按察使司・都司という三つの官僚組織が並列し、三司と呼ばれた。三司を並列させたのは一つの組織に権力が集中するのを防ぐためである。承宣布政使司は布政使司または布政司と略され、地方の財政を担当した。提刑按察使司は按察使司または按察司と略され、地方の司法を担当した。都司は後述するように軍政を担当する。布政司のトップは左布政使・右布政使（従二品）であり、その下に左参政・右参政（従三品）、左参議・右参議（従四品）がいた。按察司のトップは按察使（正三品）であり、その下に副使（正四品）および僉事（正五品）がいた。

布政司・按察司の下の行政単位が府・州・県であり、各地域の財政・司法を管轄した。多くの地方では府がいくつかの県に上位行政単位として存在する。たとえば、王守仁の本籍地は余姚県であるが、余姚県は紹興府に属し、紹興府は浙江に属した。また、紹興府は余姚県のほか、山陰県、会稽県、蕭山県、諸曁県、上虞県、嵊県、新昌県を管轄した。一方、州は大雑把にいうと府と県の中間にあたる行政単位であるが、布政司に属する州（直隷州）と府に属する州（属州）の二種類があった。たとえば、管志道の出身地の太倉州は蘇州府に所属する。また、王艮の出身地の泰州は揚州府に属し、如皋県を管轄した。蘇州府と揚州府はともに南直隷に属するが、南直隷には徐州・滁州・和州という三つの直隷州があった。

府・州・県のトップはそれぞれ知府（正四品）・知州（従五品）・知県（正七品）である。府には知府の下に同知（正五品）、通判（正六品）、推官（正七品）がいた。州には知州の下に同知（従六品）、判官（従七品）がいた。県には知県の下に県丞（正八品）、主簿（正九品）がいた。ただし、都のある順天府と応天府は官制が別であり、順天府・応天府のトップは府尹（正三品）、その下に府丞（正四品）、治中（正五品）、通判（正六品）、推官（従六品）がいた。

明代後期には、朝廷から地方に総督・巡撫という三司の上位官が派遣されるのが常態化した。総督は複数の布政司、巡撫は一つの布政司を管轄し、都察院や六部の肩書を帯びた。

C　軍職

五軍都督府が中央の軍事機関であり、中軍・左軍・右軍・前軍・後軍から構成される。各軍のトップは官制上、左都督・右都督（正一品）であり、その下に都督同知（従一品）、都督僉事（正二品）がいた。なお、実際には五軍の各軍の統括は都督ではなく勲臣が担当することが多かった。勲臣とは公・侯・伯の爵位をもつ官僚を指す。明代では大きな武功を挙げた臣下には、世襲または本人限定の爵位が与えられた。

五軍都督府の下部組織として各地方に置かれたのが前述の都司である。都司は都指揮使（正二品）がトップで、その下に都指揮同知（従二品）、都指揮僉事（正三品）がいた。都司は管轄地域の衛所を管轄した。
ただし、実際の戦争には中央から各地方に派遣された鎮守軍があたった。鎮守軍のトップは総兵官であり、その下に副総兵、参将、遊撃将軍、守備、把総などがいた。総兵官には勲臣または都督が任命された。

③明代の科挙制度

明代の官員任用制度は科目（科挙合格者）・挙貢（学業成績優秀者）・雑流（恩蔭などその他手段）の三途併用を建前としたが、明代後期において科挙合格者以外が高位高官にのぼることはきわめて難しかった。本書に登場する中央政治の関係者は皇帝や勲臣などを除いてほとんどが科挙合格者である。

科挙は三年ごとに開催され、三段階の試験を行う。(34) まず、布政司単位の試験が三年ごとに秋に行われる。これを郷試と呼び、合格者は挙人と呼ばれる。その翌年の二月に礼部が挙人を対象に全国試験を北京で行う。これを会試と呼ぶ。そして翌月、会試の合格者を対象にして皇帝を試験官とした試験が行われる。これを殿試と呼び、受験者は殿試を経て晴れて進士と認められる。進士は各官庁で実地研修（観政進士）を行った後、正式に各官庁に配属される。

科挙の上位合格は栄誉であり、殿試の首席合格は状元と呼ばれる。また、次席は榜眼、第三位は探花と呼ばれた。任官に際して、状元は翰林院修撰、榜眼・探花は翰林院編修に任命され、エリートコースを約束された。

なお、北方と南方の間には学力格差が存在し、科挙合格者が南方出身者のみで占められることを危惧した太祖は会試合格者の割合を南方出身者60％、北方出身者40％と定めた。(35)

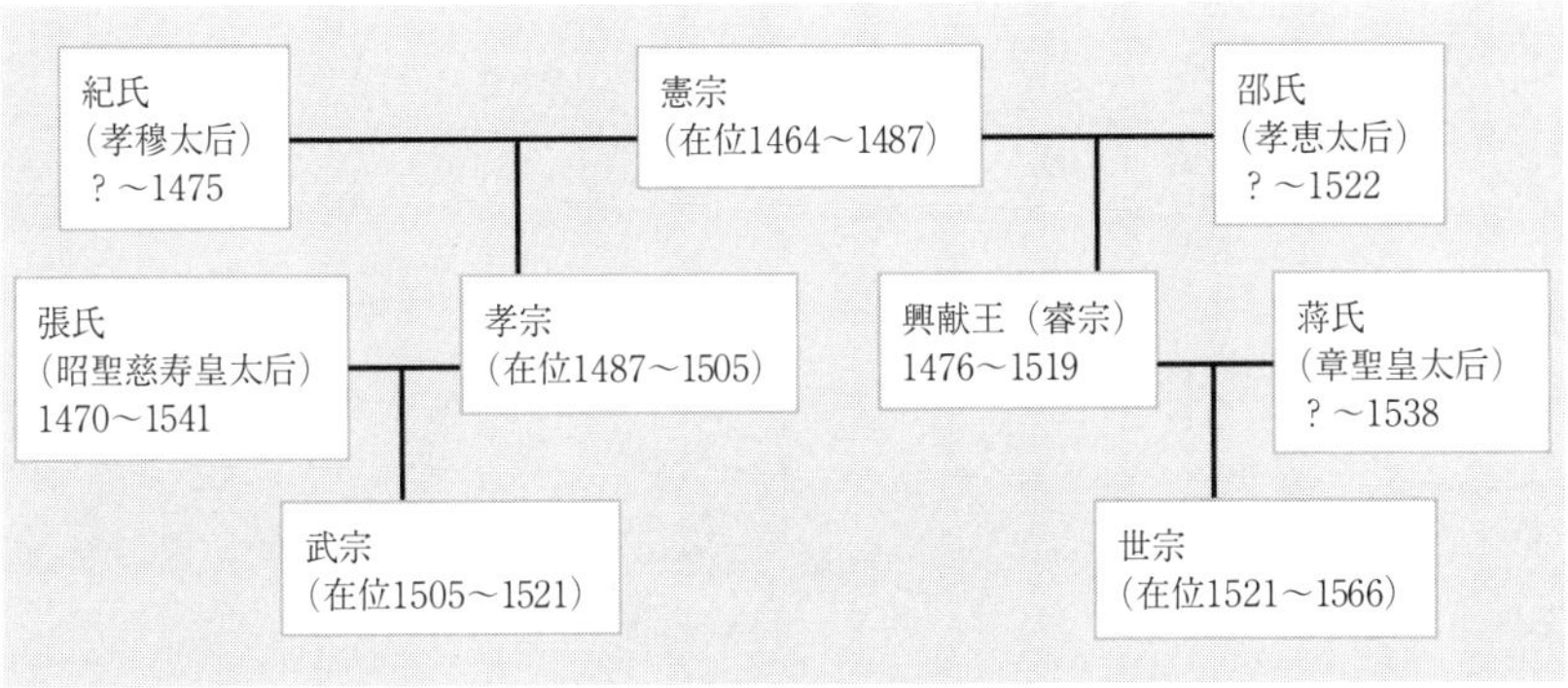

【図２】　憲宗～世宗の系図

（二）大礼の議

①大礼の議の概要

明朝は開国以来、正徳年間（一五〇六～一五二一）に至るまで、基本的には先代皇帝の息子が皇帝として即位していた[36]。ところが、正徳十六年三月、子どものいない武宗（一四九一～一五二一、在位：一五〇五～一五二一）が後継をたてないまま亡くなってしまった。この未曽有の事態に際し、先々代皇帝孝宗（一四七〇～一五〇五、在位：一四八七～一五〇五）の次弟興献王（一四七六～一五一九）の息子で、武宗の従弟の興王朱厚熜に白羽の矢が立った（【図２】参照）。武宗の「遺詔」を受けた興王は王府のある湖広安陸（後、湖広鍾祥）から上京し、四月に帝位についた。これが世宗であり、当時わずか十五歳であった。

世宗の即位と共に、大礼の議と呼ばれる皇帝と官僚たちの対立が勃発した。内閣首輔楊廷和（一四五九～一五二九、四川新都の人、成化十四年進士）を筆頭とする大多数の官僚たちは、世宗は皇帝という地位に就いた以上、血筋上では伯父である孝宗を父とし、孝宗の皇后を母とすべきであると主張した。一方、世宗は実の父母である興献王夫妻を父母とすることを願っていた。そのため、内閣の主導のもとで行われた廷議[37]（廷臣会議）の結論に世宗は従わず、一方で世宗の意向は内閣や官僚から拒絶された。以後、このような君臣の対立関係が三年間も続くことになる。

この過程で世宗の願望を支持し、それに理論的根拠を提供する人物が現れる。それが科挙に合格したばかりの張璁である。張璁は興献王を父とすることの正当性を主張し、世宗の歓心と楊廷和らの不興を買った[38]。張璁の上奏が行われた後、霍韜（一四八七～一五四〇、広東南海の人、正徳九年進士）・桂萼（一四七八～一五三一、江西安仁の人、正徳六年進士）・席書（一四六一～一五二七、四川遂寧の人、弘治三年進士）・方献夫（一四八五～一五四四、広東南海の人、弘治十八年進士）ら数人の官僚が世宗の意志に同調する動きを見せた。少数ではあるが賛同者を得た世宗は、自己の願望の実現に向けて実の父母の礼遇を漸次改めていく。嘉靖元年（一五二二）三月には実の父母に「興献帝」および「興国太后」という称号を贈った[39]。さらに嘉靖三年四月には実の父母の称号を「本生皇考恭穆献皇帝」と「本聖生母章聖皇太后」に改めた[40]。また、湖広巡撫席書を礼部尚書、南京刑部主事張璁・桂萼を翰林学士に大抜擢した[41]。

嘉靖三年七月、世宗と官僚たちの対立は頂点に達し、左順門事件と呼ばれる大事件に発展する。左順門事件は世宗が父母の称号から本生の二文字を削除して「皇考」・「聖母」とするため、母の称号を「聖母」とする勅諭を下したことに端を発する[42]。事態を危惧した二百人以上の官僚たちが左順門の前で跪拝し世宗の翻意を請う示威行動を行った[43]。官僚たちの行動に激怒した世宗は参加者を逮捕し、堂上官以外の百三十四名の官僚に廷杖を加え、その結果十六名の官僚が命を落とすことになった[44]。世宗は大量の死傷者を出した実力行使で反対意見を抑圧し、ついに同年九月に実の父母を父母（皇考・聖母）、孝宗夫妻を伯父夫妻（皇伯考・皇伯母）とする念願を叶えた[45]。

大礼の議の終結後、世宗と張璁らはその顚末を文書化する動きを見せる[46]。嘉靖三年十二月、方献夫が張璁らの上奏文の奏議集の刊行を請願し、世宗は礼部に刊行を命じる。[47]そして、翌年には礼部尚書席書が『大礼集議』と『大礼纂要』をまとめる。[48]『大礼集議』は大礼の議の際の礼部の覆疏の一部や張璁らの上奏文を集めた奏議集である。『大礼纂要』は大礼の議の顚末を編年体でまとめ、個々の事績に席書が評語を附した書物である。[50]世宗はいったんこれらの書物を全国各地で刊行する命令を下したが、[51]しばらくして内容に不備があるとして、嘉靖五年（一五二六）に新たに『大礼全書』の編纂を内閣に命じた。[52]世宗は翌年編纂中の『大礼全書』の書名を『明倫大典』に変更し、[53]嘉靖七年（一五二八）に完成した。[54]『明倫大典』は世宗の即位から嘉靖七年三月の河清（黄河の水の濁りがなくなるという吉祥）までの大礼の議に関するできごとを年代順にまとめ、個々の事績に張璁の評語を附した書物である。[55]世宗は『明倫大典』の刊行を全国各地の学校に命じ、さらに自らの意向に反対した楊廷和らを正式に断罪した。[56]

②大礼の議に関する先行研究

大礼の議に関する先行研究は毛奇齢（一六二三～一七一三、浙江蕭山の人）の『辨定嘉靖大礼議』[57]以来、政治史から思想史に至るまで枚挙に暇がなく、すべての先行研究を紹介することは不可能である。[58]本節では先行研究をA総論、B内閣派の立場、C張璁派の立場、D礼学論争、Eその他の五種類に大別して、必要最小限のみ触れたいと思う。

A　総論

中山八郎氏の大礼の議研究は数十年たった今でも色あせていない。中山氏は大礼の議の顚末について当時閲覧可能であった諸史料を総攬したうえでまとめ、[59]大礼の議における首輔楊廷和ら内閣派の目的は孝宗・武宗の皇后の勢力保全とそれによる内閣の実力の基盤固めであり、また大礼の議の結果として世宗の独裁専制権が強化されたなどの数々の鋭い指摘を行った[60]。さらに大礼の議における王守仁および陽明学の動向や張璁派と陽明学の親和性についても指摘した[61]。さらに大礼の議の後に刊行された女訓書と大礼の議の関連性についても明らかにしている[62]。

B　内閣派の立場

大礼の議を世宗個人の「私」と朝廷の官僚の「公」の対立ととらえ、大礼の議における内閣派の主張を正当とみなし、張璁らの主張を迎合と評価する見解に基づいた研究である。このような研究は長期にわたって支配的であり、代表的な先行研究として、鄭台燮氏、尤淑君氏、胡吉勛氏の研究を紹介する。鄭台燮氏は内閣派が世宗に孝宗を父とさせようとした目的について、暴君武宗の治世の記憶を抹殺し、名君孝宗の治世の継承を世宗に行わせることだったと論じた[63]。尤淑君氏は大礼の議によって名分秩序に支えられていた従来の皇帝の正当性が失われた結果、世宗は皇帝の権威の再創出を試み、その一方で政界には「公」の喪失により混乱が生じたと主張する[64]。胡吉勛氏は大礼の議により君臣関係の平衡状態が崩壊し、皇帝の「私」が至上化されるようになったとする[65]。総じて、内閣派への顕彰と皇帝権力への批判が特徴である。

C　張璁派の立場

内閣派を守旧派、張璁らを革新派とする見解に基づいた研究である。このような潮流は一九八〇年代の羅輝映氏[66]や李洵氏[67]に端を発し、田澍氏に至って最高潮に達した。田澍氏は内閣派を既得権益の擁護者として攻撃し、張璁派を改革集団と位置づけ、特に張璁を明代最大の改革者と顕彰し、その改革が張居正（一五二五〜一五

八二、湖広江陵の人、嘉靖二十六年進士）の政治につながると主張している[68]。この立場は内閣派の立場の裏返しであり、ある意味で両者の違いは善悪の判断基準をどこに置くかでしかない。

D　礼学論争

大礼の議の政治的側面ではなく、論争で主張された礼学の内容やその後世への影響に注目する思想史研究である。ここではこの方面の最近の成果である新田元規氏の研究について紹介する。新田氏は張璁が世宗は「継統」するのであり「継嗣」するのではないと主張したことの画期性を指摘し、また張璁らの主張には皇帝位の「公尊性」（公共性・尊貴性）の重視という共通する特徴がみられると論じた[69]。張璁の「継統」説を内閣派が論破することができなかったという新田氏の分析は鋭く、言論の内容という側面においては妥当である。しかし、張璁らが勝利したのは論理の筋が通っていたからではなく、実際には政治の力関係に起因することは言を待たない。

E　その他

大礼の議と世宗の人格について論じた研究としては、朱鴻氏と陳時龍氏の研究がある。朱鴻氏は大礼の議の顛末から世宗の人格を猜疑心が強い変態であると分析した[70]。陳時龍氏は大礼の議の経過のなかで世宗が酷薄で自分勝手な皇帝に堕落し、そして左順門事件によって専制権力を完全に樹立したと主張している[71]。また、世宗の周囲の人物・組織の影響力に注目した研究としては、鄧志峰氏と林延清氏の研究がある。鄧志峰氏によれば、世宗が興王府から北京に連れてきた武官や宦官が嘉靖初年の政治のなかで世宗の皇権の強化に役立ち、特に皇帝の親衛隊である錦衣衛の要職が興王府以来の武官に占められるようになったという[72]。また、林延清氏は世宗実母蔣氏が上京した際に興献王妃として入城するのを拒んだ事件や嘉靖三年の蔣氏の誕生日には命婦（官僚の妻）に朝賀を命じたのに対し孝宗皇后張氏の誕生日には中止した事件の検討を通して、蔣氏の権勢が高まっていく様子を明らかにし、大礼の議が伯父と父の称号問題であると同時に、伯母と母の人間関係の問題でもあったという側面を浮かび上がらせた(73)。

③ 大礼の議の問題点

ここで確認しておきたいのは、なぜ大礼の議の決着までに三年もかかったのかという問題である。世宗が先行研究で描写されているような専制君主であるのならば、たとえ反対意見が呈されてもそれを無視して独断で決定を下せばよいのではないか。しかし、世宗は三年という時間をかけなければならなかった。そこで、まずは大礼の議において世宗の意向がどのように実現されたのかを見ていく必要がある。

大礼の議では決着に至るまで孝宗夫妻および興献王夫妻の称号に関する詔が三度出された。『明倫大典』では嘉靖元年三月に興献王夫妻を「興献帝」・「興国太后」とした詔を初詔、嘉靖三年四月に興献王夫妻を「本生皇考恭穆献皇帝」と「本生母章聖皇太后」とした詔を再詔、九月に孝宗夫妻を皇伯考・皇伯母とし興献王夫妻を皇考・聖母とした詔を三詔と呼んでいる。それぞれの詔が出されるまでの経緯について以下にまとめる。

まず初詔に関しては、世宗は即位直後に実父母の称号についての廷議を礼部に命じた(74)。しかし、礼部は内閣派の主張を結論として提出し、世宗が再会議を命じても従来の見解を維持し続けた(75)。この間、世宗は内閣に何度か働きかけを行っていた。正徳十六年七月には内閣に接見して実父母への恩義の念を伝え（本書第二章第四節【事例①】参照）、九月には内閣に上諭を下して世宗の意志に基づいた票擬を行うように伝えた。しかし、内閣は「廷議の結果なされた覆奏がこのようなので、臣ら二三人の愚か者が勝手に変更してよいでしょうか。必ずまた担当部門を通じて廷議を行うようにご命令ください」と述べて拒絶した[76]。この膠着状態を打破したのが孝宗皇后張氏の懿旨（命令）であった[77]。当時、興献王妃蔣氏が王妃として入城することを拒否しており、世宗は張氏に泣きついていた[78]。そこで世宗と内閣は妥協して、張氏の懿旨により興献帝・興献后の称号をおくることにし[79]、翌年三月に実際におくった[80]。

再詔に関しては、世宗はまず嘉靖二年五月～六月に内閣に実父母の称号の変更の意向を伝え、内閣を呼び出して議論を行ったが、同意は得られなかった（本書第二章第四節【事例②】参照）。翌年の嘉靖三年正月に張璁の建議を支持する桂萼の上奏文が廷議にかけられたが、廷議は桂萼の主張を否定した[81]。しかし、世宗が再会議を命じると、廷議は世宗に譲歩する姿勢を見せた[82]。廷議の譲歩には当時の世宗が側近批判をした言官を左遷したり[83]、前述したように孝宗皇后張氏の誕生日祝いを中止したりするなど強行姿勢を見せていたという背景もあるが、一方でこの時期に世宗が「建室」（興献帝を祀る廟を宮中に建てること。本書第三章第一節参照）を画策していたことが関係している。世宗から諮問を受けた内閣首輔蔣冕（一四六三～一五三三、広西全州の人、成化二十三年進士）は、称号変更は受け入れられるが「建室」は不可とする姿勢を堅持した（本書第二章第四節【事例③】参照）。つまり、内閣や廷議は「建室」との交換条件として称号変更を飲んだ可能性が高い。しかし、結局、「建室」は世宗の独断によって実行に移された。

三詔に関しては、前述の左順門事件を経て、嘉靖三年八月に礼部尚書に新たに任じられていた席書が北京に到着し、世宗は廷議の開催を命じた[84]。そして九月に廷議が開催された。新たに礼部尚書席書、翰林学士張璁・桂萼、侍講学士方献夫という世宗の意向を支持してきた官僚が参加し、また武定侯郭勛[85]（一四七五／七六～一五四二）も彼らに加勢した。しかし、『明倫大典』によれば、会議ではこの段階でも吏部左侍郎汪偉（江西弋陽の人、弘治九年進士）・兵部右侍郎鄭岳（一四六八～一五三九、福建莆田の人、弘治六年進士）・大理寺少卿徐文華（四川嘉定の人、正徳三年進士）・兵部尚書金献民（四川綿州の人、成化二十年進士）・礼科給事中韓楷（湖広江夏の人、正徳十六年進士）・浙江道監察御史朱衣（湖広武昌の人、正徳十六年進士）から反対意見が呈されていた（本書第五章第一節参照）。なお、鄭岳と徐文華は八月に孝宗夫妻の称号に「伯」字を使うべきでないことを上奏しており、(86) 反対派の急先鋒だったと思われる。しかし、この時の廷議の結果を記した覆奏は会議で出された反対意見には全く触れず、また汪偉・鄭岳・徐文華・金献民・韓楷・朱衣を含むすべての参加者が覆奏に署名した。(87) 廷議の後、内閣大学士石瑤（一四六五～一五二八、北直隷藁城の人、成化二十三年進士）は鄭岳・徐文華の意見を採用すべきだと上奏した。この上奏に対する世宗の言葉は「大礼の廷議はすでに明白である。石瑤は輔導の職にいて、朋党の言葉を引き、宗廟に言及した。大臣が国を思い、君主に仕える道だろうか」というものであり、鄭岳と徐文華が奪俸処分となった。(88) こうして三詔が発布され、大礼の議が決着した。

初詔・再詔・三詔の発布の経緯を見ると、世宗の意志がそのまますんなりと具現化した事例はない。詔は廷議や内閣の賛同（妥協）を得てから発布されている。一方、世宗の意向に反対する廷議の主張がそのまま実行されることもなかった。その点だけに注目すれば、世宗も廷議に参加する官僚も政策決定過程におけるプレーヤーということになる。しかし、世宗は確かに大礼の議の主題である称号問題に関しては独断で詔を発布することはなかったが、「建室」問題あるいは嘉靖元年五月の顕陵八佾問題(89) は内閣や廷議の意見を無視して独断で処理していた。また、世宗の意向に反対しようとしても官僚たちはせいぜい左順門の前で跪拝することくらいしか実力行使のしようがなかったが、世宗は彼らを捕まえて廷杖を加えたり、左遷・致仕に追い込んだりすることができ、一方で張璁らを高位高官につけることも可能だった。人事と暴力を掌握して政治を自分の意向どおりに動かせる力をもつという点で、世宗は官僚たちとは異質のプレーヤーだったということになる。

おわりに

大礼の議は世宗本人とその治世に多大な影響を与えた事件である。ゆえに大礼の議の過程を詳細に追うことで世宗の治世の特徴を検討することはもちろん可能であり、先行研究がこぞって大礼の議を研究してきたのも当然である。しかし、本書ではあえて大礼の議ではなく、その後の世宗がどのような思考様式のもとにどのような政治手法をとって自らの理想を体現した政治を行おうとしていたのかについて検討を行う。それによって、明代後期の政治において皇帝がどのようなはたらきをしていたのかの解明を目指す。

第一章では世宗の治世の前提となる明初から明代中期までの政治史について、「君臣同遊」という言葉の含意の変遷を通して概観する。「君臣同遊」という言葉は太祖の造語であり、古代の理想的な君臣関係をあらわす言葉であったが、時代がくだるにつれて大臣召対をも指すようになった(90)。この変遷の原因の分析を通じて、世宗即位以前の明代の政治文化のありようとそこにおける皇帝のはたらきを明らかにする。

第二章では大臣召対を積極的に行ったことで知られる孝宗の大臣召対の概要と世宗が大礼の議の最中に行った内閣召対について検討を行い、大臣召対という政治手法が明代政治のなかでどのような意味をもっていたのかを明らかにする。

第三章では嘉靖六年(一五二七)に世宗が行った内殿儀礼改定の顛末を通して、世宗が理想とした政策決定の在り方について検討を行う。検討に際しては史料として世宗自身が執筆した文章および世宗と張璁との間で交わされた書面を使用した。

第四章では大礼の議の終結後の数年間、大臣召対に否定的であった世宗が嘉靖十年から積極的に大臣召対を行うようになった背景について検討を行う。そして、嘉靖十年以後の世宗が寵臣との書面の交換と寵臣の召対という二つの政治手法を多用して政治談議を行い、自らの政策決定に資するよう志向したことを明らかにする。

第五章では世宗が特定の勲臣を重用し政治一般に関与させた政策意図を明らかにするため、嘉靖年間前半に重用された武定侯郭勛を実例としてとりあげる。郭勛が大礼の議においてどのような功績をあげたとみなされていたのか、そして軍事だけではなく内閣と並んで政治一般に関与していく背景を検討することで、世宗がどのような政治運営を理想としていたのかを明らかにする。

第六章・第七章は世宗ではなく、管志道を研究対象として取り上げる。

第六章では万暦五年（一五七七）に起きた張居正奪情問題と管志道の関係を通して、管志道と政治との距離を論じる。先行研究では管志道は張居正を批判したことで政治的に挫折し、以後は政治から距離を取り、学術・思想に没頭したとされる。しかし、本章では管志道が実は張居正を直接批判できず、そしてその後も政界に復帰することをあきらめていなかったことを実証することで、管志道の政治的立場を明らかにする。

第七章では管志道の政治思想についてその著作『従先維俗議』から検討を行う。そして、管志道の政治思想の背景について、政治思想の内容と第六章で明らかにしたその処世と突き合わせて考察する。

なお、本書は桂萼、夏言（一四八二〜一五四八、江西貴渓の人、正徳十二年進士）、霍韜という世宗の寵臣三人に関する論説を附論として収録する。附論一では桂萼の賦役制度改革論とそれに対するリアクションを通じて、明代後期における法の改定に対する人々の思考様式を検討する。附論二では嘉靖年間の政治史の重要史料である夏言の文集と奏議の各種版本について、それぞれの来歴と性格を整理した。附論三では霍韜の年譜に関して、一般に通行する清代に刊行された年譜と北京大学図書館に所蔵されている抄本を比較し、抄本だけに含まれる記事の性格について論じた。

注

(1) 張玲(二〇一六)。
(2) 穐山(二〇一四)。
(3) 後藤(一九六九)。
(4) モンテスキュー(一九八九)八二頁。
(5) 後藤(一九六九)四四頁。名誉心の否定とは、中国が棍棒(暴力)によって統治を行っていることを指す。徳義心の否定とは、中国の人々が儀礼道徳を標榜しながら実践していないことを指す。
(6) 後藤(一九六九)八五頁。
(7) 例えば『世界大百科事典』(平凡社、二〇〇六)二〇巻二一三頁「独裁」の項参照。
(8) 宮崎(二〇一五)一八九〜一九〇頁。宮崎氏の議論については藤本(二〇一四)四〜八頁に詳しい。
(9) 岸本(二〇〇二)。
(10) 檀上(一九九五)。
(11) 足立(一九九八)。
(12) 廷杖は皇帝の命令によって行われる超法規的な杖刑であり、廷杖に処せられた者は重傷を負い、場合によっては命を落とす。岩井(二〇一一)参照。
(13) 余英時(二〇〇四)。
(14) たとえば夫馬(二〇一五)は明代の永楽・嘉靖年間、清代の乾隆年間に発議されたベトナム遠征を皇帝の「恣意」によるものとする。
(15) 小野(一九九六)、溝口(一九七七)。小野氏や溝口氏が提示した明代後期の政治の姿はあくまでも皇帝の「恣意」を批判した士大夫側からの情景である。ゆえに別の視点、たとえば皇帝の「恣意」を放置していると士大夫に批判された大臣の側から見れば、違った景色が見えてくる。陳永福(二〇一二)参照。

(16) 城地（二〇一二）。
(17)「正当性」であるのか「正統性」であるのかは論者によって異なる。
(18) 小島（一九九二）、鄧志峰（二〇〇四）、尤淑君（二〇〇六）、趙克生（二〇〇六）、胡吉勛（二〇〇七①）、黄進興（二〇一〇）、Dardess (2016)。
(19) 早期のものとしては中山（一九九五①）、中（一九九一）、（一九九四）が挙げられる。
(20) 鄧志峰（二〇〇四）。
(21) 焦堃（二〇一四）。
(22) 従来の傾向については城地（二〇一二）一二頁で指摘されている。
(23) 木下（二〇〇九）は、王守仁の主張は実際には朱熹本人の主張に近かったと指摘し、本書第七章で論じるように対立軸の立て方によっては陽明学と朱子学は必ずしも対置されるものではない。
(24) 管志道については本書第七章で述べるように一般には陽明学派とみなされている。管志道の師は耿定向であり、また羅汝芳の影響も受けていた。つまり、学派や思想内容でいえば陽明学に近い。しかし、管志道はその主観においては陽明学派ではなく、「孔門」の徒として儒学の正統を自負していた。
(25) 孔廟祭祀改定については黄進興（二〇一〇）参照。
(26) 管志道『師門求正牘』巻中「奉答天台先生測易蠡言」「至我世宗采輔臣之議、以先師尊孔子、而易文宣之旧号、則尤卓越千古之見云。」
(27) 張璁は嘉靖十年（一五三一）に張孚敬の名を賜るが、本書では一貫して張璁と表記する。
(28) 鄧志峰（二〇〇四）三一〇頁。
(29) 太宗永楽帝は成祖と呼ばれることも多い。成祖という廟号は嘉靖十七年（一五三八）に世宗が追贈したものであり、もともとの廟号は太宗であった。本書は嘉靖十七年以前の事績が中心であるため、一貫して太宗と呼ぶことにする。
(30) 明代の官僚制度については城地（二〇一二）一九〜二三頁の記述を参照し、翰林院・府・州・県について加筆した。
(31) ただし、布政使司の地方名＝管轄範囲ではない。たとえば、浙江道監察御史の職掌は浙江だけではなく、中軍都督府などの監察も含む。これは戸部・刑部の清吏司の名称についても同様である。
(32) 庶吉士を採用するための試験は科挙後に行われるが、いつも行われるわけではなかった。城井（一九八五）参照。
(33) 山本（一九六八）四九七〜四九九頁。
(34) 受験資格を得るためには各地の府学・県学などの学校に入学し生員の資格を得なければならないが、そのための試験については省略する。詳しくは宮崎（二〇〇三）参照。

(35)後に南方55％、北方35％、その他の地域10％という割合に改定される。
(36)太宗は甥の建文帝から武力で皇帝位を簒奪したが、明朝の建前では洪武年間の次は永楽年間とされていた。明朝においては建文帝と世宗以外に父が生前に皇帝でなかった例は存在しない。
(37)明代の廷議については城地（二〇一二）のほかに、曹国慶（一九八九）、張治安（一九九二）、林乾（一九九二）、王興亜（一九九九）などの研究がある。なお、明代中期以降の廷議には皇帝は臨御せず、御前会議形式ではない。
(38)張璁が合格した科挙について、会試は正徳十五年（一五二〇）二月に行われており、本来は同年三月に殿試も行うはずだった。しかし、当時、武宗が南京に滞在していたため翌年に延期されていた。そして、武宗が正徳十六年三月に予定されていた殿試の直前に亡くなったため、殿試は世宗即位後の五月に挙行された。
(39)『世宗実録』巻一二、嘉靖元年三月壬戌条。
(40)『世宗実録』巻三八、嘉靖三年四月癸丑条。
(41)『世宗実録』巻三六、嘉靖三年二月戊申条、巻三七、嘉靖三年三月丙戌条、癸巳条、巻四〇、嘉靖三年六月丙午条。
(42)『世宗実録』巻四一、嘉靖三年七月乙亥条。
(43)『世宗実録』巻四一、嘉靖三年七月戊寅条。『明倫大典』巻一六、嘉靖三年七月戊寅条は参加者の氏名を載せる。
(44)左順門事件そのものの杖死者は『世宗実録』巻四一、嘉靖三年七月癸未条によれば十六名（編修王思・王相、給事中裴紹宗・毛玉、御史胡瓊・張曰韜、郎中胡璉・楊淮、員外郎申良、主事余禎・臧応奎・許瑜・張燦・殷承叙・安璽、司務李可登）であるが、後日、左順門事件の処理に抗議した翰林院修撰楊慎（一四八八～一五五九、四川新都の人、正徳六年状元、楊廷和の息子）らが再び廷杖を受け、給事中張原が杖殺された（『世宗実録』巻四一、嘉靖三年七月辛卯条）。そのため、『明史』巻一九二では事件の死者は十七名となっている。
(45)『世宗実録』巻四三、嘉靖三年九月丙寅条。
(46)大礼の議に関する書物編纂については尤淑君（二〇〇六）九四～一七二頁、馬静（二〇〇八）、楊艶秋（二〇一二）の研究がある。
(47)『世宗実録』巻四六、嘉靖三年十二月丁酉条。
(48)『世宗実録』巻五八、嘉靖四年十二月戊戌条。
(49)臣下から上奏文が提出されると、皇帝は通常は当該事案の管轄部門に審議を命じる。そして、管轄部門が審議結果を記した上奏文を皇帝に提出する。この管轄部門が提出する上奏文は覆疏・覆奏・覆議などと呼ばれる。
(50)『大礼纂要』は台湾国家図書館に現存している。
(51)『明倫大典』巻五八、嘉靖四年十二月丙午条。

(52) 『世宗実録』巻七一、嘉靖五年十二月己未条。
(53) 『世宗実録』巻七九、嘉靖六年八月庚申条。
(54) 『世宗実録』巻八九、嘉靖七年六月辛丑朔条。
(55) 張璁の評語は「史臣曰」という体裁で記載されている。
(56) 『世宗実録』巻八九、嘉靖七年六月癸卯条。
(57) 毛奇齢『辨定嘉靖大礼議』については鄭台燮(二〇〇一)参照。
(58) 中国における大礼の議の研究史をまとめたものとして何足道「三十年来〝大礼議〟研究之回顧」(https://www.douban.com/note/372746022/ 平成三十年九月二十七日閲覧)がある。
(59) 中山(一九九五②)。
(60) 中山(一九九五③)。
(61) 中山(一九九五①)、(一九九五③)。
(62) 中山(一九九五④)。
(63) 鄭台燮(二〇〇一)。
(64) 尤淑君(二〇〇六)。
(65) 胡吉勛(二〇〇七①)。
(66) 羅輝映(一九八五)。
(67) 李洵(一九八六)。
(68) 田澍(二〇〇二)、(二〇一三)。
(69) 新田(二〇〇八)。
(70) 朱鴻(一九七七)。
(71) 陳時龍(二〇一四)。
(72) 鄧志峰(一九九九)。
(73) 林延清(二〇〇八)。
(74) 『世宗実録』巻一、正徳十六年四月戊申条。
(75) 『明倫大典』巻三、正徳十六年五月癸丑条、丙寅条、六月甲申条、巻四、八月庚辰条、丙午条、九月丁丑条。
(76) 蒋冕『湘皐集』巻三「請仍命多官会議称号大礼題本」「昨日該司礼監太監蕭敬等発下礼部等衙門会議称号大礼、伝諭聖意、猶有未安、命臣等看詳擬票。臣等窃詳、此礼事体重大、将以告于宗廟、昭示天下、伝諸万世、非可以軽易而行之者。

今既多官会議、覆奏如此、臣等二三人愚昧、豈敢妄有更定。必須仍令該部再行会同多官、博考衆人議論、參稽前代典礼、詳加斟酌、議擬停当、務使正統之大義以明、本生之大倫以尽、而皇上之大孝、信可以媲美堯舜之聖。」

(77) 前田（二〇一一）。

(78)『明倫大典』巻四、正徳十六年九月戊寅条「上以聖母不入、涕泣啓慈寿皇太后、避位躬奉聖母帰藩。」

(79)『明倫大典』巻六、正徳十六年十月辛巳条「勅礼部曰、「聖母慈寿皇太后懿旨、以朕承大統、本生父興献王宜称興献帝、母興献后、憲廟貴妃邵氏皇太后、仰承慈命、不敢固違」。（史臣曰、「廷和見理勢不容已、乃撰勅以慈寿皇太后懿旨、加帝后之称、以示非出廷議……」。）」本書では原文の小字は（　）でくくって表す。

(80)『世宗実録』巻一二、嘉靖元年三月壬戌条。

(81)『世宗実録』巻三六、嘉靖三年二月戊申条。

(82)『世宗実録』巻三七、嘉靖三年三月丙寅朔条。

(83)『世宗実録』巻三六、嘉靖三年二月丁酉条「給事中鄧継曽言、「祖宗以来、凡有批答、必下内閣擬議而行。頃者、中旨事不考經、文不会理、或左右群小窃権希寵、以至於此。陛下不与大臣共政、而容若輩干政、臣恐大器之不安也」。疏入、上怒下継曽詔獄、尋謫金壇県県丞。」

(84)『明倫大典』巻一六、嘉靖三年八月辛丑条、辛亥条。

(85) 郭勛の生年は沈徳符『万暦野獲編』巻六八「咸寧侯」の記述から一四七五年と推定される（易名（一九八二））。しかし、嘉靖二十年（一五四一）に郭勛が逮捕されたときの供状である范欽『奏進郭勛供招』によれば、当時郭勛は六十六歳であり、生年は一四七六年ということになる。

(86)『明倫大典』巻一六、嘉靖三年八月辛亥条「鄭岳奏曰、「陛下考孝宗、太廟饗祀、行之久矣。母昭聖、慈闈冊封、奉之已安矣。若以両考両母為嫌、但称廟号・徽号、而不忍以伯称之、庶処礼之変、不失其正矣」。徐文華奏曰、「孝宗有祖道焉、不敢以伯称。武宗有父道焉、不敢以兄称。不若直称曰孝宗敬皇帝・昭聖康恵慈寿皇太后、庶両全其尊、而無所害矣」。奏入、上倶切責之。」

(87)『大礼集議』巻二に全署名者（＝全参加者）が見える。

(88)『明倫大典』巻一七、嘉靖三年九月丁卯条「石珤上言、「孝宗・昭聖、皆陛下至親骨肉、非他人也。今輒行離間、臣実傷之。且幽明一理、事亡如存。即今孟冬時享、陛下登対、如親見之、寧不少動于中乎。宜如鄭岳・徐文華議」。上曰、「大礼会議已明。石珤職居輔導、輒引朋辞、議及宗廟、豈大臣体国事君之道」。乃罷鄭岳・徐文華俸。」

(89) 八佾とは天子のために行う舞踊形態である。『世宗実録』巻二五、嘉靖二年四月乙未条「始命興献帝家廟享祀楽用八佾。……于是、礼部請以先後諸疏下廷臣会議。至是、議言、「帝后尊称原于聖母之懿旨、安陸立祠成于皇上之独断、情孝已両

尽矣。然正統本生、義宜有間、楽舞声容、礼無可別。八佾既用于太廟、則安陸廟祀、自当有辨、以避二統之嫌」。時廷臣集議者数四、疏留中。凡十余日、特旨竟用八佾。」なお、「安陸立祠、成于皇上之独断」とは嘉靖元年に元安陸州知州の王槐（当時順天府治中）の建議を採用したことを指す（『明倫大典』巻八、嘉靖元年五月癸丑条、『世宗実録』巻一七、嘉靖元年八月辛卯条）。

（90）　本書でいう大臣召対とは、皇帝の任意によって内閣または六部尚書などの大臣を文華殿などで接見し、政治談義を行うことを指す。

第一章　「君臣同遊」の変遷

はじめに

嘉靖十四年（一五三五）八月十七日、二十九歳の誕生日を迎えてまもない世宗は内閣大学士の費宏（一四六八～一五三五、江西鉛山の人、成化二十三年状元）と李時（一四七一～一五三八、北直隷任丘の人、弘治十五年進士）を西苑無逸殿に招き、二人に無逸殿の壁や亭を見せてまわり、遼東で起こった兵士の反乱の事後処理などについて話し合った。その際に、世宗は以下のような言葉を内閣の二人に伝えたという。

　今日の余暇の時間に朕は遊びに出かけ、卿たちを招いた。「君臣同遊」の意図に近いだろう[1]。

ここで使われている「君臣同遊」という言葉は、一見すれば「君主と臣下が一緒に遊ぶ」という普通の文句に見える。事実、たとえば明代後期の有名士大夫官僚である王世貞（一五二六～一五九〇、嘉靖二十六年進士、南直隷太倉の人）の文集『弇山堂別集』には「君臣同遊」と題する文章があるが、そこには世宗が嘉靖十年と嘉靖十五年（一五三六）に寵臣たちとともに西苑で遊んだというできごとが記されている[2]。しかし、実は「君臣同遊」という四文字は、単に君主と臣下が一緒に遊ぶという行動を指すのではなく、明代の政治文化と密接にかかわる四字熟語であり、時には遊ぶこと以外を指すこともある。

　中国歴代王朝において、「君臣同心」、「君臣同志」、「君臣同体」、「君臣同徳」、「君臣同楽」など「君臣同〇」という四字熟語は「君主と臣下が一緒に何かをする」という通時的な理想を表し、ポジティヴな君臣関係を表現する言葉であった。ゆえに、宋代の君臣関係をポジティヴにとらえ、明代の君臣関係をネガティヴにとらえる余英時氏は宋代の政治文化を描写する際に「君臣同治」という言葉を強調する。氏によれば、文彦博（一〇〇六～一〇九七）が神宗（在位：一〇六七～一〇八五）に向かって「（皇帝は）士大夫と共に天下を統治し、民衆と共に天下を統治しない」といい放ったことに象徴されるように、宋代においては皇帝と士大夫官僚が天下を「共治」する「君臣同治」が理想とされていたという(4)。

ところが、これらの「君臣同○」という類似の言葉のなかで、「君臣同遊」という言葉は勝手が違い、基本的に明代の文献にしか表れない。つまり、明代の君臣関係や政治文化を象徴する言葉が「君臣同遊」であるともいえる。古代以来の伝統の一つである「君臣同○」の一派生である「君臣同遊」は、その文字面を眺めれば、「君臣同治」とさして遠くないポジティヴな君臣関係のように見える。しかし、明代にしか表れない「君臣同遊」の語は単に前近代中国における通時的な理想の表出にすぎないのだろうか。

そもそもなぜ「君臣同遊」の語が明代の文献においてのみ使用されるのかといえば、明の開祖である太祖の造語だからである。よって明代の人々にとっては「君臣同遊」という言葉は祖宗の法であり、一方で他の時代の人々にとってはそうではないため、使用例が明代だけに集中するのは当然といえば当然である。ただし、「君臣同遊」という語は明代において単なる「君臣同○」の一ヴァリエーションとして使われていたのではない。太祖は「君臣同遊」という言葉の具体的な定義を決めたことはなかったが、明代中期以降になるとこの語は大臣召対と関連付けられて用いられるようになり、最終的には「君臣同遊」そのものが皇帝による大臣召対を意味するという事態も発生するようになる。「君臣同遊」の含意の変容は明代初期から明代中期にかけての明の政治状況の変容と対応しており、この言葉の意味を明確にすることで明代中期の政治文化、いいかえれば本書の主役である世宗の治世の前提となった時代の君臣関係の価値観を明らかにすることができる。

本章では洪武年間から弘治年間において、「君臣同遊」という言葉がどのように用いられていたのかを検討し、「君臣同遊」の意味が変容した政治的な背景を明らかにし、同時に世宗即位前の明代政治史を概観する。

一　洪武年間の「君臣同遊」

（一）『御製大誥』の「君臣同遊」

「君臣同遊」という言葉は、洪武十八年（一三八五）に太祖が発布した臣下から庶民に至るまでの行動規範を定めた『大誥』[5]に由来する。『大誥』の中で一番最初に発布された『御製大誥』第一章の篇名が「君臣同遊」である。内容は下記のとおりである。

昔、人臣で君主と一緒に遊ぶことができた者は、忠誠を尽くして、君主を完成させ、食事の時も寝ているときも政治を忘れなかった。政治というのは何か。民のためにいいことをして、君主の失敗をつくろい、君主の過失を減らし、君主の欠点を補うことである。祖宗を地下で顕彰し、父母を生前に喜ばせ、妻子を同時代に栄えさせ、良い評判が長く続き、千年万年もなくならないためには忠を尽くして分を守るしかない。智者がこれに気づくことはたやすい。今の人臣はこうではない。君主の聡明さをおおい、君主の悪辣さを拡張し、仲間を作って陰謀をめぐらせ、休む時がほぼない。すべての行動は、みなわが身を破滅させる計略であり、身の危険に自ら近づく算段である。[6]

「君臣同遊」章において、太祖は「君臣同遊」の具体的な説明は行っていない。ただ、古代の理想的な臣下には「君臣同遊」を行う資格があったと述べる。この章全体は、前半に理想の臣下像が提示され、後半は現在の臣下に対する批判が展開されている。

太祖の臣下に対する批判的なまなざしはこの章にとどまらない。たとえば、『御製大誥』の御製序文においても「君臣同遊」章と同様の臣下批判が見られ、古代の君臣が力を合わせて民衆のために働いていたのに対し、今の臣下は私心を抱いて過失を重ね、民衆を虐待するようになったため、『大誥』を作ったと記している。(7)このように太祖は同時代の臣下に厳しい視線を向けており、「君臣同遊」という言葉は古代の美談であり、一種の現実の臣下へのアンチテーゼであったといえる。

(二) 南北榜事件をめぐる「君臣同遊」章のイメージ

太祖から批判を受けていた当時の臣下・士大夫たちは「君臣同遊」章にどのようなイメージをもっていたのか。同時代の史料ではないが洪武三十年(一三九七)の科挙で発生した南北榜事件(8)に関する逸話がある。黄瑜(9)『双槐歳鈔』巻二「丁丑再試」が載せる事件のあらましによれば、洪武三十年の会試の合格者がすべて中国南方出身であったことが告発され、太祖は落第者の答案から補欠合格者を出すことを翰林院侍読張信らに命じる。そしてもとの会試の試験官の翰林院学士劉三吾(湖広茶陵の人)らがもっともひどい答案を補欠合格候補にするよう張信に干渉したという噂が流れる。補欠合格候補として進呈された答案の中に、「君臣同遊」について尋ねる問題に対して、「貴くて上にいるのが君主です。賤しくて下にいるのが臣下です。貴は賤に君臨し、賤は貴を上に戴きます(10)」とあった。太祖はこの答案について、「君臣同遊とは、本来は君主が聡明で臣下が善良であると千載一遇の繁栄を作り上げることができるというものだ。今、貴賤によって解釈しているのは、今の臣下が罪を犯したら寛容でないことを謗っているのだ」と評したという。(11)『双槐歳鈔』の記載内容の真偽は定かではないが、ここでは明代初期~中期の「君臣同遊」章についての二つのイメージが提示されている。一つは、答案が提示した隔絶した君臣関係のイメージである。もう一つは太祖が提示した協力的な君臣関係のイメージである。後述するように時代が進むと前者のイメージは薄れ、後者のイメージが強くなっていく。『双槐歳鈔』の伝聞は後者のイメージに変わり切れていない時代を反映するものといえよう。

二 「君臣同遊」の変容の開始

『御製大誥』「君臣同遊」章は本来、皇帝から提示された理想の臣下像であり、皇帝側からの発信という側面をもっていた。この皇帝側からの発信という点が、時代が進むと臣下側からの皇帝に対する要請へと変化していく。

(一) 景泰年間における「君臣同遊」章

「君臣同遊」の使用例として初期のものには、景泰年間(一四五〇~一四五七)の礼部郎中章綸(一四一三~一四八三、浙江楽清の人、正統四年進士)の上奏文が挙げられる[12]。章綸はこのとき、「養聖躬(皇帝の健康を保つ)」・「勤論政(政治に励む)」・「惇孝義(孝行と義理を大切にする)」という三つの提言を行い、その中の「勤論政」の部分で『御製大誥』「君臣同遊」章を引用している。

(古代の帝王は君臣)上下の間でお互いに戒め合い、ゆえに統治を助けることができ、素晴らしい盛世を実現できたのです。思うにこうでなければ、君臣上下の感情は交流できず、統治の基本も民衆の状況もわからなくなってしまいます。我が明朝の歴代祖宗は臣下に対し、常に左右に命じて下問に備えさせ、『大誥』では冒頭に「君臣同遊」の篇を記したり、勅諭では旁招俊乂（人材を広く集める）[13]という言葉を使ったりしました。陛下にお願い申し上げます。歴代帝王や祖宗を法として、朝会終了後は三公・尚書の諸大臣と科道官、五品以上の官僚を便殿[14]に順番で待機させて下問し、それぞれの見解を述べさせ、必ず世直しのための急務をいわせてください[15]。

章綸は「君臣同遊」を君臣上下の意志疎通のための皇帝の処置の一つと位置づけている。皇帝側からの発信という点については、太祖の意図を汲んでいるともいえる。しかし、章綸の上奏文には「君臣同遊」に関する新たなイメージの萌芽も見られる。「君臣同遊」章に言及した直後に、召対の要請を行っている点である。章綸は決して「君臣同遊」＝召対とはしていないが、召対要請の根拠として「君臣同遊」という言葉を引用する先駆けといえる。

（二）成化年間の科挙における「君臣同遊」章

科挙の策題・答案は当時の標準的な政治思想に基づいて作成されるため、言葉のイメージの変遷の指標となりうる。成化年間（一四六五～一四八七）には科挙の策題や答案のなかで「君臣同遊」の語が使われた例がいくつかある。下記に時代順に使用例をまとめた。

①成化二年（一四六六）殿試の状元羅倫（一四三一～一四七八、江西永豊の人）の答案[16]

問題に「我が祖宗の統治は、大綱が正しくないことがなく、すべての細目が実行されていないことがなく、もとより古の帝王の統治と違うことがないということについて詳しく述べなさい[17]」という一文があった。この部分に対して羅倫の答案は『御製大誥』「君臣同遊」章を引き、堯舜など古代の帝王の時代の緊密な君臣関係と同様であるとし、さらに「君臣同遊」章は「申明五常」章（『大誥続編』）とともに太祖の政治の大綱を形成しているとする。[18] 羅倫の答案においては「君臣同遊」章に象徴される太祖の治世の君臣関係が古代の君臣と同様に緊密であったというイメージが提示されている。

②成化十一年（一四七五）の会試第三場第一問の金楷（南直隷嘉定の人）の答案

問題は太祖が「君臣同遊」章を『大誥』の冒頭においた意義を問うものだった。[19]『成化十一年会試録』に優秀答案として収録されている金楷の答案では、「君臣同遊」章の意義は「万世の人臣の法を示した」[20] ことだとする。この点に関しては、太祖のもともとの意図に近いといえる。ただし、金楷は同時に、君臣の一心同体を実現するための方策をあげ、臣下ではなく君主の方により多くの責任を負わせている。[21] この点についていえば、臣下側から皇帝に対する要請という新たな側面が付け加わっている。

③成化二十三年（一四八七）殿試の探花涂瑞（一四四七～一四九三、広東番禺の人）の答案

問題は祖宗の良法や美意の継承を問うものであった。[22] これに対して涂瑞の答案では、『大誥』は五常の決まりを明らかにしたとし、そして太祖は寛大を徳とみなして「君臣同遊」章を作ったとする。[23] 涂瑞の答案では『御製大誥』「君臣同遊」章が寛大というイメージと結びついており、実際の「君臣同遊」章で示されている臣下への批判的な眼差しとは差異がある。

（三）丘濬の「君臣同遊」章解釈

成化年間の科挙においてはさまざまな新しい「君臣同遊」章のイメージが提示された。このことは当時の礼部・翰林院を中心とする朝廷の文壇における「君臣同遊」章の解釈の変容をあらわすといえる。成化十一年会試の策題の出題者でもある大儒丘濬（一四二一～一四九五、広東瓊山の人、景泰五年進士）[24]が成化二十三年十一月に提出した『大学衍義補』[25]中には、太祖が「君臣同遊」章を『大誥』第一章に配置した意図を解説している部分が二か所存在する。

①『大学衍義補』巻六（『詩経』「巻阿」末章の注釈）[26]

すばらしき我が太祖高皇帝はご多忙ななかで『大誥』三編を作成され、天下の臣民に示されました。その初編の冒頭では「君臣同遊」を第一条とされました。そのお言葉には、「昔、人臣で君主と一緒に遊ぶことができた者は、忠誠を尽くして、君主を完成させ、食事の時も寝ているときも政治を忘れなかった。政治というのは何か。民のためにいいことをして、君主の失敗をつくろい、君主の過失を減らし、君主の欠点を補うことである。祖宗を地下で顕彰し、父母を生前に喜ばせ、妻子を同時代に栄えさせ、良い評判が長く続き、千年万年もなくならない」とあります。ああ、聖祖（太祖）のお心は、ご子孫のために考え抜かれています。なぜなら君主が尊いのは天のごとく、臣下が卑しいのは地のごとく、その区別は厳格です。ましてや二代目以降の君主は宮中の奥深くで成長し、臣下とはかけ離れています。というのも、一日のなかで、朝見の時間はわずか数刻だけだからです。朝見終了後、接するのは宦官と宮人であり、いわゆる賢士大夫とは親しくなりようがありません。そこで、「君臣同遊」の訓戒を発したのです。「游」というのは、便殿の余暇を過ごす場所や禁中や御幸の場所ではいつも一緒であるということです。たとえば、皐陶が明良の歌を歌い[27]、召公が出游に付き従ったことです[28]。（太祖は）臣下が一緒に遊んでは、君主の怠慢を招いたり、君主の好き勝手を招いたりするのを恐れて、そこで臣下に「君主を完成させ、食事の時も寝ているときも政治を忘れない」、「民のためにいいことをして、君主の失敗をつくろい、君主の過失を減らし、君主の欠点を補う」と教えられました。さらに臣下が積極的にやろうとしないことを恐れて、祖宗を顕彰し、父母を喜ばせ、生前に栄えさせ、後世に良い評判が長く続くだろうとしました。ああ、聖祖のお心は臣下を積極的にさせ、ご子孫のために慮り、なんと深遠なのでしょうか。……聖祖は『大誥』を作り、君主から臣下に告げられたのです(29)。

②『大学衍義補』巻四五（『礼記』「玉藻」(30)の注釈）

古より禍の発端は情報遮断によって起こり、情報遮断の原因は上下の感情が通じないことに起こり、上下の感情が通じないことは君臣が接見しないことによって起こります。しかしながら、ただ接見するのみで親しみがないのは、接見していないも同然です。我が太祖高皇帝は法制を定め、君臣の分についてはもっとも厳格でした。それでも厳格すぎるのを恐れて、『御製大誥』首篇は「君臣同遊」を第一章に配置し、後世のご子孫に示され、至れり尽くせりです。お願い申し上げます。祖宗の制度を参照し、毎日の朝見の後に、重要な事案で規定がなかったり、長年行って弊害が生じたりしているものがあれば、担当者があらかじめ便殿へのお出ましを願うのを許し、その詳細を書かせて、大臣を集めて、顔を合わせて利害を論じ、そのあとで実行してください。可能であればその後、格式ばらずにご下問になり、天下の事件や災害の原因、民衆の喜びと憂いを報告するのをお許しください(31)。

①によれば、太祖は後世の皇帝が臣下と隔絶状態に陥るのを恐れ、「君臣同遊」章を作成したのだという。さらに、皇帝が臣下と一緒に遊ぶことで怠惰になってしまうことを危ぶんで、理想の臣下像を提示し、臣下をも戒めたという。注目すべきは、丘濬は「君臣同遊」章の前半部分（理想の臣下像）はそのまま引用しているのに対し、後半部分（臣下への批判）には全く触れていないことである。そのため、「君臣同遊」章がもともと

もっていた太祖の臣下への批判的まなざしという側面が抜け落ちている。

②においても、「君臣同遊」章が基本的には君臣隔絶状態の予防であることは共通している。②独自の観点としては、太祖が「君臣同遊」章を『御製大誥』第一章とした直接的な目的が当時の厳格な君臣関係の是正であるという点が挙げられる。さらに、「君臣同遊」章の解説の直後の部分で召対の請願を行っている。「君臣同遊」＝召対とはしていないものの、景泰年間の章綸の上奏と同様に、召対の請願を行うために「君臣同遊」章を理論的根拠にしているといえる。

丘濬の「君臣同遊」章の解説からうかがえるのは、丘濬は太祖の治世の君臣関係が厳格であったという認識はもっていたものの、太祖の臣下への批判的なまなざしは隠蔽し、逆に「君臣同遊」章によって太祖が厳格な君臣関係の緩和を意図していたという新たな定義を与えようとしていることである。

景泰~成化年間の『御製大誥』「君臣同遊」章に付与された新たなイメージをまとめれば、①臣下から皇帝への要請（金楷の答案）、②皇帝への召対要請との結びつき（章綸の上奏文、丘濬の議論）、③太祖の寛大志向（丘濬の議論、涂瑞の答案）、④太祖の緊密な君臣関係への志向（羅倫の答案、丘濬の議論）という四つの点を挙げることができる[32]。この背景としては、明代中期以降の君臣関係が疎遠になったこと、特に成化年間になって君臣の隔絶状態がきわまったと臣下側が認識していたことが挙げられる[33]。当時の皇帝憲宗（一四四七~一四八七、在位：一四六四~一四八七）は基本的には毎日朝見の儀礼に出席して皇帝のルーティーンワークを果たしていた。ただ、個別に官僚を接見して政治談議を行うことはほとんどなく[34]、先代の皇帝英宗（一四二七~一四六四、在位：一四三五~一四四九、一四五七~一四六四）が内閣大学士李賢（一四〇八~一四六六、河南鄧州の人、宣徳八年進士）をさかんに召対していたのとは好対照をなす。一方、憲宗のそばには方士李孜省、宦官梁芳らが出入りし、また、憲宗が寵愛する万貴妃の一族が大きな権勢をもっていた。官僚側からすれば、『大学衍義補』の「朝見終了後、接するのは宦官と宮人であり、いわゆる賢士大夫とは親しくなりようがありません」という状況が現出していたのである。そこで官僚たちは緊密な君臣関係を目指すため、『御製大誥』「君臣同遊」章を臣下側の理論的根拠として使い、その文脈のなかで「君臣同遊」章に新たなイメージが賦与されていったと考えられる。

三　弘治年間の「君臣同遊の盛」

その後、弘治年間（一四八八～一五〇五）の末年になると「君臣同遊」の語は『大誥』から独立して、太祖の治世の事績をあらわす言葉として用いられる場合も出現する。たとえば、弘治十八年（一五〇五）の殿試における状元顧鼎臣（一四七三～一五四〇、南直隷崑山の人）の答案は、太祖の治世の功績として、「君臣同遊の盛んなさま、朝野画一の政治」を挙げている[35]。

この顧鼎臣の答案と関連するのが、殿試の前に行われた会試の策題である。弘治十八年会試第三場第二問の主題こそ「君臣同遊」であった。策題には以下のようにあった。

古より人君の優れた統治には、君臣の協力に基づかないものがなかった。……我が太祖高皇帝は皆と知恵を出し合って天下を定めた。当時の君臣同遊の盛んなさまは今日ではすべてを知ることはできないが、『五倫書』の所載でその一端を窺うことができ、それを人々がいいつたえて、長年を経ても生き生きとしている。これが盛徳や大業が完成した理由である。今、聡明な天子が上にいらっしゃり、太祖の教えを守って政治に励まれ、余暇の時間にはしばしば群臣を招き、政治について相談していらっしゃる。天下はこれを聞いて、皆大喜びしている。[36]

この策題も「君臣同遊の盛んなさま」を太祖の事績としている。そして、太祖の「君臣同遊」の実例は『五倫書』に記載されているとし、また孝宗による臣下召対は太祖の「君臣同遊」を遵守したものだと位置づけている。

『五倫書』とは宣宗（一三九九～一四三五、在位：一四二五～一四三五）の勅撰書[37]であり、陳宝良氏によれば、歴代の君臣・父子・夫婦・兄弟・朋友についての善行善言を収録したもので、五倫を宣揚することで朝廷の綱紀を再生することを目的として編纂されたという。[38]ただし、『五倫書』の中に「君臣同遊」という項目があるわけではない。策題のいう『五倫書』中の「君臣同遊」が何を指しているのかについては、『弘治十八年会試録』記載の謝丕（一四八二～一五五六、浙江余姚の人）の答案に下記のようにある。

かつて『五倫書』の記載を拝読して、当時の君臣同遊の盛んな様子を知ることができました。皇太子担当の官僚の人選については両府に照会し、藩王の設置については侍臣に相談し、学士の宋濂に漢の統治の不足点を語り、中丞の劉基には天位の心配を語り、南北の統治については学士の劉三吾と語り、名将の道については都督の張温と語りました。許存仁という博士とは、（『書経』「洪範」に書かれている）吉兆と凶兆について語り、許好問という知県とは（『書経』「召誥」に書かれている）国家の命脈を長く保つ方法を論じました。普段の問答は家族の応答のようで、応酬や詰責は師弟の訓戒のようで、舜の治世の言祝ぎの歌[39]や周の宴楽といえども、その交歓の情はこれには及ばず、漢唐の諸君主は感嘆することでしょう。[40]

謝丕の答案で言及された『五倫書』の「君臣同遊」事例について【表一】にまとめた。前節で紹介した丘濬

臣下名	『五倫書』巻数	『五倫書』の内容
両府	巻九「建儲」	劉基・陶安・詹同・李善長らとの対話（？）
侍臣	巻九「封建」	奉天門・文華殿の宴における廷臣との対話
宋濂	巻一〇「制治」	朝見終了後の太祖の勉強時間の問答
劉基	巻六「謹戒」	群臣との宴のあとの劉基との対話
劉三吾	巻一〇「徳化」	朝見終了後の太祖の勉強時間の問答
張温	巻一一「命官」	入謝した張温に言葉をかける
許存仁	巻五「敬天」	日講
許好問	巻一二「聴納」	知県からの上奏文に対する感想

【表一】謝丕の答案に見える「君臣同遊」の実例と『五倫書』の記載

の「游」の定義には、「便殿の余暇を過ごす場所や禁中や御幸の場所ではいつも一緒であるということ」とあった。侍臣の事例[41]や劉基（一三一一～一三七五、浙江青田の人）の事例[42]は宴や宴のあとで行われた対話であり、宋濂（一三一〇～一三八一、浙江浦江の人）の事例[43]や劉三吾の事例[44]は朝見終了後に行われており、「君臣同遊」の文字どおりの意味で解釈することが可能であろう。しかし、両府の事例は状況の詳細が不明であり[45]、張温（？～一三九三）の事例は入謝した張温への言葉であり[46]、許存仁（本名許元、字存仁、浙江金華の人）の事例は日講の講義に対する感想であり[47]、許好問の事例に至っては上奏文に対する感想であり、太祖と許好問は同一の場所にいない[48]。謝丕の答案においては、両府の事例と許好問の事例以外については、太祖が直接臣下と顔を合わせて発言した事例が「君臣同遊」となっている。ここにおいて、「君臣同遊」という語が一般名詞化し、皇帝による召対という実態をともなうようになったことが見てとれる。

このような現象の背景には会試の問題で言及されている当時の皇帝・孝宗による大臣召対の存在が指摘できる。孝宗は晩年、内閣や兵部尚書劉大夏（一四三六～一五一六、湖広華容の人、天順八年進士）、都察院左都御史戴珊（一四三七～一五〇五、江西浮梁の人、天順八年進士）らをさかんに召対していた。そのことから、弘治十八年会試の出題意図は、単純に太祖の事績を顕彰するためだけではなく、太祖の「君臣同遊」に召対という実態を与えて歴史事実化することで、同時代の孝宗の太臣召対を宣揚することであったと考えられる。つまり、孝宗の治世を賛美するために「君臣同遊」という語が大臣召対を意味する言葉に変容したのである。

おわりに

弘治十八年の科挙が行われてしばらくして孝宗は急逝する。それゆえに「君臣同遊」という語が新たにもつようになった同時代の顕彰という性質は発揮されなくなったが、言葉自体は定着し、皇帝による召対という祖宗の盛挙として記憶され直していく。たとえば、嘉靖年間の前半に権力をもった世宗の寵臣たちも「君臣同遊」という語を用いている。霍韜が嘉靖元年に提出した上奏文には、太祖の治世の君臣関係は「君臣同遊」であり、祖宗の「君臣同遊の盛」の復活のため、大臣や翰林官の召対を要請している(49)。また、桂萼が嘉靖七年に提出した上奏文では、太祖がいった「君臣同遊」をスローガンにして臣下の召対を要請している(50)。このようにして「君臣同遊」という言葉は祖宗の美事として皇帝による大臣召対に結び付けられて明代後期も使われ続ける。

ここでもう一度、「君臣同遊」という語の変容を振り返ると、もともとの『御製大誥』「君臣同遊」章のイメージは、皇帝から臣下に対して提示された現実に対するアンチテーゼであり、太祖の治世の厳格な君臣関係を背景としていた。その後、景泰～成化年間になると、『御製大誥』「君臣同遊」章は臣下からの皇帝に対する要請のなかで、太祖の寛大さや時には太祖が緊密な君臣関係を実現していたという言説をあらわすために使用されるようになり、そしてしばしば召対の要請と結びつけて使われるようになった。この変化の背景としては、明代中期における君臣関係の隔絶が存在する。当時の臣下たちは緊密な君臣関係の構築を目指し、「君臣同遊」章に新たなイメージを付与したと考えられる。そして、弘治年間になると、「君臣同遊」は『御製大誥』に出典をもつ一般名詞あるいは歴史事実として使用されるようになる。そして、「君臣同遊」という語は単なる治世のイメージをあらわす言葉ではなくなり、皇帝による臣下の召対という実態をともなうようになった。その背景には孝宗の治世の顕彰という目的が想定できる。太祖の功績である「君臣同遊」を孝宗が再現しているという論理である。孝宗の死後、その顕彰という目的は忘れられたが、皇帝による臣下の召対を意味する一般名詞あるいは歴史事実として使用され続けていく。

こうしてみると、「君臣同遊」という語の変容の背景となっているのは同時代の皇帝の政治姿勢であることがうかがえる。景泰～成化年間には皇帝の政治姿勢への婉曲な批判として、弘治年間には皇帝の政治姿勢への賛美として「君臣同遊」の語が使われた。個々の皇帝の政治姿勢によって政治用語の含意が左右されるという事象は、明代政治における皇帝の個性の重要性を指し示しているといえる。

しかし、皇帝の個性によって明代の政治の根幹がすべて覆されるわけでもないだろう。「君臣同遊」の含意に関しては、弘治年間末以降、明末に至るまで揺らいでいない。ということは、弘治年間末以降の明代の政治の言説、特に大臣召対についての価値観の変動が見られなかったことを意味しているのではないか。そうであるとすれば、個々の皇帝の個性と時代の価値観はどのように絡んでいたのであろうか。それについては、次章において論じることにする。

注

（1）『世宗実録』巻一七八、嘉靖十四年八月乙巳条「上御無逸殿東室、召大学士費宏・李時至、曰、「今日間暇朕出遊、召卿等来、庶幾君臣同遊之意」。」

（2）王世貞『弇山堂別集』巻一一「君臣同遊」「嘉靖十年、上召大学士張孚敬・尚書李時於西苑、視蠶壇地、賜酒飯珍餌。御製西苑視穀祗先蠶壇位賦、手授孚敬曰、「朕適有作、卿等刪潤」。因命和以寓警戒之意。孚敬請上手書各賜以為子孫世宝、許之。明日、二臣進和賦、上亦各賜手書御製賦、如所請。後数日、併装成帙、名曰詠和録、賜之。……十五年端陽節、賜文武百官宴於奉天殿、宴畢、上幸西苑、預命侯郭勛・大学士李時・尚書夏言、候於崇智殿、遣中官賚賜艾虎花絲百索牙扇等物。上至、勛等致辞謝。上曰、「今日之宴、一以賞節、一以酬前月山中扈従之労」。勛等頓首謝。至水次、上御龍舟、召勛等各乗舟、給酒饌、命檝夫棨三臣舟、近龍舟而行、自蕉園迤邐至澄碧亭登岸、復宴無逸殿。勛等各称觴上寿、尽歓而罷。」

（3）李燾『続資治通鑑長編』巻二二一、熙寧四年三月戊子条「為与士大夫治天下、非与百姓治天下也。」

（4）余英時（二〇〇四）二一九頁。

（5）『大誥』の成立・内容・影響については譚家斉（二〇〇八）、楊一凡（二〇〇九）、朱鴻林（二〇一二）参照。

（6）『御製大誥』「君臣同遊第一」「昔者、人臣得与君同遊者、其竭忠、成全其君、飲食夢寐、未嘗忘其政。所以政者何。惟務為民造福、拾君之失、撙君之過、補君之缺、顕祖宗於地下、歓父母於生前、栄妻子於当時、身名流芳、千万載不磨、専在竭忠守分。智人悟之、有何難哉。今之人臣不然。蔽君之明、張君之悪、邪謀党比、幾無暇時。凡所作為、尽皆殺身之計、趨火赴淵之籌。」

（7）『御製大誥』「御製大誥序」「朕聞、曩古歴代君臣、当天下之大任、閔生民之塗炭、立綱陳紀、昭示天下、為民造福。当是時、君臣同心、志同一気、所以感皇天后土之監、海嶽効霊、由是雨暘時若、五穀豊登、家給人足。……昔者、元処華夏、実非華夏之儀、所以九十三年之治、華風淪没、彝道傾頽、学者以経書専記熟為奇、其持心操節、必格神人之道、略不究衷、所以臨事之際、私勝公微、以致愆深曠海、罪重巍山、当犯之期棄市之屍未移、新犯大辟者即至、若此乖為覆身滅姓、見存者曽幾人而格非。嗚呼、果朕不才而致是歟、抑前代汚染而有此歟、然況由人心不古、致使而然。今将害民事理、昭示天下、諸司敢有不務公而務私、在外贓貪酷虐吾民者、窮其源而捜罪之。斯令一出、世世守行之。」

（8）南北榜事件については檀上（一九九五）一五八〜一五九頁、梁姍姍（二〇一四）参照。

（9）『双槐歳鈔』附録の謝廷挙「明故文林郎知長楽県事双槐黄公行状」によれば、黄瑜は宣徳元年（一四二六）の生まれであり、ゆえに「丁丑再試」は同時代の記録ではない。

（10）答案の出典は『資治通鑑』巻一、威烈王二十三年「初命晋大夫魏斯・趙籍・韓虔為諸侯」条であり、あるべき君臣の分が乱れて戦国時代が始まったことに対する批判。

（11）黄瑜『双槐歳鈔』巻二「丁丑再試」「洪武丁丑会試、考試官学士劉三吾・安府紀善宝坻白信踏《ママ》、取宋琮等五十一人、中原西北士子無登第者。入対大廷、賜進士及第、閩県陳郊為首、吉安尹昌隆次之、会稽劉諤又次之、被黜落者咸以為言。上大怒、下詔、命儒臣再考下第巻中択文理優長者、復其科第。於是、侍読定海張信・侍講奉化戴彝・春坊右賛善寧海王俊華・平度司憲右司直郎永嘉張謙・司経局校書瑞安厳叔載・正字楽安董貫・二府長史恵安黄章・韓府紀善無錫周衡・靖江府紀善吉水蕭楫、及陳郊等首甲三人受命、人各閲十巻。或聞三吾与信踏《ママ》至其所、嘱以巻之最陋者進呈。上益怒。章進一巻、答君臣同遊策有曰、「貴而在上者、君也。賤而在下者、臣也。貴以臨賤、賤以承貴」。叔載進易義有曰、「一気交而歳功成」。上曰、「君臣同遊、本為君明臣良、以成千載一時之盛。今言貴賤、正譏如今臣下犯罪不復寛容矣。陰陽必二気、乃交感、今曰一気交、則独陽不生、孤陰不成、誠為悖理」。於是取六十一人殿試、再賜策問、以山東韓克忠為首。六月辛巳朔也。」

（12）この上奏は『英宗実録』巻二四一、景泰五年五月甲子条で言及されているものと思われる（「礼部儀制司郎中章綸・監察御史鍾同、下錦衣衛獄。先是、同奏請復東宮。至是、綸亦以復東宮為言。奏入、詔錦衣衛擒鞫之。」）。ゆえに章綸が礼部郎中時代に提出したものと判断した。

（13）『書経』「説命」下。

（14）文華殿など皇帝の勉強や余暇などの時間に使う宮殿。

（15）陳子龍『皇明経世文編』巻四七、章綸「養聖躬勤論政惇孝義疏」「一、勤論政。……上下之間、更相告戒、故能賛襄治化、而致雍熙泰和之盛、以為不如是、則君臣上下、情不交孚、而治体民情、莫得而知也。我朝祖宗列聖之於諸臣、常命左右以備顧問、或於大誥首著君臣同遊之篇、或於勅諭而有旁招俊乂之語。伏望皇上、以歴代帝王及祖宗列聖為法、毎退朝之後、許師保尚書諸大臣及六科十三道五品以上、更番於便殿、以待顧問、各条答事宜、必言救時急務。如此、則足以明四目、達四聡、而於民間利病、無不周知矣。」

（16）科挙の式次第・合格者・問題・答案を記録した『登科録』・『会試録』所載の答案は往々にして試験官が作った模範解答であり、実際の答案と異なる。本書で誰々の答案と言及する際には、誰々が実際に書いた答案ではなく、誰々名義として記録されている模範解答を指す。

（17）『成化二年進士登科録』「我祖宗之為治也、大綱無不正、万目無不挙、固無異於古昔帝王之治矣、亦可得而詳言歟。」

（18）『成化二年進士登科録』「洪惟太祖高皇帝、龍飛淮甸、混一区宇、観乎大誥君臣同遊之言、則雲龍之相慶、魚水之相得、一唐虞之都兪吁咈也、一夏商之臣隣賛襄也。観乎申明五常之条、則日星之昭著、雲漢之章明、一唐虞之慎典庸礼也、一夏商周之建中建極也。大綱豈有一之不正乎。」なお羅倫『一峰文集』巻一「廷試策」は『登科録』所載の答案とはかなりの

文章の差異があるが、「君臣同遊」章を太祖の政治の大綱に位置づける点では共通している。

(19)『成化十一年会試録』「伏読御製大誥三編、首以君臣同遊為言。噫、帝王盛徳大業、夫豈無大於此者乎。乃不遑他及、而託始而於斯、其有意乎、其無意乎。」

(20)『成化十一年会試録』「託始於君臣同遊之一篇、其所以為聖子神孫之慮、示万世人臣之法、一何深且遠哉。愚嘗伏読而深思之、有以窺見其万一矣。蓋君者臣之元首、臣者君之股肱、君臣本同一体、上下宜同一心、君臣之間、心孚意契、則盛徳大業、不労而自致、洪名盛福、同亨於無窮。」

(21)『成化十一年会試録』「為臣者、欲如聖誥所謂、竭忠成全其君、得乎、則雖飲食夢寐、未嘗忘其政、亦無益矣。稽之於古、若堯舜禹湯文武之為君、皐夔伊虺周召之為臣、曰都曰兪於廟堂之上、同心同徳於殿陛之間、故能致雍熙泰和之治、而非後世之所能及。漢唐以来、若高祖之於良平蕭曹、太宗之於房杜王魏、或見於便殿、或召之禁中、凡有謀謨、互相講究、是以君得以成其治、臣得以成其名、誠有如聖誥所謂名流芳千万世不磨者矣。若夫後世之君、則不然。固有一顧取匕箸、已形此非不足君所之疑、一入直言、已有甚矣。其戇之憾、伝臣下獄、不知其為置之死地、相臣貶斥、方有目中不見之問、上之於下也如此、則為臣者、誠欲如聖誥所謂拾君之失、撙君之過、補君之缺、以尽其職、亦何自而致其力哉。」

(22)『成化二十三年進士登科録』「昔朕太祖高皇帝、奄一寰宇、建制垂憲、万世攸崇、太宗文皇帝、定鼎両京、洪謨遠略、光前裕後、列聖相承、益隆継述、斯民楽育於熙皥之治、已百二十年矣。然治極而弛、理勢自然、祖宗良法美意、豈能悉祗承而無弊乎。」

(23)『成化二十三年進士登科録』「洪惟我朝太祖高皇帝、以聖智之資、而奄一寰宇、太宗文皇帝、以神武之略、而中靖邦家、其心一禹湯文武之心、其法一禹湯文武之法。若大誥申明五常之典、六経表章性理之学、立同姓婚娶之禁、革山川王侯之号、則紀綱無不正也。以寛大為徳、有君臣同遊之条、以勤倹為規、厳万民奢靡之禁、則統体無不正也。」

(24)丘濬『重編瓊台稿』巻八「会試策問」。丘濬については李焯然(二〇〇五)参照。

(25)『大学衍義補』は成化十六年以後に執筆され、孝宗即位後の成化二十三年十一月に朝廷に提出された。田村(一九五二)、間野(一九七九)一五〇～一六一頁、李焯然(二〇〇五)参照。

(26)『詩経』「巻阿」「君子之車、既庶且多。君子之馬、既閑且馳。矢詩不多、維以遂歌。」

(27)『書経』「益稷」において、舜が「股肱喜哉、元首起哉、百工熙哉」と歌ったのに対し、臣下の皐陶が「元首明哉、股肱良哉、庶事康哉」と返歌をしたことを指す。この故事から「明良」という語が聡明な君主と善良な臣下を指すようになった。

(28)『詩経』「泂酌」は周の成王が巻阿に出かけたとき、付き従っていた臣下の召公が成王に訓戒を与えるために作ったという。

(29) 丘濬『大学衍義補』巻六「敬大臣之礼」「洪惟我太祖高皇帝、万幾之暇、条成大誥三編、以示天下臣民。其初編之首、即託始以君臣同遊為第一。其言曰、「昔者人臣、得与君同游者、其竭忠、成全其君。飲食夢寐、未嘗忘其政。所以政者、何。惟務為民造福、拾君之失、擿君之過、補君之闕、顕祖宗於地下、歓父母於生前、栄妻子於当時、身名流芳、千万載不磨」。噫、聖祖之心、所以為聖子神孫慮者深矣。蓋君尊如天、臣卑如地、其分至厳。矧継世之君、生長深宮、其於臣下、尤易懸絶。蓋一日之間、視朝之際、僅数刻耳。退朝之後、所親接者、宦官宮人、所謂賢士大夫者、無由親近也。於是乎、発為君臣同游之訓。謂之游者、則凡便殿燕間之所、禁籞行幸之処、無不偕焉、如皐陶賡明良之歌、召公従巻阿之游是已然。尤恐其臣之同遊也、或啓君之怠荒、或長君之淫縦、於是又教之曰、「務在成全其君、飲食夢寐、不忘其政、惟務為民造福、拾君之失、擿君之過、補君之闕」。又恐其臣不知所以感発而歆動者、於是、又期之以顕祖宗、歓父母、顕栄生前、流芳後世。噫、聖祖之心、所以感発其臣、而為聖子神孫慮、一何深且遠哉。……聖祖作誥以君而告臣也。」

(30) 『礼記』「玉藻」「朝、辨色始入。君日出而視之。退適路寝聽政、使人視大夫。大夫退。然後適小寝釈服。」

(31) 丘濬『大学衍義補』巻四五「王朝之礼（上）」「自古禍乱之端、皆起自蒙蔽、蒙蔽之由、起自上下之情不通、上下之情不通、起自君臣不相接見。然徒接見、而不相親款、見猶不見也。我太祖高皇帝立法創制、于君臣之分、最厳然、猶恐其厳而或過于亢、故御製大誥首篇、以君臣同遊為開巻第一義、所以示万世聖子神孫者、至矣尽矣。臣願、参酌祖宗之制、毎日早朝之後、遇有急切重務成憲所不載、或行之久而弊者、許承行之臣、先期入奏、請御便殿、具其本末源委、会集大臣、面究利害、然後施行、事畢之後、或従容顧問、以泛及天下之事、災異水旱之由、田里休戚之故、皆許以聞。」

(32) これら①〜④の特徴をもった「君臣同遊」章のイメージは弘治年間初年にも見られる。『孝宗実録』巻一四、弘治元年五月丁卯条「南京刑科給事中周紘等言、「……伏聞我祖宗列聖、延見臣寮、無間朝夕、或於大誥首著君臣同遊之篇、或於燕飲命賦酔学士之歌、或召対便殿、従容賜坐、或同遊内苑、相与賦詩、真有都俞吁咈気象。所以百二十年来、天下治安、民享其福。伏望陛下、万幾之下、命内閣府部大臣及文学近侍等官、以時請対、更番上直。凡政治之得失、軍民之利病、従容咨訪、面与裁決、則不惟君臣上下情意交孚、而無偏聴壅蔽之患、抑群臣心術邪正、才識短長、挙不能逃睿鑑之下矣」。」

(33) 陸深『儼山外集』巻一〇「渓山余話」「我朝君臣隔絶、実以憲廟口吃之故。」明代中期における君臣関係については櫻井（一九九二）参照。

(34) 高橋（二〇一四）。

(35) 『弘治十八年進士登科録』「恭惟我太祖高皇帝、誕膺天命、掃除胡元、立帝王自立之中国、伝帝王相伝之正統、建極垂憲、詒謀万世。臣沐浴膏沢、嘗窃窺一二、敢拝手稽首為陛下陳之。敬天勤民、防非窒慾、身之脩也。宮房無私愛、左右無偏恩、家之斉也。君臣同遊之盛、朝野画一之政、国之治也。武功以戡禍乱、文徳以興太平、天下之平也。吾祖宗之道、非即帝王之道乎。」

(36) 『弘治十八年会試録』「問、自古人君之致盛治、未有不本於君臣之相与者。……恭惟我太祖高皇帝、屈群策以定天下。一時君臣同遊之盛、雖今日不能尽知、而五倫一書所載、猶可窺見其一二、人誦家伝、万代如見、此盛徳大業之所由成也。今明天子在上、恪遵聖謨、励精図治、退朝之暇、数延群臣、咨訪治理、天下聞之、皆欣欣然相慶。」

(37) ただし発布されたのは正統年間（一四三六～一四四九）である。『英宗実録』巻一五一、正統十二年三月己丑条、巻一七〇、正統十三年九月癸丑条、陳循『芳洲文集』巻二「御製五倫書序」。

(38) 陳宝良（二〇〇〇）。

(39) 『書経』「益稷」の舜と皐陶の歌を指す。

(40) 『弘治十八年会試録』「嘗荘誦五倫一書所載、而有以窺見当時君臣同遊之盛矣。如宮僚之議、参之両府、藩屏之建、謀之侍臣、語学士宋濂、以漢治之未尽、語中丞劉基、以天位之可憂、南北之治、与学士劉三吾言之、名将之道、与都督張温言之、許存仁博士也、而与之講洪範庶徴之応、許好問県令也、而与之論祈天永命之道、尋常答問、如家人之唯諾、往来詰難、如師弟子之告語、雖虞廷之賡歌、周人之燕楽、其交歓之情、亦不過此、若漢唐諸君、則有可慨者矣。」

(41) 『五倫書』巻九「封建」「洪武三年四月辛酉、以封建諸王、告太廟。礼成、宴群臣于奉天門及文華殿。太祖諭廷臣曰、「昔元失其馭、群雄並起、四方鼎沸、民遭塗炭。朕躬率師徒、以靖大難。皇天眷佑、海宇寧謐、然天下之大、必建藩屏、上衛国家、下安生民。今諸子既長、宜各有封爵、分鎮諸国。朕非私其親、乃遵古先哲王之制、為久安長治之計」。群臣稽首対曰、「陛下封建諸王以衛宗社、天下万世之公議」。太祖曰、「先王封建、所以庇民。周行之而久遠、秦廃之而速亡。漢晋以来、莫不皆然、其間治乱不斉、特顧施為何如爾。要之、為長久之計、莫過於此」。」

(42) 『五倫書』巻六「謹戒」「太祖嘗大宴群臣、宴罷、因諭之曰、「朕本布衣、以有天下、実由天命。当群雄初起、所在剽掠、生民惶惶、不保朝夕。朕見其所為非道、心常不然。既而与諸将渡江、駐兵太平、深思愛民安天下之道。自是十有余年、収攬英雄、征伐四克、頼諸将輔佐之功、尊居天位、念天下之広、生民之衆、万幾方殷、朕中夜寝不安枕、憂懸于心」。御史中丞劉基対曰、「往者四方未定、労煩聖慮。今四海一家、宜少紓其憂」。上曰、「堯舜聖人、処無為之世、尚猶憂之。矧徳匪唐虞、治非雍熙、天下之民、方脱於創残、其得無憂乎。夫処天下者、当以天下為憂、処一国者、当以一国為憂、処一家者、当以一家為憂、且以一身与天下国家言之、一身小也、所行不謹、或致顛蹶、所養不謹、或生疢疾、況天下国家之重、豈可頃刻而忘儆戒哉」。」なお、『五倫書』には年月日の記載がないが、『太祖実録』巻二九、呉元年六月丁丑条とほぼ同文である。

(43) 『五倫書』巻一〇「制治」「国朝甲辰五月、太祖皇帝朝罷、退御白虎殿閲漢書。侍臣宋濂・孔克仁等在側。上顧謂濂等曰、「漢之治道、不能純乎三代者、其故何也」。克仁対曰、「王覇之道雑故也」。上曰、「高祖創業之君、遭秦滅学之後、干戈戦争之余、斯民憔悴、甫就蘇息。礼楽之事、固所未講。独念孝文為漢令主、正当制礼作楽、以復三代之旧、乃逡巡未

遑、遂使漢家之業、終於如是。夫賢如漢文、而猶不為、将誰為之。帝王制作、貴不違時、三代之王、蓋有其時而能為之。若漢文、有其時而不為者也。可不惜哉。」ただし、受け答えしているのは宋濂ではなく孔克仁である。

(44)『五倫書』巻一〇「徳化」「洪武二十二年十一月乙丑、太祖御謹身殿、翰林学士劉三吾侍、因論治民之道。三吾言、「南北風俗不同、有可以徳化、有当以威制」。太祖曰、「地有南北、民無両心。帝王一視同仁、豈有彼此之間。汝謂南方風気柔弱、故可以徳化、北方風気剛勁、故当以威制。然君子小人、何地無之。君子懐徳、小人畏威、施之各有攸当。烏可概以一言乎」。三吾悚服、稽首而退。」

(45)実際には両府（中書省・都督府）の意見を退けており、内容も宮僚に関するものではない。『五倫書』巻九「建儲」「洪武元年正月戊寅、劉基・陶安言於太祖曰、「適聞中書及都督府議倣元旧制、設中書令、欲奏以太子為之」。太祖曰、「取法於古、必択其善者而従之。苟惟不善、而一槩是従、将欲望治、譬猶求登高岡而却歩、渡長江而回楫、豈能達哉。元氏胡人、事不師古、設官不以任賢、惟其類是与。名不足以副実、行不足以服衆、豈可取法。且吾子年未長、学未充、更事未多、所宜尊礼師傅、講習経伝、博通古今、識達機宜、他日軍国重務、皆令啓聞、何必効彼作中書令乎」。乃命詹同、取東宮官制観之、謂同等曰、「朕今立東宮官、取廷臣勲徳老成、兼其職。老成旧人、動有典則。若新進之賢者、亦選択参用。夫挙賢任才、立国之本、崇徳尚歯、尊賢之道。輔導得賢人、各尽職、故連抱之木、必以授良匠、万金之璧、不以付拙工」。同対曰、「陛下立法垂憲之意、実深遠矣」。於是、以李善長等、皆兼東宮官。乃諭善長等曰、「朕於東宮官、不別設府僚、而以卿等兼之者、蓋軍旅未息、朕若有事于外、必留太子監国、若設府僚、卿等在内、事当啓聞、太子或有聴断不明、而与卿等意見不合、卿等必謂、「府僚導之」。嫌疑将由是而生。朕所以特置賓客・論徳等官、以輔成太子徳性、且選名儒、為之賓友。昔周公教成王、告以克詰戎兵、召公教康王、告以張皇六師、此居安慮危、不忘武備。蓋継世之君、生長富貴、泥於安逸、軍旅之事、多忽而不務、一有緩急、罔知所措。二公所言、不可忘也」。」劉基・陶安・詹同・李善長らが、太祖と顔を合わせて対話したのか、それとも文書なのかはこの記述では不明である。

(46)『五倫書』巻一一「命官」「洪武三年六月、以大都督府都督僉事張温兼陝西行都督府僉事。温先従大将軍攻蘭州有功、及是入謝。太祖諭之曰、「蘭州之捷、可謂奇功。夫将帥之道、有功不伐、則功易顕。恃功驕恣、則名易隳、故仁者不矜其功、而智者克成其名、仁智兼全、所向無敵。若乏仁智、雖有勇士百万、不足恃也。古者仁智之将、撫摩安輯、見情達変、坐而制勝、以樹勲立名於当時者、国家莫不倚重之。功名始終、万古不朽。其悍驕恣横之人、雖能成功、卒至敗亡者、蓋勇有余、而仁智不足也。古称高而不危、満而不溢」。又曰、「功蓋天下、守之以謙、尒能守此為戒、則可以長保富貴矣」。」

(47)『五倫書』巻五「敬天」「国朝丙午八月壬子、太祖皇帝命博士許存仁進講経史。存仁講尚書洪範篇、至休徴咎徴之応、因語之曰、「天道微妙難知、人事感通易見。天人一理、必以類応。稽之往昔、君能修徳、則七政順度、雨暘応期、災害不生、不能修徳、則三辰失行、旱潦不時、災異迭見、其応如響。箕子以是告武王、以為君人者之儆戒。今宜体此、下修人事、上合天道、然豈特為人上者当勉、為人臣者亦当修省以輔其君、上下交修、斯為格天之本」。」

(48) 『五倫書』巻一二「聴納」「洪武十五年八月己丑、山東肥城県知県許好問言、「報国莫如薦挙、献忠莫如進諫。臣既不能薦賢以報国、敢不進言以献忠。周有天下八百年。秦併周為正統、合四十余年、而漢興。漢有天下四百余年。隋平陳、混一天下、甫二十九年、而唐興。唐有天下二百八十八年。元起沙漠、入主中国、混一天下、八十余年、而聖朝隆興。先儒云、「凡能混一天下、不及百年、皆為迭興之閏位」。乃知秦為漢閏、隋為唐閏、元為国朝之閏、亦明矣。伏願陛下慎刑罰、昭勧懲、緩差徭、容直諫、致中和、以丕顕文明之治、則皇祚伝之万世、聖子神孫承継於無窮矣。豈特八百年而已哉」。太祖曰、「治乱相因、盛衰有時、雖出於気運一定之数、然亦由人事之所致也。其間保民致治、国祚霊長、未有不由創業垂統為子孫継述之基本、其所以速致乱亡者必反是、鑑之往古、事有可徴、要之、祈天永命、固有其道、修徳慎罰、亦一端耳。好問所言、頗合朕意」。」

(49) 霍韜『渭厓文集』巻一「嘉靖三劄・第三劄」「尤有急者、君臣之交是也。我太祖高皇帝、諄諄貽謀、惟曰君臣同遊。宣宗皇帝、嘗召尚書夏原吉、同遊西苑泛舟、射皃飲酒甚歓。英宗皇帝日召学士李賢、面決政事。孝宗皇帝、日召尚書劉大夏、咨詢密謀。蓋皆唐虞三代、賡歌告戒、和気満堂、在殿陛則為君臣、処燕閑則為師友之風也。陛下且不遠法三代、只近法祖宗、首復君臣同遊之盛、六部大臣・講読学士、許不時進謁、或命坐賜茶、或講論経史、如古之君臣師友、則凡聖徳神功、優悠積久、自有不言而化者矣、無為而成者矣。」

(50) 桂萼『文襄公奏議』巻五「賛潤十六字箴疏」「君臣可以体天地交泰之道、尊礼輔臣、置諸左右、朝夕納誨、宣召大臣、訪以政事、尽復祖宗旧制、特許大臣有事請見、詣左順門報名、召入便殿、従容面相可否、則大臣進見無時、弥得相親矣。次及侍従台諫、外暨監司郡守、或不時皆可召対、不惟可以親見臣下忠邪、亦得以周知天下之故矣。我太祖聖訓所謂君臣同遊、堯舜所以明四目達四聡之道也。」

第二章　明代における大臣召対の位置

はじめに

前章で「君臣同遊」の実行者として賛美された孝宗は、世宗とは違った個性をもった皇帝として知られ、明朝中興の名君と評されることも多い[1]。一方でこの二人には共通点があった。それは、明代中期以降の皇帝のなかでは大臣召対を積極的に行ったことである。

そもそも、宋代や清代においては、皇帝は臣下と直接顔を合わせて、政治に関する議論を行う機会が多く存在したが[2]、一方、明代では、特に中期以降の皇帝が臣下と直接顔を合わせて言葉を交わす情景はほとんど見られない。その原因については、櫻井俊郎氏が指摘するように朝儀の形骸化が進んだという要因もあるが[3]、一般的には個々の皇帝の怠惰ぶりが槍玉に挙げられてきた。

平田茂樹氏によれば、宋代の「対」と呼ばれる君臣間の政治談議には、転対（高官が定期的に行う）・召対（皇帝の働きかけで行う）・引対（主に人事異動の際に行われる）・入対（入見・入謝・入辞の際に行われる）・経筵留身（経筵のあとに留まって行う）が存在したという[4]。つまり、宋代の君臣間の政治談議は宋代の政治制度として把握することが可能なのである。一方、明代には上記の「対」のうち、召対と経筵留身しか存在せず、君臣間の会話は政治制度というよりも皇帝の任意という形式でしか行いえなかった[5]。それでは、皇帝の任意によって行われる召対とは明代政治のなかでどのような意味をもっていたのだろうか。

孝宗の大臣召対は、特に弘治十年（一四九七）三月に内閣を召対し、一緒に擬票を行ったことが後代において理想の君臣関係とされていた。また、前章で論じたように、弘治末年には孝宗の積極的な大臣召対が「君臣同遊」を実行したものとして太祖の治世とオーバーラップさせて称賛されていた。しかし、王其榘氏・櫻井俊郎氏・大石隆夫氏らの指摘によれば、理想化されたイメージとは裏腹に、実際には孝宗はそれほど頻繁に大臣召対を行っておらず、君臣関係は疎遠なままであったという(6)。一方、世宗の召対について、大石氏は青年時代の世宗が大臣召対を行うための場として紫禁城外に西苑を建設し、臣下との意思疎通を企図したことを論じた(7)。前章冒頭に紹介した世宗の言葉は、まさにこの西苑で内閣を召対したときに発されたものである。このように、孝宗と世宗の大臣召対については個別の研究が存在するが、それぞれの異同を比較した研究はない。そもそも孝宗の召対については緊密な君臣関係の構築の有無が研究の主題となり、一方で世宗の召対については世宗個人の政策意図が研究の主題となっている。そのため、両者の研究から明代中期以降の大臣召対の大局を理解しようとしても、歯車がかみ合わず全体的な理解ができない。

本章においては個性の異なる孝宗と世宗の大臣召対がそれぞれ何を目的としていたか、そして大臣召対がそれぞれの政局でどのような意味をもっていたのかを検討する。そして、これらの分析を通して、明代において皇帝による大臣召対という政治手法がもっていた意味を解明し、それが明代の政治構造や皇帝の個性とどのようにかかわっているのかを明らかにする。なお、本章では孝宗の大臣召対については治世の全般を扱うが、世宗の大臣召対については即位当初のみを扱う。本章の目的はあくまで個性の違う二人の明朝皇帝の大臣召対の性格の対比であり、決して数量・頻度の対比やそれぞれの大臣召対の完全な再現ではないため、世宗については即位当初を検討するだけでも十分だと考えるためである。

一　弘治朝の大臣召対に関する史料

（一）『孝宗実録』中の召対記録

皇帝の大臣召対の記録に関して、基本史料になるのが各皇帝の治世の記録である実録である。『孝宗実録』の「修纂凡例（編集方針）」には「文武大臣の召対はすべて書く」と記されており[8]、大臣召対に関する先行研究も主に実録を参照して召対の多寡や君臣関係を分析してきた。しかし、「修纂凡例」の言葉に反して、『孝宗実録』にはすべての大臣召対が記録されているわけではない。たとえば、弘治十三年四月癸丑条所載の監察御史劉芳らの上奏には「最近、兵部尚書の馬文升が召対された」という言葉が見える[9]。しかし、『孝宗実録』中にこれ以前の馬文升（一四二六～一五一〇、河南鈞州の人、景泰二年進士）の召対の記録はない。また、弘治十七年八月丁亥条は考察（人事評価）を担当する吏部・都察院の大臣に対する召対を記載したあとで、これ以後、大臣召対がさかんになったが多数にのぼるため会話のすべては記録できないと記されている[10]。このように『孝宗実録』中の大臣召対記録は不完全であり、ここから実態を再現することは不可能である。

（二）劉大夏『宣召録』と李東陽『燕対録』

『孝宗実録』のほかに大臣召対を記録した史料としては、劉大夏『宣召録』と李東陽『燕対録』が挙げられる[11]。『燕対録』には召対の年月日が記載されているが、『宣召録』には年月日が記載されていない。ただし、明代の歴史をテーマごとに年代順に記した清代の書物である谷応泰『明史紀事本末』巻四二「弘治君臣」では

『宣召録』記載のいくつかの召対記事が年月ごとに配置されている。[12] そこで、孝宗の大臣召対の概要および召対記録の史料の性格の差異を示すため、『孝宗実録』、『明史紀事本末』、『燕対録』、『宣召録』中の年月が明確な召対の内容を時系列順に一覧にしたのが【表二】である。【表二】を見ると、『孝宗実録』と『燕対録』の召対記事は同一の内容が多いが、『宣召録』所載の記事のほとんどが『孝宗実録』に記載されていないことがわかる。これは『宣召録』と『燕対録』のそれぞれの成立背景に由来する。以下に両書について簡単に紹介する。

①劉大夏『宣召録』（全二〇条、正徳四年七月初一日自序）

劉大夏（一四三六〜一五一六）は湖広華容の人、天順八年進士であり、弘治十四年（一五〇一）年末（着任は弘治十五年年初）から正徳元年（一五〇六）まで兵部尚書を務めた。『宣召録』の末尾において、劉大夏は孝宗の召対の概要と『宣召録』を執筆した意図を述べている。それによれば、劉大夏は兵部尚書着任後、何度も孝宗に召対されたが、その当時は召対記録を書くことはなかった。孝宗の死後、『孝宗実録』編纂のため翰林院から召対記録の提出を求められたが、「時忌」のために提出しなかった。その後、劉大夏は謫戍（辺境に流されてそこで軍に配属されること）されてしまい、謫戍先で暇をもて余したので召対記録を執筆してみたが全体の一〜二割ほどしか思い出せなかったという。[13]「時忌」というのは武宗即位当初の官僚と宦官の間の政治対立および宦官劉瑾の専権を指すと考えられる。[14] 劉大夏は劉瑾や彼の徒党である官僚の恨みを買っていたため、正徳三年（一五〇八）に西辺の粛州に謫戍された。このような政治混乱のなかで編纂された『孝宗実録』には劉瑾の徒党である内閣大学士焦芳（?〜一五一七、河南泌陽の人、天順八年進士）の曲筆という問題点が古くから指摘されるが、[15] 劉大夏の記述によって曲筆以前に取材源の制限という問題も存在することが浮かび上がる。

②李東陽『燕対録』（全二四条（武宗徳朝三条）、正徳九年六月朔日自序）

李東陽（一四四七〜一五一六）は湖広茶陵の人、(16)天順八年進士であり、弘治八年（一四九五）から正徳七年（一五一二）まで内閣大学士を務めた。【表二】から推察できるように、『孝宗実録』所載の召対記事の多くは『孝宗実録』編纂の責任者でもある李東陽を取材源とすると考えられる。『燕対録』の序文において、李東陽は召対のたびに記録をとっていたと記している。(17)その言葉をある程度裏付けるように、『燕対録』には内閣召対時の会話の詳細、たとえば孝宗のいっていることがよくわからなかったが適当に返事をした(18)ということまでも記録されている。

しかし、『燕対録』はすべての内閣召対を記録しているわけではない。もちろん李東陽が意図的に召対の存在を隠したり内容を改変したりすることも可能であるが、たとえ李東陽がすべての召対をありのままに記録しようとしていたとしても、物理的な問題として自身が欠席した内閣召対を記録することは不可能である。次章で述べるとおり、孝宗の晩年は特に大臣召対が行われていたが、弘治十七年（一五〇四）末から弘治十八年初めにかけて、李東陽は数か月にわたって病欠している。(19)そのため、内閣召対に関しても実態を完全に再現することは不可能なのである。

ここまで検討してきたように、弘治朝の大臣召対に関する史料の問題点としては、正徳初年の政治混乱のために内閣以外の召対についての記録が残りにくかったこと、また、内閣召対についても李東陽が欠席した召対の記録は残っていないことが挙げられ、大臣召対の実態をすべて把握することはできない。そのため、弘治朝の大臣召対を検討する際には史料の制約を念頭に置かなければならない。

【表二】召対の事例（年月が特定されているもののみ）

年月日	出典	対象	場所	内容・備考
弘治十年三月甲子（二十二日）	実録 燕対録	徐溥 劉健 李東陽 謝遷	文華殿	・孝宗と内閣が一緒に擬票。
弘治十三年四月壬子	実録 燕対録	劉健 李東陽 謝遷	平台	・英国公張懋ら在京提督官の辞任願いに対する批答を作成。 ・『燕対録』では弘治十三年六月にかかり、『実録』弘治十三年五月丙辰条と同時に行われたことになっている。
弘治十三年四月？	実録	馬文升	？	・監察御史劉芳の上奏文のなかで言及されている（具体的内容不明）。
弘治十三年五月丙辰	実録 燕対録	劉健 李東陽 謝遷	平台	・在京在外の提督官の人事異動を決定。 ・『燕対録』では弘治十三年六月にかかり、『実録』弘治十三年四月壬子条と同時に行われたことになっている。
弘治十三年五月？	実録	屠滽	？	・屠滽が召対において科道官を批判したことを司礼監太監陳寛の伝旨で言及。
弘治十五年正月？	明史紀事本末 宣召録	劉大夏	帷殿	・劉大夏が辞任したがるので孝宗が理由を下問。
弘治十五年正月？	明史紀事本末 宣召録	劉大夏	？	・徴税、衛所について下問し、劉大夏の説明を受けた孝宗は九卿に政治意見を募ることを決定する。
弘治十五年十月？	明史紀事本末 宣召録	劉大夏	？	・畿内の軍隊を増員しようとする孝宗の意向を劉大夏が阻止。
弘治十六年五月？	明史紀事本末 宣召録	劉大夏	便殿	・大臣と掲帖で政治議論を行おうとする孝宗を劉大夏が阻止。 ・刑部尚書閔珪に対して怒る孝宗を劉大夏がなだめる。

				＊閔珪への怒りは張天祥事件（弘治十七年）のためという可能性があり、もしそうであれば繫年がおかしい。
弘治十六年五月？	明史紀事本末	劉大夏	御榻前	・劉大夏と孝宗が二人きりで密議。
弘治十七年三月丁丑（十六日）	実録 燕対録	劉健 李東陽 謝遷	煖閣	・憲宗生母・英宗貴妃周氏の墓と祔廟について、孝宗は英宗皇后銭氏を一帝一后で祀りたいが、欽天監の反対により自信がなかった。内閣が廷議を提案すると、孝宗は自分で廷議のよびかけせずに、内閣に廷議の提案をさせる。 ・燕対録の方が会話の内容が詳しい
弘治十七年三月十七日	燕対録	劉健 李東陽 謝遷	煖閣	・廷議の出席者に翰林院が含まれているかを確認。
弘治十七年三月二十一日	燕対録	劉健 李東陽 謝遷	？	・廷議の結果に対する批答の決定。
弘治十七年三月癸未（二十二日）	実録 燕対録	劉健 李東陽 謝遷	？	・周太后の別廟の建設地の選定。
弘治十七年六月辛巳（二十二日）	実録 燕対録	劉健 李東陽	煖閣	・謝遷は在告。 ・小王子の侵入計画の情報がもたらされ、北辺および北京の軍備対策を相談。 ・兵部尚書劉大夏には内閣を通して伝旨。
弘治十七年六月二十五日	実録 燕対録	劉健 李東陽 謝遷	煖閣	・北辺に糧草整理のため派遣する人員について、内閣が戸部右侍郎顧佐を予定したところ、孝宗は反対する。召対のあと、内閣は別人を予定するが、御批によって閻仲宇・熊偉が選定される。 ・『実録』では七月甲午（六

				日）条にかかる。
弘治十七年七月壬辰（四日）	実録 燕対録	劉健 李東陽 謝遷	煖閣	・孝宗は大同に京軍を出兵させたかったが、内閣が反対し、予備隊を作るだけになる。
弘治十七年七月癸巳（五日）	実録	李鐩 呉一貫 叢蘭	煖閣	・巡関御史の三人を召見。
弘治十七年七月七日	燕対録 宣召録 明史紀事本末	劉大夏 戴珊	？	・孝宗は大同出兵を諦めていなかったが、劉大夏も反対し中止される。 ・『明史紀事本末』では弘治十七年六月にかかる。 ・『燕対録』では劉大夏のみ、『宣召録』では戴珊も同席。
弘治十七年七月癸卯（十五日）	実録 燕対録	劉健 李東陽 謝遷	煖閣	・大同巡撫・総兵・鎮守太監に賞与を与える。 ・張天祥事件の再審の意向を孝宗が示す。
弘治十七年七月十七日	実録 燕対録	劉健 李東陽 謝遷	煖閣	・張天祥事件に関する掲帖を内閣が部下に代筆させたことに孝宗が秘密漏洩の危険を感じ激怒する。孝宗は東廠は現場を直接見たから信じられるとし、内閣は士大夫の判断は8～9割は信じられると主張。
弘治十七年七月十八日	燕対録	劉健 李東陽 謝遷	？	・張天祥事件に関して、孝宗は文官に対する嫌味を言った後で、東廠に上奏させようとするが、内閣が阻止して伝旨することになる。
弘治十七年七月十九日	燕対録	劉健 李東陽 謝遷	煖閣	・考察をめぐって吏部尚書馬文升・都察院左都御史戴珊を批判した言官に厳罰を課そうとする孝宗と寛大に処置しようとする内閣が対立し、孝宗は厳罰を強行する。
弘治十七年八月二十五日	燕対録	劉健 李東陽 謝遷	煖閣	・周太后の神牌の安置場所の指示を出す。 ・服装統制の対象に宦官も入

				れて取り締まることにする。
弘治十七年八月二十六日	燕対録	李東陽 謝遷	煖閣	・劉健は腹痛で欠席。 ・周太后の神牌の確認、服装統制のための勅文の執筆依頼。
弘治十七年八月丁亥（三十日）	実録	馬文升 焦芳 戴珊 史琳	煖閣前	・来年の考察に向けて吏部・都察院を激励し、巡按御史の報告を信じるなと念押しし、高齢の馬文升を気遣う。
弘治十七年九月初一日	燕対録	劉健 李東陽 謝遷	？	・周太后の神牌を奉納する祝詞の執筆依頼。
弘治十七年九月十八日	燕対録	劉健 李東陽	？	・謝遷が足の負傷のため欠席。 ・呉一貫の代役について、会推は時間がかかるから内閣に推薦させる。
弘治十七年九月二十一日	燕対録	劉健 李東陽 謝遷	？	・大同総兵呉江の上奏に対する批答を作成。
弘治十七年九月丁巳（三十日）	実録 燕対録	劉健 李東陽 謝遷	？	・巡按御史に報告期限を定める。 ・昨日の日講で宦官に批判された講義内容を孝宗が擁護する。
弘治十七年十月庚辰（二十三日）	実録	閔珪ら	煖閣前	・再審で減刑すべき人を減軽しなかったので刑部尚書らを叱責。
弘治十八年正月？	明史紀事本末 宣召録	劉大夏 戴珊	？	・二人の清廉ぶりを褒める。
弘治十八年三月？	明史紀事本末 宣召録	劉大夏	？	・皇后の兄弟の批判を行った李夢陽の釈放の意向について、北辺対策を劉大夏と議論した後に告げる。
弘治十八年四月初七日	燕対録	劉健 李東陽 謝遷	煖閣	・広東の盗賊問題の処理、南京の言官の弾劾への対処、銭法・塩法についての意見交換。
弘治十八年四月辛未（十六日）	実録 燕対録	劉健 李東陽 謝遷	煖閣	・勝手に賦役制度改革をした御史の処分の決定。 ・戸部の人事をなぜ会推しな

				いのか下問。
弘治十八年五月庚寅（六日）	実録 燕対録	劉健 李東陽 謝遷	煖閣	・孝宗の遺嘱。

二　弘治朝における召対要請

（一）召対要請の趨勢と朝廷政治

前節では孝宗の大臣召対の全体を復元することは史料の制約により不可能であることを論じた。そこで本節では召対要請の趨勢と現存史料中の召対記録を合わせて考えることで、孝宗の大臣召対の概略を示す。『孝宗実録』中に記載される召対要請の上奏文一覧である【表二】、また【表三】の召対要請を年度ごとに数値化したグラフ【図3】を作成した。『孝宗実録』所載の要請であるため、実際の要請の多寡を如実に反映しているかどうかは確定できない部分もあるが、大体の傾向を見ることは可能であろう。【図3】の数値から、孝宗即位当初に数多く行われた召対要請が、即位後しばらくすると激減し、弘治十～十三年（一五〇〇）ころにかけて再び増えるも、弘治十四年以降は散発的になり、治世の末に再び増えたことが見て取れる。以下に孝宗の治世を五つの時期に分けて、召対要請の趨勢が実際の召対とどのように関連しているかを述べる。

①即位～弘治三年

この時期にもっとも多く召対要請が行われた。その背景としては前章で述べたような成化年間における「君臣隔絶」という問題意識が挙げられる。先代皇帝の憲宗には言語障害があった

【表三】『孝宗実録』中の召対要請

年月日	提案者	対象	結果
成化二十三年九月戊申	吏科等給事中王質等	文武大臣	「朝廷自有処置」
成化二十三年九月戊申	南京吏部主事夏崇文	学行名臣	下所司
成化二十三年十一月乙巳	巡按直隷監察御史司馬堊	臣僚	所司知之
成化二十三年十一月丁巳	南京工科給事中章応玄等	内閣府部大臣、或文学侍従、或科道官	「玄応等所言、多係見行。所司知之」
成化二十三年十一月辛酉	彭城衛千戸陳禎	内閣大臣	下其奏於所司
成化二十三年十二月己丑	巡按直隷監察御史曹璘	二三碩徳大臣	命下其奏於所司
弘治元年正月丙辰	吏部覆奏、都察院左副都御史辺鏞	文武大臣	従之
弘治元年閏正月庚午	吏部右侍郎楊守陳	端介博雅之儒臣 内閣大臣一人、講官二人 内閣	「所言、皆朝廷切務、朕当挙行」
弘治元年三月辛卯	寿州知州劉槩	博通経術之士	上納之
弘治元年四月丁酉	南京兵部主事婁性	詹事翰林儒臣	下礼部、覆奏謂、「経筵日講、今已挙行。……」。上従之。
弘治元年五月丁卯	南京刑科給事中周紘	内閣府部大臣及文学近侍等官	上納之
弘治元年五月辛未	吏科給事中林廷玉	内閣学士及五府・六部・都察院・大理寺・通政司・詹事府・翰林院堂上掌印官、并経筵官	命所司知之
弘治元年七月癸亥	南京刑科給事中周紘等	内閣大臣	「其令南京各官、一体儆省、勉修職務、毋或怠玩」
弘治元年七月丙寅	都察院右副都御史辺鏞	内閣大臣	「朕有大政事、当召府部大臣面議」
弘治二年九月乙丑	南京監察御史徐礼	大臣	所司知之
弘治二年十月丙戌	南京戸科給事中羅鑑等	大臣	命下其奏於所司
弘治四年正月丁酉	南京吏科給事中邵	大臣	所司知之

	誠等		
弘治四年二月壬申	刑科給事中韓祐	内閣・府・部大臣・翰林文学之士	所司知之
弘治四年九月甲午	南京工科等科給事中毛理等	講官及大臣	命所司知之
弘治六年五月壬申	工科給事中柴昇	府・部大臣	命所司看詳以聞
弘治六年五月壬辰	左春坊左諭徳曽彦	内閣及府・部大臣	上納之
弘治八年十一月甲申	礼部尚書倪岳等	内閣儒臣及文武有識大臣	准議
弘治十年三月辛酉	監察御史陳玉	一二侍従或六曹老臣	命所司知之
弘治十年五月乙丑	礼科給事中屈伸	執政大臣	命所司知之
弘治十一年十一月乙未	礼科給事中呉仕偉	内閣大臣、并講読等官 部院堂上、并科道官	命所司知之
弘治十一年十一月乙未	翰林院検討劉瑞	大学士、或留講官	命所司知之
弘治十一年十一月癸卯	監察御史胡献	内閣・部院大臣	下所司知之
弘治十二年二月癸卯	礼部覆奏、監察御史余濂	大臣	上皆従之
弘治十二年八月丙辰	戸科給事中趙士賢	内閣儒臣及廷臣徳望素著者	命所司看詳以聞
弘治十二年九月丙戌	内閣大学士劉健等	臣等（内閣）	上納之
弘治十二年十二月辛亥	兵科給事中張弘至	府部大臣	下所司知之
弘治十三年四月壬寅	兵科右給事中屈伸	公卿大夫	上嘉納之
弘治十三年四月癸丑	礼科都給事中寧挙等	内閣及諸大臣	上命所司詳擬以聞
弘治十三年四月癸丑	監察御史劉芳等	聴面陳	上命所司詳議以聞
弘治十三年五月乙丑	礼部覆奏	大臣	上納之
弘治十三年六月戊申	南京吏科等科給事中郎滋等	大臣	命下其奏於所司
弘治十四年正月丙子	吏部右侍郎王鏊	大臣	上命所司知之
弘治十五年六月癸卯	礼部	二三大臣	「朕自有処」
弘治十八年四月癸酉	刑科給事中湯礼敬	内閣大臣・九卿正佐	従之
弘治十八年四月壬午	監察御史張津	卿佐侍従及考満朝覲監牧守令等官	命下其奏于所司
弘治十八年五月丙戌	南京刑部主事胡世寧	大小官員	命下其奏于所司

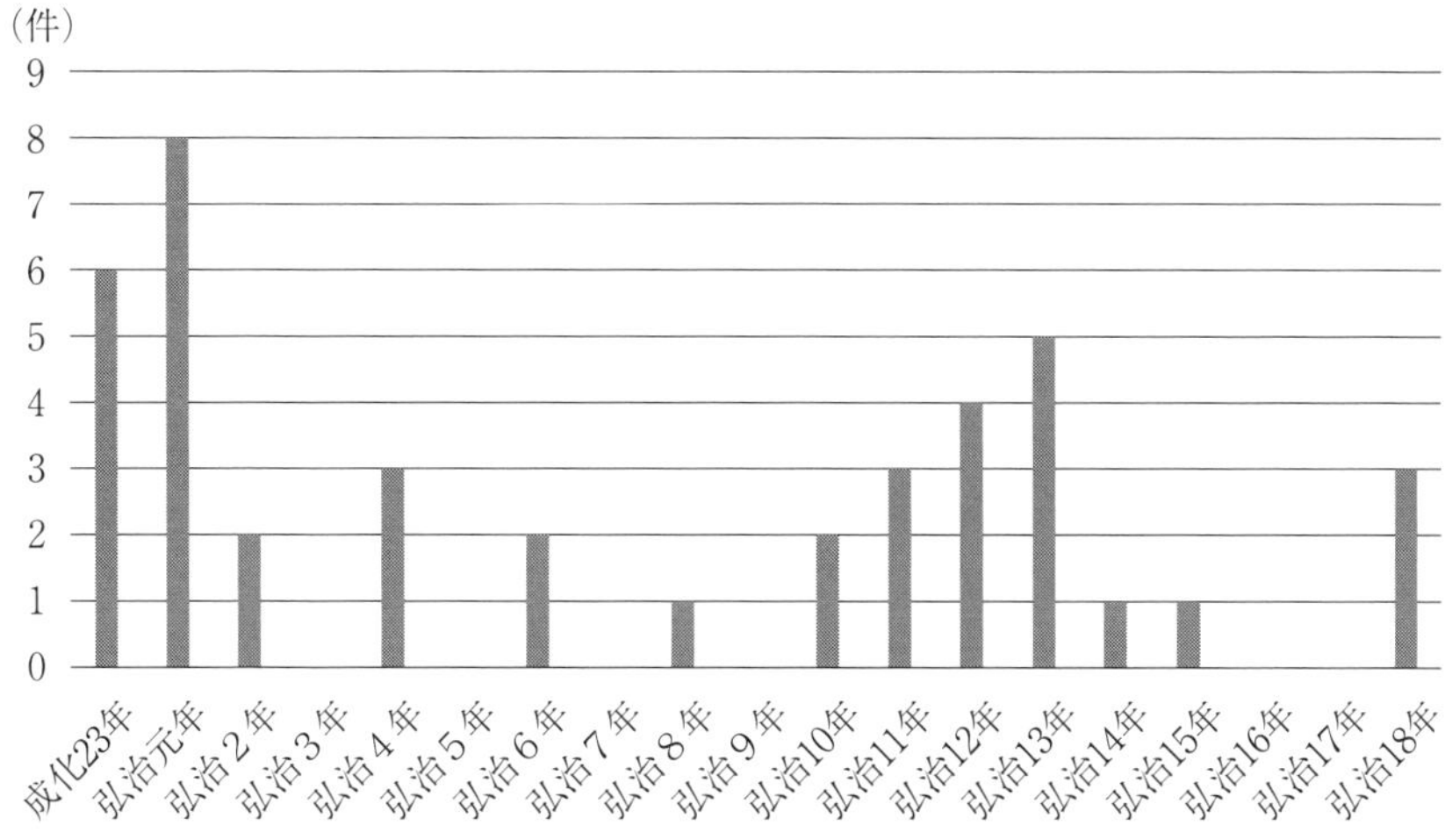

【図３】『孝宗実録』中の召対要請件数

ため、臣下とあまり交わることがなかった[20]。そこで孝宗即位後に官僚たちは「君臣隔絶」状況を克服するため、さまざまな政策提案を行う。そのなかの一手法が召対であったといえる。召対が行われた形跡は残っていないが、他の「君臣隔絶」克服策として、皇帝のために進講を行う経筵制度が弘治元年（一四八八）に改めて整備され、さらに午後にも朝見を行う午朝制度が弘治三年（一四九〇）に整備された[21]。このように皇帝と臣下が直接顔を合わせる仕組みの構築が企図された。

②弘治四年～弘治九年

この時期は召対要請があまり行われていない。弘治三年までに「君臣隔絶」対策の諸制度の整備が進んだものの、実際には経筵制度も午朝制度も機能不全に陥っていた。そもそも朝見の開始時刻の遅延が慢性化し、また内閣と皇帝が直接顔を合わさないだけではなく、内閣は司礼監太監に会うことすらまれで、皇帝と官僚機構の間の連絡は複数の宦官を挟んでようやく行われるという様相を呈していた[22]。皇帝にとってのルーティーンワークである毎日の朝見すら遅刻している現状では、朝見を行ったうえでさらに行うべきだと考えられていた召対の実行はいわずもがなである。臣下側がかつて企図した「君臣隔絶」対策としての召対という手法は現実離れしたものであり、ゆえに召対要請があまり行われなくなったと考えられる。

③弘治十年～弘治十三年

この時期に再び召対要請が活発化した。その背景としては、弘治十年三月の内閣召対が挙げられる。この召対が行われた背景は不明であり、李東陽も「忽（突然）」[23]と表現している。孝宗が突然行った内閣召対により、召対という手法が現実味をもつようになったことが推測される。弘治十年三月の召対以後、災異発生時に提出された言論において召対の提案がしばしばなされていくようになる[24]。また、弘治十三年には少なくとも内閣や吏部尚書屠滽（一四四一～一五一二、浙江鄞県の人、成化二年進士）・兵部尚書馬文升を実際に召対したことが実録上で確認できる。

④弘治十四年～弘治十七年

この時期は再び召対要請が低調になった時期である。この時期の後半に関していえば、『宣召録』および『燕対録』の記載から、劉大夏に対しては兵部尚書着任以後、内閣に対しては弘治十七年三月以後、何度も召対が行われている。召対要請が低調になった一因は、実際に孝宗が召対を実行しているから要請する必要性がなくなったことが挙げられる。ただし、この時期の前半に関してはもう一つの要因があると考えられ、それについては後述する。

⑤弘治十八年

この年に再び召対要請が増加している。注目すべきは召対の対象である。これ以前の召対要請においては内閣または大臣を召対の対象として挙げる事例が多く見られるが、この年の張津（?～一五一八、広東博羅の人、成化二十三年進士）の請願においては召対の対象を「考満朝覲監牧守令等官（任期満了の報告のために上京してきた地方官）」に拡大することが要請されている。『宣召録』や『燕対録』の召対記録と合わせれば、大臣召対が恒常的に行われており、よってさらに進んでより下級の官僚をも召対対象にすべきだという気運が生じたためと考えられる。

（二）吏部尚書屠滽の失態

以上、弘治朝における大臣召対の要請と実行の概略を述べたが、④弘治十四年～弘治十七年の時期の召対については紆余曲折があったと考えられる。『孝宗実録』および『燕対録』では弘治十三年五月から弘治十七年まで、四年間にわたる内閣召対の途絶期間がある。この途絶期間について、李東陽は弘治十七年三月の召対の記録の末尾に久々の内閣召対であったことを記しており(25)、単なる記録漏れとは考えにくい。

内閣召対の途絶と関連すると思われるのが、弘治十五年六月の礼部の上奏である。礼部は「近年、陛下は常に二三人の大臣を召対していらっしゃり、朝野の者が感動しています。ときには召対でおかしなことをいう者がいましたが、陛下のご明察によって下心を見抜かれ、すぐさま放逐なさったので、天下の人々が称賛しています。陛下にお願い申し上げます。こういう輩のために接見を廃止することなく、さらに回数を増やしてください」と上奏した(26)。ここから孝宗が「近年」に召対を行うようになったこと、そして召対の際になんらかの問題が起きたことがうかがえる。

礼部の上奏で指弾されている人物は弘治十三年五月に致仕（辞任）した元吏部尚書屠滽と考えられる。屠滽の召対時の失態については、いくつかの説がある。まず、『孝宗実録』は屠滽が召対時に科道官批判を展開したために孝宗の不興を買ったという記事を載せる。[27] また、屠滽の神道碑には召対時に戸部尚書周経（一四四〇～一五一〇、山西陽曲の人、天順四年進士）を庇ったため孝宗の不興を買い、致仕に追い込まれたという記載がある。[28] 屠滽の科道官批判と周経弁護は実は同じ現象であり、屠滽・周経は弘治十一年に自殺した宦官李広との関係性を疑われ、[29] 科道官からたびたび弾劾されていた。[30] 科道官批判・周経弁護ともに、屠滽の自己弁護を意味していたといえる。

屠滽の召対時の失態については、もう一つの説がある。陳洪謨『治世余聞』によれば、北辺の官僚の職掌分担の明確化を企図した孝宗が屠滽を接見し、一緒に改革を行おうと命令したところ、屠滽は宦官を憚ってやろうとせず、結局孝宗が一人ですべてを決めることになった。これ以降、孝宗は大臣召対を行うことが少なくなり、重要な問題は自分で決めるようになったという。[31]

どちらの説が真実であるのかは不明であるが、共通しているのは屠滽が召対時に孝宗の不興を買ったことである。また、『治世余聞』記載の内容が真実でなかったにしても、屠滽のせいで大臣召対が減少したというイメージが形成されていた証拠になる。屠滽の召対の場におけるふるまいが孝宗の大臣召対の実行に水を差し、一時的に大臣召対の回数が減る時期があり、ゆえに内閣召対が久しく行われなかったという可能性を指摘できる。

屠滽の召対時における失態は、緊密な君臣関係の構築のための手法として要請されることの多い大臣召対の別の一面を暴露するものでもある。召対された大臣が必ずしも理想の臣下としてふるまうとは限らず、皇帝の方も召対した大臣を尊重するとは限らない。召対という政治手法には、君臣双方にとってメリットもデメリットもあり、召対したからといって理想の君臣関係が構築できるわけではないのである。

三　「弘治召対」の歴史的位置

（一）「弘治召対」のイメージ

それでは、弘治朝の大臣召対に同時代、または後代の人々はどのようなイメージをもっていたのだろうか。まず、孝宗の治世における大臣召対のイメージを端的に表しているのが、前章で紹介した弘治十八年の会試の問題である。内容は歴代の君臣関係を問うものであったが、太祖時代の緊密な君臣関係になぞらえて、孝宗の召対を称賛していた。ここから孝宗の大臣召対が太祖の事績に等しい功績であり、祖宗以来の美事であるというイメージが見てとれる。

次に、後代における弘治朝の大臣召対のイメージについては、現実への批判と現実への称賛という二つの側面がある。この二つの側面を劉大夏『宣召録』を例にして以下に説明する。第一節で述べたとおり、『宣召録』は正徳四年に劉大夏が謫戍先で執筆した。その内容を見ると、他の大臣への批判ともとれる箇所が多い。第六条は劉宇[32]（?～一五一四、河南鈞州の人、成化八年進士）、第十一条は李鐩[33]（一四四七～一五二八、河南湯陰の人、成化八年進士）、第十六条は許進[34]（一四三七～一五一〇、河南霊宝の人、成化二年進士）への批判になっている。劉宇は劉瑾の徒党として入閣を果たし、李鐩・許進も武宗即位後に出世している[35]。『宣召録』は時政批判を多分に含んでおり、孝宗の大臣召対という行為が現実の政治への批判を意図して描かれているといえる。その後、『宣召録』は嘉靖二十四年（一五四五）に出版される[36]。劉大夏の地元である岳州府の知府陸埛（浙江嘉善の人、嘉靖五年進士）は出版に際して劉大夏の功績を顕彰するとともに、現在の皇帝、すなわち世宗の召対をも称賛している[37]。つまり、嘉靖年間の出版時においては現実の政治への称賛を意図して弘治朝の大臣召対がイメージされていたのである。

（二）孝宗の大臣召対の目的

それでは弘治朝における大臣召対ではどのようなことが行われていたのだろうか。以下に、孝宗の大臣召対についての事例を三つ紹介する。

【事例A】（弘治十七年三月）

英宗は皇后銭氏との合葬を望んでいたが、成化年間に憲宗生母周氏の意向により、銭氏と英宗の墓室の間に壁が作られ通行不能にされ、一方、周氏の墓室と英宗の墓室は通行可能という設計にされていた。孝宗は一皇一后という通念から英宗と銭氏を改めて合葬しようとしたが、欽天監の反対に遭う。そこで孝宗は内閣を召対して自らの意向を伝え、廷臣会議が開かれることになる。廷臣会議は孝宗の意向どおりの結論を出す。ただし、結局は欽天監の意向が反映される[38]。

【事例B】（弘治十七年六月）

モンゴル来襲に備え、北辺の軍事を整えるために派遣する人材について、内閣は戸部右侍郎顧佐（一四四三～一五一六、南直隷臨淮の人、成化五年進士）の任命案を作成するが、孝宗は内閣を召対して顧佐では力不足だとする。内閣は人事をやり直して管倉侍郎陳清・刑部右侍郎李士実（江西新建の人、成化二年進士）を提案するが、孝宗は左副都御史閻仲宇（一四四一～一五一二、陝西隴州の人、成化十一年進士）・通政司参議熊偉（江西新建の人、弘治九年進士）を任命する。(39)

【事例C】（弘治十七年七月～十一月）

遼東都指揮僉事張天祥が海西の朝貢使節の殺害を無関係の部族になすりつけて襲撃したのが発覚し、張天祥とその徒党が逮捕され、張天祥は獄死した。張天祥の叔父が冤罪を訴え、東廠は冤罪認定して孝宗に報告する。孝宗は内閣を召対して、事件を会審する意向を見せる。内閣は先送りにしようと掲帖（皇帝に直接届く文書）を書くが、孝宗は内閣が掲帖を代筆させていることを理由に内閣を叱責する。最終的に孝宗の御前で裁判が開かれ、張天祥逮捕にかかわった官員が処分される。(40)

以上の三つの事例について、孝宗が大臣召対を行った目的は【事例A】については自分の意向への賛助を内閣や官僚機構に求めるため、【事例B】・【事例C】については官僚側の決定への異議を唱えるためであった。つまり、その目的は自分の意向を実現することにあったといえる。

もちろん孝宗のすべての召対が自分の意向を押し通すために開かれたとしたらいいすぎかもしれない。しかし、孝宗の大臣召対は宋代の「対」で企図されていたとされる幅広い意見の聴取とはかけ離れていたと思われる。それを端的に示すのが、万暦年間に北京に在住していた沈徳符（一五七八～一六四二、浙江嘉興の人、万暦四十六年挙人）の『万暦野獲編』に記載されている「弘治召対」という逸話である。弘治十年三月に孝宗が突然内閣を召対する少し前、孝宗の義弟張鶴齢を批判した宦官何文鼎が皇后を怒らせ、その結果杖刑に処されて命を落とすという事件が起こった。(41)しかし、内閣は召対時にその事件に対して諫言を呈することはなかったという。(42)

同時代・後代において美事とされる弘治朝の大臣召対であるが、結局は臣下が皇帝に翻意を促すような場にはなりえなかったといえる。

それでは、世宗の大臣召対はどのようなものであったのだろうか。

四　嘉靖初年における大臣召対

(一) 世宗即位直後における召対要請

世宗が即位するやいなや、大臣召対の要請が臣下から沸き上がった。たとえば、吏部尚書王瓊（一四五九～一五三二、山西太原の人、成化二十年進士）をはじめとする九卿（六部の各尚書・都察院左都御史・大理寺卿・通政司使）の連名の上奏文には、大臣を召対して顔を合わせて可否を決めることの要請が含まれており、世宗の返答は彼らの提案を受け入れるものだった。[43]また、同時期に給事中夏言も内閣大臣の召対の要請を行っている。[44]

世宗の即位直後に臣下たちから召対の要請が行われたのは、単に先朝の美談や君臣関係の理想を提唱したからではない。王瓊らの上奏には「かつては皇帝のとりまきがつらなって迎合やおべっかを使って寵愛を争い、先帝を誤らせました」とあり、召対要請の背景には前代の皇帝の武宗の存在があった。夏言は正徳年間の状況を以下のように述べている。

かつては先朝の内外の邪人が要職を占め、君主の耳を塞いで権力を盗み、朝廷の政治は緩み切り、言論は行われなくなりました。すべての上奏文は進呈が遅れたり隠匿されたりして皇帝陛下のもとに届かず、または命令が改変されたりして、ほしいままに詐欺を行い、予奪は不適当になり、刑賞は当を失しました。言官の上奏文についてはほとんどが留中にされ、さらにはお上がお怒りということにして左遷させ、人の口を塞いで二度といえないようにしました。こういうわけで下情は上に通じず、真偽を確かめるすべもなく、政治の根本が乱れ、禍が養成され、祖宗の法の崩壊でこれ以上のものはありませんでした。さらに奇抜なことや猥褻なことでいろいろ誘惑したために、先代皇帝は毎日政治を自ら行わないのはもちろん、儒臣と接見することもなくなり、経筵の中止は何年間にもわたり、月に一度朝廷にお出ましになるのも常に夜だけで、君臣は隔絶状態になってしまいました。このため、恩賞刑罰の権力はすべて邪人の手に落ち、内閣は参与できず、六科は論駁するばかりで、御史は弾劾することができず、六部は反対することができず、綱紀は大いに破壊され、悪党がはびこり、辺境防備が危うくなり、国土に毒を流し、上は天変を引き起こし、下は人心を失いました。十六年間の治世中、大難が続けざまに生じ、社稷に憂いを残し、情報遮断の禍が最高潮に達しました。かつて劉瑾が命令を捏造し、すでに誅殺されましたが、最近では銭寧の自宅から上奏文四十本あまりが発見され、江彬が隠匿した辺境情報は百三十六件、司礼監が隠匿した上奏文はさらに数百件、身震いするほどの詐欺です。おおいなる天のお助けとご先祖の霊のおかげで国家が倒れなかったのはなんという幸運でしょうか。(45)

武宗は宦官の劉瑾やとりまきの武将である銭寧（?～一五二一）・江彬（?～一五二一）らを周りに侍らせる一方で、官僚とは接見することがなく、「君臣隔絶」状態のために真実の情報が皇帝に伝わらず、危機的政治状況になっていたという。

このような臣下の召対要請と呼応するがごとく、即位直後に世宗は内閣に接見していたようである。嘉靖二年閏四月の翰林院編修張潮（一四八五～一五四四、四川内江の人、正徳六年進士）の上奏によれば、「陛下は即位の初め、学問に熱心で自ら政治を行われ、老成の者に接見されていました」という。(46) 実際に、世宗は即位の二日後、文華殿で内閣に接見した。その時の様子は首輔楊廷和が政界引退後に記した回顧録に記されている。それによれば、楊廷和が世宗に対して即位の言祝ぎを行い、世宗もその内容に同意したという。[47]また、当時は内閣と吏部尚書王瓊が朝廷の主導権をめぐり争っており、王瓊が内閣を攻撃すると、世宗は内閣に接見し、「先生たちが国のために勤労していることを朕はよく知っている。安心して仕事するように」という言葉をかけたという。[48]世宗の即位直後には政治問題についての議論が内閣召対という形で行われていたわけではないが、内閣に接見することは確かに実行されていたといえる。

(二) 大礼の議における内閣召対

では、その後に世宗は召対を行ったのだろうか。嘉靖二年正月、給事中鄭一鵬（一四九九～一五五八、福建莆田の人、正徳十六年進士）が次のような上奏を行った。

最近、御史の曹嘉が大学士楊廷和を論じて、内閣の権力が重すぎるといいました[49]が間違っています。我が太宗は初めて内閣を設置し、儒臣解縉ら七人を選抜し、毎日おそばに至らせ、機密を相談して下問を承り、文章を進呈し、長い時間の後にやっと退出できました。[50]陛下の即位後、大臣で接見された者は何人いましょうか。また忠義で正しい議論を陛下に直接申し上げることは祖宗の時のようにできていましたか。往年の宦官の張鋭・魏彬の事件[51]や興献帝の典礼の議論では、陛下は楊廷和らと直接議論されておらず、礼楽刑罰は当を失することが多く、票擬の多くは改変されています。これでは重いとはいえません。[52]

鄭一鵬によれば、正徳年間の宦官の処罰や大礼の議をめぐる議論の際に召対は行われず、そのため政治は当を失することが多いという状況になってしまったという。

その原因は序章で言及した大礼の議の勃発により、世宗と内閣の関係が必ずしも親密なものとはならなかったことである。正徳十六年十一月に御史樊継祖（山東鄆城の人、正徳六年進士）が「最初は閣臣楊廷和らを便殿に召されて彼らと国政の可否を議論されていました。……この数か月、このことは中止されています」と指摘し、[53]嘉靖元年七月には御史陳徳鳴（一四七八～一五四五、江西泰和の人、弘治十一年挙人）も内閣の召対が行われていないことを指摘している。[54]また、試御史朱豹[55]（一四八一～一五三三、南直隷上海の人、正徳十二年進士）、御史王以旂[56]（一四八六～一五五三、南直隷江寧の人、正徳六年進士）、主事霍韜[57]、修撰唐皐[58]（南直隷歙県の人、正徳九年状元）、給事中曹懐[59]（南直隷無錫の人、正徳十二年進士）、御史楊朝鳳[60]（陝西安化の人、正徳六年進士）、刑部尚書林俊[61]（一四五二～一五二七、福建莆田の人、成化十四年進士）が召対を要請していることから見て、少なくとも世宗が召対を日常的に行うことはなくなっていた。

しかし、大礼の議の最中に召対が全く行われなかったわけではない。大礼の議の決着後、張璁らが大礼の議の顛末を編年体で記した勅撰書『明倫大典』には、以下のようにある。

皇帝は即位以来、内閣を専任し、折につけて召対を行った。ある日、楊廷和が召対の場で「大礼は廷議のようにするべきです」と強く要請した。皇帝は「朕は帝位を引き継いだのだから、父母を礼制のとおりに尊崇できるはずだ。しばらく朕の心が落ち着くのを待て」とおっしゃった。[62]

即位直後の召対のなかでこのような問答が実際に行われたのかについては他の史料で裏付けが取れないが、大礼の議に関して世宗は少なくとも四度、内閣を召対している。

【事例①】（正徳十六年七月）

世宗は即位後まもなく実の父母の尊号の策定を礼部に命じていたが、礼部の回答は世宗の意に反し、孝宗を皇考とし、孝宗の皇后張氏を聖母とし、実父母を叔母夫妻とするものだった。正徳十六年七月にこの年の進士の張璁が礼部の覆奏に異議を唱える上奏を行い、その上奏を見た世宗は「この議論が出たからには、われわれ父子の関係は必ず全うできるはずだ」と喜んだという。[63] そして、世宗は内閣（楊廷和・蔣冕・毛紀（一四六三～一五四五、山東掖県の人、成化二十三年進士））に文華殿で接見し、礼部の回答が記された上奏文とそれに対する御批（上奏文に対して皇帝が書きこむ指示）を内閣に渡した。[64] このときは世宗は御批を渡し、「父母以上に親しいものはない」と発言したのみで、内閣は退出後に上奏を行ったのであり、[65] 召対ではなく接見と呼んだ方が適切かもしれない。

【事例②】（嘉靖二年六月十八日）

正徳十六年十月に孝宗皇后張氏の懿旨により世宗の実父母の尊号問題に妥協が図られ、世宗の実父母には「興献帝」・「興国太后」という尊号が贈られた。しかし、嘉靖二年五月に入ると、世宗は実父母の尊号に「皇」字を加えたいという意向を司礼監を通じて内閣に示すようになった。その時ちょうど内閣首輔楊廷和は欠勤中であった。六月に楊廷和が出勤すると、同様の意向の伝達が何度も行われ、司礼監による意向の伝達は合計五度にも及んだ。[66] そして、六月十八日に内閣召対が行われる。当時の内閣には楊廷和・蔣冕・毛紀・費宏の四名がいたが、毛紀・費宏が欠勤中であったため、召対の場である文華殿には楊廷和と蔣冕の二人が赴いた。内閣側の記録によれば、世宗は最初に楊廷和に手勅一通を授け、楊廷和は開封して蔣冕と一緒に読んだ。世宗の手勅には、実父母の尊号に「皇」字を加えることにしたという内容が書かれており、末尾には「二度と固執するな」とあった。読み終わった楊廷和は世宗の意向には死んでも従わないと主張した。世宗は皇帝が実の親を尊重した前例を出し、また父母への孝行という点から称号の改定を行いたいという意向を伝えたが、楊廷和と蔣冕は世宗のいう前例は漢の哀帝[67]（在位：紀元前七～紀元前一）であるから従うべきでないと反駁し、皇帝として政務に励むことこそが孝行だと主張した。議論は平行線のまま長時間に及び、最後に楊廷和は「陛下のお気持ちがやむにやまれぬものであることはわかっています。退出後にまた文書で回答します。陛下はお母さまにお申し上げなさって、お母さまのお気持ちを落ち着かせてください」といった。まわりの宦官は皇帝と内閣の議論の続行を促したが、内閣側が断り、ここで召対は終了となった[68]。

召対の前に楊廷和は「（称号の改定の）実行は絶対だめだし、言葉は過激ではいけない」と発言しており[69]、まさに一触即発の雰囲気のなかで行われた召対であった。そして結局、議論は水掛け論に終わり、世宗も内閣も双方ともにそれぞれの見解を維持するのみであった。

【事例③】（嘉靖三年二月）

その後、世宗は引き続き実父母の尊号に「皇」字を加えようとし、ついには礼部も世宗の意向に妥協する建議を行い、実父母の尊号は「本生皇考恭穆献皇帝」・「本生聖母章聖皇太后」とされることになった。しかし、世宗は尊号の変更だけではなく、「建室」を主張し始めた。「建室」とは歴代皇帝の神位を祀る奉先殿の一室を改修し、実父の神主を祀る部屋とすることである[70]。『明倫大典』には以下のようにある。

皇帝は平台にお越しになり、蔣冕・毛紀・費宏に接見して尊号の加号と建室の議論を命じた。蔣冕は「臣らは陛下が堯舜となることを願っており、漢の哀帝となるのを願っておりません」と答えた。皇帝は「堯舜の道は孝悌だけだ」とおっしゃった。（蔣冕らは）これ以上答えることができなかった[71]。

世宗側の主張を伝える『明倫大典』では世宗の一言でやり込められた内閣の姿が描写されているが、実際には必ずしもそうではなかった。この召対のあとに蔣冕が提出した上奏文によれば、召対の前に一日四度も司礼監が内閣にやってきては皇帝の意向を伝え、召対後も半日の間に三度も司礼監がやってきたという。この問題に関連して司礼監が内閣にやってきた回数は合計で十六〜十七回に及んだ。一方、内閣も世宗に反駁すること数千数百言に及んだという。(72)

【事例③】の召対についても、【事例②】と同じく、何度も司礼監が内閣に世宗の意向を伝達した後で召対が行われている。そして、【事例②】と同様に、内閣と世宗はそれぞれの主張をいい合っただけに終わった。

【事例④】（嘉靖三年七月）

その後、建室を強行した世宗は、実父の神主を奉安する際にその尊号から「本生」の二文字を削除することを主張し始めた。そして、実父の神主が北京に到着する前に、世宗は実母の尊号から「本生」を削除する勅諭をくだす。『明倫大典』によれば、その前に世宗はまず司礼監を通して内閣に意向を伝達したが、内閣は反対した。(73)そこで世宗は平台で内閣（毛紀・費宏・石珤）を召対した。『明倫大典』の記述によれば、世宗は彼らを不忠だとして叱責し、毛紀らは恐れおののいて退出したという。(74)一方、内閣首輔毛紀の上奏によれば、このときの召対は世宗の一方的な叱責に終わらず、内閣は世宗の意向を受け入れられないということをはっきり反論していたという。(75)つまり、【事例④】も【事例②・③】と同じく、世宗と内閣はそれぞれの立場を主張し合い、議論は平行線に終わったのである。

その後に称号の改定を強行しようとした世宗の行動が、大礼の議のクライマックスである左順門事件を引き起こす。内閣首輔毛紀は抗議行動に参加した多数の官員が逮捕されている様子を目の当たりにし、寛大な処置を願う意見を皇帝側に文書で伝えた。しかし、世宗は司礼監を通じて内閣に「毛紀らは内閣にいて機密にあずかる重臣であり、国政のことはすべて、朕は一緒に可否を相談して実行する。どうして朋党と結託して、君主に背いて、私邪に固執してくみするのか。処罰すべきであるが、内閣の人事の時に関係するので、今は何もしない。今後は職分に務めて、今までどおり心を尽くして仕事するように」と伝えるのみで翻意することはなかった。[76]廷杖を阻止できなかった毛紀は、世宗の非を厳しい口調で詰問する上奏を行い、致仕を願った。

思うに、国家の政事の可否を相談し、それから施行するというのは、確かに内閣の本分です。ただ臣は菲才で人望もなく、ご命令を担えません。最近の大礼の議については、平台での召対や司礼監によるご意向の伝達は、どれほど相談に似ているのかわかりませんが、すべてお心から決定され、臣らが申し上げた見解は採用されたことがなく、どうして可否（の相談を）していることがあるでしょうか。昨日の数百人の廷杖については、祖宗以来かつてなかったことで、朝廷の一大事です。すべて宮中からの御批による指示で、臣らは知ることができませんでした。召対は無駄足で、対立は元どおりであるとわかります。切実に慰留されても、その後に詰責されて、臣には国家を思う心はあるのですが、一万分の一でも裨益することがどうしてできましょうか。職分に務めてご意向に沿いたいと思っても、臣はそれができないことを確信しております。[77]

毛紀は大礼の議で世宗が行った内閣召対や司礼監による皇帝の意向の伝達は、見た目は世宗がいうように「可否を相談する」ものであるが、内実はすべて世宗の心によって決定されていると指弾した。そしてこの捨て台詞のような上奏を残して致仕した。

（三）嘉靖初年における召対の目的

以上、大礼の議に関する内閣召対の例を紹介したが、即位当初の世宗の内閣召対の記録としては大礼の議と直接関係しない例が一つある。

【事例⑤】（嘉靖二年九月十八日）

嘉靖元年、科道官が御馬監（馬の管理をする宦官の組織）の草場（牧場）の監査を行ったところ、宦官が不当に土地を強制収容していたことが発覚した。戸部は前任者を追究して処罰すべきだと建議し、内閣は逮捕するという命令案を作成した。しかし、司礼監は世宗が不正行為をした宦官を許したいと思っていると何度も内閣に伝えた(78)。

そして、嘉靖二年九月十八日の文華殿での進講の時間の後、世宗は内閣（楊廷和・蔣冕・毛紀・費宏）に接見した。楊廷和の回顧録によれば、世宗は内閣にこの案件を深追いしないよう命じた。楊廷和らは処罰を行うべきであることを力説した。世宗は、先代皇帝の武宗が管理官に任命した宦官たちは皆解任されていると反論した。内閣は宦官たちが租税をかけるべきではない公地である草場に租税をかけ、しかも徴収した租税を懐に入れていた事実を指摘し、解任済みであっても着服分を返還させるべきだと主張した。それに対し世宗は寛大な処置を指示して召対は終了した。翌日、この問題への世宗の最終判断が下された。楊廷和は「前任者たちにそれぞれ給料減額などの処罰を与えるというもので、逮捕を免れたとはいえ、法は正しく施行された」と自分たちの召対の成果を誇っている(79)。

この召対については『世宗実録』に記録されていない。ただし、事件に関係した宦官に下された処分は記録されており、主犯格は二級降格、他は処分なしまたは罰金となったという(80)。この召対においては、宦官を深く追究しないでおこうとする世宗に対し、内閣は弁舌を尽くして反論したが、実際に宦官に下された処分は内閣が要求する逮捕ではなかった。楊廷和は召対の成果を強調してはいるものの、内閣側の要求に比べればやはり

「寛大に処置せよ」という世宗の主張が通ったといえる。

また、実際には召対が行われなかったが、内閣が召対の開催を予測した事案が一例ある。

【事例⑥】（嘉靖元年十一月十九日）

嘉靖元年十一月、世宗の祖母寿安皇太后邵氏が亡くなった。邵氏の葬礼をどうするかをめぐり、憲宗の貴妃として処遇しようと考える内閣と皇帝の祖母として処遇しようとする世宗の間に見解の相違があり、特に服喪期間について内閣は十三日、世宗は三年を主張した。司礼監の宦官たちが内閣にやって来て世宗の意向を伝えたが、内閣は反論し、議論は平行線に終わった。まもなく、文華門に内閣を召し出す命令が伝えられた。楊廷和は世宗が直接話し合おうとしていると思ったが、その場に行ってみると司礼監の宦官に「皇帝は先生方の言葉に従うつもりだが、ただ十三日を二十七日と改めたい。異論のないように」と伝えられ、世宗と顔を合わせることはなかった。内閣と司礼監の議論はなおも続いたが、司礼監が「皇帝のご意向はすでに定まっているから、我々はもう何もいえない」といって議論は終わった。結局、葬礼は宮中では二十七日の喪、外朝では十三日の喪と決定された。楊廷和は回顧録のなかで「（皇太后の礼よりも）低くしたという義を表している」と評しているが、二十七日の喪は宮中では実行されており、内閣が文華門に召された時点での「十三日を二十七日に改めたい」という世宗の意向は堅持されたともいえる(81)。

以上六つの事例から、嘉靖初年における内閣召対について三つの傾向が浮かび上がる。まず、召対の前に再三にわたって司礼監が内閣に世宗の意向を伝達している点である。次に、召対の場では世宗と内閣がそれぞれ自分の主張を行い、水掛け論に終わっている点である。そして、最終的な決定はほぼ世宗の意向どおりになっている点である。つまり、世宗は内閣が自分の意向どおりに動かないときに司礼監に何度も自らの意向を伝達させ、それでもうまくいかないときに内閣召対を行っていたことがわかる。毛紀が辞任に際して世宗がすべて自分の心で政策決定をしていると批判したが、世宗の内閣召対の結果がそのようになったのはある意味当然である。嘉靖初年における世宗の内閣召対は、世宗が自分の意向を実現するために行っていたからである。

おわりに

本書では史料制約はあるものの、孝宗の大臣召対および嘉靖初年の世宗の内閣召対についての検討を行った。同時代においても後代においても「美事」として評価されてきた孝宗の大臣召対について、その実行頻度以外の問題点が存在することが明らかになった。屠滽の召対時の失態をめぐる一件を通じて、大臣召対の実行が必ずしも理想の君臣関係の構築に役立たないという側面が浮かび上がった。また、孝宗の大臣召対の目的は、基本的には自分の意志の実現のために行われたものであるということが判明した。そして、大臣召対の目的が皇帝の意志の実現であることは、嘉靖初年の世宗の内閣召対にも共通していた。つまり、個性の異なる孝宗の大臣召対と世宗の内閣召対は、その目的と内容から見れば、実は近似した部分が多いといえる。また、皇帝の大臣召対の目的が皇帝の意志の実現にあることは、【事例⑥】で楊廷和が召対を予想したように、臣下にも共有されていたことがうかがえる。

大臣召対が君臣間の政治議論を目的とせず、皇帝の意志の実現を目的とした原因として考えられるのが、明代の召対には制度的な裏付けがなかったことである。召対は美事というイメージを保持する一方で、制度化されることはなく、孝宗も世宗も任意で行っていた。召対の時間も対象も皇帝自身が選択した。大臣召対はいわば皇帝の政治手法のオプションの一つにすぎず、皇帝側のオプションである限りは皇帝側の意志に左右されるほかはない。そのため、明代においては皇帝が大臣召対という政治手法を選択した時点で、その後の政治過程は似たようなものにならざるを得ない。つまり、明代の皇帝政治は他の時代に比べて過度に皇帝の意志に依存する構造になっていたといえる。大臣召対という政治手法は、君臣関係の親疎とは無関係で、明代における皇帝の絶大な権力を可視化する装置であったと位置づけられよう。

このように皇帝の意志を中心として成立している明代の皇帝政治の構造について、疑問に思われるのが、それほど絶大な権力をもっている皇帝がなぜ召対などの政治手法をとって自分の意志の実現をはからなければならなかったのかということである。政策の最終決定権が皇帝にあり、内閣や官僚が反論しても結局は皇帝の意志どおりにことが進むのであるから、皇帝はわざわざ政治オプションを駆使する必要もないだろう。しかし、現実には孝宗も世宗も召対という手法を通して、自己の意志の発現を求めた。この現象を理解するためには、皇帝が政策決定をどのように考えていたのかを知る必要がある。それについては次章において論じる。

注

（1）孝宗の治世については古くから「弘治中興」として評価されてきたが、それほど評価に値しないとする見解もある。「弘治中興」に対する様々な見解については、趙永翔（二〇〇九）参照。

（2）宋代については平田（二〇一二）、清代については水盛（二〇一三）参照。

（3）櫻井（一九九二）。

(4) 平田(二〇一二)。
(5) その背景には明代の政治が他の時代以上に文書行政に依存して行われたことが指摘できる。李小波(二〇一七)参照。
(6) 王其榘(一九八九)一四五~一五七頁、櫻井(一九九二)一六~一八頁、大石(二〇〇五)五四~五八頁。
(7) 大石(二〇〇三)。
(8) 『孝宗実録』「修纂凡例」「一、凡文武大臣有宣召論問、皆書。」
(9) 『孝宗実録』巻一六一、弘治十三年四月癸丑条「監察御史劉芳等、以災異言十事。……一、勤顧問。謂、「近者、兵部尚書馬文升、蒙賜召対、中外伝頌、群情大悦。……」。」
(10) 『孝宗実録』巻二一五、弘治十七年八月丁亥条「早朝畢、上起立、召吏部尚書馬文升・左侍郎焦芳・左都御史戴珊・右都御史史琳、退至煖閣前面諭。……自是、毎有政務、時召諸大臣面諭、因事論事、従容詳悉、動数十百言、不能悉記。」
(11) 王樵『方麓集』巻一六「古之治朝、未有不以親賢納諫為先、大臣之賢者、宜常賜召対。我太祖、一日三朝、無論小官遠臣、雖糧長耆民、皆得面見尽言。永楽・仁・宣・英・孝五朝、君臣之間、可謂親密無間。見于楊文貞公三朝聖諭録・李文達公天順日録・劉忠宣公宣召録・李西涯燕対録之所載者、可以想見当時上下之交也。」
(12) 『明史紀事本末』が何に基づいて『宣召録』記載の召対の年月を決めているのかは不明。劉大夏の年譜(劉世節『劉忠宣公年譜』)とは配列を異にする。
(13) 劉大夏『宣召録』「弘治十四年以後、大夏誤蒙孝廟眷顧、宣召無時、面聆聖諭最多。当時疏懶、退而未能随録于私。及正徳初、史局修実録、嘗以此見索、而倶有時忌、未敢録奉。帰田以後、百事倶為游楽所奪。近于謫居閑暇思索之、十不得其一二矣。」
(14) 当時の政治混乱の状況については阪倉(一九八三)参照。
(15) 呉晗(一九五六)二〇四~二〇七頁参照。
(16) 李東陽の本籍地は湖広だが、皇帝の親衛隊である錦衣衛の家系であり、実際には北京出身である。
(17) 李東陽『懐麓堂続稿』文続稿巻三「燕対録序」「毎敷対之暇、退而記憶、謹書于冊、以紀聖徳、存故典。」
(18) 李東陽『燕対録』弘治十七年三月十六日「臣健等倉卒不解上意、但応曰、「唯唯」。退思之、蓋止容二分、而孝荘尚未配食也。」
(19) 『孝宗実録』巻二二〇、弘治十八年正月辛丑条「太子太保戸部尚書兼謹身殿大学士李東陽、以病在告満三月、移文欲如例住俸。」
(20) 第一章注(33)参照。
(21) 経筵については尹貞粉(二〇一一)、午朝については櫻井(一九九二)一六頁参照。

（22）以上の政治状況については前掲注（6）および注（21）参照。

（23）李東陽『懐麓堂続稿』文続稿巻三「燕対録序」「丁巳之夏、忽遣司礼監、宣至平台、上取諸司題奏、質問可否、令各擬票、面賜裁決、親御宸翰、批而行之。」

（24）災異が起こると朝廷はその原因＝悪政を指摘する上奏を提出するよう命じる詔を出す。たとえば、弘治十一年（一四九八）十月十二日、清寧宮で火災が発生した（『孝宗実録』巻一四二、弘治十一年十月甲戌条）。そのため、孝宗は悪政を指摘する上奏を提出するよう命じる詔を出した（『孝宗実録』巻一四二、弘治十一年十月丁亥条）。【表三】の礼科給事中呉仕偉と翰林院検討劉瑞の上奏はその詔に応じたものである。

（25）李東陽『燕対録』弘治十七年三月二十五日「蓋自丁巳之召、不奉接者、已閲八年。」『孝宗実録』巻二〇九、弘治十七年三月癸未条「蓋自庚申之召、不奉接者、已閲五年。」『燕対録』と『孝宗実録』では前回の内閣召対を弘治十年とするか弘治十三年とするかで食い違いがある。

（26）『孝宗実録』巻一八八、弘治十五年六月癸卯条「礼部以四川災異言五事。「一、広延接。近歳皇上常召対二三大臣、朝野歓動、間有售姦者、仰頼聖明、洞見腑肺、即斥遣之、天下称快。尤望皇上、不以此輩而廃召見、益加訪接。……」。」

（27）『孝宗実録』巻一六二、弘治十三年五月乙亥条「司礼監太監陳寛伝旨、「近日因召吏部尚書屠滽、諮以銓衡政事、而滽輒奏向日科道言臣事皆挟私爾。科道職司耳目、如何不察是非、軽率妄奏、其具実以聞」。於是、滽亦惶懼謝罪。上曰、「屠滽召見奏対、輒言己事、不達大体。既服罪、姑貸之」。」

（28）李東陽『懐麓堂続稿』文続稿巻八「明故光禄大夫柱国太子太傅吏部尚書兼都察院左都御史致仕進階特進栄禄大夫贈太保屠公神道碑銘」「庚申、周文端以戸部尚書致仕、公因召対言、「周経不宜退」。雖忤旨不変、因乞致仕。」

（29）李広は方術によって孝宗の寵愛を得ていたが、太皇太后周氏に憎まれて自殺した。自殺後に李広の自宅を捜索したところ、賄賂を送った官僚の名簿のリストが発見された。陳洪謨『治世余聞』上篇巻二参照。

（30）『孝宗実録』巻一四三、弘治十一年十一月癸卯条、巻一四五、弘治十一年十二月丙申条、巻一六二、弘治十三年五月戊寅条。

（31）陳洪謨『治世余聞』上篇巻二「上厭閹豎専擅、将責任大臣。乃御文華殿、召吏部尚書屠滽謂曰、「治国以禦辺為急、禦辺以糧餉為要。今各辺総督糧草官、若侍郎・参政・都指揮各一員、都是混管、不分勤惰、以致功罪賞罰、往往失当。老尚書与朕分派地方、使各有所総、而勤惰功罪、因有可考、賞罰亦可施行」。即授簡与滽、滽慙赧、久不能対、閹豎皆掩口窃笑。上復謂滽曰、「汝畏人怨耶。朕将自定之」。即将戸部侍郎使統千里、参政・都指揮各統数百里。命自大同・宣府抵寧夏、溪山険阻、某処則搭木乗渡、某処則作梯飛輓、庶士卒不疲、而糧餉易集。睿算井井、若目中事。而侍郎等皆悦服、領勅而去。滽亦賜茶、命還部。上既入内、以滽不副旨、怏怏終夕。至是、召見大臣鮮矣。凡遇大事、上径自裁之。」

(32) 劉大夏『宣召録』「上曰、「内閣近臣、如太学士劉健、亦尽可与計事、但他門下人太雑、他嘗独薦一人、甚不合朕意」。上不言其薦之人姓名、大夏等亦不敢問。明日、与司礼太監陳寛相会、詢之、寛亦不知。既而対予二人曰、「劉先生嘗説、見任副都御史劉宇才可大用、上不答。先生疑上聴之未真、重挙其人言之、上竟未之答、或者是此人未可知」。」

(33) 劉大夏『宣召録』「公卿中一人善結納嬖近、毎于上前誉其才能。一日、上諭大夏曰、「聞某極有才調」。大夏仍不敢対。上諭其意、復大声曰、「工部侍郎李、爾知之否」。大夏仍未敢対。上諭其意、遽笑曰、「朕惟聞其人能干辦耳、未暇論其為人也」。大夏叩頭曰、「誠如聖諭」。」

(34) 劉大夏『宣召録』「上召大夏与都御史戴珊議論人物。大夏言及進、上曰、「内閣学士劉健屢挙此人、朕已熟察之矣。其人好作威福、要虚名、無誠心為国家。在陝西巡撫時、与鎮守内官同游秦王内苑、厮打堕水、遺国人之笑。及任戸部侍郎、令他参賛北征官軍、惟以参奏総兵等官為事、不能画一策以裨軍旅、因其誤事、所以退他。這等何以称為人物」。大夏叩頭不敢復言。珊退、亦以此見咎。時、予雖口諾、而心猶未然。及予帰田後、進已大用。夷考其人所終始、敬服先帝之明于知人、非尋常所及也。」

(35) 阪倉（一九八三）によれば、許進は官僚と宦官の対立が激化するなかで穏健派の立場をとっていた。なお、李鐩・許進ともに『宣召録』執筆当時は失脚している。

(36) 陸埛「宣召録引」（嘉靖二十四年四月一日、『劉大夏集』収録）「西涯李文正公燕対録、今与三朝聖諭録幷伝。乃東山劉忠宣公有宣召録、蔵于家、人未睹也。忠宣孫如訥者、始奉以示埛而敬為刻之。」ただし、陳洪謨『治世余聞』（正徳十六年成立）に『宣召録』所載の記事と同様の内容の文章が収録されているため、刻本の成立は嘉靖二十四年であったとしても内容は正徳年間にすでに流通していた可能性もある。

(37) 陸埛「宣召録引」「若夫今日主上、親賢図治、宵旰孳孳、追逐唐虞、而光隆宗祖、斯又千載一会。二三元老、尚有濡筆、以続忠宣云。」

(38) 『孝宗実録』巻二〇九、弘治十七年三月丁丑条、癸未条、李東陽『燕対録』弘治十七年三月十六日、二十一日、二十二日、二十五日。

(39) 『孝宗実録』巻二一四、弘治十七年七月甲午条、李東陽『燕対録』弘治十七年六月二十五日。

(40) 『孝宗実録』巻二一四、弘治十七年七月癸卯条、巻二一八、弘治十七年十一月乙未条、李東陽『燕対録』弘治十七年七月十五日、十七日、十八日。顛末は『明史』巻一八〇「王献臣伝」にまとめられている。

(41) 韓邦奇『苑洛集』巻一九「見聞考随録」「弘治中、国戚張鶴齢、時入禁宮侍宴。太監何文鼎戒鶴齢曰、「祖宗有法、非内官入此門者、許諸人斬之。国舅再無入」。鶴齢不悛。一日、復入侍。文鼎仗剣立門外曰、「今日必誅鶴齢」。内使密報、上命縛文鼎。鶴齢既出、上面訊文鼎曰、「汝内臣、安能如此。是誰主使」。文鼎曰、「主使者二人、皇上亦無如之何」。上曰、

「彼為何人、而我無如之何」。文鼎曰、「孔子・孟子」。上曰、「孔孟古之聖賢、如何主使」。文鼎曰、「孔孟著書、教人為忠為孝。臣自幼読孔孟之書、乃敢尽忠」。上怒、命武士瓜撃之。文鼎病瘡死。」

(42) 沈徳符『万暦野獲編』補遺巻二「弘治召対」「弘治十年三月、経筵畢、召対大学士徐溥・劉健・李東陽・謝遷商議処分本章。史謂、「宣召顧問、実始於此」。先一日、刑科都給事中龐泮等・監察御史黄山等、論救内臣何文鼎、素著狂直、請宥其罪。上厳旨切責謂、「事在内廷、何由而知、令其回話」。次日、四臣召対、而不敢及此事。召対之次日、礼部主事李昆・吏部主事呉宗周、又各特疏力救何文鼎、上報聞而已、四輔臣終無一言。蓋、鼎疏正糾張鶴齢兄弟涵濁宮闈、中宮方盛怒、必欲殺之、以故大臣杜口。文鼎竟死於杖下、焉用彼相哉。其負孝宗恩礼甚矣。」

(43) 『世宗実録』巻一、正徳十六年四月丁未条「吏部尚書王瓊及九卿等官会疏言、「……願陛下、励精初政、率由旧章、取祖訓一書、日夕観覧、守以為法、退朝之暇、親裁章奏、或召見大臣、面議可否、挙経筵日講之儀、以緝熙聖学、慎内外輔導之選、而黜遠憸壬。往者、佞倖搆連、争以逢迎諂諛相尚、窃籠希福、陥先帝於有過。此前車之輟《ママ》、鑑不在遠、毋或弗慎厥始、復啓厲階」。疏入、上曰、「遵祖訓、召群臣、経筵日講、任賢黜邪、皆新政所最切。朕将勉行之」。」世宗の即位は四月癸卯（二十二日）であり、この記事は即位の四日後付けということになる。

(44) 『世宗実録』巻一、正徳十六年四月戊申条。

(45) 夏言『桂洲奏議』巻二「請遵祖訓以端政本疏」「頃、縁先朝内外姦人、交通盤拠、蒙蔽主聴、窃弄威柄、朝政廃弛、言路靡通、将一応章奏、或遷延沈匿、不与聞達、或捏改旨意、肆為欺罔、以致予奪非宜、刑賞失当。及至言官論列、又多留中不出、甚者仮以朝廷震怒、動遭譴謫、箝制人口、不復敢言。是以下情不能上通、真贋無従辨詰、紊乱政本、養成禍機、壊祖宗法、莫大於此。重以奇邪淫巧、百爾誘惑、使先皇帝、既不得日親万機、又莫与儒臣接見、経筵輟講、積有歳年、浹月臨朝、恒以昏暮、君臣隔絶、形跡疏遠。由是、威福大権尽堕姦人之手、内閣莫獲参預、六科徒事論駁、御史無能糾察、該部不敢執奏、紀綱大壊、姦党横行、蓄患辺防、毒流海内、上干天変、下失人心、十六年中、大難継作、貽憂社稷、壅蔽之禍、茲亦極矣。如先年劉瑾、捏写旨意、既已伏誅、而近日銭寧家、又復捜出題奏本四十余件、江彬阻抑辺情本一百三十六件、司礼監隠蔵不報本又数百件、似此欺蔽可為寒心。尚頼皇天眷祐、宗廟有霊、社稷不致顛危、乃真幸耳。」なお、陳時龍（二〇一四）は夏言が内閣を信任するよう請願した上奏文が夏言の奏議には記載されていないとする。確かに『四庫全書存目叢書』収録の夏言の奏議には記載されていないが、不正確である。夏言の奏議の版本には大別して江西本、田汝成本、王言本、呉春本、乾隆本という五つの版本があり、このうち『四庫全書存目叢書』に収録されている呉春本だけがこの上奏文を収録しない。詳しくは本書附論一参照。

(46) 『世宗実録』巻二六、嘉靖二年閏四月辛亥条「陛下践祚之初、勤学親政、召見老成。」

(47) 楊廷和『楊文忠三録』巻四「視草余録」「正徳十六年四月二十四日午前、召臣廷和・臣冕・臣紀、見於文華殿。臣廷和致詞云、「陛下順天応人、為天下臣民之主、初至行宮、雨沢随降、一登宝位、天日開明、可見宗社万万年之慶」。上曰、「先生毎説的是、知道了」。臣等叩頭、訖。臣廷和又致詞云、「伏望陛下、敬天法祖、修徳愛民、任賢納諫、講学勤政、建立万万年太平之業、臣等不勝幸甚」。上曰、「先生毎説的是、知道了」。臣等又叩頭、訖。上賜酒饌、又叩頭、訖。方退、進掲帖謝恩。」

(48) 楊廷和『楊文忠三録』巻四「視草余録」「正徳十六年四月二十九日、上因王吏部奏廷和、召臣廷和・臣冕・臣紀、見於文華殿。臣等叩頭、訖。上諭曰、「先生毎為国勤労、朕悉知之、宜安心辦事」。臣等叩頭、訖。謝云、「陛下聖政更新、臣等奉行、唯知守法、不顧怨謗、以致流言。上頼聖明、慰諭照察、臣等不勝幸甚」。上復宣諭云、「知道了」。賜茶而退。」

(49) 『世宗実録』巻二二、嘉靖二年正月丙辰条。曹嘉（陝西寧州の人、正徳十二年進士）の楊廷和批判については、曹永禄（二〇〇三）一六五～一六六頁参照。

(50) 太宗の内閣設置の目的については高橋（二〇一二）参照。

(51) 張鋭・魏彬ともに正徳年間の宦官であり、世宗の即位後、罪に問われていた。

(52) 『世宗実録』巻二二、嘉靖二年正月戊辰条「頃、御史曹嘉論大学士楊廷和、因言内閣之権太重、非也。我太宗始立内閣、簡儒臣解縉等七人、日造扆前、商機密承顧問、進呈文字、率漏下数十刻、始退。自陛下即位、大臣蒙宣召者凡幾、亦有以忠讜之論、面陳陛下、如祖宗時乎。如往年張鋭・魏彬之獄、興献帝典礼之議、陛下未嘗召廷和等面論、使礼楽刑罰、多所失中、諸凡票擬、中多更定、此未可以謂之重也。」

(53) 『世宗実録』巻八、正徳十六年十一月甲寅条「山西道監察御史樊継祖疏陳四漸。略曰、「……初、特召閣臣楊廷和等於便殿、与之議国政可否……夫何数月以来、茲典中輟。……」」。

(54) 『世宗実録』巻一六、嘉靖元年七月丙午条。

(55) 『世宗実録』巻八、正徳十六年十一月丁丑条。

(56) 『世宗実録』巻一〇、嘉靖元年正月丁卯条。

(57) 『世宗実録』巻一〇、嘉靖元年正月己巳条、霍韜『渭厓文集』巻一「嘉靖三劄・第三劄」。

(58) 『世宗実録』巻二六、嘉靖二年閏四月丁卯条、賀復徴『文章辨体彙選』巻一一〇、唐皐「崇一徳以享天心疏」。

(59) 『世宗実録』巻二七、嘉靖二年五月癸未条。

(60) 『世宗実録』巻二八、嘉靖二年六月癸卯条。

(61) 『世宗実録』巻二九、嘉靖二年七月庚寅条、林俊『見素集』奏議巻七「奏乞致仕第八疏」。

(62) 『明倫大典』巻三、正徳十六年六月己亥条「上自登極、専任内閣、亦不時召対。一日、廷和因入対力請、「大礼当如廷議」。上曰、「朕入奉大統、謂得尊崇父母、誠如礼制。姑待朕心少釈也」」。

(63)『世宗実録』巻四、正徳十六年七月壬子条「及得璁奏、喜曰、「此論一出、吾父子必終可完也」」。

(64)蒋冕『湘皐集』巻三「再封還御批題本（正徳十六年七月十八日）」「近日、臣等恭詣文華殿、進呈祖訓序文直解、伏蒙皇上賜茶、且進臣等於黼座之前、特以礼部会官所議称号一本并御批旨意、授与臣等。臣等退而伏読、仰見皇上欲擬尊崇所生。先論臣等、猶有従容商量之意、則聖心於此必有不能自安者。又御批首言、「卿等議得是。朕已知悉」。則多官所議者、皇上亦未嘗不以為是也。既是其所会之議、又悉其所議之情、由人而験之身、因今而準諸古。凡古人所評、自昔人君於彼所生至恩、所後大義、其称呼之別、礼儀之等、有一定而不可易者、皆莫逃於聖鑑矣。特以聖孝本於天性、至統至篤、所以御批旨意既謂、「父母生育之恩、時不能忘」、又面諭臣等謂、「至親莫如父母」」。

(65)『明倫大典』巻四、正徳十六年七月甲子条。

(66)蒋冕『湘皐集』巻四「召対平台後題本（嘉靖二年六月十八日）」。

(67)漢の成帝（在位：紀元前三三～紀元前七）は息子がいなかったため、弟の定陶王（?～紀元前二三）の息子を養子に迎えた。これが漢の哀帝である。哀帝は即位後、実の父を尊崇するために定陶王に「恭皇」という称号を奉った。

(68)蒋冕『湘皐集』巻八「召対平台」「是日、朝罷。召臣廷和・臣冕、由東角門入至平台、謹身殿東、後左門之左也。上御煖閣、及門、張司礼佐承旨呼来臣等、応之如文華殿後日講之儀。入門叩頭者三。上曰、「前」。乃稍進、去御座僅尺許。上親授臣廷和手勅一通、諭臣等曰、「是孝道事、先生毎将去行」。臣等叩頭、訖、共展読之。其辞曰、「諭大学士楊廷和等。朕承天命、入奉宗祧、自即位以来、奉天法祖、恭侍両宮、日勤政事、未敢一時怠忽。朕本生父興献帝・母興国太后、雖帝后之称、礼養於天下、未遂朕心矣。今尊朕父興献帝為興献皇帝、母興国太后為皇太后、其尊号字称并勅諭、卿等便写擬来看施行。朕以答劬育罔極之恩、安治天下、卿等其承之、再勿固執、宸翰也」。臣等又叩頭、訖。臣廷和言曰、「臣等欽承上命、敢不遵奉。但此大礼関係万世綱常、在舜禹之聖、皆不曽行。陛下有舜禹之資、臣等不以舜禹所行、事陛下、是不忠也。臣等平日議論已尽、雖死不敢奉命」。上曰、「自古亦有行者」。臣冕曰、「古来惟漢哀帝曽行。陛下不法舜禹、如何学漢哀帝。然哀帝亦止称定陶共皇、未曽有称帝者」。臣廷和言、「哀帝是衰世庸君、不足為法。臣等望陛下、惟法舜禹。臣等自正徳十六年三月十四日、言之至今、使若可行、臣等当先事奏請、上以慰皇上孝心、下以尽臣子職分、何待煩労聖意也」。上曰、「朕授天命、継大統、要為父母尽孝道」。臣冕言、「天子之孝、在於承宗祀、安社稷。陛下承太祖・太宗・孝宗・武宗之統。興献帝与興国太后、称帝称后、已極尊崇、今止譲一皇字、少見大宗小宗正統本生之別。若再有所加、祖宗在天之霊、必不能安、恐興献帝神霊亦必不能安也」。臣廷和言、「去年帝后尊号之加、外議至今未已、臣等心尚未安。若再有所加、未免損聖徳、虧聖政。臣等輔弼之臣、将欲何用」。上曰、「朕心只在尽此孝情」。臣廷和言、「連日司礼監官伝諭聖意、委曲詳尽、臣等倶已知之。孝道莫大於尽礼、孔子告孟懿子問孝只説、「生事之以礼、死葬之以礼、祭之以礼」。若違悖於礼、豈得為孝。凡人皆随事尽得本等職分、皆可称孝。古人以事君不忠、戦陣無勇、為不孝。蓋為不能尽本等職分也。陛下敬天法祖、用賢納諫、愛養軍民、全尽君道、即是孝之大者」。上曰、「朝廷政事、朕不曽怠忽了」。臣冕言、「陛下勤政事、便是大孝的事」。臣廷和又言、「陛下順天応人、入継大統、為天下臣民之主。若此等大礼所行未当、則上無以合天心、下無以服人心、誠恐聖心亦自不安、臣子之心皆不安也。臣等恭奉聖諭、措身無地、豈敢固執、亦知陛下之心、有大不得已者。容退後再進掲帖。陛下従容啓知興国老娘娘、以安老娘娘之心」。張司礼佐等跪云、「到下面再議」。臣冕云、「臣等言□已尽、更無他議」。諸司礼皆跪、頼太監義云、「叩頭、叩頭」。臣等叩頭、訖、命賜酒饌。臣等又叩頭、訖、遂奉勅諭出。諸司礼皆出門送、挙手相揖。」楊廷和『楊文忠三録』巻四「視草余録」とほぼ同内容である。なお、この召対の事例は『世宗実録』には見えず、『明倫大典』にも対話の詳細は記録されていない。『明倫大典』巻九、嘉靖二年六月丁巳条「上御平台、召楊廷和・蒋冕・毛紀・費宏、授以手勅、面諭欲加称興献帝為興献皇帝、興国太后為皇太后。廷和等退而上言、……」

(69) 蒋冕『湘皐集』巻八「召対平台」「初承召時、王文書平導之入且行。廷和私語冕曰、「此為大礼也。事必不行、言不可激」。冕以為然。」

(70) 奉先殿や建室については本書第三章第一節参照。

(71) 『明倫大典』巻一〇、嘉靖三年二月壬戌条「上御平台、召蒋冕・毛紀・費宏諭、加尊号及議建室。冕対曰、「臣等願陛下為堯舜、不願為漢哀帝」。上曰、「堯舜之道、孝弟而已」。倶不能復対。」

(72) 蒋冕『湘皐集』巻七「自陳失職求罷疏」「両月以来、我皇上欲加称本生父母尊号、□□建室礼儀、尊号勅諭已行、恭上冊宝、亦択定日期、固無容議。惟建室之議、今猶未有当上意者、方勅旨之未行也。伏蒙皇上召諭平台、又累遣司礼監太監張佐等至内閣宣諭、前後多至十六七次、臣与同官毛紀・費宏反覆論奏数千百言、大略謂、皇上命加尊号之初、佐等奉命、一日之内、四次至閣、及召諭後、半日之間、又三次至閣、其時皆有非常風霾之変。」

(73) 『明倫大典』巻一五、嘉靖三年六月戊午条。

(74) 『明倫大典』巻一五、嘉靖三年七月乙丑条「上御平台、召毛紀・費宏・石珤、切責之曰、「此礼当速改、爾輩不能以忠事君、如何可以礼待爾」。又曰、「爾輩為無君之臣、如何使朕為無父之子」。紀等惶怖而退。」

(75) 毛紀『辞栄録』「哀病不職懇乞休致疏（嘉靖三年甲申七月。時為少保兼太子太保吏部尚書謹身殿大学士）」「是日、蒙召臣同費宏・石珤至平台、俯賜清問、欲更易尊号冊文。聖諭丁寧良久、臣等具奏、以事関宗廟、未敢祗承。愚懇雖切、而天聴未回。」

(76) 毛紀『辞栄録』「再陳懇悃乞允退休以全晩節疏」「命下之日、臣猶臥病牀蓐、即蒙遣鴻臚宣召、中使催趣至再、臣力疾扶掖入朝。時方逮繫諸言事之臣、候罪闕下、観者如堵、人情危懼之甚、臣心驚怖、如蹈湯火、随具掲帖、上請少霽天威、急収人心。適司礼監伝奉聖旨、「毛紀等既居内閣、密勿重臣、凡国政事、朕与商確可否施行、如何信結朋奸、妄背君事、執与私邪也。当治究、干係内閣用人之際、姑従罷。今後務着勉修職業、照旧用心辦事」。」

(77) 毛紀『辞栄録』「再陳懇悃乞允退休以全晩節疏」「切思、国家政事、商確可否、然後施行、誠内閣本等職業。但臣才疎望浅、不能仰承明命、如近者大礼之議、平台召対、司礼伝諭、不知其幾似乎商確、而皆断自聖心、臣等所陳愚見、未蒙允納、何可否之有。至於昨日笞罰廷臣、動至数百、乃祖宗以来、所未有者、亦朝廷之大事也、皆出於中批、臣等不得与聞。是知宣召徒勤、而扞格如故、慰留雖切、而詰責随加、微臣雖有体国之心、何能自尽上裨於万分之一、欲求勉修職業、以仰副聖諭、臣愚誠自信其不能也。」

(78) 楊廷和『楊文忠三録』巻四「視草余録」「嘉靖初元、有旨命科道部属官、査勘御馬監草場地。踰年、尽得其奸私状以奏。戸部覆議、請追罪其旧任者。疏下閣中、擬旨逮問。司礼監伝諭上意、欲宥之、往反数四、執如初擬。」

(79) 楊廷和『楊文忠三録』巻四「視草余録」「九月十八日、文華殿日講罷、既出屏外、復召臣廷和・臣冕・臣紀・臣宏進至御榻前、諭曰、「草場旧事、不必深究」。臣廷和曰、「此一事最為先朝聖政之累、場地連跨三四州県、典守者不遵旧額、侵占官民田土幾万頃、発人墳以千数、所在軍民、至今怨入骨髄、事雖已往、不罪之、無以示戒将来」。三臣以次而対。皆謂、「草場歳租銀不下数万余両、尽為掌監事者侵用、利帰於下、怨在朝廷、不可不罪」。上曰、「草場地伝自累朝、谷大用等皆先帝所命、今倶斥逐去任矣」。臣等対曰、「先帝之命、本欲其奉公守法、不使之害衆斂怨。況官地本以牧馬、不使之収租、収租又不以給公事之用。官雖去任、贓須還官。今勘官及戸部所奏、皆是体国之誠、非有他也」。上曰、「朕已知之、須従寛処」。臣等辯論再四、其言多不能悉記。明日内批、旧任各官降秩罰治有差、雖免逮問、而法亦正矣。臣等奏対之際、仰瞻玉容和霽、天語温厚、略無所忤、真聖明之度也。」

(80) 『世宗実録』巻二一、嘉靖二年九月辛卯条。

(81) 楊廷和『楊文忠三録』巻四「視草余録」「嘉靖元年十一月十八日、寿安皇太后崩逝。蕭司礼伝上意、欲頒遺詔、且手持一黄揭帖曰、「此已有稿、第欲先生潤色之」。予云、「遺詔止行於宮中、先伝旨諭礼部具喪礼儀注可也」。蕭去。予遂与同官言曰、「遺詔在寿安未宜」。皆以為然。予又曰、「三年之喪亦不可行」。礪菴曰、「且先議服制、服制定乃議其他」。因取会典、摘大明律令孫為祖服斉衰期年之文相示。又取孝粛・孝貞大喪礼儀注閲之。予曰、「内廷一応祭奠、皆如旧儀、不可減、外廷之礼、皆殺之。服以十三日而除」。遂擬勅諭進呈。敬所謂、「有勅諭、可以止遺詔矣」。明日早、掖門未啓、散本官趣予輩入、索遺詔。予曰、「昨已進勅諭矣」。再来、応亦如之。未幾、諸司礼偕至閣中、伝諭上意、「今日之礼、悉如孝粛行事、急須遺詔」。予曰、「事体似有不同」。蕭曰、「寿安与孝粛、皆自皇妃為皇太后。如何不同」。予謂、「孝粛於憲廟為親母、孝廟承憲廟之後、服制当行三年、亦当頒遺詔。今上継孝宗之後、承武宗之統、因興献帝乃加尊號。蓋聖情有不得已者、於礼為未安、於義為未正。予輩自去年三月言之、至今外議紛紛、猶未已也。此事豈可更犯衆議、以損聖徳。万一不聴予輩言、議者復将紛紛、聖躬才平復、能無傷聖心耶。宮中礼儀、一切従厚、聖心亦可少慰也」。尋復来、執議如前謂、「上意必欲服三年之喪」。予輩言、「此乃綱常典礼所繫、決不敢従」。諸司礼謂、「非天子不議礼。今以上意行之、何為不可」。予言、「非天子不議礼、謂所議者合於礼也。若非礼之礼、豈天子所議。況既謂之議、須合天下之情、非独断也」。尋召予輩至文華門。予以為上将面議之、及至門下、則諸司礼云、「一応礼儀、上意俱従列位先生言。但欲改十三日為二十七日耳。再無容議也」。予云、「所当議者、正在服制。廷和今日不言、将得罪於天下後世、太祖・太宗・孝宗在天之霊、必加陰譴、他日死而有知見自己父母於地下、父母必謂、「爾仗祖宗福廕、遭逢聖明、濫叨大任、不能輔導朝廷以礼、今日何顔見我也」」。張司礼云、「老先生議論已到、忠情已尽、朝廷行三年之喪、亦尽孝道。君臣之間、忠孝両全、豈不是好。老先生説他日無顔見父母於地下、即是王旦削髪之意。但王旦是賛助天書矯誣之事、与今日事体不同」。予云、「為大臣、不能事君以道、隠忍不言、即是欺心、与矯誣天書一般」。衆司礼云、「連日議論、我輩一一奏知、聖意堅欲行三年之喪、以尽孝道。先生毎、何不順従」。予云、「経書所言孝道事甚多。今不必遠引、論語中孔子告孟懿子問孝的言語、只説生事之以礼、死葬之以礼、祭之以礼。便是尽孝的事。若服制非礼、豈得是孝、豈可阿意曲従」。同官相継言之。諸司礼皆変色謂、「上意已定、我輩更不敢奏也」。然二十七日之制、但行於宮中、免頒遺誥、外朝哭臨、止三日、在外王府并諸司、俱免進香、亦見降殺之義矣。」

第三章　嘉靖六年年末の内殿儀礼改定

はじめに

世宗は明代中期以降の皇帝としては異例なほど多くの自作の文章を作成し、さらに現存しているものも少なくない。[1] たとえば、世宗が嘉靖五年に作成した「敬一箴」および宋代の学者范浚（一一〇二～一一五〇）の「心箴」の註や程頤（一〇三三～一一〇七）の「視聴言動四箴」の註は全国の学校に石碑として建てられ、[2] 西安の碑林をはじめとして各地の書院・孔廟で世宗の宸翰の石刻を現在も見ることができる。また、世宗は臣下と大量の文書のやりとりをしていた。たとえば、嘉靖六年十月から嘉靖七年七月の間に世宗が内閣に送った文書は百六十通以上に上った。[3] また、嘉靖十六年（一五三七）に内閣が一年間の内閣宛の「御札」（皇帝直筆の文書）を集計したところ、内閣宛が三十二通、内閣首輔李時宛が三通、もう一人の内閣大学士の夏言宛が三十三通あったという。[4] このほかに世宗は嘉靖六年以降、密諭・密疏の運用を開始し、専用の銀印で密封した文書を特定の寵臣と交わしていた。[5] もちろん、これらのすべてが現存しているわけではないが、一部は各臣下の文集に収録されたり、引用されたりしている。そのため、世宗が自分の思考を記した史料は豊富にのこっており、その思考様式は比較的分析しやすいといえる。

そこで本章では世宗の著作と書面を通して世宗が実際に何を考えて政治を行っていたのかについての考察を行う。しかし、漠然と思考について検討していたのでは、世宗が行った政治活動は結局はすべてが世宗が専制君主であるという一般論か、またはその性格が特異だったという特殊論かに還元されてしまう危険性が高まる。本書では世宗の思考の論理やその背景の一端を探るため、政策決定の正当性に関する世宗の思考を分析の軸として設定したい。

筆者が手がかりとして注目するのが「詢謀僉同」という理念である。「詢謀僉同」という言葉は、『書経』「大禹謨」の「朕志先定、詢謀僉同、鬼神其依、亀筮協従（朕の志はまず定まっているし、諮問したところみな同意しているし、鬼神も賛意をあらわしているし、占いも同調している）」という一節に由来する。この理念が政策決定の正当性を担保する原理であることを見出したのが城地孝氏である。城地氏によれば、明代の廷議の意見集約のあり方には「異論が提起されないということを決定的な要件とみなす」・「異論なき状態をもって決定にふみきるという意見集約・意思決定のあり方こそあるべきすがた」との認識が存在していた。そこでしばしば廷議において「詢謀僉同」の理念が提唱され、「ただひとつの選択肢しか存在しない状態に至らしめることで、……決定の妥当さを確保するという原理」が廷議をささえていたという。[6] しかし、城地氏の議論は谷井陽子氏の批判を受けることになった。谷井氏は「そもそも、多数の意見を集約する上で、「異論が提起されない」ことが決定的な意味をもつのは当たり前である。……逆にいえば、「僉同じ」でもなければ確実に正当とみなされないほど、決定方法についての原則が不在であったと見るべきではないのか」と述べ、「詢謀僉同」の理念が明代の廷議の意見集約で果たした役割には否定的である。[7] このように「詢謀僉同」を政策決定の原理とみる城地氏と政策決定における原則の存在自体に疑問を投げかける谷井氏との間には意見の相違が見られるが、「僉同」を政策決定の正当性の表象ととらえることは両者ともに共通しているといえる。

実は世宗がこの「詢謀僉同」の理念をまま持ち出すことがあった。たとえば、嘉靖七年に世宗は『忌祭或問』を著し、そのなかで「詢謀僉同」の理念を引用している。また、嘉靖九年に世宗は郊祀礼制改革を行うために勅諭をくだして群臣に意見を上奏するよう命じるが、その勅諭を自ら「大祀詢謀勅」と呼んでいた。[8] さらに、嘉靖十七年（一五三八）に世宗は明堂で実の父を上帝に配して祀ることを命じたが、[9] その時の詔には「父を上帝に配して祀る議論を朝廷で行い、在廷の百官に命じて会して取り決めさせること再三に及び、皆口を揃えて同意した」とある。[10]嘉靖十七年の詔文は廷議を受けての表現であるが、嘉靖七年の『忌祭或問』や嘉靖九年の勅文は廷議に関係するとは必ずしもいえない。[11]つまり「詢謀僉同」という言葉は明代の政治において、城地氏や谷井氏が議論の前提とした廷議あるいは官僚機構の意見集約という場をこえて使用されるものであり、むしろ政策決定の正当性の象徴という側面を重視するべきであろう。そうであるとすれば、世宗が「詢謀僉同」の理念を唱えるとき、そこにはいったいどんな意味が込められているのだろうか。

右記の世宗御製の『忌祭或問』ならびに執筆の動機となった嘉靖六年年末の内殿儀礼改定については、一見瑣末な事象に見えるためか、これまで注目されたことがないようである。しかし、世宗の標榜する「詢謀僉同」の論理や背景を理解するためには適した素材である。そこで本章ではその経緯と『忌祭或問』を考察の対象とし、世宗の政策決定の正当性に関する思考を明らかにする。

一　内殿の成立と儀礼

（一）内殿の概略

内殿儀礼改定の内容や過程を述べる前に、内殿の性格やその沿革、そしてそこで行われていた儀礼について簡単に説明しておく必要がある。内殿とは、紫禁城の宮中内、皇帝の住まいである乾清宮の東に位置し、明朝の歴代皇帝・皇后の神位を祀る宮殿の総称である。[12]洪武三年（一三七〇）十二月、太祖は紫禁城の外にある太廟で行う季節ごとの祭祀だけでは亡き先祖への思いが尽くせないと感じ、乾清宮附近に先祖の神位を祀る奉先殿の建設を命じた[13]。永楽年間（一四〇三～一四二四）に都が北京に移されると、奉先殿も南京の制にならって北京の宮城内に建設された[14]。その後、弘治年間に入ると、奉先殿の西に新たに奉慈殿という内殿が建造される。これは皇后ではなかった孝宗の生母の神位を祀るためである。以後、奉慈殿には弘治十八年に憲宗の生母、嘉靖二年に世宗の祖母の神位も祀られることになった。嘉靖六年時点では奉慈殿には三体の神位が祀られていたことになる[15]。さらに嘉靖年間に新たに崇先殿という内殿も建造される（後述）。嘉靖六年年末時点では奉先殿、奉慈殿、崇先殿という三つの内殿が存在していたことになる。

内殿で行われる儀礼[16]について、内殿の完成後に太祖は、毎日の朝と夕方の二回、皇帝と皇太子・親王たちが奉先殿に参拝し、また皇后は妃たちを率いてお供えをすることを定めた[17]。『（正徳）大明会典』には「朝晩挨拶し、朔望に礼を行い、時節ごとにお供え物をし、忌辰に祭祀をする[18]」、『（万暦）大明会典』には「朝晩焼香し、朔望に参拝し、時節ごとにお供え物をし、誕生日・忌辰に祭祀をする[19]」とあるが、両『会典』の微妙な語句の異同は世宗の内殿儀礼改定を反映している。

太祖以後の歴代皇帝は上記の儀礼の規定を実際に遵守していたのだろうか。太宗は病をおしてでも毎日二回の奉先殿参拝を欠かさないと自らの勤勉ぶりを誇っている[20]。英宗は重祚後、内閣大学士李賢を前にして自らの一日のスケジュールを振り返ったが、その中に毎朝の奉先殿参拝が組み込まれていた[21]。また、丘濬が孝宗に献上した『大学衍義補』にも毎朝の奉先殿参拝についての言及がある[22]。

その孝宗の治世中、孝宗が弟に内殿参拝儀礼を代行させていたという話がある。儀礼改定の際の内閣大学士張璁の上奏には弘治年間に栄王（一四七九～一五三九）が参拝を代行していたという伝聞が記されている[23]。同時代史料のなかでこれを確認することはできないが、次の正徳年間には政治問題に絡んで親王による内殿参拝の代行がしばしば言及されるようになる。

放蕩者として有名な武宗には子供がなかった。そこで官僚たちは地方に王として分封されている皇族を北京に来させ、後継候補として待遇することをさかんに主張した[24]。その際、皇族来京のメリットとして内殿参拝の代行がしばしば挙げられた。たとえば、正徳十一年（一五一六）に内閣首輔梁儲（一四五一～一五二七、広東南海の人、成化十四年進士）は、皇族の中から二～三人を選抜し、彼らに早朝の内殿参拝を代行させてはどうかと上奏した[25]。さらに梁儲は翌年、皇族の中から適当な一人を選抜して、内殿で焼香をつかさどらせることを二度も請願したが、実行に移されることはなかった[26]。また、皇帝を諫めて処分を受けていた夏良勝（一四八〇～一五三八、江西南城の人、正徳三年進士）は、王守仁への手紙のなかで「思うに反逆者の劉瑾が祖制を乱して、焼香を担当する親王をすべて封国に行かせましたが、有力な藩王が謀反したのは、ここに原因があるかもしれません。劉瑾が死刑になっても、この制度はまだ復活しておらず、識者は残念に思っています」と述べている[27]。謀反した有力な藩王とは、正徳十四年（一五一九）に反乱を起こした寧王宸濠のことである。この寧王が謀反の前に焼香の代理に関して行動を起こしたという話も存在する。寧王は自分の息子を上京させて焼香の代理をさせることを企み、武宗のとりまきの武将たちに巨額の賄賂を送ったが、結局偽の褒賞を掴まされるだけに終わったという[28]。

嘉靖六年年末以前の史料からは、少なくとも建前上、内殿は皇帝もしくは代理の親王が日常的に参拝すべきものとして、皇帝にも臣下にも認識されていたことがうかがえる。

（二）崇先殿の成立

武宗の死後、世宗が即位し、そして大礼の議が起きた。そして、この大礼の議の途中で新たな内殿として崇先殿の前身である観徳殿が出現する。嘉靖三年五月、世宗は奉先殿の西室を観徳殿とし、父の神主を安置する場所にすることを決めた[29]（建室）。ただし、観徳殿は場所こそ奉先殿のそばであるが、機能としては太廟のように神主を祀る廟であった[30]。

大礼の議で勝利した世宗は、翌年さらに歴代皇帝を祀る太廟で父を祀ることを目論んだ[31]。官僚たちは太廟で皇帝ではなかった人物を祀ることに難色を示し、大礼の議で世宗の側に立った張璁らさえ同意しなかった。結局は太廟のそばに別の建物を作り、そこを世廟と名付けて父の神主を祀るという妥協案で決着した[32]。世廟完成が間近に迫った嘉靖五年七月、世宗は観徳殿が奉慈殿の後ろにあって出入りしにくいという理由で、奉先殿の東側に移動させたいという意向を示した。内閣や礼部は反対したが、世宗は世廟が太廟の東北に位置することに対応させるためにも観徳殿の東遷にこだわった。結局、世宗の意向に内閣が従い、観徳殿の移築が決まった[33]。移築完了直前の嘉靖六年二月、観徳殿は崇先殿と改称された。崇先殿の名は奉先殿に対応させたものである[34]。そして三月、崇先殿が完成し[35]、世宗は父の神位を奉じた[36]。内殿儀礼改定はこの年の末に行われることになる。

二　嘉靖六年年末の政局と内殿儀礼改定

（一）世宗と当時の内閣

嘉靖六年末時点で、内閣には楊一清（一四五四～一五三〇、雲南安寧の人[37]、成化八年進士）、謝遷、張璁、翟鑾（一四七七～一五四六、京師の人、弘治十八年進士）の四名が連なっていた。このなかで当時の政治に大きく関与していたのが、首輔楊一清と大礼の議で頭角をあらわした張璁である。

楊一清は当時すでに七十四歳の老臣であった。彼は辺境行政や宦官劉瑾の排除で名をあげ、正徳十年に入閣を果たした。しかしすぐに失脚し、世宗即位当初は引退状態であった。大礼の議の間、楊一清自身の主張によれば、張璁の上奏を絶賛したり、(38)張璁と同じ意見をもっていながら上奏することを躊躇っていた席書の背中を押したりしたという。(39)大礼の議の決着後、楊一清は陝西三辺総制という辺境の軍務責任者に再起用された。それから一年も経たないうちに、当時の内閣と張璁らの対立を背景として召喚されて入閣した。そして、嘉靖六年二月から内閣首輔となり、嘉靖八年（一五二九）に失脚するまで文官の序列第一であり続けた。

一方、大礼の議で一躍時の人となった張璁は、嘉靖六年末時点では五十三歳の働き盛りであった。張璁が進士となったのは正徳十六年、入閣したのは嘉靖六年十月であり、科挙に合格してからわずか六年で官界の頂点に上り詰めたことになる。大礼の議の功績により世宗から破格の寵遇を受けて大出世を果たした張璁は官界から受けがよくなかった。張璁もあえて官界の多数派とは一線を画することを意識し、大礼の議で共闘した桂萼、方献夫、霍韜らと共に独自の政策を打ち出していった。

楊一清と張璁、この二人は親子ほどにも年齢が違うが、皇帝の大抜擢によって異例の入閣を果たしたという点では同様である。というのも、明代中期以降、入閣することができるのは原則として翰林院の官僚だけであった。翰林院の官僚になれるのは、殿試の上位合格者三名と庶吉士に選抜された者だけであった。楊一清と張璁は科挙合格後に他の役所の官に任命されており、通常は入閣どころか翰林院に入ることさえできなかった。(40)その慣例を覆して入閣を果たしたということは、この二人が通常の昇進経路とは異なる論理によってこの地位を得たことをあらわしている。

楊一清と張璁は嘉靖八年に衝突し、最終的に楊一清が失脚、張璁が新たな首輔となる。しかし、それ以前の両者は常に対立していたわけではなく、むしろ表面的には協力関係を保っていた。嘉靖七年の世宗の誕生日祝い（八月十日）の朝鮮朝天使の見聞によれば、高齢の楊一清が内閣の首席で、南京六部の下位官から入閣した若手の張璁が内閣の第二位であり、張璁は楊一清を宗主としてたてて、政策は楊一清名義で提案されていたという[41]。また、嘉靖八年に大礼の議以来張璁の盟友である霍韜が楊一清を弾劾する上奏を提出したが、その中にも「張璁・桂萼がいつも楊一清の過失を攻撃していたので、臣は彼らに「あなたがた二人は忠ですが、人々から嫉妬されています。楊一清には過失があるけれども、人々に信じられています。楊一清を上に留めて、人望をつなぐべきです」と忠告しました」とある[42]。両者の亀裂が決定的になる前、楊一清は世宗の寵臣である張璁と共同歩調をとることで自らの地位を守り、張璁は幅広い人脈をもつ老臣を立てることで自らの人望のなさを補っていたといえる。

　このような体制には楊一清と張璁の両者の思惑だけではなく、世宗の意向も働いていた。たとえば、本章冒頭で述べたように嘉靖六年十月から世宗は密諭・密疏の運用を開始したが、その際に事前に楊一清・張璁に密諭・密疏の典故を質問した。楊一清が密疏を封じるための銀印、つまり密疏の権利を多くの人間に与えるべきでないことを示唆したところ[43]、世宗は当時の内閣には楊一清・張璁・翟鑾の三名が在籍していたにもかかわらず、楊一清・張璁だけに銀印を下賜しようとした。結局は楊一清の懇願により、翟鑾にも銀印を賜り、さらには大礼の議で張璁と共に論陣を張った礼部尚書桂萼にも賜った[44]。以上の経緯から、世宗の密諭・密疏運用の主目的は楊一清・張璁の二人との書面交換であったことがわかる。また、世宗はしばしば政治問題を両者の相談の上で決めるように指示を出しており[45]、さらに張璁にあてて忠実な内閣大学士はこの二人だけだと打ち明けたこともあった[46]。内殿儀礼改定も世宗と張璁の密議に楊一清が絡んでいく形によってすすめられていく。

（二）内殿儀礼改定の顛末

嘉靖六年十二月二十一日の夕方、世宗から内閣のもとに三〜四日の休暇をとって体調を整えたいというお達しが届いた[47]。ちょうど同じころ、内閣首輔楊一清も病気のため自宅で臥せっていた[48]。張璁は翌日、世宗に対して厳寒の際には日の出の後に朝廷を開き、強風の際には朝廷を休みにすることを提案した[49]。張璁の提案を受けて、世宗は以下のような悩みを打ち明けた。

朕は幼くして天命を担い、地位は人類の長だ。しかし、情けないことに軟弱で頭が悪く若年であり、上は天の厚意にそうことができず、下は民衆を安んじることができず、それどころか寒暑の盛りには自分の健康が保てず、そのまま病気に負けてしまい、両太后を心配させて何度もお見舞いいただき、さらに卿の真摯な忠愛をもらい、朕は本当に恥ずかしい[50]。そもそも朕は病床にあるけれど、心を休ませることはできない。ひとたび病気になると、朝廷は休みになり、三廟に参拝する人がいなくなり、これは朕が恥ずかしく思っていることだ。朕はいつも後継ぎがまだできないことが心配で、二十歳ではあるけれど、重大な問題であり、これも恥ずかしく思っていることだ。朝廷で政治をする際、御座の上で廂の下からの激しい風にいつも吹きつけられて、各部署の上奏に対してうまく答えられない。それから北方は南方よりずっと寒く、朕は南方で生まれ育ったから、この寒さに耐えられない。それからいつも耳あては役に立たないと思っている。毎日、三廟に参拝するとき、いつも凍えてしまい、両耳にはしもやけができることもある[51]。

ここで初めて「三廟」の参拝、つまり内殿儀礼が君臣間の話題にのぼった。『世宗実録』の記述では、内殿儀礼改定は内閣首輔楊一清からの建議となっているのだが[52]、実際の発端は世宗から張璁への愚痴であった。世宗に悩みを打ち明けられた張璁は翌日、内殿参拝と後継問題についての解決策を提示する。本章では以後は内殿参拝についての議論のみに焦点をあてる。張璁の見解は次のとおりである。

国朝の太宗皇帝は、太廟の季節ごとの祭祀では孝行の誠意が尽くし足りないとお考えになり、また内廷に奉先殿を建設し、朝夕に挨拶し、朔望に礼を行い、時節ごとにお供え物をし、忌辰に祭祀を行うことにされました。そもそも朔望、時節ごとのお供え、忌辰は皇帝ご自身で行う礼で、廃止してはなりません。聞くところによると、昔は毎朝の焼香は親王に代行を命じることが多く、毎日参拝していたわけではないようです(53)。

張璁は世宗に対し内殿参拝の簡略化を勧め、その理論的根拠も提供した。違和感を覚えるのは奉先殿の始まりを太宗に求めていることである。張璁は太宗が太廟は宮城の外にあって不便だから奉先殿を作り労力を節約したという主張すら行った(54)。確かに、北京にある奉先殿を建設したのは太宗にほかならない。しかし、奉先殿は上述したように、太祖が季節ごとの先祖祭祀では不十分だから建設したのである。世宗も張璁も本当は奉先殿が太祖に由来することを重々承知していたと思われる。御製『忌祭或問』のなかで世宗は「我が太祖が出された教訓を拝読すると「後世の子孫はかしこぶってわたしが定めた法を乱すな(55)」とある。わたしはいつもこれを読むと、恐れずにはいられない。しかし、奉先殿の建設は、太宗が太祖の制度にもともと基づいた(56)」と述べている。内殿が太祖由来では儀礼を大胆に変更することができないため、張璁はわざと内殿の始まりや目的を取り違えたのだろう(57)。

張璁から内殿儀礼簡略化の提案を受け取った世宗は、翌二十五日にさらに毎日の参拝の辛さをぶちまけた。

我が太宗の時に初めて奉先殿を建てたが、当時は五代分の神位だけで、毎日参拝してもたった五回の拝礼だった。今は九代分の神位があって、奉慈殿は三室あるし、崇先殿には父の神位がある。だから一日で合計すると、奉先殿に行って九室で九拝し、退出して西にまわって奉慈殿に行って三室に三拝し、それから突っ切って東にまわって崇先殿に行って一拝し、上り下りは六回、拝礼は十三回、毎日この調子だ。祭祀や時節、忌辰には、合計で拝礼を三十四回する。朕はもともと虚弱体質で、いつも参拝が終わると、両足に力が入らなくなり、四～五刻の間息がきれ、朝廷で御座に着いても言葉がとぎれとぎれのこともある。朕は一昨年[58]から、病気のせいで体力がいよいよ衰えたので、規定どおりにすることができず、やむをえず忌辰などの日には十拝減らして二十四拝だけにし、毎日は八拝減らして六《ママ》拝だけにしている。今年に入って、ますます両足の凝りがひどくなり、痰もつまるようになり、だからここ数日の風邪でも無理をすることができなかった。我が太宗の時はこんなに多くなかったし、歴代の先祖の時もこのようではなかった。いつも言及したかったが他人にはいえずにきたので、知られていないのではないか。卿はもう一度可否を考えて、一清とどうしたらいいかをこっそり話し合ってくれ[59]。

世宗は張璁に楊一清との密議を命じた。世宗の指示どおり、張璁はその日のうちに楊一清の家を訪ね、世宗の苦悩を伝えた。翌二十六日、張璁は楊一清と共に話し合った結果、内殿に皇帝自らが参拝するのは、朔望、薦新（時節ごとのお供え）、忌辰だけに限り、その他は毎日宦官に焼香させれば問題ないという結論に至ったと報告している。さらに朔望や忌辰などに行う儀礼の具体的な改定案も提示した[60]。

世宗は張璁の提案を称賛したうえで次のように述べた。

このことをまた考えてみるに、今の計画は、将来怠け心が起きることを深く恐れてのことであって、現在のために立てたものではない。またひねくれた小人が絶対に好き勝手に「旧来の儀礼を勝手に改めたのは心に怠惰が生じたからだ」と指摘してくるのが心配だ。この件を礼部・翰林院にくだして、礼科を交えて会議させた後、卿にまたその可否を相談して、そのあとに内閣に命令して実行し、また勅文にて会議を命じたい[61]。

上記のように世宗は礼部・翰林院・礼科による会議[62]を経てから改めて実行に移したいと希望した。だが、張璁は「天子でなければ礼を議論しません[63]。まして過剰な儀礼を昔のまま行い続け、そのまま陛下のお体をいたずらに疲れさせてよいでしょうか。君主を愛する心のない者は臣下ではありません。これは実に礼に合っておりますので、どうして従わずに異議を唱えることなどありましょう。どうか早々に内閣に勅文の起草をご命令ください」と朝廷で内殿儀礼を議論することに反対し、早急に勅文をくだすことを勧めた[64]。また、楊一清も病床から張璁の提案に全面同意する旨の密疏を奉り、そのなかでもただ世宗が張璁の提案を採用することだけを請うており[65]、会議にかけようとはしていない。世宗は最終的には張璁の意見を半ば取り入れ、礼部らの会議にはかけず、代わりに楊一清・張璁に上奏文による提案を行わせ、そうすることで「礼を理解していない小人（不諳礼経之小人）」の異議を防ごうと考えた[66]。

その間、張璁が内殿儀礼改定にかかわる世宗の上諭や自身の返答を霍韜に見せていたことが発覚した。霍韜は二十五日の未刻に張璁の家を訪ねてきて、世宗の健康について張璁に意見しようとした。張璁は霍韜をなだめるため、内密にせよとの言いつけを与えて世宗とのやりとりを見せた[67]。しかし、霍韜はわざわざ張璁の言いつけを引用したうえで内殿儀礼改定を廷議にかけることを願う上奏文を提出したのである。

臣は昨日、大学士張璁に会ってこれらのこと（世宗の健康問題）を告げようとしました。張璁は「わたしはすでに申し上げた」といい、原稿二冊と御札二枚を取り出し、「聖主の秘密の言葉で、輔臣が軽々しく人に見せられるものではないから、軽々しく洩らすのではないぞ」といいました。臣は御札を拝読してやっと陛下の宮中での勤労ぶりが外廷の群臣の十倍ほどだと知りました。……臣が見た張璁の上奏はどれも輔臣（内閣を指す）としてあるべきものを満たしておりますが、上奏を留中（上奏文を皇帝の手元にとどめて非公開にすること）にして外部の臣下に見せないのは、末節にこだわっているようで中正を示す方法ではございません。……伏してお願い申し上げます。どうか輔臣に命じて九卿を集めて日常の儀礼を議定させ、毎日の両皇太后への拝謁、祖廟の参拝、忌辰の祭礼の行うべき時期や行うべき儀礼をすべて法典としてお定めください[68]。

霍韜は上奏文のなかで張璁を称賛しており、この上奏文の目的は盟友張璁が中心となってすすめる内殿儀礼改定を応援することであった。しかし先述のとおり、楊一清と張璁は朝廷での会議に否定的であり、結局この二人の意向によってこの上奏文は留中にされ闇に葬られた[69]。

多少の紆余曲折はあったものの、ついに嘉靖六年十二月二十九日、内閣大学士楊一清らが内殿儀礼改定の提案を上奏した。楊一清名義で出された上奏文の内容は、張璁の二十六日付の建議とほぼ同じである。そして、世宗はこの上奏に対して裁可を与えた[70]。

以上の改定の過程で興味深いのは、皇帝が官僚に会議させることを望み、内閣はそれに賛同せず、両者が妥協して内閣による提案という形式に落ち着いたことである。内閣が会議開催に消極的だったことについてはいくつかの理由が推測できる。まず、会議を開けば必ず反対意見が出ることであろう。前述のとおり、内殿の儀礼は確かに『大明会典』に施行細則が記載されているわけではないが、皇帝が内殿に毎日参拝するのは明朝の君臣の間で常識に属した[71]。それを廃止するなどの一連の皇帝の労力節約のための改定に批判が出ても不思議ではない。後年のことになるが、実際にこの内殿儀礼改定を批判した人物がいる。大礼の議で世宗の怒りを買って最終的に辺境に流された夏良勝である。彼は太宗が毎朝の内殿参拝を欠かさなかった故事を称賛する一方で、内殿儀礼改定を建議した人物をくさした[72]。会議を開けば「ひねくれた小人」が世宗の意向を諫止しようとするだけではなく、世宗の暴走をとめない内閣にも批判の矛先を向けることだろう[73]。楊一清と張璁は会議を開いてみすみす朝廷の混乱を招き、さらには自身が批判の的になるわけにはいかなかった。

また、楊一清と張璁の二人は前述のとおり、世宗の特別な引き立てによって今の地位を手にした。厳寒のなかでの内殿参拝に不平を託つ世宗の歓心を買うために、喧々諤々の議論が予想される会議を経ずに、世宗の独断による早急の改定を勧めたことは想像に難くない。さらに彼らは翌嘉靖七年一月にも世宗の健康を守るためにいくつかの改定を行った。まず、少なくとも英宗以来行われてきた毎朝の拝天儀礼をとりやめたいとする世宗の意向に対して、二人は諸手を挙げて賛同した(74)。また、皇帝の御座の位置を後ろに下げて、風にさらされにくくした(75)。世宗の健康を守るため、いいかえれば世宗の意を迎えるためにあえて典故や慣習を無視することにやぶさかではなかった当時の内閣の姿勢がうかがえる。

以上が内閣側の姿勢についての推察であるが、では世宗側の思考はどうであろうか。世宗はなぜ独断を忌避しようとしたのか。そして、その思考のなかでは朝廷の会議、内閣の提案、皇帝の独断など政策決定に関する各手法はどのようなものとして位置づけられていたのだろうか。

三　世宗の「詢謀僉同」

(一) 御製『忌祭或問』の執筆

内殿儀礼改定には『世宗実録』や張璁らの文集には見えない後日談がある。それが御製『忌祭或問』である。『世宗宝訓』巻四「正祀典」中「廟祀」の嘉靖六年十二月壬申の項には実録記載の内殿儀礼改定に関する楊一清らの上奏と世宗の回答に続いて(76)、『忌祭或問』が収録されている。『忌祭或問』という書名自体は明清時代のいくつかの書目に見えるが、文章は『世宗宝訓』にしか収録されていないようであり、『世宗実録』には書名への言及すらない(77)。

『忌祭或問』の執筆時期は、文中で張璁のことを「張尚書」と呼んでいることから、張璁が少保の散官を賜る嘉靖七年一月十日以前と推測される。[78]『忌祭或問』執筆の動機について序には次のようにある。

『忌祭或問』を作ったのは、朕の儀礼制定の意を寓するためだ。……最近内閣の大臣と詳しく議論して、経書の義理を考察し、先祖に仕える礼を裁定したが、邪魔する者どもに出くわした。朕はやむを得ず弁論を作って邪説を退けなくてはならなくなった。[79]

内殿儀礼改定には邪魔が入っていた。『忌祭或問』の記述によれば、世宗は宣宗の忌辰（一月三日）を前にして、新たに改定した儀礼次第を宦官に渡して予行演習を行わせようとした。しかし、宦官たちがそろって世宗のもとにやって来て、「百年以来今日まできたものをどうして変えるのですか」と疑義を呈した。世宗は張璁が提示してくれた理論的根拠を引きながら、すでに内閣と議定したのだから口出しするなと一喝した。ある宦官が「以前の儀礼も内閣からのものです」と食い下がった。世宗は、儀礼は太祖以来礼部の管轄で内閣によって作られたことは今までないと笑った。しかし、世宗は宦官たちの疑問を抱いた風に懸念を覚え、宣宗の忌辰については従来の儀礼で行うことに決めた。なお、宦官たちの反対の原因は、忌辰の拝礼の数を減らしたことと皇帝の忌辰のときに他の皇帝や皇后の神位の前で礼をしないことにあったらしい。[80]

宦官によって内殿儀礼改定を邪魔された世宗は『忌祭或問』のなかでさまざまな仮想質問に答えて、今回の改定の正当性を訴える。ただ、世宗は改定の内容が正しいと訴えるだけでなく、自分が正しい手続きにのっとって改定しようとしたことも強調している。たとえば、世宗は一番初めの問答で以下のように内殿儀礼改定の過程を振り返る。

わたしはこの礼が煩雑すぎるのを見て、その儀礼を記録して、内閣の楊少師と張尚書と一緒に議論した。彼ら二人はこのことを聞くや嘆きながら「この礼は外廷には知られず、書物には記載がなく、ご裁定なさるべきです」といった。わたしはさらに楊と張に諮問し、彼らはまた行うべき儀礼を検討して進呈し、かつ「どうかご心配なくご挙行ください」といった。わたしは彼らに「おまえたちの考えはわかった。君主を導き愛する心を見るのに十分だ。ただ、経義について討議しないと議論好きなやからが異議を唱えるだろう。君子を惑わすことはないにせよ、讒言は舜すら懼れていた。礼部に伝えて翰林院と一緒に議定させれば、やつらも黙るだろう」と回答した。彼ら二人はまた「この礼は、朝廷の家族の父子の間で行われるもので、もとより外廷が議論できるものではありませんので、そうなさらずとも結構です。ご決断ください」と上奏した。わたしはさらに「卿らの気持ちは朕もよくわかっている。悪いやつらがこのことを乱して、咎を朕に帰するだろうことが心配だ。これは気にしなくていいとはいえ、礼の達人には知られてしまう。卿らが上奏文を一通書けばそれでよい」と回答した。彼らはそこで内閣の同官と一緒に四人連名で上奏し、すでに該当部門に転送して知らしめた。これは人心を納得させるには十分だった[81]。

また、他の部分にも「わたしはすでに二人に何回も諮問して、何度も考えた[82]」、さらに「わたしは何度も二人に「必ず会議を経てから実行しよう」といった[83]」とあり、世宗は儀礼改定が決して自分の思いつきではなく内閣の二人と相談したうえでの決定であり、しかも自身は会議を望んでいたことを強調している。

そして、『忌祭或問』の最後の問答で世宗は「詢謀僉同」の理念を引用しながら以下のようにまとめている。

帝王が何かするとき、必ず左右の大臣に諮問し、卿士や庶民に諮問し、その諮問に対し皆が同意して、それから実行することができる。自分一人の勝手だけでよいわけがない。昔の儒者は「天子でなければ礼を議論しない」といったが、この言葉を道が行われている世で実行すれば、クレームがついたりしない。今は時代が下れば下るほど道もかすかになっていき、言葉巧みに功績を稼ごうとする人間がそれぞれ自説を打ち立てているので、天子は馬鹿にされ、大臣は讒言を被り、卿士は押さえつけられ、庶人は惑わされている。これらの小人がますます忌憚なく邪説を主張しているから、わたしは慎重になっているのだ。(84)

冒頭の「帝王が何かするとき、必ず左右の大臣に諮問し、卿士や庶民に諮問し、その諮問に対し皆が同意して、それから実行することができる」は「詢謀僉同」と『書経』「洪範」の「汝則有大疑、謀及乃心、謀及卿士、謀及庶人、謀及卜筮。汝則従、亀従、筮従、卿士従、庶民従、是之謂大同（汝に大きな疑問があるなら、おまえ（自分）の心にはかり、卿士にはかり、庶人にはかり、占いにはかりなさい。自分も占いも卿士も庶民も一緒の方向であれば、これを大同という）」（以下、「謀及卿士」と略す）を踏まえている。(85)そして帝王たるもの「一己之私（自分一人だけの勝手）」だけで動くことはできないとする。そのあとに『中庸』の「天子に非ざれば礼を議せず」を現在のような道なき世で実行しようとすると小人がクレーム（譏議）や邪説を唱えるため、慎重にならざるを得ないと結んでいる。

本章「はじめに」で紹介した『書経』「大禹謨」の「詢謀僉同」条、そして『書経』「洪範」の「謀及卿士」条には、いずれもその前提条件として「朕の志がまず定まっている」と「自分の心にはかる」がある。世宗が想定する「朕の志」や「自分の心」とはまさしく世宗の意志であり世宗の心であり、そしてそれこそが「ただひとつの選択肢」であったのだろう。『忌祭或問』の文章中には「朕の志」や「自分の心」という表現はないが、その前提として世宗の意向が設定されていると見てよい。とすれば、『忌祭或問』の結びが意味するところは、自分の意向を実現するためには「詢謀僉同」を実現して「一己之私」であることを否定する必要があるということになる。つまり、この文章は内殿儀礼改定の手続きの正当性の主張なのであり、さらに世宗の政策決定の正当性に関する認識の表出であるといえよう。

(二)「詢謀僉同」の実践

世宗は『忌祭或問』の結びのなかで「天子に非ざれば礼を議せず」の実行、つまり皇帝が独断で物事をすめるといたずらに「譏議」を招いてしまう現在の状況を指摘している。そもそも宦官たちからのクレームこそが『忌祭或問』執筆の原動力である。振り返って内殿儀礼改定の過程を見れば、世宗は「ひねくれた小人」あるいは「議論好きなやから」からの批判を恐れて会議の開催を張璁に打診していた。これらの事象から世宗は自らの意向に異議が呈されることを恐れていたことがわかる。

異議が呈されることを世宗がどのように考えていたのか、その手掛かりになるのが嘉靖六年十月に世宗が父の陵墓の前に建てた御製顕陵碑文である。この碑文には次のように大礼の議の顛末が記されている。

皇兄(武宗)が崩御し、遺詔は太祖の「兄が死ねば弟が継ぐ」の訓に則って朕に帝位をつぐことを命じた。このとき、礼部にしかるべき称号などの議論を命じたが、なんと古代のやりかたに固執して、よりどころが礼にかなっておらず、朕の幼さにつけこみ、人倫の秩序は失われ、統治の道理は曖昧になりそうだった。おおいなる天の推察と祖宗の助けをいただき、すぐれた臣下を賜り、大礼の議が起き、邪人の群れは争うのをやめ、衆議は終息した。(86)

もちろん、この碑文は世宗サイドによる大礼の議の勝利宣言であり、書かれている内容は事実というより世宗の認識である。世宗は自らに対する異議が消滅したことを問題の解決ととらえている。逆にいえば、異議が呈される状態はゴールとしてふさわしくないということである。

それでは、世宗は大礼の議の際にどのようにして異議を消滅させたのか。一般に想起されるのは左順門事件の弾圧に見られるような実力行使であるが、ここでは世宗の建前としての認識に注目したい。前述したように嘉靖三年九月に世宗は念願をかなえて実の父母を父母と定めたが、形式としては世宗の独断ではなく礼部主宰の廷議に出席した文武大臣の提言を世宗が認可したものである。『明倫大典』によれば、このときの廷議においても吏部侍郎汪偉らは世宗の意向に従うことを潔しとせず、賛成意見と反対意見を両論併記して上奏し、世宗の採決を仰ぐことを主張した。汪偉の主張に対し、張璁は「理は一つなのにどうして両論併記するのか」と反論し、廷議の全会一致を導いた(87)。『大礼集議』巻二にはこのときの礼部による廷議の結果の上奏が収められているが、そこでは賛同者として文武大臣の名前が羅列されている。もちろん、この廷議の上奏内容や張璁の反論などは世宗の願望実現を飾りたてるための演出にすぎない。とはいえ、廷議による全会一致の提言という仕掛けがあって初めて世宗は自らの念願をかなえることに成功したのである。いいかえれば、世宗は「僉同」によって異議が呈されていない状況を作り出すことで大礼の議に勝利したのである。

皇帝による「詢謀僉同」の実践の一つが大礼の議の決着の際のような廷議である。当時の君臣間においては、廷議は「公」であるというのが共通認識であった(88)。「公」の対概念はいうまでもなく「私」である。宋代儒学の第一人者である朱熹（一一三〇～一二〇〇）が「中庸章句序」で「天理の公」と「人欲の私」を対照させているように(89)、中国近世において「公」は「理」と、「私」は「欲」と結びついていた。「公」である、すなわち「理」を体現した廷議は皇帝の意志が「私」ではない、つまり「欲」（＝「恣意」）ではないというお墨付きを与えてくれるものであったといえる。

世宗が廷議の「公」をどのように考えていたかの一例をあげる。嘉靖十四年（一五三五）、武宗の皇后の諡号をめぐって廷議が開かれた。張璁ら内閣は諡号の字数を通常より少なくすることを主張したが、廷議では反対意見が呈された。礼部尚書夏言は廷議を受けて、吏部侍郎霍韜が廷議中に行った「謚というのは天下の公であり、天子が勝手に行ってよいものではない[90]」という発言を引用しつつ通常の字数にする方がよいとにおわせながら、あくまで世宗の判断にゆだねることを上奏した。その上奏に対し、世宗は以下のように答えた。

今回の議論についておまえら礼部は（礼に）合わないとしている。霍韜のいう「天子が勝手に行うことではない」というのに尽きる。だから会議を命じて公道を尽くしたのだ。おまえらはよく考えもせず、ややもすれば是非をいい争っている。……ここに皇嫂の喪に遭い、嫂に仕えること母に仕えるがごとしなどという理屈が人道にあるのか。朕が自尊しているのではない。いわんや両太后が上にいらっしゃり、昭聖皇太后の母の道が抑圧されてしまう。再度会議を開いて意見を一つにしてこい[91]。

世宗の意向の方向性が周知されたのち、次の廷議は全会一致で暫定的に字数を減らすことを提言した。それに対し世宗は、議論が一つにまとまったとして通常の半数の六文字の謚号を贈るという決定を下した[92]。以上の過程には、世宗が廷議に期待する「公」の実態が露骨に表れている。すなわち、廷議の全会一致によって作り出される「公」は世宗の「私」を正当化するために使われ、いいかえれば廷議は世宗の恣意を「理」に変換しうるものだったのである。

ただし廷議による提言という仕掛けは皇帝の専売特許ではない。臣下側の武器にもなりえた。大礼の議の当初、世宗側の言い分によれば、内閣首輔楊廷和が自分に逆らったら斬刑に処すると脅迫して全会一致で世宗の意向に反対するという廷議を作り上げ、張璁の同郷の先輩である礼部侍郎王瓚（浙江永嘉の人、弘治九年進士）は異見をもっていたため左遷されてしまったという[93]。また、前述したとおり嘉靖四年に世宗は父を太廟で祀ろうとして断念したが、廷議の全会一致の反対を受けた世宗が再会議を命じて譲歩するしかなかったことが『大礼集議』に見える[94]。

このように廷議は必ずしも皇帝の思いどおりに進むとも限らず、もし本当に「詢謀僉同」を体現しようとすれば大礼の議のように数年もの月日を費やすこともある。厳しい冬の寒さの中、煩わしい内殿儀礼を今すぐどうにかしたい世宗にとっては待っていられない話である。だからといって世宗には内閣の勧めるように独断で改定するのはためらわれた。皇帝の独断は「ひねくれた小人」や「議論好きなやから」などからの異議を招きかねないからである。そこで別の方式で「詢謀僉同」を行い異議を防ぐ必要性がある。その別の方式について示唆的なのが、嘉靖九年の孔廟従祀変更問題である。孔廟祭祀改定にともない、世宗は従祀されている儒者の顔ぶれの改変も目論むが、その前に張璁に書面を送り、「論争の発端となるのが心配だから、二三人の臣下の賛成を得る必要がある。朕は桂萼（内閣大学士）・李時（礼部尚書）・夏言（吏科都給事中）に問い合わせたいと思うが、どうだろうか。夏言（も含むの）は最近、儀礼についていってきたからだ。または皇祖の位牌の前で占いをして、吉が出たら改定に尽力したい。よってあらかじめ卿に相談する」と述べた[95]。張璁は世宗の意向が「卜筮および卿士に謀及」するものであるとして絶賛した[96]。このやりとりから、自らの意向への賛同が見込まれる臣下に相談し、彼らの賛成を得ることで論争を防ごうと世宗が考えていたこと、さらにそれが「謀及卿士」の実践でもあったことがうかがえる。そうであるとすれば、世宗が内殿儀礼改定において当初望んだような礼部・翰林院・礼科の会議の開催や実際に行われた内閣に諮問して提案させるという政策決定過程も同列に位置づけられよう。すなわち、これらも世宗にとっての「詢謀僉同」の実践なのである。

以上のように見てくれば、世宗の行う「詢謀僉同」とは、具体的には廷議という大規模なものから関係官僚の会議、さらには内閣と密議して提案させるという半ば非公式のものまでいくつかの手段があったことがわかる。世宗は任意の形式で臣下に諮問し（「詢謀」）、彼らの賛成を得る（「僉同」）ことで自らの意向の正当性が証明できると考えていたといえる。

おわりに

本章では嘉靖六年年末の内殿儀礼改定の顛末とその後に世宗が執筆した『忌祭或問』を通じて、政策決定の正当性に関する世宗の思考を追った。そして、世宗が「詢謀僉同」を実行して自らの意向が「一己之私」によらず「公」であることを証明して自らに呈される異議を防ぎ、そうすることでその正当性を証明できると考えていたことを明らかにした。世宗の「詢謀僉同」の手段とは、廷議であり、関係官僚の会議であり、内閣など近臣への諮問であった。当然のことながら廷議にかけたり内閣に諮問したりするのは決して世宗独自の方策ではなく、以前から行われてきた政策決定の手段である。とすれば、世宗にとって、「詢謀僉同」を体現した明代の政策決定過程は、皇帝の政策決定とその手続きの正当性を演出する舞台装置だったのである。

先行研究において世宗は、経書の記載や朱子学の思想に原理主義的な態度をとったとされる(97)。確かに経書に由来する「詢謀僉同」を実践するという世宗の思考は、先行研究のいう「原理主義」に該当するかもしれない。しかし、本章で明らかにしたところによれば、世宗の「詢謀僉同」は、教条主義的に古典の理念を実行しようとしていたというよりは、異議が呈される状況を防ぐためという現実的な要請に由来した。そして、「詢謀僉同」の実践で異議を防ぐというのは世宗の独善的な発想でなく、異議を申し立ててくる「小人」たちを黙らせるのに十分な論理であると世宗が感じていたから提唱したのではないか。内殿儀礼改定直後に行われた嘉靖七年正月の拝天儀礼廃止について、世宗は張璁に廃止の意向を事前に伝え、その際に「朕は自分では決められないから、こっそり卿に知らせる。手間をかけるが朕のためにまた楊少師とこっそり話し合ってくれ。不当であれば（廃止を）しないし、大丈夫なら（内閣の）四人連名で上奏してくれ[98]」と命じ、その結果として内閣による上奏がなされた。内殿儀礼改定においては確かに宦官からの反対は受けたが、朝廷では反対意見は呈されなかった。だからこそその直後の拝天儀礼廃止についても、世宗は独断によらず内閣への諮問という「詢謀僉同」の実践を行ったのではないか。そうしてみると、世宗の「詢謀僉同」の提唱は単なる原理主義者のお題目ではなく、当時の朝廷において広く存在した共通認識の一端であるともいえる。

もし皇帝を中心にして明代政治の現場を見るのであれば、あたかも恣意をふるう「専制皇帝」の翼賛機構として明代の政策決定の諸手段が存在していたかのようでもある。しかし一方で世宗はその裏にある「詢謀僉同」や「公」などの概念の枠にとらわれており、後世の「独裁」という評価から想起されるイメージとは裏腹に自らの独断という形式は忌避しようとしていた。さらに、臣下側も「詢謀僉同」や「公」の理念を提唱しており、これらの理念は臣下側の錦の御旗にもなりえた。そして当然、彼らの言動も世宗と同様の概念の枠による束縛を受けていたのである。この両者に共通する概念こそ明代政治を規定する重要な枠組みといえるだろう。

最後に蛇足ながら、内殿儀礼改定のその後の成り行きを紹介する。嘉靖六年年末の内殿儀礼改定の内容は、おそらく翌年一月十七日の英宗の忌辰から全面的に施行されるようになった[99]。しかし、世宗は治世の後半から紫禁城の西隣にある西苑という庭園に引きこもり、紫禁城内にほとんど足を踏み入れなくなる。その後、内殿儀礼が行われていたか否かは判然としない[100]。ただ、時代はくだって明の滅亡直前、毅宗（在位：一六二七〜一六四四）は世宗が廃止したはずの毎朝の拝天儀礼を実行していたが、内殿については朔望のみ参拝していたという[101]。嘉靖六年年末の内殿儀礼改定は、一応は明の滅亡に至るまで遵守されていたようである。

注

（1）Dardess (2016) p. 4.

（2）世宗の「敬一箴」作成と学校への頒布については任文利（二〇一四）参照。

（3）張璁『諭対録』巻七、嘉靖七年七月二十八日「臣自去年十月三日、蒙聖恩入内閣、所奉御札、除密諭臣者另行編集外、諭内閣者、臣逐日収集、今共計一百六十余道。而臣未入閣之前、不知若干、今存僅二十四道、必多散逸。」

（4）夏言『桂洲先生文集』巻三〇「奏箚」嘉靖十六年十二月三十日「臣夏言等謹題。照得閣中旧例、毎於年終謄写御札進呈。今査得、嘉靖十六年正月起、至十二月終止、欽賜聖諭、諭臣時諭臣言者三十二道、特諭臣時者三道、臣言者三十三道、謹令中書官、恭録装演、成帙進呈。」

（5）『世宗実録』巻八一、嘉靖六年十月甲子条。嘉靖年間の密諭・密疏の運用については大石（二〇〇二）、王剣（二〇〇五）、王剣（二〇〇九）、秦博（二〇一三）という先行研究がある。しかし、現存史料中のどの上諭・上奏文が密諭・密疏にあたるかは判断が難しく、実際の運用状況はよくわからない。

（6）城地（二〇一二）三五四、三七九、三五六頁参照。

（7）谷井（二〇一四）一〇五頁。

（8）張璁『諭対録』巻一四、嘉靖九年二月初八日。嘉靖九年の郊祀礼制改革については本書第四章参照。

（9）嘉靖十七年の明堂配享については本書第五章注（86）参照。

（10）『勅議或問』「配享詔」「乃稽循厳考配帝之経議、命在廷百官会定、至於三再、師錫之義、僉謂之同。」なお、この詔の文章は少なくとも草稿は世宗の筆になる。夏言『桂洲先生文集』巻三二、嘉靖十七年九月十九日「臣夏言等謹題、今日伏蒙発下御製詔草、臣等恭読再四、仰惟聖学精深、文辞高古、真帝王之典謨訓誥也。下視臣等擬撰、豈直霄壌哉。臣等不勝欽仰之至。」

（11）「大祀詢謀勅」を下した後に礼部尚書李時の要請で廷議が開かれる（『世宗実録』巻一一〇、嘉靖九年二月乙亥条）が、「大祀詢謀勅」そのものは官僚の上奏を広く集めることを目的としていた。『世宗実録』巻一一〇、嘉靖九年二月癸酉条「一、大小官員都着依限具奏、不許隠黙。三品以上并六科十三道・翰林院・左右春坊・勲戚武臣都着自疏、其余倶依衙門為限、連名具疏。爾部裏集議以聞。」

（12）「内殿」という語は時に文華殿など全く別の機能をもった宮殿を指すこともある。なお、于平・王柏中（二〇〇四）は「内廟」という呼称を使用しているが、管見の及ぶ限り、明代においては一般的な呼称ではない。

（13）『太祖実録』巻五九、洪武三年十二月甲子条。

（14）『（万暦）大明会典』巻八九「奉先殿」。

(15)『(正徳)大明会典』巻八一「奉慈殿」、『(万暦)大明会典』巻八九「奉慈殿」、楊新成(二〇一一)参照。

(16)内殿では冠婚葬祭などの際にも儀礼が行われるが、本書では、毎日または決まった日に内殿で行う比較的小規模のルーティーンワークとしての儀礼を内殿儀礼とする。

(17)『太祖実録』巻六一、洪武四年二月己巳条。

(18)『(正徳)大明会典』巻八一「奉先殿」「国朝、以太廟時享未足展孝思之誠、復於宮内建奉先殿、朝夕致敬、朔望行礼、時節献新、忌辰致祭。」

(19)『(万暦)大明会典』巻八九「奉先殿」「洪武三年冬、以太廟時享未足以展孝思、始於乾清宮別建奉先殿、朝夕焚香、朔望瞻拝、時節献新、生忌致祭、用常饈、行家人礼。永楽定都、建宮殿如南京。」

(20)『太宗実録』巻六七、永楽五年五月癸酉条。

(21)『英宗実録』巻三二七、天順五年四月乙未条および李賢『天順日録』。

(22)丘濬『大学衍義補』巻四五「王朝之礼」上「我祖宗以来、毎日先于奉先殿行礼、東朝問安、然後御朝。」

(23)張璁『諭対録』巻三、嘉靖六年十二月二十七日「又先朝毎日多是親王焼香、至孝宗皇帝時、毎日亦令栄王焼香、無有躬行瞻拝之礼。」

(24)たとえば、正徳九年(一五一四)正月に乾清宮の火災のため、官僚たちに世直しについての直言を募ったところ、皇族を北京に来させて後継候補とするべきだという意見が多数寄せられた(『武宗実録』巻一〇八、正徳九年正月丙戌条、丁亥条、巻一〇九、正徳九年二月乙未朔条、乙卯条)。

(25)梁儲『鬱洲遺稿』巻一「請定大本疏」、『武宗実録』巻一三五、正徳十一年三月甲辰条。

(26)梁儲『鬱洲遺稿』巻二「宗社大計疏一」、「宗社大計疏二」、『武宗実録』巻一五二、正徳十二年八月庚申条。

(27)夏良勝『東洲初稿』巻一三「奉陽明先生書」「蓋自逆瑾首乱祖制、使司香日侍親王、並遣就国。強藩謀逆、或基於此。瑾誅、此制竟未議復、識者有遺憾焉。」

(28)張瀚『皇明疏議輯略』巻三二「分別情罪軽重疏」「本年三月内、……有宸濠見得朝廷未立東宮、要得図謀大位、密差万鋭同林華等前来、齎銭寧銀参万両、臧賢一万両、謀求将伊今故長男太奇、假以上廟焼香為名、迎取来京。彼有銭寧・臧賢、因受重賄、各不合心懐異謀、暗行許允、先令林華回報、随又詐称欽賜、将玉帯・金廂・宝石・鬧装帯各一条、綵段十対、付与万鋭賚送、宸濠伝令本府官員穿紅四十余日、専待銭寧伝取。」本年とは前後の文脈から正徳十一年を指す。ただし、寧王が狙っていた息子の司香は、内殿ではなく太廟であった可能性もある。たとえば霍韜『渭厓文集』巻六「贈少保兼太子太保吏部尚書謚恭襄前少師王公神道碑銘」には「是時、宸濠陰交賊臣朱寧、謀入寧世子司香太廟、朝臣陰主焉。」とある。右記引用の『皇明疏議輯略』では「上廟」という表現になっており、これだけを見れば廟という単語から太廟ともとれる。しかし、世宗御製『忌祭或問』はこの「上廟」という語を親王が代理で内殿に参拝することと解釈しており（「其在祖宗朝、毎日止命親王代之、謂之上廟」）、寧王が狙っていた司香には内殿での司香も含まれるのではないかと推察する。

(29)『世宗実録』巻三九、嘉靖三年五月壬申条。

(30)『世宗実録』巻三九、嘉靖三年五月戊子条、巻四〇、嘉靖三年六月辛丑条。

(31)『世宗実録』巻五〇、嘉靖四年四月戊申条。

(32)『世宗実録』巻五一、嘉靖四年五月庚辰条。なお、世宗はその後、廟制の変更を繰り返し、ついには父を太廟で祀るという念願を叶える。

(33)『世宗実録』巻六六、嘉靖五年七月庚子条。

(34)『明倫大典』巻二一、嘉靖六年二月癸亥条。

(35)『世宗実録』巻七四、嘉靖六年三月壬午条。

(36)『世宗実録』巻七五、嘉靖六年四月戊辰条、『明倫大典』巻二一、嘉靖六年四月甲戌条。

(37)楊一清の本籍地は雲南であるが、育ったのは湖広巴陵であり、その後は南直隷丹徒に居住した。

(38)『明倫大典』巻六、正徳十六年十一月甲戌条、楊一清『石淙文稿』巻一二「明倫大典後序」。

(39)焦竑『国朝献徴録』巻一五、楊一清「光禄大夫柱国少保兼太子太保礼部尚書武英殿大学士贈太傅諡文襄席公書墓誌銘」。

(40)内閣と翰林院の関係については、山本（一九六八）四七二～五二二頁、城井（一九八五）参照。楊一清自身も自らが入閣するのに適当な経歴を有していないことを自覚していた（『武宗実録』巻一二四、正徳十年閏四月癸亥条）。

(41)『朝鮮王朝実録』中宗二十三年十月戊申条「聖節使韓効元回自京師。上引見于宣政殿、問皇帝視事。効元曰、「朝廷別無他事、但興献皇帝加号事、前則議論不一、相為角立。張璁・桂萼専主定議、既加尊号而受賀、又欲堅固其議、加罪楊廷和、又多斥閣老、以此朝廷尤為角立也。且正官則不得見之、乃見下人而問之、則曰、「張璁為二閣老、楊一清以旧老為一閣老。張璁乃新進年少之人、以南京州司為二閣老、乃以楊一清為宗主、凡有建議、必以楊一清為言也。又、桂萼為吏部尚書、専主国事、而所行不正、朝廷目為小人。其国老皆托病引去」云。然只聞於下人之言也」」。

(42)霍韜『渭厓文集』巻三「国是疏」「璁・萼毎攻訐楊一清過失、臣復戒之曰、「爾二人、雖忠、然為衆所嫉。楊一清、雖有過、為衆所信。留楊一清在上、以係衆望可也」」。

(43)楊一清『密諭録』巻五「再論東閣掌誥勅奏対（又一首）」。

(44)楊一清『密諭録』巻五「再論東閣掌誥勅奏対二」。

(45)たとえば張璁『諭対録』巻四、嘉靖七年正月十五日、嘉靖七年二月十二日、巻五、嘉靖七年三月十二日、巻六、嘉靖七年四月十一日。

(46) 張璁『諭対録』巻二、嘉靖六年十月二十日。

(47) 張璁『諭対録』巻三、嘉靖六年十二月二十二日。『世宗実録』に記載はない。

(48) 楊一清『閣諭録』巻四「謝恩奏疏」。嘉靖七年十二月との附記があるが、嘉靖六年の誤りと思われる。また、『世宗実録』巻八三、嘉靖六年十二月乙丑条参照。

(49) 張璁『諭対録』巻三、嘉靖六年十二月二十二日。以下の『諭対録』に見える世宗と張璁の内殿儀礼改定に関するやりとりは、後述する霍韜の上奏文に見られるように朝廷には非公開の書面交換のなかで行われていたものである。

(50) 実の母の章聖皇太后蔣氏と孝宗の皇后の昭聖皇太后張氏。

(51) 張璁『諭対録』巻三、嘉靖六年十二月二十三日「朕以沖幼之人、上荷皇天明命、位為人長、但恨弱暗幼資、不能上承天眷、下安兆民、乃邇寒暑壮盛之期、不能自保其体、遂致寒沴侵予、驚震両宮、数蒙下問、又致卿拳拳忠愛、朕切媿懼。夫朕身雖臥牀、其心不敢自逸、一遇有疾、政朝輟日、三廟無人瞻拝、是朕媿而懼也。朕恒憂其儲未立、然而雖在二十之年、但斯者所関実重、此又為媿而懼也。至於視朝之際、金台之上、簷下急風、毎吹拆于体、而難答応各衙門奏事請旨官。又北方比南地太冷、朕生長南州、故不禁此甚寒。又常病其煖耳之制無有実用、毎日於三廟行礼、出常被凍、其両耳或成瘡。」

(52) 『世宗実録』巻八三、嘉靖六年十二月壬申条。

(53) 張璁『諭対録』巻三、嘉靖六年十二月二十四日「国朝太宗皇帝、太廟時享、未足展孝思之誠、復於宮内建奉先殿、朝夕致敬、朔望行礼、時節献新、忌辰致祭。夫朔望・荐新幷忌辰、躬行之礼、誠不可廃。聞、先時毎日早辰焼香、多命親王代行、未必能毎日親為瞻拝者也。」ちなみに世宗には兄弟がいなかったため、孝宗のように弟に内殿儀礼を代行させることはできなかった。『忌祭或問』「問者曰、「此旧時列聖、雖不往、有遺親王代拝。今既無昆弟、又無親王在京、是必自勉之」。吾答曰、「汝問了這一日這幾句、説到極処。今彼所欺者、正以吾孤幼耳。……」。」

(54) 張璁『諭対録』巻三、嘉靖六年十二月二十六日「夫太宗文皇帝、正因太廟在外、不便朔望・薦新・忌辰行礼、故建奉先殿于宮内、以従簡便、本以節労、而今為礼、反以致労、何也。」

(55) 『皇明祖訓』「皇明祖訓序」「凡我子孫、欽承朕命、無作聡明、乱我已成之法、一字不可改易。」

(56) 『忌祭或問』「伏覩我高皇帝垂訓曰、「後世子孫、勿作聡明、乱我成法」。吾毎読至此、敢不惕然悚懼。但奉先殿之建、文皇帝固因高皇帝之制。」

(57) 内殿の始まりを太祖ではなく太宗としたことについて、先行研究で指摘されるような世宗の太宗尊崇（たとえば新宮〔二〇〇四〕）と関係があるのかどうかは、再検討する余地がある。

(58) 嘉靖四年十一月下旬～十二月初旬の体調不良を指すか。十一月二十六日に世宗は体調不良のため、冬至の朝見を中止した。その後、十二月七日に回復して日常の朝見を行えるようになった。『世宗実録』巻五七、嘉靖四年十一月辛巳条、巻五八、嘉靖四年十二月辛卯条。

(59) 張璁『諭対録』巻三、嘉靖六年十二月二十五日「我太宗時、始建奉先殿、当時止五廟神位、日雖拝之、止只五拝。今時也、九廟神位、奉慈三室、崇先親廟、故日計之、至奉先殿、九室九拝、出由西襓、至奉慈殿、三室三拝、又復川過東襓、至崇先殿、一拝、所登降者六姜擦、所行十三拝礼、日逐如是。凡遇節令祭告・忌辰、其拝計三十四拝。朕素稟清弱、毎拝畢、両足膝倶軟、喘経四五刻、或有日出朝陞座、言語促喘。自朕前年、因病起力愈弱、不能如儀、凡遇忌辰等日、減去十拝、止二十四拝、毎日減去八拝、止六拝、蓋不得已。至今年、両腿愈酸、痰気喘塞、故日前小疾、不能自強也。此皆我太宗時無此許多、祖宗時亦不如許也。毎亦欲議及、而不敢与他人言、恐彼不知也。今卿可再思可否、密与一清説説、可作何処也。」

(60) 張璁『諭対録』巻三、嘉靖六年十二月二十六日。改定の概略は①朔望は奉先殿・奉慈殿では殿中でまとめて拝礼し、各神位にいちいち拝礼しない、②薦新は①に準じる、③忌辰は当該神位の前だけで礼を行い、皇帝の忌辰には皇后も一緒に祀るが、皇后の忌辰には皇帝は祀らず、また拝礼の回数は二回だけにする、である。最終的には『世宗実録』巻八三、嘉靖六年十二月壬申条および『諭対録』巻三、嘉靖六年十二月二十九日にあるように、④忌辰には衮冕を用いない、という規定も加わる。

(61) 張璁『諭対録』巻三、嘉靖六年十二月二十七日「朕復思之、今之図也、深恐来者怠心生焉、非為目下。又恐讒頑小人肆行指議必云、「朕擅改旧儀、心生怠堕」。欲下之礼部・翰林院、仍参以礼科会議後、行用復与卿計其是否、然後諭内閣行、仍諭以勅文会議。」

(62) この会議の参加者として内閣が想定されていた可能性がある。夏言『桂洲奏議』巻六「進呈望祀祈嗣儀注」「先該大学士李時等題、……奉聖旨、「……卿等往詣祈告、仍行卜筮于太廟、礼部会翰林院議具奏来」。欽此。欽遵、会同大学士李時等謹議、……」

(63) 『中庸』「非天子、不議礼、不制度、不考文。」なおこの「非天子不議礼」というフレーズは張璁が大礼の議で世宗を支持する最初の上奏(張璁『太師張文忠公集奏疏』巻一「正典礼第一」)で使用して以来、しばしば世宗の礼制改革のプロパガンダとして使われる。

(64) 張璁『諭対録』巻三、嘉靖六年十二月二十七日「夫非天子不議礼、況繁文過当之礼、旧相沿襲、豈仍率由以徒労聖躬哉。夫無愛君之心者、非臣子也。此実礼之所在、安敢不従而復有異議乎。乞早諭内閣撰勅。」

(65) 楊一清『密諭録』巻三「論日朝三内殿礼儀奏対」。

(66) 張璁『諭対録』巻三、嘉靖六年十二月二十八日「又承聖諭、「欲将内三殿行礼之儀、宜下議奏施行、庶免不諳礼経之小

人毀乱」、宜無不可。已与一清面議、另当奏請。」ただし、ここで引用されている世宗の上諭の内容は『諭対録』収録の二十八日以前の上諭には見えず、二十九日付の上諭に「卿可再与楊少師会計、日下議奏施行、庶免不諳礼経之小人毀乱也。」とある。あるいは『諭対録』の配列や日付が間違っているか。

(67) 張璁『諭対録』巻三、嘉靖六年十二月二十八日。

(68) 霍韜『渭厓文集』巻二「慎保聖躬疏」「臣昨見聖旨、「以時方隆寒、暫免朝参二日」。因与侍読謝丕語曰、「古建保傅之官、曰傅者輔以徳義、保者保其身体。今聖上毎晨早起、未辨色即臨、百官冒衝隆寒、高拱金台、簷風太厳、雖慣処冷地、亦猶不堪、況於聖上出自深宮者乎。甚非所以保重聖躬也、保傅重臣之責也」。謝丕曰、「丕年四十七矣、未有嗣息。老母即曰、「爾毎早逐班行、只為一官而已矣。至於宗祖嗣続之大計、則未之思也」。今之父母愛子者、謀無不至矣。若臣之愛君、則未見其体父母愛子之心也」。臣昨日即謁大学士張璁、将以是告焉。張璁曰、「璁已有言矣」。即出稿二摺・御札二紙曰、「聖主慎密之言、輔臣不敢軽示于人者、勿軽泄也」。臣伏読御札、乃知陛下勤労于内者、蓋十倍于在外之群臣也。……臣昨閲臣璁所奏、倶得輔臣体、惟奏疏留中、不昭示外臣、似於嫌小節非所以示大中。……伏惟陛下、勅輔臣会九卿定議常儀、毎日謁両宮、謁祖廟、奉忌祭、合行日期与合行礼節、倶立定典。」なお、霍韜の上奏文は内殿儀礼だけではなく後継問題にも触れており、さながら第三者でも世宗の張璁への愚痴の内容の大筋が類推できるようになってしまっている。

(69) 張璁『諭対録』巻三、嘉靖六年十二月二十八日。霍韜『渭厓文集』収録の上奏文には通常は皇帝の回答も付されているが、この上奏文にはない。

(70) 『世宗実録』巻八三、嘉靖六年十二月壬申条。このときの上奏は陳子龍『皇明経世文編』にも収録されている（巻一一九、楊一清「楊石淙綸扉奏略」「祭礼議（三殿祭礼）」）。

(71) 内殿儀礼改定の過程で張璁と楊一清は内殿儀礼が臣下に知られていないため皇帝の過労状態を放置してしまったと歎いたが（張璁『諭対録』巻三、嘉靖六年十二月二十六日）、これは改定のための方便であるに違いない。

(72) 夏良勝『中庸衍義』巻一四「故文皇謂、「雖有微恙、亦力疾以行」、所以率正天下之道、実係乎此。或者乃以為過礼、而建節労従省之議者。臣則聞之、程顥曰、「人子於親、無過分之事。凡力之能為者、皆所当然也」、又曰、「人主一日、接賢士大夫之時多、親宦官宮妾之時少、則所謂節労」。」

(73) 霍韜も張璁に対して阿諛追従という非難が起こりかねないと予想していた。霍韜『渭厓文集』巻二「慎保聖躬疏」「惟自古儒臣、凡能勧其君以早起、戒其君以守礼、即曰忠直之臣、未有敢勧其君以晏朝、勧其君以簡礼者、蓋避諂諛之名故也。」

(74) 『世宗実録』巻八四、嘉靖七年正月辛卯条、張璁『諭対録』巻四、嘉靖七年正月十五日、十九日。

(75) 張璁『諭対録』巻四、嘉靖七年正月二十三日、楊一清『密諭録』巻二「論明倫大典前序奏対」。

(76) 実際の蔵書の確認を行っているのは孫能伝『内閣蔵書目録』巻一、聖製部だけと思われる。

(77) 世宗は或問という問答集形式で他に『火警或問』や『明堂或問』を著している（『世宗実録』巻一二一、嘉靖十年正月辛亥条、『世宗実録』巻二一三、嘉靖十七年六月丙辰条）。この二つの御製或問は『勅議或問』や『宸章集』などの書物にも収録されている。

(78) 『世宗実録』巻八四、嘉靖七年正月癸未条。『諭対録』では巻三、嘉靖六年十二月二十九日までは「張尚書」、巻四、嘉靖七年正月十五日から巻六、嘉靖七年六月初五日までは「張少保」という宛名を用いている。

(79) 『忌祭或問』「忌祭或問之作者、以寓朕制礼之意也。……近因与内閣輔臣詳議博考、稽訂経義、裁為奉先之礼、中値阻滞之徒、朕不得不親為辯論、以闢邪説。」

(80) 『忌祭或問』「問者曰、「既如此、今日列祖忌日之祭、何不将礼儀歴正之行之」。吾答曰、「嗟吁、此正為破礼之徒、阻撓之也。昨吾因斯礼之改、特出其儀、付之司礼監太監鮑忠諭云、「爾等便率各該供事者、前去演礼」。忠承旨、持儀退、復来奏云、「早奉伝旨、但親祝文未降」。吾答曰、「祝詞、吾已親撰、付内閣看潤去矣。待写来、与汝去」。忠退、少刻而張佐等八人皆至、奏云、「礼儀已習之。但恐不可百年以来至於今日、胡為之更改也」。吾聞此言、即知其但異議以惑人也、遂答之曰、「我祖宗朝内殿之儀、見今開載何典。記云、「祭不欲数、数則煩、煩則不敬、祭不欲疏、疏則怠、怠則忘」。況書云、「与治同道、罔不興」。因時損益、吾已与内閣大臣議定、爾等何有此言乎。是必彰君之過、旧礼実煩」。温祥云、「旧儀亦是内閣来的」。吾笑之、「我太祖設六部内、礼部所司者、一応礼儀、皆係掌之。太宗設内閣、以為備顧問、専輔導、未有礼儀出於内閣也」。鮑忠云、「只照聖意行之可也」。吾遂呼其名曰、「汝一人見従、是必知礼也。不必再論。明日還照旧行、待吾別処」。佐等退。実因此而撓之也」。……問者曰、「彼所執奏、不過止為少四拝及不拝余位故、非別為也」。」

(81) 『忌祭或問』「吾昨因見此礼太煩、特録其儀、以与輔臣楊少師・張尚書議。彼二臣一聞之、嘆曰、「斯礼外庭不聞、制典原無開載、当要裁定之」。吾又諮於楊・張二臣、彼復考議当行礼儀、開具呈進、且曰、「願不必疑慮、行之可也」。吾又答之曰、「爾等所参酌之議、吾已知之、足見補導愛君之意。但恐罔議経義、好辨（辯）之徒、将為異議。雖不足以惑君子、而讒譖之言、大舜尚亦懼之。可下之礼部、会翰林院、参詳議擬来行、庶使他輩無言矣」。二臣復奏曰、「斯礼也、乃朝廷家人父子之間所行、原非外庭所敢議、不必如是、只断之可也」。吾又答之曰、「卿等之意、朕固知矣。実慮奸諂之徒、破乱我事、将帰過於朕。此雖不足計較、達礼者必知之。須卿等具一疏来可也」。彼遂与同官四臣具奏、已下該部知之、具足以服人心也。」

(82) 『忌祭或問』「吾已与二臣問而又問、慮而又慮。」

(83) 『忌祭或問』「吾嘗三与二臣言、「是必一会議、然後可行」。」

(84) 『忌祭或問』「帝王有事、必詢及左右大臣、詢及卿士及庶人、詢謀僉同、然後可行也、豈止一己之私乎。先儒云、「非天子不議礼」、斯言也、施之大道之世、未敢有議議也。今之世愈降而道愈微、奸巧喜功之人、各主一途、所以天子被其訕、大臣被其譏、卿士被其制、庶人被其惑。此等小人、愈無忌憚、肆張邪説、故吾敬慎之也。」

(85) 「詢謀僉同」と「謀及卿士」の二つの概念を組み合わせる考え方は決して珍しくなく、すでに孔安国（前漢の人）の伝や孔潁達（五七四～六四八）の疏にも見られる（『尚書注疏』巻三）。

(86) 『明倫大典』巻二三、嘉靖六年十月庚申条「我皇兄龍御上升、遺詔遵我太祖高皇帝兄終弟及之訓、下命朕入承大統。当是之時、即命礼官、議処応行称号等項事宜、乃泥古美文、援拠非礼、欺朕沖年、幾於倫叙失序、治理茫然。荷皇天垂鑑、祖宗佑啓、錫予良臣、起議大礼、群邪解争、衆議頓息。」

(87) 『明倫大典』巻一七、嘉靖三年九月壬戌条「席書曰、「遵祖訓、按礼経、皇上実入継大統、非為人後」。初無言者。臣萼曰、「知不言、言不尽、皆欺」。臣璁誦武宗皇帝遺詔曰、「『倫序当立、嗣皇帝位』。是継武宗統、非為孝宗嗣也。初、楊廷和主議、挙朝附和、遂壊万世綱常」。汪偉曰、「改礼恐失天下人心」。臣璁曰、「皇上為天下振綱常、焉失人心」。鄭岳曰、「改礼恐失昭聖歓心、皇上顕名」。臣萼曰、「此非間語也」。徐文華曰、「今改称孝宗皇伯考、恐古天子廟中無此称」。臣璁曰、「唐玄宗称中宗為皇伯考、宋真宗称太祖為皇伯考、焉古廟中無此称乎」。金献民曰、「朝廷用人、豈惟爾輩忠臣」。臣璁曰、「但願爾輩為忠臣也」。書請言官尽言。韓楷曰、「我未読書知礼、但知朝議為是」。臣璁曰、「未読書知礼、焉知朝議為是」。朱衣曰、「改礼非昭聖心、非挙朝心」。臣璁曰、「不改礼、是為両考、於女安乎」。臣献夫曰、「大人世及以為礼、天子諸侯無為人後者」。汪偉抗言、「宜両請」。臣璁曰、「只有一理、豈宜両請」。郭勛曰、「祖訓如是、古礼如是、茲議当矣」。書曰、「人臣事君、当将順其美」。臣璁曰、「皇上有純孝心、礼定可為万世法、豈徒将順吾君之美而已」。」詳しくは本書第五章第一節参照。

(88) 『世宗実録』巻九九、嘉靖八年三月辛丑条「兵部尚書李承勛言、「朝廷有大政事、及缺文武大臣、必下廷臣会議会挙、甚盛典也。今者議雖盈廷、罔稽衆論、主議者独揖而揚言、与議者拱手而傾聴、殊非立法之意。臣愚欲于未議前、備条所議事情、遍伝諸会議者、俾先諗其故、然後虚心商確、各尽所長。如議相合、不必強同、従其別奏、庶足以尽諸臣之見、而所議者亦至公而無私矣」。上曰、「然。朝廷用人行政、関係重大、勅下廷議、正期采取公是以集衆思。今後与議大臣、務各秉忠、毋得朋比遷就、聯名署題、致誤大計、至于言官、亦宜論挙可否」。」

(89) 朱熹『中庸章句』「中庸章句序」「天理之公、卒無以勝夫人欲之私矣。」

(90) 夏言『桂洲奏議』巻九「会議荘粛皇后謚疏」「吏部左侍郎霍韜曰、「謚者、天下之公、非天子自行之。宜備陳以請」。」

(91) 夏言『桂洲奏議』巻九「会議荘粛皇后謚疏」「這所議、你部裏以為不合、且霍韜所説非天子所自行、此言尽矣。故着会議以尽公道、你毎不加詳議、動輒紛争是非。……茲遇皇嫂之喪、無有事嫂如事母之理、人道有此乎。非朕自尊、矧両宮在上、而昭聖皇太后有母道、所圧為尤。便再会官議擬、帰一来説。」

(92)『世宗実録』巻一七二、嘉靖十四年二月庚戌条。

(93)『明倫大典』巻二、正徳十六年四月戊申条。

(94)『大礼集議』巻四。

(95)張璁『諭対録』巻二二、嘉靖九年十月二十四日「甚恐啓争端、須得二三臣以賛之。朕欲作諭問萼・時・言、未知何如。言乃近言祀典耳。或仍卜告皇祖、得吉、便当力行。用預与卿計。」

(96)張璁『諭対録』巻二二、嘉靖九年十月二十五日「聖諭欲卜吉皇祖、及欲得二三臣賛之、此誠謀及占筮及卿士之至意也。」

(97)小島（一九九二）。

(98)張璁『諭対録』巻四、嘉靖七年正月十五日「朕不敢自決、密告卿。労卿為朕再共楊少師密議、否則已之、可則与四臣共疏言之。」

(99)『世宗実録』巻八四、嘉靖七年正月庚寅条「先是、奉先殿祭礼、毎遇一廟忌辰、九廟共用牛一・豕五・羊七、于各神位前致祭、仍各薦酒果之属。至是、用大学士楊一清言、遇忌辰、止于所当忌神位前行礼。祠官以牲数請。上命用牛・羊・豕各一。」なお、この時の牲の数は嘉靖十四年四月の内殿の祭祀後に夏言に賜わった牲の数と一致しており（夏言『桂洲先生文集』巻二七「謝賜祭内殿牲品疏」）、以後の常例となったようである。

(100)嘉靖三十二年（一五五三）に世宗の息子二人（裕王（のちの穆宗）と景王（一五三七～一五六五））に太廟・奉先殿の儀礼を代行させるかの議論が持ち上がった際、内閣首輔厳嵩（一四八〇～一五六五、江西分宜の人、弘治十八年進士）が「臣嵩思得、嘉靖二十八年十二月二十四日、奉有聖旨、「内殿原無勲戚之代、朕今止之、遵祖宗旧法、但二王或可代行。此係先朝之例、我皇考比代孝宗多久。茲迫時、或只照例設祭、二三子須習之後行」。欽此。臣等議得、茲者二王殿下礼已久習、奉先之祭宜如聖諭遣代、其太廟合無一体遣代。」（厳嵩『嘉靖奏対録』巻七「請遣二王代祀」）と上奏しているが、これに本書で扱ったルーティーンワークとしての内殿儀礼が含まれるのかどうかわからない。なお、『世宗実録』巻三九四、嘉靖三十二年二月戊辰条の厳嵩の上奏の末尾は「奉先・太廟之祭、宜如聖諭、一体遣代」となっている。

(101)王世徳『崇禎遺録』「上毎晨起、礼神於乾清宮丹陛。朔望、詣文華殿謁至聖先師、及奉先殿行礼。」

第四章　嘉靖十年の大臣召対再開

はじめに

前章において述べたように、世宗は内殿儀礼の改定を行うために張璁・楊一清とひたすら書面を交換して最善の政策決定を探ったが、第二章でとりあげた大臣召対という手法は使用していない。もちろん、内殿儀礼改定の発端は世宗の体調不良にあり、臣下と会っているような状況ではなかったともいえる。しかし実は、世宗はその前後数年間、具体的には大礼の議の終了後から嘉靖九年までの六年間、大臣を個別に接見することはほとんどなかった。また、接見の場で政治上の議論を行うこともなかったと思われる。一方、第一章冒頭で紹介した嘉靖十四年の史料では、世宗は「君臣同遊」を旗印として内閣の費宏・李時を西苑に招き、「同遊」したあとに政治談議を行っていた。なぜ世宗は、一時期は止めていた大臣召対を再開するようになったのだろうか。この問題は嘉靖年間の政局の変化を反映すると同時に、世宗が書面や大臣召対という政治手法をどのような目的で用いていたのか、そしてこれらの政治手法を通じてどのような政治を理想としていたかというより大きな問題にもつながる。

世宗の大臣召対に関しては、先行研究として大石隆夫氏の研究が挙げられる。大石氏は『世宗実録』の記載から世宗が臣下を接見した記録の一覧表を作成している(1)。それによれば、嘉靖九年以前の臣下接見事例がわずか二例であるのに対し、嘉靖十年から接見事例が激増する。大石氏は世宗が嘉靖十年以降に紫禁城外西側の庭園である西苑を整備したことに注目し、世宗は君臣間の連絡の強化のために西苑という朝廷儀礼にとらわれない場所を設定し、西苑の整備後と接見事例の増加が相関する事象であることを指摘した。さらに、西苑におけ

る大臣召対により、通常の朝廷を行う場所である「外朝」ではなく世宗の身辺を中心とした「内廷政治」が始まったとする。(2)

確かに大石氏が指摘するように、嘉靖十年以降の世宗の大臣召対は西苑で行われることが少なくなく、西苑は政治の重要な舞台になっていた。しかし、その一方で、大石氏の関心は西苑にあるためか、召対事例の把握に不十分な点が見られる。第二章で論じたように、世宗は即位当初から大礼の議の終結に至るまで、何度も内閣に接見し、大礼の議をめぐって激しい討論を行うことすらあった。しかし、これらの内容は『世宗実録』に記載がない。そのためか、世宗がなぜ一時期は書面のみによって寵臣たちと連絡をとり、嘉靖十年以後に召対を行うようになるのかについて、大石氏は考察を行っていない。

また、大石氏は大臣接見に関する世宗の見解について、嘉靖十年三月四日に張璁・李時に西苑で接見した後に世宗が張璁に送った書面の前半部の内容(3)に注目し、そこから儀礼に束縛されない場所(＝紫禁城外の西苑)で臣下に接見し緊密な君臣関係を構築しようとしたという世宗の志向を読み取る。確かに前半部にはそのような理念が書いてあるが、世宗が今後の召対について具体的に述べているのは後半部であり、以下のようにある。

今後、およそ会議あるいは卿が上奏したいことがあれば、時を気にせずやって来て、面と向かって相談して、朕の志向が定まるよう助けてくれれば、他人に広く接することで、賢否を判別することができる。(4)

また、この書面に対する張璁の答えは以下のとおりであった。

お願い申し上げます。陛下は今後、大きな事案があるとき、諸臣の会議、または(臣が)上奏したいことがあるときは、文華殿にお越しになり、時を気にせず参上して、それぞれ顔を合わせて可否を述べ、ご聖断を仰がせてください。[5]

上記の世宗と張璁のやりとりから、二人は「会議」や「上奏」に関連して召対の実行を必要としていたことがうかがえる。このことは「会議」や「上奏」に関連して何かしらの問題が生じていたことを反映しているのではないだろうか。

本章では、嘉靖十年以前の世宗の大臣召対に対する考え方、および嘉靖十年に大臣召対を再開させた原因について、嘉靖年間の政治史に即して明らかにする。また、嘉靖十年以後の世宗の大臣召対の内容の傾向・対象を検討することで、大臣召対という政治手法が世宗の政治運営のなかでどのような意味をもっていたのかを解明する。

一　嘉靖九年以前の大臣召対の途絶

(一) 嘉靖年間における大臣召対の記録

第二章で『孝宗実録』の「修纂凡例」が「文武大臣の召対はすべて書く」と豪語していたことを紹介したが、『世宗実録』「修纂凡例」にはそのような文言は見えない。[6] 実際に『世宗実録』は相当数の世宗による大臣召対の記録を書き漏らしていると考えられる。[7] とはいえ、第二章で指摘したように『孝宗実録』も実際にはすべての大臣召対事例を記録しているわけではなかった。そこで大臣召対の詳細な内容を知るために重要なのが、召対を受けた大臣の回顧録である。弘治年間については、第二章前半で取り上げた劉大夏『宣召録』と李東陽『燕対録』が存在した。また、第二章後半で取り上げた大礼の議の内閣召対については、その詳細な内容が楊廷和の回顧録「視草余録」（『楊文忠公三録』所収）に掲載されている。ただし、召対を受けた大臣が回顧録を残すか、またそれが現存するかについては偶然に左右される部分が大きいため、現存の記録だけで世宗の大臣召対の実態や頻度をすべて明らかにすることは不可能である。

大礼の議以後の嘉靖年間の大臣召対についていえば、詳細を記した書物は李時『南城召対』しか現存しない。李時は嘉靖八年～十年に礼部尚書、嘉靖十年～十七年に内閣大学士を務めた人物である。『南城召対』は嘉靖十年八月～九月に紫禁城南の宮殿で行われた六度の大臣召対の詳細な会話内容を掲載している。なお、この記録はもともと『召対録』という書物の中に含まれていた。(8) 隆慶五年（一五七二）、礼科都給事中張国彦（北直隷邯鄲の人、嘉靖四十一年進士）が本書を朝廷に献上した際の上奏文によれば、嘉靖九年から十五年までの内容が含まれていたという。(9) 『召対録』は現存しないが、『南城召対』以外はどのような内容であったかを類推する手がかりがある。王世貞に翟鑾の行状と李時(10)『召対録』を対照させた文章があり、(11) そのなかに引用されている『召対録』収録の世宗・翟鑾・李時の問答が『世宗実録』にも一部記載されている。(12) このことから『世宗実録』記載の李時が関係する召対記録は、『召対録』を出典としてそれを節略したものと考えられる。ゆえに大石氏が作成した大臣召対の一覧表においては、大臣召対が嘉靖十年から十五年（一五三六）に集中し、しかも李時が絡む事例が半数以上にのぼっている。また、同表においては夏言の出現率も高いが、李時不在で夏言のみが関係する召対については『世宗実録』では概略の記録のみにとどまるのに対し、李時が関係する召対については会話の詳細までも記載されていることが多い。ゆえに嘉靖十年～十五年の李時が参加した大臣召対とそれ以外の時期の大臣召対では記録の性質に差異があるといえる。

（二）嘉靖九年以前の大臣召対要請

上記のように『世宗実録』などの史料上で世宗の大臣召対の記録が不完全なのにもかかわらず、本章冒頭において筆者は大礼の議以後、嘉靖九年以前には大臣召対が行われていなかったと述べた。その根拠は、当該時期に臣下たちから大臣召対の要請がなされたのに対し、世宗がこれを却下していたことにある。

臣下からの要請としては、たとえば、嘉靖七年八月、左都御史李承勛（一四七三〜一五三一、湖広嘉魚の人、弘治六年進士）は唐代・宋代の前例にならって大臣召対を行うべきだと上奏した。[13] また、嘉靖七年閏十月、吏部尚書桂萼も大臣召対のメリットを上奏した。[14] さらに、嘉靖八年二月には礼科給事中王汝梅（四川華陽の人、正徳十二年進士）らが次のような上奏を行った。

大臣の上奏文は近頃、留中になっているものが多く、是非がわかりません。すべてを公開して、行うべきものは行い、やめるべきものはやめ、一人の偏った見解に惑わされませんように。……今は一つのことを実行するのに、しばしば宸翰を煩わせています。宸翰は少し削減して、祖宗の故事にならって、平台にお越しになって内閣に接見して大議を決定されれば、文書作成にかける労力をなくすことができ、しかも情報遮断の弊害を絶つことができます。[15]

このように、大臣召対の要請の気運は大臣クラスから科道官に至るまでに広がっていた。これらの事象から、現存の史料に大臣召対の記録がないばかりではなく、実際に世宗が大臣召対を行っていなかったことがうかがえる。

そして、嘉靖八年三月、寵臣中の寵臣である張璁・桂萼から召対を要請された世宗は、張璁に対する書面のなかで大臣召対の実行を明確に却下した。

ちょうど卿ら輔臣二人が一緒に上奏したものを落手した。これらのことは、多くは宦官によってうやむやにされていた。卿と桂萼はしばしば朕に直接会って議論することを請願する。そもそも君臣が接触して初めて統治が完成する。しかし、こいつらがそばにいて、耳にしたらすぐに外でしゃべってしまう。このようであるから、上奏文をちゃんともってこないし、内閣に擬票させるべきものにも故意に軽々しく御批を書き込み、皇帝の言葉だと詐称し、君主の不明を表面化させている。だから朕はただ封印された書面によってのみ議論を行うようにしている。そうすれば機密が漏れないだろうからだ。(16)

この時点で世宗は今後も書面による政治談議を続け、召対を行って臣下との会話のなかで意見交換を行う意向はないことを表明しているのである。

世宗が書面を重視し、召対要請を退けた直接の原因は、右記の書面で表明されているように、召対の場に立ち会う宦官による情報漏洩の危険性である。ただし、第二章で明らかにしたところによれば、世宗が大礼の議の際に内閣召対を行ったのは内閣との見解の不一致のためであり、世宗は内閣召対を通して自分の意志を実現することを目的としていた。大礼の議以後、世宗は張璁ら自分の意向に迎合した官僚を続々と内閣や六部尚書などの要職に取り立てていったため、内閣との意見対立を背景にした召対という政治手法を実行する必要性がなかったといえる。さらに、大礼の議における内閣召対の場においては世宗も内閣もそれぞれの主張を堅持し、議論は平行線に終始し、世宗の政策決定に直接的なメリットはなかった。このような過去の記憶から、世宗が召対という政治手法に対してネガティヴなイメージをもっていたことは想像に難くない。つまり、嘉靖九年以前の世宗は大臣召対を行う必要性を感じず、書面を活用することで政治運営を行おうとしていたと考えられる。

（三）嘉靖九年以前の大臣接見の実例

ただし、内閣などの大臣たちと個別に顔を合わせて言葉を交わすことが全くなかったわけではない。毎朝の朝廷や進講のほか、『世宗実録』には嘉靖五年から嘉靖九年にかけて、全部で五例の大臣接見の事例が見える。

一例目は嘉靖五年六月に行われた。世宗は内閣の費宏・楊一清・石珤・賈詠（一四六四～一五四七、河南臨潁の人、弘治九年進士）に平台で接見し、一人一人に御製の詩を賜った(17)。二例目は嘉靖六年九月に行われた。世宗は李福達の獄(18)の処理を担当した張璁・桂萼・方献夫に文華殿で接見し、三人を慰労し下賜品を与えた(19)。三例目は嘉靖六年十一月に行われた。世宗は内閣の楊一清・張璁・翟鑾に文華殿で接見し、御製顕陵碑文の添削の謝礼を行った(20)。四例目と五例目は嘉靖九年十月に行われた。まず、十月十五日、郊祀礼制改革(21)により新たに建造された圜丘で使う祭器が完成したため、世宗は張璁を文華殿に呼んで視察させた(22)。その二日後、今度は圜丘で使う世宗の椅子と机が完成したため、世宗は張璁を文華殿に呼んで視察させた(23)。

上記の五例の接見のうち、後者二例については張璁が記録を残している。四例目においては、世宗は「これらの自作の圜丘の祭器を朕はもう視察した。特別に卿にも視察を命じる」といい、張璁は「これらはすべて陛下の天を敬う心の表れで、臣はご命令を承って謹んで視察いたします」と答えたという(24)。また、五例目においては、四例目と同様の会話が交わされ、張璁の視察終了後に世宗は「これらは朕が天に仕える気持ちからのものといえ、本当に卿の賛助のおかげだ」といい、張璁は「これらはすべて陛下の天を敬う心の表れで、臣が関与できましょうか」と答えたという(25)。このように、少なくとも嘉靖九年十月の接見において世宗は張璁と言葉を交わしていたが、中身は形式的なものにすぎず、しかも接見の最後で世宗は張璁に今後の郊祀礼制改革に関する工事の詳しい指示についての御札を渡していた(26)。この時点では、接見の時間は儀礼的かつ短時間であり、主目的終了後に君臣間での政治談議になだれ込むような雰囲気は感じられない。

また、『世宗実録』に記載がない接見事例として、嘉靖九年二月二十日に文華殿で吏科都給事中夏言に接見した事例が挙げられる。[27] 世宗が夏言に接見したのは、この年の初めに世宗が思いついた郊祀礼制改革において、夏言が世宗の意向を推しすすめる建議を立て続けに行ったためであり、世宗は接見の場で夏言に勅諭や褒美の品を与えた。当時、朝廷では世宗がすすめる郊祀礼制改革の是非をめぐる会議を翌月に控えていた。郊祀礼制改革には詹事府詹事霍韜をはじめとした大臣たちから激しい批判が起こっていたため、世宗は自らの意の所在を明確にするために夏言にわざわざ接見したと考えられる。いわばデモンストレーションのための接見であり、目的はやはり政治談議ではなかった。

もちろん、前述したように現存の史料にすべての事例が記されているとはいい切れないが、嘉靖九年以前の臣下接見事例は散発的かつ儀礼的な傾向にあったことは指摘できよう。

二　大臣召対再開に至る経緯

(一) 張璁・李時・夏言

嘉靖十年三月に世宗が大臣召対を再開する具体的な政治状況の検討に入る前に、それに大きくかかわったと考えられる内閣首輔張璁・礼部尚書李時・吏科都給事中夏言の三人の嘉靖十年当時の政治的立場を紹介する。

張璁が内閣の序列第一位である首輔になったのは嘉靖八年のことである。嘉靖八年に入ると、楊一清と張璁・桂萼の対立が激化し、八月に世宗は張璁には故郷に帰って反省すること、桂萼には致仕を命じた。[28] この処分を見た大礼の議以来の張璁の盟友である霍韜が楊一清を攻撃し、[29] 翌月に一転して張璁は政界に復帰し、[30] 一方の楊一清は宦官張永（一四六五～一五二八）の遺族から賄賂を受け取ったことを暴露され致仕に追い込まれた。(31)こうして楊一清の代わりに張璁が内閣首輔となった。郊祀礼制改革が進められていた当時、内閣には翟鑾（在任期間：嘉靖六年～十二年、十九年～二十三年）と桂萼（在任期間：嘉靖八年二月～八月、九年四月～十年正月）も在任していたが、世宗の信任は内閣のなかでは張璁がとびぬけていた。

嘉靖八年以降、世宗は国家祭祀の礼制改革に熱を上げ始めるが(32)、その上で重要な官職が国家の儀礼をつかさどる礼部尚書である。嘉靖八年、吏部尚書桂萼の入閣により礼部尚書方献夫が吏部に異動となり、代わって礼部尚書の任に就いたのが李時である。李時は大礼の議で表立って世宗に味方する意見を述べたことはなかったが、『明倫大典』には李時が実は張璁に同情していたという記載がある。(33)事実かどうかは別にして、このように記録されること自体、李時が張璁に融和的であったことを示しているといえる。(34)そのため、張璁らが目の敵にしていた翰林院の官僚(35)であるにもかかわらず平穏な出世街道を歩く。そして、郊祀礼制改革への尽力が認められ、嘉靖十年九月に入閣することになる。

また、郊祀礼制改革によって一躍世宗の寵臣の仲間入りを果たしたのが、吏科都給事中夏言である。夏言の履歴の詳細については附論二で述べるが、兵科都給事中だった夏言は嘉靖八年十二月には吏科都給事中に異動となる。この異動は異例の事態であった。(36)その背景には夏言の科道官としての能力の高さのほか、当時の六科が大幅な定員割れ状態にあったことが考えられる。(37)さらに、夏言の台頭のもう一つの原因に世宗が信任していた道士邵元節（一四五九～一五三九）との関係がある。夏言の故郷・江西貴渓には龍虎山という道教の聖地がある。邵元節は貴渓出身で、龍虎山で修業を積んだ道士であり、夏言と同郷にあたる。そのため、郊祀礼制改革において夏言は邵元節から世宗の意向を知らされ、世宗の歓心を買う上奏を行うことができたという説もある。(38)その真偽は別にして、以後夏言は世宗がすすめる他の礼制改革にも賛同を示し、嘉靖十年三月には翰林学士になり、李時の入閣後に代わって礼部尚書となる。

（二） 郊祀礼制改革における世宗の書面政治

夏言が台頭した郊祀礼制改革の過程は、嘉靖九年以前の世宗の書面による政治運営の在り方を端的に示す実例である。改革の過程を簡単にまとめると、【表四】のようになる。

【表四】郊祀礼制改革の経緯

嘉靖九年一月上旬	世宗が郊祀礼制改革を思いつく
嘉靖九年一月中旬	夏言が皇后親蚕儀礼の創設を建議、採用
嘉靖九年二月十日	郊祀礼制改革の是非を問う「大祀詢謀勅」をくだす
嘉靖九年二月十四日	礼部の要請により郊祀礼制改革の廷議開催が決まる
嘉靖九年三月九日	一度目の廷議が開かれる
嘉靖九年三月十五日	二度目の廷議が開かれる
嘉靖九年四月	郊祀礼制改革の内容がかたまり、実行に移される

世宗は郊祀礼制改革を思いたった当初、占いを行い、さらに先立って張璁に書面を送って礼部尚書李時に書面で諮問するのはどうかと尋ねた。張璁は世宗の意向が前章で言及した「謀及卿士」の理念を踏まえていることを宣揚し、(39) さらに以下のことを請願した。

陛下はまず礼部尚書一人に試問したいとされています。臣はさらにお願い申し上げます。文華殿にお越しになって、九卿・翰林院・春坊官・科道官などに接見し、不意をついて試問してみて、それぞれに筆と紙を与え、即刻それぞれの見解を答えさせれば、一時の良心が立ち現われ、付和雷同して意見を隠すことがなくなり、必ず真心によって皇上に答えるでしょう。これが「卿士に諮問する」という意味です。そのあとで群臣を率いて、太廟で占いを行って、祖宗の意向を求めてはいかがでしょうか。これが「占いに諮問する」という意味です。(40)

張璁の召対要請は採用されることはなく、世宗は内閣大学士翟鑾と礼部尚書李時に対して個別の質問状を送って郊祀に関する見解を述べさせ、また、太廟で占いを行った[41]。

その後、夏言が北郊における皇后親蚕儀礼創設を建議した。世宗はこの上奏文を天地を南北で分祀するための突破口になりうるとして激賞し、張璁に命じて礼部尚書李時と夏言に自分の意向を伝えさせた[42]。親蚕儀礼創設自体に異議が呈されることはなかったが、北郊で行おうとする世宗の意向には詹事霍韜が反対した[43]。世宗は霍韜の異論を退けたが、一方で張璁を通して霍韜にこれからも意見を直言するよう伝えて慰めた[44]。こうして、親蚕儀礼の創設は比較的順調に進んでいった。一方、郊祀礼制改革については、張璁は再度、群臣に諮問して直接意見を述べさせ、さらに礼部に会議を開かせることを提案した[45]。そして、嘉靖九年一月末、夏言が改革に関する会議の開催を請願する上奏文を提出した[46]。そこで世宗は二月七日以後に会議を命じるという意向を見せる[47]。二月に入ると礼科給事中王汝梅らが夏言の上奏文を批判したため[48]、世宗は張璁に李時と夏言を激励するよう命じる。また、世宗は吏部尚書方献夫にも郊祀礼制改革の見解を質問し[49]、彼が天地合祀の支持者であると張璁に伝えた。さらに兵部尚書李承勛にも諮問する意向を張璁に告げた[50]。

二月十日に郊祀に関する見解の提出を迫る「大祀詢謀勅」が発布され、また廷議の開催も決まった。世宗は廷議の主宰者である李時が改革の実行を恐れることを懸念し、李時に正しい見解を強力に主張するよう伝えることを張璁に命じた。張璁は李時が実際に弱音を吐いていたので激励したことを報告している[51]。

三月九日、ついに礼部主宰の郊祀礼制改革を話し合う廷議が開催された[52]。会議を前にして、世宗は李時のふるまいを気にかけ、彼が廷議の結果を上奏する前に張璁に廷議の状況を報告するよう命じた[53]。廷議終了後、張璁は会議における李時の態度を報告した。張璁によれば、詹事顧鼎臣が強硬な分祀反対派であり、かつて人前で李時に対して廷議が開かれても分祀という結論なら署名しないと脅迫したことがあった。さらに顧鼎臣は李時の部下である厳嵩を脅迫し、厳嵩ともう一人の礼部侍郎湛若水（一四六六〜一五六〇、広東増城の人、弘治十八年進士）は保身のために分祀に反対する上奏を提出した。そのうえ顧鼎臣は翰林院や科道官にも影響力を及ぼし、多くの官僚が分祀反対派になってしまったという。また、顧鼎臣と同じく強硬な分祀反対派である詹事霍韜も分祀を激烈に批判する上奏文を発表し、人々の改革への不安感を増幅させていた(54)。このような状況のなかで気を弱くしていた李時を張璁は励ましていたが、会議の場において李時はやはり議論を一つの方向性にまとめようという主張をするのをためらっていた。一方、張璁は合祀派の兵部尚書李承勛に粘り強く説得工作を行い、李承勛は合祀派から分祀派に転向した。また、右都御史汪鋐（?～一五三六、南直隷婺源の人、弘治十五年進士）が廷議において分祀の主張を行った。李承勛と汪鋐の助力により、分祀という結論になったという(55)。

右記のように、郊祀礼制改革の過程において、世宗は基本的に張璁と書面を通して議論し、政治運営の方法を決定することが多かった。李時や夏言に指示する際にも張璁を通した。翟鑾・李時・方献夫・李承勛に個別の質問状を送る際にも、張璁に事前に諮問したり、質問状への回答を伝えたりしている。つまり、世宗と臣下の間の連絡には必ず張璁が介在していたといえる。世宗は張璁を他の臣下との調整役と位置づけ、張璁に自分の意向を伝えさせることで政局をコントロールしようとしたと考えられる。張璁が世宗にいわれて李時や夏言と話し合ったり、李承勛を説得したりしたのは、まさに調整役としての期待に応えたものであったといえる。

（三）郊祀礼制改革をめぐる世宗と張璁の対立

ところがその後、世宗と張璁の意見対立という新たな局面が出現する。張璁は世宗の郊祀礼制改革案のなかで、天に配享（従祀）する対象を太祖のみとすることに賛成できず、従来どおりに太祖・太宗を並べて配享すべきだという見解を保持していた。もっとも、これは張璁だけではなく、礼部尚書李時を含めた大多数の官僚の意見でもあった。そのため、この点の是非をめぐって開かれた最初の廷臣会議の結論には、配享の対象を太祖・太宗の二人のままにするという勧告が含まれていた[56]。自分の意向どおりの結果が出なかった世宗は再会議を命じた[57]。その際に世宗は礼部に「南郊で天を祭祀し、北郊で地を祭祀する。冬至と夏至に挙行し、我が先祖の高皇帝（太祖）を一緒に祀る。一年の初めには上帝を大祀殿で祭祀し、我が先祖の文皇帝（太宗）を一緒に祀る[58]」という意向を伝えた。

しかし、二度目の廷臣会議の結論もあまり変化が見られなかった。夏言によれば、廷議の場で主宰者である李時が率先して「天地分祀と南郊・北郊については、聖諭がすでに定まっており、異議の出しようがない。ただ太祖・太宗の功績は等しく、並べて天地と一緒に祀ることが久しく行われてきた。今後もそのまま大祀殿や圜丘・方丘では太祖・太宗を並べて一緒に祀るべきだ」と述べた。そこで夏言は李時に反論して世宗の意向に従うべきことを説いた。吏部尚書方献夫[59]・兵部尚書李承勛の二人が夏言の発言の道理を認めて両論併記の折衷案を提案したという[60]。廷臣会議の抵抗の背景には、張璁の意向があった。夏言は内閣が何度も太祖・太宗の配享を世宗に上奏しているとの噂があることを上奏文中に述べており、実際に張璁の文集にそのときの上奏文が複数収録されている[61]。

そのため、世宗は張璁の態度を次のように厳しく批判した。

朕はちょうど（世宗の意向を支持する）夏言の上奏[62]を三回も卿らに擬票するよう命じたが、朕の意向に頑なに逆らって「議論をやめてください」といっている。朕が聞いたところでは、大臣が君主に仕えるのには、調和して治める義務がある。郊祀の議論では卿は心を尽くして賛同してくれたのに、配享の議論になると心変わりしてしまい、なんとかして阻止しようとするのは、なぜなのかわからない。……卿が一旦危言に惑わされてしまい、邪論に同調し、前と後とで変節したのは、おそらくいつもの忠ではないだろう[63]。

世宗のいう「郊祀の議論」とは天地分祀を指すと思われる。また、「心を尽くして賛同」とは、張璁が世宗からの諮問に預かっていたことのほか、前述した李時への激励や李承勛の説得など、調整役としての役目も含まれるだろう。世宗から見れば張璁は天地分祀に関しては調整役として尽力してくれたにもかかわらず、「配享の議論」では自分の意向に賛同せずに抵抗して大臣の義務を果たしていなかった。さらに、世宗は礼部に対しても内閣への追従を叱責した[64]。しかし、世宗は張璁の態度をとがめる一方で、張璁の反対を完全に無視することはできなかった。その結果、大祀殿では太祖・太宗を祀るが、天と地のそれぞれの祭祀の際には太祖だけを配享するという妥協案に落ち着いた。

（四）禘祭をめぐる意見対立

その後しばらくは世宗と張璁の間の意見対立が表面化することはなかったが、嘉靖十年に入ると、禘祭をめぐる両者の意見対立がまたも朝廷を巻き込む事態となる。禘祭とは天子が行う宗廟祭祀のなかでもっとも重要なものと位置づけられる祭祀であり、「所出之帝」に「始祖」を配して数年に一度実行するとされていた。しかし、「所出之帝」・「始祖」とは誰なのか、実施頻度は何年に一度なのかなどをめぐって、漢代以来、多くの議論が存在し、その実態がよくわからない祭祀でもあった[65]。特に明王朝のような成り上がりの人物が創業者である場合、先祖の系譜が不明であり、「所出之帝」を決定できない。そのため、太祖は禘祭を行わないことにし[66]、明の歴代皇帝も行わなかった。

一方、世宗は少なくとも嘉靖八年には禘祭に関心を寄せていた[67]。そして、翌年末に宗廟制度の改定に着手した世宗は、禘祭も行おうとする[68]。まず世宗は禘祭について張璁に李時と話し合うよう書面で命じた。張璁は世宗の諮問に対して、禘祭を行うのであれば丘濬の説を採用すべきだと上奏した[69]。丘濬の説とは、宋代の制度に倣い、太祖を「始祖」とし、太祖の高祖父の徳祖を「所出之帝」とするというものだった。[70] しかし、世宗は徳祖より以前の先祖の考証は不可能かもしれないが存在しなかったわけではないとし、徳祖を「始祖」とし「所出之帝」は衣冠を設置して降霊したいという意向を表明した。[71] なお、世宗の意向は唐の趙匡の「所出之帝」を虚位とする説に基づく。

その後、年明けに世宗は禘祭を含めた宗廟改革について李時・夏言と話し合うよう、張璁に書面で指示を出した。[72] 張璁は李時と夏言に世宗の書面を見せて話し合い、[73] 禘祭については太祖を「始祖」とし徳祖を「所出之帝」とするべきだという結論に達したことを報告した。[74] 三人の建議を受けて、世宗は太祖を「始祖」、徳祖を「所出之帝」とする禘祭の図面を作成して、一月六日に発布した。

しかし、一月八日に夏言が禘祭について上奏を行い、太祖を「始祖」とし、「所出之帝」は虚位とすべきだという提案を行う。これは世宗の意向に沿うものであり、世宗は夏言の提案を支持する批答を行った。[75] これを見た詹事府右中允廖道南（湖広蒲圻の人、正徳十六年進士）が『太祖実録』冒頭に「朱氏の先祖は伝説の帝王顓頊である」という記載があるため、[76] 顓頊を「所出之帝」とするべきだという新説を上奏した。[77] 一方、張璁は徳祖を「所出之帝」とするべきだという主張を変えていなかった。世宗は考え直すよう命じたが、張璁は礼部が開催する会議の結果を待つようにと返答した。[78]

二月七日、禘祭で祀る対象を話し合う礼部主宰の会議が開かれた。会議後に礼部が提出した上奏文には各出席者の意見が並べられており、夏言と廖道南以外の全員が徳祖を「所出之帝」とするのが最善であると主張している。[79] 夏言によれば、会議の初めに張璁が「虚位という主張は「所出之帝」を虚に求めており、無ということになってしまう。顓頊という主張はこれを遠いところに求め、捏造のようになっている。徳祖を「所出之帝」とすることこそ妥当である」といい、兵部尚書李承勛も賛同したため異議を唱える者がいなくなってしまったという。[80] 世宗は会議の結果に対して、改めて「所出之帝」を虚位とすべきだと表明したうえで再会議を命じた。[81] 二月十四日に開かれた再会議の上奏文は世宗の意向どおりに「所出之帝」を虚位とすることになった。[82]

禘祭の内容の決定に至るまでの過程で、世宗は張璁に礼部尚書の李時や礼制改革で活躍してきた夏言と話し合うよう指示を出している。世宗は、張璁・李時・夏言という信任している三人が異論の出ない禘祭の内容を組み立て建議することを期待していたのであろう。ゆえに、いったんは自分の意向と違った意見を三人が提出してもそれを認め、図面まで作成した。しかし、夏言が上奏文を提出したことで状況は一変する。自説の理論的根拠を得た世宗はこれを支持することで自分の意の所在を明らかにしたが、張璁は世宗の意向に従わなかった。それどころか、会議において率先して世宗の意向である虚位説を批判し、自分の意見である徳祖説を夏言・廖道南以外の会議出席者に認めさせている。結果的には世宗の意向が実行に移されたが、世宗と張璁の意見対立が白日の下にさらされた事件であった。自分の意見に賛同し、調整を行ってくれることを期待していた張璁が期待どおりに動かなかったことは、世宗にそれまでの政治手法と君臣関係の限界を感じさせたのではないだろうか。

(五) 召対再開と「君臣同遊」の宴

禘祭に関する礼部再会議の十日後の二月二十四日、世宗は斎殿で天の祭祀に使用する神位について大小二つの型を作ったのでそれを視察するように張璁に命じた。そして、その視察の場に世宗は現れ、口頭で大きい方の型を用いるべきであると発言した。張璁は世宗の「召対」が突然であり、その場でうまい返答ができなかったと振り返っている。[83] さらに、三月四日には本章冒頭で紹介した西苑における張璁・李時の召対が行われる。

そして三月十四日にも世宗は進講終了後に文華殿で張璁を召対し、欠員となっている吏部尚書の人選案や朝日壇完成の論功への指示を行ったようである[84]。つまり、礼部の再会議後、世宗は突如として十日に一回のペースで張璁と会い、口頭で指示を行うようになったのである。三月四日の召対後に交わされた書面のなかで大臣召対が「会議」・「上奏」と関連付けられているのは禘祭をめぐる君臣間の意見対立によると想定できよう。

また、三月四日の召対後に世宗が張璁に送った書面では、本章冒頭で引用した今後の大臣召対の方針に言及した直後に以下のような文章が続く。

また、今春、両皇太后と一緒に春の遊宴を行った後、卿たちと遊んで、わが聖祖（太祖）のおおいなる教えに従い、子孫が先祖のやり方を守っていることを表現したい。女官に音楽を演奏させよう。あらかじめ卿に相談する[85]。

ここでいう太祖の教えとは、『御製大誥』首章「君臣同遊」章を指している。張璁は返信において、「君臣同遊」章の前半を引用して世宗の意向を賛美した[86]。

禘祭会議後の突然の大臣召対再開や「君臣同遊」の提案は、何を意味しているのだろうか。まずは禘祭をめぐる君臣間の意見対立が世宗にそれまでの政治運営手法の行き詰まりを自覚させたことが考えられる。大礼の議の終結以降、世宗はひたすら書面を通して張璁に諮問・指示を行ってきた。しかし、張璁が自分の意向どおりに動かない場合には、書面は効力を発揮しなかった。

とはいえ、そこで単純に大臣召対に踏み切っても、大礼の議の内閣召対や書面上の意見対立と同様に水掛け論に終わるだけだろう。そこで世宗が持ち出したのが「君臣同遊」の理念である。「君臣同遊」のおもての意味は、張璁が賛美したように君臣一体となって政治を行うことである。しかし、本書第一章で指摘したように、『御製大誥』「君臣同遊」章は本来皇帝の臣下に対する批判であった。「君臣同遊」章後半を意図的に無視する習慣は明代中期の丘濬にすでに見られる現象であるが、それは当時の人々が後半部分を知らなかったことを意味しない。皇帝から臣下に「君臣同遊」の理念が突き付けられるとき、そこには臣下への批判もこめられているとみなせよう。「君臣同遊」の実現は、単に君臣相互の交流を増やすためだけではなく、臣下に対して理想の臣下となるように促すためでもあったと考えられる。

嘉靖十年三月の大臣召対再開は、世宗と張璁の意見の相違という世宗の政治運営の行き詰まりを背景とし、その打開策として考えられたものだといえる。また、その際に「君臣同遊」の理念を掲げることで、張璁に対し「君臣同遊」章で謳われているような理想の臣下としてふるまうことを求めるものだったといえよう。

三　召対再開後の世宗の政治

（一）嘉靖十年九月二十九日の大臣召対

それでは、大臣召対再開後の世宗の政治運営はどのようなものだったのだろうか。一例として、李時『南城召対』に記録されている嘉靖十年九月二十九日に重華殿で行われた大臣召対を取り上げよう。この召対に参加したのは内閣大学士李時・翟鑾、礼部尚書夏言、左都御史汪鋐の四人であった[88]。汪鋐は夏言と同じく郊祀礼制改革に賛同を示したことで重用されるようになっており、のちに吏部尚書になる。

この日、世宗は太廟の規制を改めたいという意向を伝えた[87]。当時の太廟は同堂異室制という、一つの建物にそれぞれ先祖の神主を祀るための部屋が設けられている構造だった。世宗は同堂異室制をやめ、それぞれの先祖に独立した廟を建てる九廟制を実行することを考えた[89]。これに対し、李時・翟鑾は別々の建物にそれぞれ神主を祀ると儀礼が長期間に及ぶこと、また新しく廟をいくつも建てる場所がないことを理由に反対した。その後、汪鋐が「礼楽・戦争の決定は天子が行うものです（『論語』「季氏」）。陛下のおっしゃるとおりです」と賛意を表したが、世宗は「だがわたし一人で独断できるだろうか」といった。すかさず李時が「やはり礼部に会議を命じて、たくさんの官僚に話し合わせましょう」といった。しかし、世宗は「礼にかなっていればやればいいのだ。人の意見というのは紛々で、別にみんなが同意しなくてもよい」といった。その後、夏言が遅れて到着したので[90]、世宗は夏言にも意見を問うたが、彼も「すべて古代に合わせなくてもよいのです」と九廟制には否定的だった。また、夏言が「古代の廟はすべて東向きでしたが」と指摘すると[91]、世宗は「すべて古代に合わせなくてもよい」と反論した。結局は既存の太廟の建物はそのまま保存し、新たにその他の廟を建てるという妥協案で落ち着き、世宗は夏言に礼部として実行案を上奏するよう命じた[92]。

これだけを見ると、大臣召対の場で内閣・礼部の反対にもかかわらず、結局は内閣・礼部が譲歩し、世宗の意向が通ったように見えるが、この後の展開はそうではなかった。夏言は世宗の指示をなかったことにし、九廟制提案の上奏を行わなかった。その理由は、重華殿での大臣召対の後日、内閣の二人が文華殿西室で召対され、その席で李時が工事開始を来年以降にするよう提案したところ、世宗は計画を放棄する意向を示し、それを知った夏言は世宗の意向が変わったと判断したためという[93]。ところが、その後に廖道南が九廟建設を建議し、世宗は礼部に廷臣会議を命じることになる[94]。ただし、翌年に建議された簡素な建設案が気に入らなかった世宗は、ひとまずは九廟建設をあきらめる[95]。

この事例から世宗の大臣召対の特徴がいくつかうかがえる。まず、第二章で指摘したように大臣召対は明らかに皇帝側の意向の実現を目的として開かれていることである。また、背景には九廟建設をめぐる君臣間の対立があった。廖道南の建議の中に、「ただ宗廟制度については、何度も御札をくだされたり召対を行ったりして、落ち着いていられないことがあるようです[96]」とあり、世宗は九廟問題について召対を行うだけでなく文書も臣下（おそらく内閣）に送り意向を表明していたようである[97]。

また、世宗は大臣召対の場で、汪鋐の賛意表明にもかかわらず、「だがわたし一人で独断できるだろうか」という一方で、李時による会議の提案は却下し、最終的に礼部に提案をさせるという指示を出している。このことから、世宗は手続きとして、内閣・礼部の同意を取り付け、彼らに提案を行わせることを企図していたことがうかがえる。一方、世宗から無理難題を突き付けられた内閣・礼部は召対の場では譲歩したが、その後でなんとかして九廟建設をなかったことにしようとしている。このことから大臣召対の場はあくまで非公式の場であり、その場での決定はあまり強制力がなかったとも考えられよう。

（二）大臣召対の位置付け

廖道南の上奏に述べられているように、世宗は大臣召対再開後も書面を用いた政治運営を放棄したわけではなかった。世宗は嘉靖十年三月四日に西苑で張璁・李時を召対した三日後、李時に密疏を封じる銀印を賜った[98]。また、十三年（一五三四）に礼部尚書夏言[99]、十四年に内閣大学士費宏、十八年に内閣大学士顧鼎臣[100]、二十二年（一五四三）に内閣大学士厳嵩[101]、その後さらに内閣大学士徐階に密疏を封じるための銀印を賜る。さらに勲臣の武定侯郭勛や咸寧侯仇鸞（?〜一五五三）、宦官の張佐や麦福、道士の邵元節や陶仲文（一四七五〜一五六〇）にも同様の銀印を賜ったという[102]。密疏の権利を賜った官僚と勲臣の多くは大臣召対の対象でもある。また、前章冒頭で紹介したように、大臣召対再開後の嘉靖十六年に世宗は密諭以外に内閣に対して年間数十通の文書を送っていた。一方、夏言『桂洲先生文集』所収の「奏箚」をみると、嘉靖十六年六月〜十二月までの間に世宗は少なく見積もっても五〜六回は内閣に接見しており（【表六】参照）、召対が長時間に及ぶこともあった[103]。また、嘉靖十八年に礼部尚書厳嵩も「便殿で召対されるたびに夜になってようやく退出でき、御札が一日に何度もくだるので、各種上奏文はあわただしく執筆している[104]」と述べている。このように大臣召対という政治手法は書面にとってかわるものではなく、書面と相補的に用いられた政治手法であった。

また、世宗が召対の対象としたのは、密疏の権利を与えるようなごく限られた寵臣のみであった。嘉靖十五年に監察御史徐九皐（浙江余姚の人、嘉靖八年進士）が「政務の暇な時に、ご進講の講師たちに特別に接見して、くつろいで諮問し、経書の主旨をはっきりさせてください」と上奏し、礼部が覆奏した。それに対して世宗は、「この心（自分の心）を正しく養わなければ、接見しても無意味である」として建議を却下した[105]。嘉靖十五年は大石氏が作成した一覧表にあるように、李時・夏言・郭勛に何度も接見していた時期である。にもかかわらず、世宗が徐九皐の召対請願を却下したのは、召対に対する両者の認識の不一致が原因と考えられる。世宗の大臣召対は、学問談議のためではなく、嘉靖十年に張璁に送った書簡で述べているように「会議」や「上奏」などに関連した政治談議を目的として行われていた。そして、その対象も進講を担当する翰林官全般ではなく、内閣をはじめとしたごく一部の文武大臣のみであった。

おわりに

本章では世宗が嘉靖十年に大臣召対を再開した経緯について検討を行った。大礼の議以後、世宗は大臣と接見して政治談議を行うことを停止していた。その背景には、まず大礼の議によって寵臣を高官にとりたてていったため、召対を行う必要がなくなったこと、そして大礼の議における内閣召対が水掛け論に終わり、世宗がよい印象を抱いていなかったことがある。ゆえに世宗は、その後、密諭・密疏を含む大量の書面による政治運営を行う。世宗とその右腕の張璁は儀礼的にしか顔を合わせることがなかったが、機密性の高い書面の交換によって有意義な政治談議が可能になると世宗は考えていた。

しかし、世宗と張璁の間の意見の相違は徐々に大きくなる。両者の意見の相違そのものは、たとえば嘉靖四年に太廟で興献帝を祀るかどうかなどをめぐっても存在した（本書第三章参照）。だが、嘉靖八年以降の張璁は内閣首輔であり、世宗からすれば自分の意向に賛同して積極的に政治を行う立場でありながら、張璁は時に首輔として世宗の意向に反対し、朝廷の官僚たちを同調させていた。このような状況を前にして、世宗は張璁を切ることはせず、むしろ懐柔する方法をとった。それが大臣召対の再開であり、また「君臣同遊」の理念をつきつけることであった。そうであるとすれば、世宗が嘉靖十年以後、頻繁に大臣召対を行うようになったのは、明代中期以来の君臣間の連絡の乏しさのためではなく、当時の世宗と張璁の君臣関係という偶然性に左右されたものであるといえる。

嘉靖十年以後、張璁は致仕と復職を繰り返し、十四年に最終的に政界から去ることになる。ただし、世宗と張璁の君臣関係の遺産である大臣召対はその後も継続し、世宗は体調の悪化により朝廷に現れなくなっても、(106)宮女に殺されかけて西苑に引きこもるようになっても（嘉靖二十一年（一五四二））、大臣召対を行い続け、一方で大量の書面を寵臣に送り続けた。(107)世宗の政治手法自体は嘉靖十年の大臣召対再開で確立したといえよう。そして書面の送り先・召対の対象となった寵臣に期待されたのは、世宗が大臣の務めと考える「賛同」であるというのも、その後も変わらなかったと考えられる。

大臣召対再開後、召対の対象には武定侯郭勛をはじめとした勲臣と呼ばれる武官の大臣が含まれるようになる。前述したように世宗は勲臣にも密疏の権利を与えていた。世宗が内閣や六部尚書だけではなく勲臣まで召対の対象とした理由については、世宗がどのような政治を目指していたのかにもかかわるため、章を改めて論じたい。

注

（1）大石（二〇〇三）一一～一二頁。

（2）大石（二〇〇三）。

（3）張璁『諭対録』巻二九、嘉靖十年三月初四日「又朕惟、君臣之際、固不可不厳、此在朝之当慎、他処則猶家礼然、且漢文之召見賈生、因語久而文帝為之前席、今亦称美、故君臣不交、治功安成。」

（4）張璁『諭対録』巻二九、嘉靖十年三月初四日「今後凡会議、或卿有所入奏、無拘時而来、面相計処、俾交修朕之性志有定、方可広接他人、庶有重所酌別賢否。」

（5）張璁『諭対録』巻二九、嘉靖十年三月初五日「臣願、皇上今後凡有大事、或諸臣会議、或入奏、皇上御文華殿、許令無拘時而来、各面陳可否、恭候聖断。」

（6）歴代実録中の「修纂凡例」に「文武大臣の召対はすべて書く」項目があるかどうかを【表五】にまとめた。『世宗実録』の凡例にこの項目がない理由は、後述する史料的な制約に由来するのか、それとも『世宗実録』と同時期に編纂された『穆宗実録』にもこの項目がないことから実録編纂官の方針なのかは判断できない。

（7）たとえば、嘉靖十六年六月～嘉靖十七年十二月の内閣大学士夏言の「奏箚」で言及されている世宗の内閣接見事例は【表六】のとおりであるが、『世宗実録』には記録がない。なお、当然ながら夏言の「奏箚」も当該時期の接見事例をすべて拾っているわけではない。

（8）沈徳符『万暦野獲編』巻八「宰相時政記」「本朝無時政記、惟楊文貞士奇有三朝聖諭録、李文達賢有天順日録、李文正東陽有燕対録、李文康時有召対録、倶記柄政時諸事、而不如宋人之詳。」

（9）『穆宗実録』巻五五、隆慶五年三月乙酉条「礼科都給事中張国彦言、「……先朝大学士李時所記召対録、始于嘉靖九年郊壇視工、終于十五年文華殿議事、中間一政令之興革、一人才之進退、罔不召問臣僚面決可否、与家人父子無異。……臣等謹以前録刪去繁文、撮其大要、総二十九条、繕写上進。……」。疏入、報聞「録留覧」。」

【表五】歴代実録「修纂凡例」中の「文武大臣の召対はすべて書く」項目の有無

太祖実録	「修纂凡例」がない
太宗実録	×
仁宗実録	「修纂凡例」がない
宣宗実録	×
英宗実録	×
憲宗実録	×
孝宗実録	○「一、凡文武大臣有宣召論問、皆書。」
武宗実録	○「一、凡文武大臣有宣召論問、皆書。」
世宗実録	×
穆宗実録	×
神宗実録	「修纂凡例」がない
光宗実録	○「一、宣召文武大臣科道官論問及用薬、皆書。」
熹宗実録	「修纂凡例」がない

(10) 焦竑『国朝献徴録』巻一五、許成名「光禄大夫柱国少傅兼太子太傅礼部尚書謹身殿大学士石門翟公鑾行状」。

(11) 王世貞『弇山堂別集』巻三〇「史乗考誤」一一「翟文懿行状謂、「公嘗与李公奏対上前、擬票某人之罪。上欲重置於法、公難之、反覆諍論、忤旨。上震怒、公叩謝、復披瀝肝胆、従容納約、上察公忠実、為之霽容。李公戦慴罔措、退語人曰、「石門気節、吾今知之矣」。考李公召対録、「上御平台、召時・鑾至御榻前問、「都察院覆谷大用家産疏如何」。時対曰、「都察院所擬与律例不合、而後却有参論、所以臣等擬籍家産之半」。上曰、「半已軽矣、大用乱政先朝、当斬、得死牖下、幸也」。鑾曰、「按家産入官律僅三条、謀反・叛逆・奸党。若不合三尺法、何以取信天下」。上曰、「大用正奸党也、云何不取信於天下」。鑾曰、「皇上即是天、春生秋殺、無所不可」。時曰、「請都収入官」。上曰、「然」」。」

(12) 『世宗実録』巻一三三、嘉靖十年十二月辛丑条「上御平台、召大学士李時・翟鑾問、「谷大用事、都察院覆本当否」。時対、「以所擬招罪、与律不合。家産入官、律止是三条、謀反・叛逆・姦党。大用所犯、未応籍没、坐以此律、恐無以取信於天下。故臣等止擬一半入官」。上曰、「大用先朝壊政、是姦党、何説不取信于天下」。鑾曰、「皇上猶天、春生秋殺、無所不可」。時等請倶収入官。上曰、「然」。」『世宗実録』の記事と王世貞所引の『召対録』の間に字句に異同があるのは、実録編纂官による節略なのか、それとも『召対録』を献上した張国彦による節略なのかは不明である。

【表六】夏言『桂洲先生文集』巻二九～三二「奏箚」の内閣接見に関する言及
＊年月日は接見の年月日ではなく「奏箚」の年月日

巻数	年月日	奏箚の内容
二九	十六年六月九日	内殿での召対後に世宗の体調が悪化
	十六年七月二十六日	同文
	十六年八月八日	御製告皇祖拝天文を面示
三〇	十六年九月二十五日	今までの召対のなかで皇太子冊立を何度も請願
	十六年九月	実母蔣氏の病気について面奏
	十六年十月一日	九月二十八日に実母蔣氏の病気で呼び出し
	十六年十月八日	大報の日付を面議で決めるとの意向
	十六年十一月三十日	十二月一日以降に皇子の命名を面示する意向
	十六年十二月二十八日	元子の試周礼について召対
	十七年一月十日	元子の試周礼の御製告廟文を面示
三一	十七年二月六日	二月五日に文華殿で玲瓏麒麟玉帯を賜り召対
	十七年三月八日	改定した青詞の文章を面示
	十七年三月十二日	平台で陵還勅書の作成を命じる
	十七年三月十五日	顧鼎臣入閣の意向を面諭
	十七年三月十六日	嘉靖十四《ママ》年二月三十日に殿試について直接指示
	十七年三月二十八日	南宮で皇子たちの体調不良を伝達
	十七年四月八日	御製聖蹟亭祭告太宗文を面示
	十七年四月九日	十三陵の行宮で接見し各衙門の上奏文を直接渡す（渡された上奏文が火事で焼ける）
	十七年八月十八日	太宗・興献帝の廟号を直接指示
	十七年八月二十七日	太祖・太宗・興献帝の廟号を直接指示
三二	十七年九月十日	欽定神位図式を面授
	十七年九月十一日	大慶成宴楽曲の作成を直接指示
	十七年九月十二日	太祖・孝慈皇后の謚号・廟号を面授
	十七年九月十二日	御製福瑞賦を面授
	十七年九月十七日	再奏文・大享文を面授
	十七年十月二十二日	明日、勅文の誤字を直接確認するのを待つ
	十七年十一月十二日	教民榜文の進呈を直接指示
	十七年十一月十四日	翰林院の人員補充を直接指示
	十七年十一月二十六日	十一月十五日、平台で詔書の内容を面議
	十七年十一月二十九日	十一月一日、皇天上帝太号を親賜
	十七年十二月二十九日	華蓋殿で御製景神殿冬至告文を面授

（13）『世宗実録』巻九一、嘉靖七年八月己巳条「左都御史李承勛疏乞休、且陳時事所急、曰、「……治天下、有決壅蔽之患、以通上下之情。周礼宮正・綴衣、皆以賢士。漢宣用龔遂于渤海召見、問所以治郡。郡守且然、而況他乎。唐宋有転対・次対・不時召対・因事請対。故事、祖宗朝毎遇大事、必召群臣、面詢得失。蓋事之委曲、有必須従容口尽而難一一以文字陳

述者。召対之際、不惟可以商確政事、而人之賢否、尤為易見。願察成周命官之旨、参以唐宋故事、恪遵祖宗家法、天下幸甚」。上仍慰留不允、以其疏下所司議。」また、陳子龍『皇明経世文編』巻一〇一、李承勛「李康恵公奏疏」「論時事疏（勦寇・馭夷・河工・召対）」。

(14) 桂蕚『文襄公奏議』巻五「賛潤十六字箴疏」（本書第一章注(50)参照）。時期は嘉靖七年閏十月である。『世宗実録』巻九四、嘉靖七年閏十月丁酉条「御製十六字箴曰、「卓爾之見、一貫之唯、学聖君子、勗哉勿偽」。出示輔臣。」

(15)『世宗実録』巻九八、嘉靖八年二月乙亥条「大臣章奏、近多留中不出、是非無辨。宜悉付公論、可行則行、可止則止、無惑於一人一偏之見。……今一事之施、屢煩宸翰。宜少賜減省、倣祖宗故事、親御平台、召見宰執、決定大議、既免筆劄之労、且絶壅蔽之害。」なお、文中の「多留中不出」は単純に上奏文が留中になっていることを指すだけでなく、「一人一偏之見」とあることから少数者の建言、つまり密諭・密疏による政治運営も指すと考えられる。

(16) 張璁『諭対録』巻一〇、嘉靖八年三月十五日「適得卿二輔臣同奏所以者、這等事情、多被司礼内官忽略了。卿・蕚屢屢請朕面商議事。夫君臣相接、而後治功成、但不免此輩侍右、聞之即外揚。就如此等事、既不進覧、便当送内閣票来、故意軽易批出、假称王言、亦且彰主之不明耳。故朕只以封札論事、庶不漏洩事機。」

(17)『世宗実録』巻六五、嘉靖五年六月甲子条「上御平台、召大学士費宏・楊一清・石珤・賈詠入見。宏・珤・詠先入。上論之曰、「卿等昨和朕詩、朕亦為卿等各作一詩、相勗其用心輔導」。乃以詩手授宏等。一清継至。上諭之曰、「卿昨歳督辺、殊有労勣。茲特召還、資輔理。朕為一詩賜卿。卿其勉之」。宏等皆頓首謝。上于万幾之暇、留心篇章、興到即成、睿藻天然、不由思勉。是日、賜諸臣詩、皆長篇、各因其人為褒訓、倶有新意。」

(18) 李福達の獄とは白蓮教徒李福達と武定侯郭勛の関係が告発されたことに端を発し、郭勛を庇うために世宗と張璁らが逆に郭勛を告発した官僚たちに罪を着せた疑獄事件である。詳しくは胡吉勛（二〇〇七②）および本書附論三参照。

(19)『世宗実録』巻八〇、嘉靖六年九月壬午条「署都察院事侍郎張璁、請刻刊原奉勅諭及大獄招詞、頒示天下。報可。随召見璁・蕚・献夫於文華殿、諭労之、倶賜二品服色・金帯・銀幣、仍令吏部給与三代誥命。」

(20)『世宗実録』巻八二、嘉靖六年十一月丁丑条「初、上親製顕陵碑文、成。召見大学士楊一清・張璁・翟鑾於文華内殿、諭曰、「朕述皇考顕陵碑文、頼卿等藻潤、特茲酬労。卿等用心輔導」。」

(21) 郊祀とは郊外（首都の城外）で天子が天と地を祀ることであり、歴代中国王朝にとって国家祭祀の根幹をなしていた。しかし、天と地を合祀すべきか分祀すべきかをめぐって古代から議論が存在した。明代においては、太祖は即位当初は分祀を行っていたが、洪武十年（一三七七）以来、天地を南郊の大祀殿で合祀するようになった。世宗は天を南郊の圜丘（現在の天壇）、地を北郊の方丘（現在の地壇）でそれぞれ祀ることにした。郊祀礼制改革については小島（一九八九）、（一九九二）、張璉（二〇〇五）、趙克生（二〇〇六）八三～一二六頁、尤淑君（二〇〇六）一八三～二〇二頁、胡吉勛

（二〇〇七①）五九六〜六三二頁参照。

(22)『世宗実録』巻一一八、嘉靖九年十月辛未条「新製圜丘祭器成。上親視于文華殿、召輔臣璁同視。」

(23)『世宗実録』巻一一八、嘉靖九年十月癸酉条「新製圜丘龍牀・御案成。上親視于文華殿、仍召輔臣璁同視。視畢、進璁至後殿、温諭至再、復出手札示璁、「即今祁寒之候、工役恐艱。圜丘大工、想已告完、宜令併力償造。朝日壇工程、十一月朔始可暫止、方丘・夕月壇二工、待正月十六日、即復挙行、計至五月可成。今工惟令于申前辰後辦料、卿可思処、称朕体天恤民之意」。」

(24) 張璁『太師張文忠公集奏疏』巻六「謝視祀天祭器」「臣於本月十五日子夜、欽蒙伝諭、「明晨卯初三刻、朕於文華殿視祭器。就宣張少傅来看了、方詣三殿参拝」。臣聞命、奔趨刻期、候於文華殿下。先是、前殿已陳設新製圜丘祭器、有如金爐・玉爵・錦幕・圭璧・柷函・帛篚之属、以至金鐘・玉磬・賁鼓・搏鼓・琴瑟・簫管・柷敔・羽籥・干戚之属、左右前後、森然整然、靡一不具。皇上如期躬看視時、宝炬在堂、熏爐在案、皇上周旋折旋、詳審制度、既又躬親考撃鐘磬、精審音律、金声玉振、洋洋盈耳。臣已得窃聞於堂下矣。皇上看視畢、進臣至殿中。皇上敬天至誠、不御座。臣叩頭。皇上諭臣曰、「此親製圜丘祭器、朕已看視。特命卿看視」。臣謹奏曰、「此皆出於皇上敬天至意、臣謹当遵奉欽命看視」。命賜臣茶、臣復叩頭。皇上退御文華後殿。」

(25) 張璁『太師張文忠公集奏疏』巻六「謝視祀天龍牀御案」「本月十七日午刻、欽蒙伝諭、宣臣至文華殿。先是、殿中陳設新製圜丘正位龍牀・御案、各青金龍衣褥、配位龍椅・供案、各錦龍衣褥、左右陳設錦幕無算。皇上御文華殿、看視畢、進臣至殿中。皇上敬天至誠、不御座。臣叩頭。皇上諭臣曰、「此親製圜丘龍牀・御座、朕已看視、特命卿看視」。臣謹奏曰、「臣前蒙聖恩、賜観圜丘祭器、茲重蒙賜観龍牀御座、臣無任感戴」。復叩頭謝恩。皇上退御文華後殿、臣起而踧踖旋瞻視、仰見聖明制度、倶極精当。左右以臣瞻視畢、告皇上、復進臣至後殿。臣復奏曰、「臣遵奉欽命、瞻視圜丘龍牀・御案等器、倶極精当、足称我皇上事天至誠」。皇上諭臣曰、「此雖出朕事天之誠、実頼卿賛成」。臣復奏曰、「此皆出自皇上事天至誠、臣豈敢能与」。」

(26) 張璁『太師張文忠公集奏疏』巻六「謝視祀天龍牀御案」「皇上進臣前、臣少前、復跪復進、臣至御座前、以御札授臣、令臣看視。天威厳重、臣一時不敢展奏曰、「容臣退外看視」。上允之、復命賜臣酒飯。臣謹再三叩頭、踧踖而退。臣出文華殿下、方敢端拱展視御札云、「即今祁寒之候、在工人役、恐難做造、圜丘大工、想已畢工可、著併力償造。朝日壇工程、十一月朔始可暫止、方丘・夕月二処工程、待正月十六日、即復挙行、二月至五月計有整三月、其時和暖、必得其完。今止工只着於申前辰後辦料、卿可思処、会勋等行、務称朕体天恤民之意」。臣即趨出捧録聖諭、伝示工所遵行。」

(27) 夏言『桂洲先生文集』巻首「桂洲先生年譜」嘉靖九年二月二十日条「先生蒙皇上召至文華内殿、恭承聖諭、以建議耕蚕典礼、契合宸衷、特降勅褒奨、賜四品服色、及綵段表裏。」厳嵩『鈐山堂集』巻一九「贈大宗伯夏公序」「会建議親蚕及郊廟諸礼、一日天子召見便殿賜勅、若曰、「爾自居言官、多所建白、皆為国為民、甚有裨益。而耕蚕二事、又見所以為朝廷広思忠愛之心。朕特嘉爾忠」。賜四品服色、降勅褒諭。」『世宗実録』では日付が三月になっており、かつ接見したとは記されていない。『世宗実録』巻一一一、嘉靖九年三月己亥条「勅諭吏科都給事中夏言、「爾自居官以来、多所建白、皆出為国為民、於朝廷甚有裨益。昨爾以耕蚕二事具聞、朕已具告于祖考、親耕礼成、皇后親蚕事宜、亦将就緒。夫成王為有周一代英賢之君、周公猶拳拳以無逸之言告、朕何人也。斯実爾之力焉。茲特嘉爾忠、賜四品服色、降勅褒諭。爾其益励乃心、益思尽職。凡政事之可否、用人之当否、天下之治否、小民之安否、有一見聞、即宜直陳之、庶爾前功既益、而於朕望者亦無負焉」。」

(28)『世宗実録』巻一〇四、嘉靖八年八月丙子条。

(29)『世宗実録』巻一〇四、嘉靖八年八月丙戌条、霍韜『渭厓文集』巻三「国是疏」。

(30)『世宗実録』巻一〇五、嘉靖八年九月己未朔条。

(31)『世宗実録』巻一〇五、嘉靖八年九月癸丑条。

(32)小島(一九九二)は嘉靖八年に行われた山川祭祀を礼制改革の発端とする。また、胡吉勛(二〇〇七①)五九七頁によれば、一連の礼制改革を行うことで、世宗は最終的に実父に廟号を贈って太廟で祀ること、すなわち実父を完全に明の皇帝の系統に組み込むことを目論んでいたという。

(33)『明倫大典』巻二、正徳十六年六月己亥条「諭徳李時見之曰、「誠確論也。朝議敢独犯乎」。臣璁曰、「為万世綱常、禍福弗計也」。」

(34)鄭暁『今言』巻四、第三〇七条「論大禮入内閣者、席文襄・張文忠・桂文襄・方文襄四人。霍文敏、以礼書掌詹事府事。若楊文襄再入閣、以称張疏、李文康以諭徳是張説入閣。」また、霍韜の年譜によれば、正徳九年の会試において霍韜の答案を推薦し霍韜を会元にしたのが李時だった。本書附論三参照。

(35)張璁らの翰林院への敵対心については城井(一九八五)参照。

(36)夏言『桂洲先生文集』巻首「桂洲先生年譜」嘉靖八年「是冬、吏科缺都給事中、例不改調、先生奉特旨、自兵科調補、衆僉驚異、以恩出非常、始知我皇上将欲大任而社稷有慶也。」通常、六科都給事中には六科左給事中を昇任させ、六科都給事中は太常寺少卿や布政司参政などの職に昇任する。城井(一九九三)参照。

(37)城井(一九八七)参照。

(38)霍韜の年譜に記載がある(胡吉勛(二〇〇七①)六一八頁)。

(39)張璁『論対録』巻一三、嘉靖九年正月初九日「又、聖諭、「宜用卜筮之事、庶可決疑。又、欲作問春卿、試彼所見」。仰見皇上慎重之至也。箕子告武王曰、「汝則有大疑、謀及乃心、謀及卿士、謀及庶人、謀及卜筮、汝則従、亀従、筮従、卿士従、庶民従、是謂之大同。身其康彊、子孫其逢吉」。」

(40) 張璁『諭対録』巻一三、嘉靖九年正月初九日「皇上請先試問春卿一人。臣更願、御文華殿、召九卿・翰林・春坊・科道等官、出其不意、試一問之、各給以筆札、令其即刻各以所見具対、則一時良心発見、不暇雷同避忌、必有真見為皇上告者。此即謀及卿士之謂也。然後、率群臣、敬用卜筮于太廟、以求験祖宗之意、如何。此即謀及卜筮之謂也。」

(41) なお、占いの結果は二度続けて凶であり、三度目にやっと吉が出た。張璁『諭対録』巻一三、嘉靖九年正月十二日、十三日、巻一四、嘉靖九年二月初十日。

(42) 張璁『諭対録』巻一四、嘉靖九年正月十四日。

(43)『世宗実録』巻一〇九、嘉靖九年正月丙午条。

(44) 張璁『諭対録』巻一四、嘉靖九年正月二十六日。

(45) 張璁『諭対録』巻一四、嘉靖九年正月十八日。

(46) 夏言『桂洲奏議』巻四「請勅廷臣会議郊祀典礼疏」。張璁『諭対録』巻一四、嘉靖九年正月三十日によれば、張璁は夏言の上奏文の原稿を見ていた。

(47) 張璁『諭対録』巻一四、嘉靖九年正月二十八日。

(48)『世宗実録』巻一一〇、嘉靖九年二月癸酉条。

(49) 方献夫は嘉靖八年九月に密疏用の銀印を賜っており（方献夫『西樵遺稿』巻二「謝賜手勅幷賜銀記疏（八年九月初七日）」）、この時の方献夫への諮問はあるいは密諭・密疏によるものか。なお、方献夫の返答については『西樵遺稿』巻三「恭答聖諭議郊祀礼疏（九年正月三十日）」参照。

(50) 張璁『諭対録』巻一四、嘉靖九年二月初五日。

(51) 以上の内容は張璁『諭対録』巻一四、嘉靖九年二月十九日、二十日、二十一日、二十二日参照。

(52) この廷議の会奏である『嘉靖祀典考』巻一「分郊会議第一疏」の末尾には「嘉靖九年三月十一日奉聖旨」とあり、張璉（二〇〇五）は会議の開催日を三月十一日としている。しかし、以下の①～③の三つの理由から、会議は三月九日に行われたと考える。①張璁『諭対録』巻一五、嘉靖九年三月初九日に「今日会議」とある、②夏言『桂洲奏議』巻四「申議郊祀不当以二祖並配疏」に「臣於三月十一日、節該欽覩聖制、「南郊祀天・北郊祀地、以二至行事」。」とあるのは再会議の会奏である『嘉靖祀典考』巻一「分郊会議第二疏」に見える上諭であり、『桂洲奏議』の日付が正しければ三月十一日には「分郊会議第一疏」に対する聖諭が下されていた、③張璁『諭対録』巻一五、嘉靖九年三月初十日に「今早伏蒙皇上発下勅諭礼部稿、謹已録進。臣恭惟聖意欲於南郊別建壇壝祀天、以大祀殿祀上帝、以二聖分配。」とあり、この「勅諭礼部稿」は内容面から「分郊会議第二疏」並びに夏言「申議郊祀不当以二祖並配疏」に引用されている勅諭と考えられる。なお、『嘉靖祀典考』の性格については李小波（二〇一八）参照。

(53) 張璁『諭対録』巻一五、嘉靖九年三月初九日。

(54) 霍韜は天地分祀に反対する上奏文を提出しただけではなく、霍韜の上奏文を批判した世宗の上諭にも再反論を行い、さらには夏言を人身攻撃する投書をばらまく。その結果、三月十日に逮捕された。霍韜『渭厓文集』巻三「議郊礼疏」、「復聖諭疏」、「附録与夏公謹書」。『世宗実録』巻一〇一、嘉靖九年三月庚子条。

(55) 張璁『諭対録』巻一五、嘉靖九年三月初九日「臣窃観、李時初意、亦甚見得、分祭是古礼明白、後来却甚疑懼。臣嘗以聖意語之、彼云、「二月初四日、在国子監候陪祀先師孔子、顧鼎臣対面揚言於衆曰、「聞朝廷要分祀天地、此是祖宗定制。李先生你須知此事体重大。当初宸濠奏討護衛、吏部尚書陸完一人主議、後来全家抄没」。看他対衆便要坐我這等罪名、人心可知。後相見又云、「若会議、我一定不画題」」。以此翰林官只有一二人主分祭者、余多不敢。又云、「鼎臣到侍郎厳嵩処説教、「厳嵩你不好管此事、後来朝廷一定翻悔、不認罪坐」。随後、厳嵩・湛若水亦各恐懼、便進本説分祭不是、以為後来張本」。又云、「給事中田秋説、「我科道官初心倶説、朝廷欲分祭、是古礼、約定相同。後来尽被翰林官一人驚嚇、臨時都改了」」。又云、「加以霍韜之奏、在外人心愈見驚懼」。臣語時曰、「爾為礼官、全要自家見得道理明白、主張得定、遑恤人言。今朝廷挙三代典礼、復祖宗初制、議論一定、誰不画題」。但彼終未敢主張為帰一之議。臣連日又与李承勛計処謂、「朝廷盛事、所宜将順」、而承勛数日内甚悟。又汪鋐亦対衆称朝廷之美、而力破衆説之非。今日会議、亦得此二人調停、為李時之助已多、従分祭画題。」

(56) 『嘉靖祀典考』巻一「分郊会議第一疏」。

(57) 『嘉靖祀典考』巻一「分郊会議第二疏」「這会奏郊祀礼制、未見定議。已別有勅旨了。爾部裏、即上緊刊布、原議有名的各官再行会議、擬奏定奪、務要帰一。」

(58) 『嘉靖祀典考』巻一「分郊会議第二疏」「南郊祀天、北郊祀地、宜以二至日行事、倶以我皇祖高皇帝配、歳首祀上帝于大祀殿、以我皇祖文皇帝奉配。」

(59) 世宗の御批によれば、方献夫は夏言に賛成していない。夏言『桂洲奏議』巻四「申議郊祀不当以二祖並配疏」「奉聖旨、「礼部会議之時、聞方献夫言、「怎麼好分配」。又内閣主意、亦如此。惟李承勛有両請之説。……」。」

(60) 夏言『桂洲奏議』巻四「申議郊祀不当以二祖並配疏」「昨於十日、礼部会官於東闕集議。尚書李時首言、「天地分祀南北郊、聖諭已定、無容議矣。惟太祖・太宗功徳並隆、並配天地已久、今宜仍旧大祀殿及圜丘・方丘、倶当以二聖並配於時」。臣応之曰、「聖諭以太祖配天、太宗配上帝、正是各全其尊天与上帝一也。因是功徳並隆、故皆得配天、非有差等。大祀殿並配、則両失其尊矣。臣不敢擅議。宜従聖制。万一遷就、猶為非礼、若圜丘・方丘倶配二祖、則是今日之失。況是我皇上肇建大礼、豈可重貽後人之議。臣不敢従」。於是、尚書方献夫賛之曰、「言之言、亦是。両郊之配、今日新礼也。当求至

当」。李承勛亦賛之曰、「是。宜以両請議上、以俟宸断」。群臣次第画題。」なお、『桂洲奏議』では再会議の日付が（三月）十日となっているが、『嘉靖祀典考』巻一「配帝議」所引の夏言の上奏では十五日である。『桂洲奏議』の上奏の日付が三月二十四日で、文中に「然疏上、今九日矣、不奉明旨」とあることから、十五日が正しいと思われる。

(61) 夏言『桂洲奏議』巻四「申議郊祀不当以二祖並配疏」。張璁『太師張文忠公集奏疏』巻六「議郊祀」、「再議」、「三議」、『東甌張文忠公奏対稿』巻九「太祖太宗配享郊社議」、「始終諫太宗宜合配」。

(62) 夏言『桂洲奏議』巻四「申議郊祀不当以二祖並配疏」。

(63) 張璁『諭対録』巻一五、嘉靖九年四月八日「朕適以夏言之奏、三命卿等擬旨、堅逆朕意曰、「請罷議」。朕聞、大臣事君、有調理之宜。茲議郊礼、卿竭心以賛、至於議配祀之典、乃頓変於心、百欲阻之、未知何為。……卿一旦惑於危言、同於邪論、前後変志、恐非素日之忠耶。」

(64) 『嘉靖祀典考』巻一「配帝配社議」「你屢不奉命、惑於邪説、同為謬論、違君叛礼、莫此為甚。本自内閣所主、力為阿従、無敢可否、假曰遵守、沽忠売直、脅致朕、好生悖逆。」

(65) 歴代の禘祭をめぐる議論については新田（二〇〇四）参照。

(66) 『太祖実録』巻九二、洪武七年八月辛酉条。

(67) 張璁『諭対録』巻一三、嘉靖九年正月初八日「朕前歳、亦嘗因是及禘祭、問於萼。」桂萼『文襄公奏議』巻七「答禘祫義疏」、「条陳郊禘義」。桂萼の文章は「輔臣」から文章が始まること、また、「条陳郊禘義」には天地分祀への否定が見られることから、彼が入閣した嘉靖八年に書かれたと考えられる。

(68) 世宗の禘祭実行については趙克生（二〇〇六）六二～六八頁、尤淑君（二〇〇六）二〇九～二一四頁参照。

(69) 張璁『諭対録』巻二五、嘉靖九年十二月二十五日。

(70) 丘濬『大学衍義補』巻五九「宗廟饗祀之礼」「始祖・所自出之帝、據其所可知者也。請以宋朝為比、而即光宗之世論之、所謂始祖者、太祖也。太祖者、宋創業之君也。……所謂僖祖者、太祖之高祖、開国之初、即追封以為親廟。其所知者止此、自此以上、更不可考。是為太祖所自出之帝、宜別為一廟。」

(71) 張璁『諭対録』巻二五、嘉靖九年十二月二十八日。

(72) 張璁『諭対録』巻二六、嘉靖十年正月初三日。

(73) 夏言『桂洲奏議』巻五「上禘議疏」。

(74) 張璁『諭対録』巻二六、嘉靖十年正月初三日。

(75) 夏言『桂洲奏議』巻五「上禘議疏」。

(76) 『太祖実録』巻一「大明太祖聖神文武欽明啓運俊徳成功統天大孝高皇帝、姓朱氏、諱元璋、字国瑞、濠之鍾離東郷人也。

其先、帝顓頊之後。」

(77) 廖道南『玄素疏牖集』巻八「宗廟禘祭疏」。

(78) 張璁『諭対録』巻二六、嘉靖十年正月十八日。

(79) 『嘉靖祀典考』巻八「大禘議」。

(80) 夏言『桂洲奏議』巻五「論禘祭宜虚位疏」「昨該礼部会同内閣・九卿・詹事府・翰林院・国子監堂上官少傅臣張璁等於東閣集議。張璁首言曰、「言虚位者、求之於虚、則失之無。言顓頊者、求之於遠、則失之誣。惟禘徳祖為当」。兵部尚書李承勛曰、「禘徳祖是」。群臣次第曰、「是」。於是、無異議者矣。臣愚未敢以為是。」

(81) 『嘉靖祀典考』巻八「大禘議」「禘祭意義淵微、朕雖不知其旨、豈敢不慎、亦非狂為王者。大礼決不可無此、議皆主従実従信為当。尚書張瑤《ママ》之議、説得雖近誠直、未免有為祖宗未行之事、以今不可行之意。先賢大儒、致君行道、豈専行在始創之時。朕固不才、亦豈肯行諸不道之事。卿等皆賢俊博学之才、聖賢道理、知之旧矣。徳祖之擬、出朕一時之誤、矧為我皇祖之高祖、難擬自出之位、如今以虚位奉行、惟恐誠不至耳。苟有至誠、則神霊自降総生存、無孝子之心、亦如不在。朕自用、且未免偏聴之嫌。再議了来説。」なお、中央研究院所蔵『嘉靖祀典考』（抄本）では「張瑤」の「張」が墨塗りされ、「蒋」と書き換えられている。工部尚書蒋瑤（一四六九～一五五七、浙江帰安の人、弘治十二年進士）を指すと考えられ、「蒋」が正しい。

(82) 『世宗実録』巻一二一、嘉靖十年二月癸酉条、『嘉靖祀典考』巻八「大禘覆議」。

(83) 張璁『諭対録』巻二八、嘉靖十年二月二十四日「臣今晨伏蒙聖恩、召臣入斎殿、令恭視欽定神御位・配位大小二式、畢。又蒙聖恩、召入西室。臣謹奏対所以。已奉面諭、「用大式尤為尊重」。謹将昨降香木尺寸数目繳進。……又、臣蒙召対、倉率不能修詞、伏蒙聖慈和顔接納、不啻父子相臨、千古君臣所未有也。又、重蒙賜以酒飯而退。臣無任感謝。」

(84) 張璁『諭対録』巻二九、嘉靖十年三月十四日。

(85) 張璁『諭対録』巻二九、嘉靖十年三月初四日「又、欲於今春奉両宮春遊後、与卿輩一遊、以仰遵我聖祖丕訓、亦以見幼孫之率有祖道。当有官女楽。預与卿議。」

(86) 張璁『諭対録』巻二九、嘉靖十年三月初五日「又諭、「今春奉両宮春遊後、与臣輩一遊、以復聖祖丕訓」。臣又仰見皇上法祖礼下之盛心矣。臣謹按聖祖大誥三篇、編其初論三首、即托始以君臣同遊為第一。其言曰、「昔者、人臣得与君同遊者、其竭忠、成全其君、惟務為民造福、拾君之失、擠君之過、補君之闕、顕祖宗於地下、歓父母於生前、栄妻子於当時、身名流芳、千載不磨」。臣仰惟、聖祖之心所以感発其臣、而為聖子神孫慮、一何深且遠哉。皇上追念聖祖之心、而欲率由丕訓、臣下亦宜仰体皇上之心、不負聖祖之訓、則君臣上下、両成其美矣。」なお、スケジュール上の問題で実際には「君臣同遊」の宴は開催されなかった。『諭対録』巻三〇、嘉靖十年三月二十六日参照。

(87) 太廟の東側にあった宮殿。なお、『世宗実録』巻一三〇、嘉靖十年九月己卯条では文華殿東室となっているが、李時『南城召対』も夏言『桂洲奏議』巻六「会議中允廖道南建言九廟規制疏」も召対の場所を重華殿としているので誤りである。

(88) 張璁は嘉靖十年七月に致仕に追い込まれている。詳細は本書附論二参照。

(89) その背景には実父の廟である世廟だけが太廟とは別の独立した建物として存在していたことがあると考えられる。

(90) 夏言は陝西三辺総制唐龍（一四七七～一五四六、浙江蘭渓の人、正徳三年進士）の見送りのため遅刻した。

(91) 明の太廟は南向きに作られていた。

(92) 李時『南城召対』「九月二十九日、上御重華殿東室、召三臣入、叩頭、畢。上曰、「如今郊祀百神之礼已正、惟宗廟之礼、尚未尽善」。臣時対曰、「時享祫祭、皇上皆已挙行」。上曰、「此皆未尽。我太祖立四親廟後、因合祭天地、方纔改了。存心録俱在」。臣時対曰、「皇上曽有聖諭、祀典当正、廟制難更。臣等常私議、九廟之礼、勢不能行」。上曰、「一日行一廟」。臣時等対曰、「丘濬衍義、十八日行中間、恐有陰雨」。臣鑾曰、「一日恐皇上不能徧行、若十八日、又恐誠意散了」。上曰、「此只春首一行、其余三時、皆祫享遣大臣行礼可。凡此只論礼之是非、且事貴師古、況此是我皇祖曽行的。若宋大儒朱子有議論、甚好」。臣鑾曰、「是論同堂異室之制」。上曰「這文字作得甚好」。臣時・臣鑾黙然未対。上曰、「朕亦不動大殿、只用両廡可也」。臣時曰、「両廡無地方」。臣鑾曰、「両廡南北甚短、豈能容都宮寝廟」。上曰、「不必如此、只存其義可也」。上又促之使議。臣鋐等曰、「礼楽征伐自天子出。皇上説的是」。上曰、「然我一人、豈可自専」。臣時曰、「還着礼部会議多官議奏」。上曰、「事有当礼者、就可行了。人言紛雑、不必尽同」。須臾、臣言至。上問曰、「宗廟之事、如何」。臣鑾曰、「夏言猶未蒙聖諭」。上遂語以建廟之事。言曰、「皇上非欲建九廟乎。事亦不必尽合古」。上曰、「天地百神之礼俱正、独宗廟之礼未正、亦不得為孝、況父子兄弟同在一堂、豈成道礼」。言曰、「今春皇上制為黄幄、就是各全其尊矣」。上曰、「此制亦未尽善」。言曰、「古人廟皆向東」。上曰、「不必尽合古。朕欲不動大殿」。言曰、「不動大殿、却好」。臣時曰、「寝殿亦不動」。上曰、「三殿俱不動。朕又思皇考独享一廟南向、太宗皇帝却西向。況書曰、「主祀無豊于昵」。今時人多不知、殊不知非礼之礼、大人弗為。卿是礼官、当進言」。言曰、「皇上所言是矣、所当遵行。此議一行、則稽古者無遺論矣」。臣時曰、「古礼至於皇上可謂大備矣」。上曰、「只有宗廟礼未尽」。上又曰、「卿等前去看了来説。明春又係東作之時。古人云、「使民以時」。如今正是春隙之時、来春就要行。卿部裏即行題奏」。」原文末尾の「春」字の横に「農」が書き足されている。

(93) 夏言『桂洲奏議』巻六「会議中允廖道南建言九廟規制疏」「臣方欲具奏間、適見大学士時・鑾向臣曰、「昨蒙皇上召見文華西室、因時奏、「建廟之謹《ママ》、恐今年天気寒冱、不便興工。且少待来春」。蒙聖諭曰、「昨所論偶爾議及。地方窄《ママ》狭、但勢恐難行。且罷」。」。臣仰聞密勿之言、遂不敢渎奏。」なお、『桂洲奏議』朝鮮本、田汝成本および『南宮奏稿』では「建廟

之謹」は「建廟之議」になっている。また、『南宮奏稿』では「但」は「地方」の前にある。『桂洲奏議』朝鮮本巻一〇「参酌古今慎処廟制乞賜明断疏」、『桂洲奏議』田汝成本巻九「会議中允廖道南建言九廟規制疏」、『南宮奏稿』巻三「参酌古今慎処廟制乞賜明断疏」。

(94) 『世宗実録』巻一三一、嘉靖十年十一月丙辰条。

(95) 『世宗実録』巻一三七、嘉靖十一年四月甲申条。夏言『桂洲奏議』巻七「進呈更建宗廟規制疏」。なお、最終的に世宗は九廟建設を実行する。小島（一九九二）、尤淑君（二〇〇六）二〇四～二一三頁、趙克生（二〇〇六）四一～四八頁参照。

(96) 廖道南『玄素疏牖集』巻七「宗廟復古疏」「而独於宗廟之制、屢形於御札、宣於召問、有不能以自安焉者。誠有以見聖人之大孝、天子之大礼、有聖人在天子之位、如之何其弗可行也。」

(97) 廖道南が最初に九廟制を建議したのは嘉靖九年の郊祀礼制改革に遡る（廖道南『玄素疏牖集』巻五「応詔陳言疏」）。その時の朝廷の反応について廖道南は「臣愚於嘉靖九年二月内陳言郊祀、有及宗廟之制、仰蒙御札詢及輔臣、彼皆不以為然。」と記している（廖道南『玄素疏牖集』巻七「宗廟復古疏」）。この記述から当時の内閣（張璁・翟鑾）も九廟制に否定的であったことがわかる。

(98) 『世宗実録』巻一二三、嘉靖十年三月辛卯条。

(99) 『世宗実録』巻一六八、嘉靖十三年十月壬戌条。

(100) 厳嵩『鈐山堂集』巻三四「明故光禄大夫柱国少保兼太子太傅礼部尚書武英殿大学士贈太保謚文康顧公神道碑銘」。

(101) 『世宗実録』巻二七一、嘉靖二十二年二月壬寅条。

(102) 王世貞『弇山堂別集』巻一一「賜印記」。ただし、「賜印記」では徐階が挙げられていないが、王剣（二〇〇五）が徐階『世経堂集』巻二・三「奏対」を密疏の実例として扱っているように、徐階の「奏対」には世宗のプライベート情報も含まれているため密疏が含まれていると考えても問題ないだろう。また、徐階『世経堂集』巻六には「忌祭密疏」という文章が収録されている。内容から徐階の礼部尚書時代の文章と考えられる。

(103) 夏言『桂洲先生文集』巻二九「奏劄」嘉靖十六年六月初九日「昨日伏蒙召臣等恭視内殿、臣等蒙面諭移時。臣等仰見皇上久立、心窃不安。」なお、嘉靖十六年七月二十六日にも六月初九日と全くの同文を収める。夏言の文集の編纂が杜撰なことについては、本書附論二参照。

(104) 厳嵩『鈐山堂集』巻二二「思勉堂記」「毎便殿召対、夜分始出、諭札日数下、章疏題覆、取具倉卒。」

(105) 夏言『桂洲奏議』巻一一「覆請購求遺書疏」「及奏称、欲乞陛下於便殿省閲章奏処分政事之暇、特賜召見講読侍従諸臣、従容諏訪、辯析経旨。……奉聖旨、「書籍充棟、学者不用心、亦徒示虚名耳。苟能以経書躬行力践、為治有余与。夫此心不養以正、即召見虚応也。都罷」。」『世宗実録』巻一八九、嘉靖十五年七月己卯条「礼部覆湖広道御史徐九皋奏請、「博採歴代遺書及皇明名儒著述、儲之中秘」。因請上于万機之暇、召見講読侍従諸臣、諮論経史。上曰、「書籍充棟、学者莫知所用心、亦虚名耳。苟以経書載者、躬修力践、致治有余、何以多為。且此心不養以正、即召見無益也。其已之」。」

(106)　本書附論二注（6）参照。

(107)　世宗が治世の後半に内閣大学士に送った大量の書面の内閣側の返信については厳嵩『嘉靖奏対録』全十三巻、徐階『世経堂集』巻二・三参照。

第五章　嘉靖朝における勲臣の政治的立場

——武定侯郭勛を例に

はじめに

嘉靖年間の特徴的な政策の一つとして、特定の勲臣の重用が挙げられる。勲臣とは公・侯・伯の爵位をもつ官僚を指す。明代では大きな武功を挙げた臣下には、世襲または本人限定の爵位が与えられた。勲臣たちは明朝中央の最高軍事組織である五軍都督府（中軍・左軍・右軍・前軍・後軍）や各地方の最高指揮官である総兵官などの武官の要職を担当した。また、文官が生前には六部尚書でも正二品、散官を加えても従一品（少師・少傅・少保）までであるのに対し、武官の最高位である都督は正一品であり、また散官も太師・太傅・太保など正一品が加えられることもあった(1)。勲臣は位階においては文官の上に位置し、また特に世襲の勲臣は大きな資産を持ち、権勢を利用して土地収奪を派手に行い、明代中期以降の社会に大きな影響を与えた(2)。その一方で、朝廷の会議には参加するものの名ばかりの存在であり(3)、嘉靖年間以外において勲臣は軍政以外の政務一般に関与しうる立場になかった。

ところが、嘉靖年間には特定の勲臣が重用され、軍政だけでなく政治一般に関与する事態が起きた。世宗の寵愛を受けた勲臣としては武定侯郭勛、咸寧侯仇鸞(4)、成国公朱希忠（一五一六～一五七二）らが挙げられる。嘉靖年間に特定の勲臣が政治に関与したという事象について、秦博氏は世宗が大礼の議で文官勢力に圧迫されたため、文官の対抗勢力として勲臣を重用して文官に権力が集中するのを防いだと解釈している(5)。確かに谷光隆氏が明らかにしたような中央の精鋭部隊組織である京営内における勲臣と文官の対抗関係(6)や嘉靖十年代後半の郭勛と内閣首輔夏言の激しい対立関係を見れば、そのような解釈は的を射ているように思える。また、郭勛自身もしばしば文官と武官の対立関係を主張していた(7)。しかし、一方で郭勛は内閣首輔張璁と、仇鸞は内閣首輔厳嵩と昵懇の仲であった。もし世宗が文官の対抗勢力として勲臣を重用していたのならば、張璁や厳嵩こそ勲臣によって牽制されるべき存在である。しかし実際には彼らは勲臣と必ずしも対抗関係にあったのではない。とすれば、世宗はどのような論理に基づいて勲臣を重用したのか。その問題を紐解くために、嘉靖年間に寵愛を受けた最初の勲臣である武定侯郭勛が重用された理由の考察を行う。

郭勛は太祖の武将であった武定侯郭英（一三三五～一四〇三）の子孫である(8)。過去の明代政治史研究においては科挙の宴の席次を乱したり（嘉靖五年）(9)、李福達の獄という大疑獄事件を引き起こしたり（嘉靖五～六年）(10)、その横暴ぶりが描かれてきた。また、出版史や文学史においても言及されることがある(11)。それらの先行研究のなかで、郭勛がなぜ権力をもつようになったかについては、どの研究者も大礼の議で世宗に媚を売ったからだとする。実際に、世宗は郭勛を獄に下した際ですら「郭勛がかつて大礼の議に賛同し、『太和伝』を刊行したなどの功績に鑑みて、刑具をとくように」といっている(12)。また、郭勛自身も、李福達の獄で自分が弾劾されるのは大礼の議で敵対勢力の恨みを買ったからだと訴えていた(13)。

郭勛が大礼の議によって世宗の歓心を買ったことは、自明の事実であるからか、先行研究では検討対象となってこなかった。本章では郭勛が大礼の議において挙げた功績とは何なのか、いいかえれば世宗は郭勛のどのような行為を評価して郭勛を重用するようになったのかの検討を通じて、特定の勲臣の重用という世宗の政治手法が何を意味していたのかを明らかにする。

一　世宗即位当初の郭勛

（一）大礼の議以前の郭勛

郭勛の略歴については、【表七】にまとめた。【表七】にあるように、郭勛はすでに正徳年間に後軍都督府僉書や両広総兵官などの要職を歴任していた。当時の内閣首輔李東陽は郭勛の母の墓誌銘（正徳六年（一五一一））[14]のなかで郭勛について、「清廉で慎み深く、名家の風采があり、まだ四十歳になっていないのに、三千営の兵馬を総督し、後軍都督府の仕事を担当し、太保の散階を加えられた」と述べており[15]、お世辞が含まれているとはいえ、郭勛が勲臣のなかでは有能な人物として一定の評価を得ていたことを示している。

そして、武宗の死後から世宗の即位に至るまでの皇位の空白期においては、内閣首輔楊廷和の命で郭勛は宦官張永・安辺伯許泰（?～一五二二）・兵部尚書王憲（?～一五三七、山東東平の人、弘治三年進士）と共に団営（在京最精鋭部隊）を率いて北京の防備にあたった[16]。世宗の即位後には恵安伯張偉（?～一五三五）とともに在京の最高武官職である提督団営総兵官に任命されている[17]。また、武官としてだけでなく、勲臣として儀礼上においても重要な位置を占めた。朝廷の儀礼や祭礼の際の天地・宗廟・社稷への祭告を何度も担い[18]、世宗大婚の際には内閣大学士蔣冕・費宏らとともに納采の使者になっている[19]。また、勲臣の代表としてご進講の場にも出席していた[20]。当時の郭勛の儀礼上の権威は、在京勲臣のなかでは定国公徐光祚に次ぐ第二位であったと思われる[21]。以上の履歴から、世宗即位当時においてすでに郭勛は勲臣・武臣としてかなりの有力者であったことがわかる。

【表七】郭勛略歴表

(『武宗実録』、『世宗実録』、鄭汝璧『明功臣襲封底簿』、夏言『桂洲先生文集』から作成)

正徳三年三月	襲爵
正徳三年十二月	入直侍衛
正徳四年七月	後軍都督府僉書管事
正徳四年十一月	操管三千営操練
正徳五年九月	太保(安化王反乱鎮圧)
正徳六年十二月	両広総兵官
正徳十二年八月	召還され、操管三千営操練
正徳十六年五月	提督団営総兵官兼提督五軍営
嘉靖二年八月	兼太子太傅
嘉靖八年二月	間住(解任)
嘉靖九年五月	僉書中軍都督府事 知建造事督視規制総督工程(郊壇)
嘉靖九年六月	提督五軍営
嘉靖十年三月	提督団営兼五軍営総兵官
嘉靖十年五月	兼理知建造事督視規制総督工程(神祇壇)
嘉靖十年七月	太傅(郊壇完成)
嘉靖十一年二月	掌後軍都督府事
嘉靖十一年三月	督視巡視工程(雩壇)
嘉靖十三年七月	総督兼領官軍(啓祥宮等の工事) 実録等重書監録官
嘉靖十四年二月	知建造事総督工程(九廟)
嘉靖十四年九月	太子太師(啓祥宮完成)
嘉靖十五年四月	知建造事総督工程(永陵)
嘉靖十五年五月	慈寧宮等の工事の総理
嘉靖十五年七月	太師(皇史宬完成)
嘉靖十五年九月	光禄大夫左柱国(実録等の重書完了)
嘉靖十七年二月	知山陵建造事(太后陵)
嘉靖十八年正月	翊国公に進封、勲臣序列第一位
嘉靖十九年八月	知建造事総督工程(皇穹宇)
嘉靖二十年九月	下獄
嘉靖二十一年十月	獄死

(二) 大礼の議における郭勛

大礼の議における郭勛の功績、いいかえれば世宗が郭勛のどのような活動を功績と見做していたかを見るためには、嘉靖七年に公刊された勅撰書『明倫大典』が参考になる。前述したように『明倫大典』は張璁らがその政治的立場に基づいて大礼の議の経過を著述した書物であり、内容の信憑性や妥当性はさておき、嘉靖朝の公式見解と見做すことができる。

郭勛の名は『明倫大典』中に、嘉靖三年九月の大礼の議の決着（巻一七）までに十一回登場するが[23]、すべて礼部主宰の廷議の参加者・署名者としてであり、個人で世宗を支持する上奏を提出したことはない。『明倫大典』は南寧伯毛良や錦衣衛千戸聶能遷らが提出した楊廷和の罪を弾劾する上奏も記録しており[24]、勲臣あるいは武臣だからその上奏が記録されないということはない[25]。つまり、郭勛は張璁らのように上奏文によって世宗の意向への賛同を表明したことはないのである。

ただし、『明倫大典』には廷議における郭勛の言動が二つ載っている。一つ目は嘉靖三年正月、張璁の建議を支持する桂萼の上奏が礼部主宰の廷議にかけられた際である。廷議の主宰者の礼部尚書汪俊（江西弋陽の人、弘治六年進士）が提出した連名の上奏文（桂萼の上奏への反対決議）の署名者として郭勛の名前も見えるが、『明倫大典』には次のようにある。

> 初め、郭勛はこの廷議に参加していて、汪俊に「これは重大なことにかかわるから、折中すべきであって、一方に固執してはいけない」といった。汪俊と大議論になり、ついには大喧嘩になった。こうして郭勛は人々と対立するようになった[26]。

范守己（河南洧川の人、万暦二年進士）によれば、郭勛は後に礼部によって勝手に賛同者として名前を書かれたと張璁に語り、『明倫大典』編纂の中心人物である張璁は郭勛の言葉を信じてこの逸話を収録したのだという[27]。大礼の議における一方的な見解を記した『明倫大典』および同時代の人ではない范守己が伝える記事の真偽、さらに郭勛の本心は別にして、嘉靖朝における公式見解としてはこれが郭勛の大礼の議における功績の第一歩といってよい。

二つ目は、嘉靖三年九月に開かれた礼部主宰の廷議である。左順門事件で世宗の強硬な態度が明らかになった後、九月一日に張璁に賛同する席書が礼部尚書として主宰する廷議が開かれた。『世宗実録』や『大礼集議』[28]には世宗の意向を支持するという会議の結果しか見えないが、『明倫大典』は上奏作成に至るまでの会議の過程を詳細に描写する（傍線引用者）。

礼部が会議を開いた。席書が「祖訓に従い、礼経を勘案すれば、皇上は実際には大統を継承したのであり、後嗣になったのではない」といった。最初は誰も何もいわなかった。桂萼が「意見があっていわず、いってもいつくさないのは、詐欺である」といった。張璁は武宗皇帝の遺詔を諳んじて、「「倫序からみて即位すべきで、皇帝位を継げ」とある。武宗の統を継承したのであり、孝宗の後嗣となったのではない。初めに楊廷和が議論を主宰し、朝廷すべてが附和し、このようにして万世の綱常が破壊されたのだ」といった。汪偉は「礼を改めるとおそらく天下の人心を失う」といった。張璁は「皇上は天下のために綱常を正すのだ。どうして人心を失うのか」といった。鄭岳が「礼を改めると昭聖（孝宗皇后張氏）の歓心と皇上の美名をおそらく失う」といった。桂萼が「雑談ではないのだぞ」といった。徐文華は「孝宗を皇伯考と改称してしまうと、おそらく古代には天子の廟にこのような名称はない」といった。張璁は「唐の玄宗は中宗を皇伯考と称し、宋の真宗は太祖を皇伯考と称した。どうして古代の廟にこの名称がないだろうか」といった。金献民が「朝廷が任用したのは、ただ汝ら忠臣だけか」といった。張璁は「汝らも忠臣となればよいだけだ」といった。席書は言官にも意見をいわせた。韓楷は「わたしは読書して礼をわかっているわけではないが、朝廷の議論が正しいのはわかる」といった。張璁は「読書して礼をわかっていないのに、どうして朝廷の議論が正しいとわかるのか」といった。朱衣は「礼を改めるのは昭聖の心ではなく、朝廷全体の心でもない。おまえはそれでよいのか」といった。張璁は「礼を改めなければ皇考が二人いることになる。おまえはそれでよいのか」といった。方献夫は「立派な人物は代々継承していくことが礼である（『礼記』「礼運」）。天子や諸侯で人の後嗣になった者はいない」といった。汪偉は「両論併記するべきだ」と反論した。張璁は「理は一つしかないのに、どうして両論併記するのか」といった。郭勛は「祖訓がこのとおりで古礼もこのとおりなのであり、この議論が妥当だ」といった。席書は「臣下は君主に仕えるとき、その美徳を補佐する」といった。[29] 張璁は「皇上には純粋な孝行心があり、礼が定まれば万世の法とすることができる。どうして我が君の美徳を補佐するだけであろうか」といった。[30]

『明倫大典』の記述では吏部侍郎汪偉（汪俊の弟）らの反対意見を張璁・桂萼・方献夫が逐一論破しているが、なおも汪偉は世宗の意向に賛同するのをためらい、「両請」すなわち覆奏では両論併記し世宗の独断を請うことで妥協しようとした。世宗の意向は明白であり、「両請」したからといって汪偉の意見が採用されるはずもない。しかし、その後の張璁の「理は一つしかないのに、どうして両論併記するのか」という言葉に見られるように、世宗やその支持者がこの廷議を開いた目的は全会一致で世宗の意向を支持するためであり、世宗の独断で決定するなら廷議を開く意味がない。張璁が全会一致の賛同の必要性を訴えたタイミングで、郭勛が張璁の意見の全面支持を表明していることに注目すべきである。最後に張璁らが君主に従うことこそ臣下の本分であるとして廷議を締めくくり、結果として汪偉らも含め廷議参加者全員が世宗の意向を支持する上奏文に署名した。この嘉靖三年九月の廷議での発言が、世宗やその支持者にとっての郭勛の一番の功績であろう。[31]

『明倫大典』は上奏文の署名者を「公張鶴齢・侯郭勛・孫杲・陳儒・薛倫・張延齢・宋良臣・張瑋・徐源・仇鸞・駙馬蔡震・伯張偉・王瑾・焦棟・陳鏸・衛錞・陳熹・趙弘沢・尚書……」と爵位順に記すが、上奏文の原本に近い形態を収録する『大礼集議』には「以上のご命令を奉じて、我々礼部は翰林院学士桂萼・張璁、侍講学士方献夫とともに、皇親・公・侯・駙馬・伯・五府・六部・都察院などの衙門の後軍都督府掌府事太保兼太子太傅武定侯郭勛・吏部左侍郎汪偉ら[32]と一緒に議論したところ[33]」とあり、武官のトップはやはり郭勛であったことがわかる。

先述のように『明倫大典』の記載によれば郭勛は大礼の議の決着に至るまで礼部主宰の廷議に十一回参加した。この数字は郭勛が武官を参加者に含めた範囲の大礼の議関係の廷議を皆勤したことを示し、ほかに皆勤した武官は恵安伯張偉だけである[34]。この二人だけなのは、彼らが武官のトップである提督団営総兵官であったからであると思われる。また『大礼集議』巻二収録の礼部会奏並びに巻三収録の嘉靖四年四月二十五日の礼部上奏文の署名者、さらには嘉靖十三年八月十五日の礼部の上奏文を見るに[35]、嘉靖三年九月の廷議の右軍都督府を除いて、五軍都督府の各掌印官は署名者に必ず名を連ねている。提督団営総兵官であり後軍都督府掌印官である郭勛は廷議に原則として必ず出席する立場にあった[36]。

嘉靖三年九月の廷議に立ち返れば、世宗支持を明確にして発言したのは、郭勛以外には席書・張璁・桂萼・方献夫の四人である。彼らはもともと官界のエリートコースから外れた官僚であったが、世宗の意向に沿った上奏文を提出したおかげで、廷議に参加できる地位に抜擢された[37]。大礼の議に関する廷議に参加したのも今回が初めてである。もともと廷議に参加する、それも武官の筆頭として参加できる資格を持ち、今までの廷議にすべて出席してきた郭勛がこの場で世宗の意向の支持を表明したことは、単に世宗の意向に迎合して出世したという目で見られている張璁ら四人の発言とは意味が異なる。張璁の掲げる一つしかない理を実現するための大きな原動力として郭勛の存在があったのだろう。少なくとも『明倫大典』の文脈で郭勛はその役割を担っている。つまり、大礼の議における郭勛の功績とは、廷議のなかで提督団営総兵官という地位に裏付けられた権威をもとに世宗の意向に全会一致で賛同するという演出を導き出したことにある。郭勛は張璁ら「議礼新貴」[38]と揶揄された人々とは異なる立場にあったといえよう。

二　郭勛の失脚と再起用

（一）郭勛の失脚

【表七】にあるとおり、大礼の議の決着から嘉靖八年に問住処分を受けるまで、郭勛の官職に変動はない。郭勛の官職に上昇が見られるのは嘉靖九年の再起用後のことである。嘉靖八年以前の郭勛は確かに大礼の議の功績により世宗の寵を得ており、政治問題や政治的対立を引き起こすことはたびたびあったものの、後年のように政治一般に関与するということは見られない。

嘉靖八年二月、収賄などの不法行為が発覚しても居直った郭勛は世宗の怒りを買い、兵権と散階を剥奪されたうえで問住処分をくだされた(39)。しかし、翌年五月に再起用される。『明史』に「大学士楊一清は郭勛を憎み、郭勛の贈賄事件が発覚したので、団営の職はやめられ、保傅の官階は奪われた。楊一清が罷免されると、五軍営の総責任者となり、四郊の工事を監督した」とあるように(40)、一般的には郭勛の去就は楊一清の去就と表裏一体と見做されている。そして、その背景には、楊一清と張璁の対立が存在した。

嘉靖六年の末、軍政改革を志した世宗は提督団営総兵官として新たに文官李承勛と宦官張永を任命し、郭勛とこの二人が鼎立して団営改革を行うことを期した。しかし、郭勛と他の二人は対立し(41)、翌年十二月に張永が不審死を遂げる(42)。張永と楊一清は正徳五年の安化王反乱鎮圧、そして宦官劉瑾の排除以来の旧知の仲で、張永の起用を推薦したのも楊一清だった(43)。世宗が張永の後任を内閣に諮問した際、楊一清は団営改革を阻む郭勛とそれを容認する張璁を告発した(44)。このため、郭勛は罷免された。

（二）郭勛の再起用

しばらくして前章で述べたように楊一清が失脚する。失脚につながる上奏を行った霍韜をたきつけたのが実は郭勛であるという逸話すらあり(45)、楊一清失脚で政界の風向きが変化したことが郭勛の復帰にプラスに働いたことは間違いない。しかし、楊一清の失脚から郭勛復帰まで半年以上の間隔があり、また、楊一清との対立によって嘉靖八年八月に致仕に追い込まれた桂萼には十一月に召還の命が下っている(46)。郭勛の再起用が楊一清失脚のみに起因するならば、もう少し早い時期でもよさそうである。郭勛再起用には別の要因も見出すことができそうである。

郭勛失脚から再起用までの間、政界で起こった大事件には、前章で触れた嘉靖九年の郊祀礼制改革がある。郭勛の再起用はこれと全く無関係ではない。世宗は新たに建設する郊壇の工事の責任者として郭勛の再起用を思いつき、張璁に相談した。

> この圜丘壇などの建設には必ず武臣一人を任用して担当させたい。朕は郭勛を起用し、彼の散官を元に戻し、中軍都督府管事とし、工事を担当させたいが、どうだろうか(47)。
>
> 我が聖祖が昔、祀殿を建設したとき、三公（太師・太傅・太保）に命じて大工を率いて行わせた。そもそも工事といえば工部尚書がいるのに、三公に行わせたのは、その工事を重んじていたからだ。今、朕は勅諭をくだして官員を派遣してやらせ、他の工事とは別扱いにしようとしているが、どうだろうか。……さらに武臣については、朕が以前に郭勛を任用しようとしたら、卿の返事は朕の意見に従うというものだった。ただ朕は彼のことを知悉しているわけではない(48)。

世宗の下問に対し、張璁は「臣が思うに、郭勛の監督の才能については、武臣のなかで考えると彼の長所を取って任用してよかろうかと思います。皇上が彼を信じて任用すれば、彼も安心して報いようとするに違いありません」と同意している。[49]張璁が「監督の才能」と言及しているように、郭勛はかつて提督団営総兵官として武宗の陵墓の工事を監督しており、[50]工事の責任者としての実績があったのも再起用の一因であろう。

郭勛を正式に再起用する前日、世宗は張璁に対し、次のような書面を送った。

朕が思うに、今の勲臣のなかで出色の者を求めたら、郭勛以上の者はいない。ましてやもう起用したのだから、彼に全力を尽くさせなくてはならない。今、梁永福は弾劾されたので必ず辞任を願うから、別の都督府に配置換えし、郭勛に（中軍）都督府を担当させ、昔のように進講に出席させよう。そもそも梁永福は働き盛りで仕事に尽くすべきではあるが、郭勛ほど熟練していない。郭勛には過失はあったが、功績もあった。それにかつては大礼の議に賛同した。武臣の中には欠かせない人物だ。[51]

張璁はこの書面に対する返答で、梁永福に大した過失はないといっている。[52]つまり、中軍都督府掌印官の保定侯梁永福は大した罪もないのに降格処分に擬せられ、最終的には提督五軍営の官職も剥奪される憂き目にあい、[53]その任には郭勛が当てられることになったのである。

（三）郊祀礼制改革と勲臣

単に世宗が楊一清失脚を期に郭勛を再起用して重要なポストを与えたかったのであれば、梁永福を無理に更迭する必要はなかった。この二か月前、郭勛の後任の提督団営総兵官豊城侯李旻が弾劾され、実質的に解任されていた。[54]李旻の不祥事から四月末までの間に世宗の郭勛または勲臣に対する見解に何らかの変化が起こったことを示しているように思われる。嘉靖九年二月から四月までの郭勛の個別の言動は『世宗実録』には見えないが、勲臣として郊祀礼制改革の過程で意見表明や廷議に出席する必要があった。以下に議論の動向と勲臣とのかかわりを整理する。

前章で述べた郊祀礼制改革に関する廷議の出席者には武臣も含まれていた。礼部の上奏文には武臣の出席者について「公張鶴齢・徐延徳・張崙・朱鳳・侯梁永福・朱麒・張延齢・李旻・郭勛・王橋・呉世興・孫英・顧寰・孫果・駙馬鄔景和・謝詔・伯焦棟・王桓・毛江・李全礼・施華・陳恵・王瑾・郭瓚・毛良・陳熹・衛錞・王洪・趙武・劉泰・劉文・譚綸・陳圭・蔣栄・都督夏助・張偉・郤永・桂勇・陳斌」とあり、実は郭勛も参加していた。[55] しかし、大礼の議の際と違うのは、郭勛は武臣の代表的存在として参加したのではなく、間住処分中の身であった。[56] この廷議における武臣の代表は、礼部の上奏文に「大学士臣張璁・臣翟鑾・中軍都督府掌府事保定侯臣梁永福等・吏部等衙門尚書等官臣方献夫等」と会議したとあるように、郭勛再起用と入れ替わりに更迭された梁永福だった。

廷議における武官の動向は史料に残っていない。ただし三月九日の会議の意見をまとめた上奏文には、郊祀礼制改革に関する意見の提出をせまった二月十日の「大祀詢謀勅」への各官員の上奏の集計結果が載っている。[57] 公侯駙馬伯・五軍都督府を中心に集計結果をまとめて作成したのが【表八】である。会奏は集計結果の三割を占める英国公張崙以外の「無可否者」の名前を挙げていないが、他の分類に名前が挙げられていない文官・武官はすべて「無可否者（どちらでもない）」に該当するはずである。すなわち、梁永福や李旻、郭勛など勲臣の過半数は「無可否者」と推測できる。もちろん、上奏時点で「無可否」だからといって、廷議の際の態度も「無可否」であったとは限らない。一方、積極的に天地分祀（つまり世宗の意向）を支持する「主分祭」の上奏を支持した勲戚（勲臣と外戚）と武官は十一人、そのほとんどが廷議に参加していた。しかし、上奏文はできるだけ結論を回避しており、[58] 分祀を支持する勲臣の存在が「帰一（意見を一つにまとめる）」を志向する世宗にさして[59]

【表八】天地分祀上奏集計結果（『嘉靖祀典考』巻一「分郊会議第一疏」）

意見	文武官員総計	公侯駙馬伯五府	代表的文官
主分祭者（分祀支持者）	82人	昌国公張鶴齢 定国公徐延徳 懐寧侯孫瑛 瑞安侯王橋 駙馬鄔景和 駙馬謝詔 安仁伯王桓 玉田伯蒋栄 慶陽伯夏臣 崇善伯王清 都督夏助	右都御史汪鋐 吏科都給事中夏言
主分祭而以成憲及時未可為言者（分祀支持だが慎重論者）	84人	平江伯張奎	内閣大学士張璁 内閣大学士翟鑾 礼部尚書李時
主分祭而以山川壇為方丘者（分祀支持だが山川壇を方丘とすべきだという論者）	26人		管倉戸部尚書李瓚
主合祭而未嘗以古礼為非者（合祀支持だが古礼を排除していない論者）	260人（『世宗実録』巻一一一、嘉靖九年三月辛酉条など他の史料では 206 人となっている。）		吏部尚書方献夫 兵部尚書李承勛 戸部尚書梁材 刑部尚書許讃 工部尚書章拯 詹事顧鼎臣 詹事霍韜
どちらでもない	198人	英国公張崙等	

有利に働かなかったとみなせる。

前章で述べたように、この廷議で張璁は兵部尚書李承勛・右都御史汪鋐と手を組んで世宗の意向を支持する論陣を張ったと主張した。一方、かつて大礼の議の廷議で意見集約に活躍した郭勛と共闘することはなかった。重賄発覚で間住処分中の勲臣と手を組むことはできなかったのだろう。たとえ可能であったとしても、大礼の議の実質上の武臣トップという立場と間住処分中という立場では政界における郭勛の影響力がかなり違ったことが予測できる。一方、大礼の議の際の郭勛の立場にあった梁永福もこの廷議で大した役割を果たすことはなかった。郊祀礼制改革議論の終了後、世宗が郭勛の功績を思い出して、「郭勛ほど熟練していない」梁永福を更迭した背景には、世宗は廷議で自らの意向への賛成を表明して会議の趨勢を決定する存在を必要とし、梁永福に物足りなさを感じたからではないかと推察できる。かつての功績のある郭勛を武官の代表者として送り込むことができれば、世宗は廷議で自分の意向どおりの結果を導くための一助となると考えていたのではないだろうか。

三　勲臣の重用と世宗の理想

(一) 郭勛の政治関与

嘉靖九年五月の再起用以後、郭勛は翌年に提督団営総兵官に復帰し、さらに散階も上昇し、嘉靖十五年には三公の最上位である太師を加えられ、さらに十八年には爵位まで侯から公に進み、名実ともに武臣の最上位まで上り詰めた。このような破格の待遇を受けるのと同時に、郭勛は国政一般にも関与し始める。史料に見える郭勛のもっとも早い職責以外の具体的な政治関与の記録は、管見の及ぶ限り、嘉靖十五年三月二十二日、山陵(現在の明十三陵)の行宮で内閣大学士李時・礼部尚書夏言とともに召対され、山陵附近の村の荒廃の対策を諮問されたことである。(60)

その後、李時・夏言と一緒に郭勛が政策議論にあずかる機会が増加した。たとえば、嘉靖十五年十二月、世宗は三人を文華殿西室で召対し、人材不足について討議した。召対後、郭勛は北京・南京の大臣・科道官および地方の巡撫・巡按に人材を推挙させるよう上奏し、吏部で検討された結果、採用が決まった。(61)翌閏十二月には三人が重罪犯の再審査を担当することになった。(62)また、世宗および世宗の家族(母・息子)の体調問題も内閣と郭勛で話し合ったり(63)、万寿節の拝天儀礼の場所を内閣・郭勛・翰林学士顧鼎臣で話し合ったりしているほか、朝覲官にくだす勅諭を内閣と郭勛に作成させたりすることまであった(65)。さらには北京のやくざが深夜に郭勛が機密事項を話し合うためやってきたと詐称して夏言の家に押し入り、夏言の家で強盗を働くという事件も起こったという(66)。政治一般から世宗一家のプライベートに至るまで、郭勛が内閣とともに明の朝廷のあらゆることに関与していたことがわかる。

それではいつごろから郭勛の政治関与が始まるのだろうか。大臣召対のみについていえば、嘉靖十年当時は少なくとも郭勛は対象に含まれていなかった。李時『南城召対』によれば、嘉靖十年八月～九月の間に召対されたのは翟鑾・李時・汪鋐・夏言のほか、工部尚書蔣瑤であり、郭勛の名前は見えない。内閣大学士の翟鑾をのぞき、他の四人は郭勛と共に郊祀礼制改革にともなう工事の担当者に任命されている。また、九月十五日に世宗は重華殿に李時・汪鋐・蔣瑤・夏言を呼び、欽定の工事図面を李時に手渡し、「卿らは明日武定侯郭勛と会同して、南郊に行って石座の製造を相談・調査し、図にして進呈せよ(67)」と申しつけた。おそらく当時の世宗には郭勛に接見して議論を行う意思はなかったと思われる。

その後、嘉靖十年十一月および翌年正月に世宗が行った子宝を授かるための道教儀式に郭勛は武官として唯一参加した(68)。さらに十一年正月には前年に制定したばかりの圜丘で行う祈穀の儀礼を世宗は病気のため郭勛に代行させ(69)、同年の夏至に方丘で行う地の祭祀についても、郭勛が代理を務めた(70)。以後、国家祭祀のほとんどを世宗は体調不良もあり勲臣に代理させるようになるが、郭勛逮捕前は重要な祭祀の代理は郭勛が務めることが多くなった(71)。

そして、嘉靖十三年になると郭勛が文官の寵臣たちとともに召対や宴の席に呼ばれるようになったことが史料から確認できる。五月、奉天殿で行う祭祀用の祭器の鑑賞のため、世宗は重華殿で内閣大学士張璁・李時、吏部尚書汪鋐、礼部尚書夏言と郭勛に接見している。[72] この五人は嘉靖九年の郊祀礼制改革の工事開始以来、世宗の一連の礼制改革に関する諸工事の担当者であり、郭勛以外は嘉靖十年以来の召対の常連であった。さらにこの五人は十三年八月の万寿節には長春酒の下賜に預かり、[73] 十四年元日にも接見されて世宗に詩作を命じられた。[74] また、同年三月二日に「督工諸臣（礼制改革の工事担当者）」が文華殿で召対されており、郭勛がその中に含まれている可能性は高い。[75] このように嘉靖十三〜十四年にかけて、郭勛は内閣大学士や礼部尚書夏言などと同列に扱われる存在になっていた。

（二）郭勛重用の背景

郭勛がなぜ内閣大学士らと同列に扱われるようになったのか。後世の沈徳符は郭勛重用の背景について、以下のように考えていた。

武定侯郭勛は世宗の治世において、文化を好み多才だといわれ、謀略を得意とした。……初め、郭勛は張璁の大礼の議の主張に付き従い、お互いに援護し、にわかに皇帝の寵愛を得た。爵位を進めて公になろうと企図し、奇抜な手に出た。自ら明の開国の通俗物語『英烈伝』を作成したのだ。そのなかでは先祖の郭英の戦功が開平王（常遇春）・中山王（徐達）とほぼ等しいと称した。そして鄱陽湖の戦い（一三六三年）において、陳友諒が流れ矢に当たって死んだが、当時はいったい（打ち取ったのは）誰なのかわからなかったのに、郭英が矢を放ったと称し、講談が得意な宦官に毎日皇帝の御前で演じさせ、さらにこれは古い伝承だといわせた。皇帝は郭英の功績は大きいのに褒賞が少ないと惜しみ、郭勛の位を進めようと考えた。たまたま郭勛は（西苑に）宿直して青詞を作成し、大いに皇帝の寵愛を得ること、陸武恵（陸炳）[76] や仇咸寧（咸寧侯仇鸞）以上だった。そして（郭勛が監督していた）工事が終わったことにより、太師の位を授かり、後に翊国公の地位を世襲することが許された。[77]

もちろん沈徳符は同時代人ではないため、記述の時系列に混乱はあるが、郭勛が大礼の議、『英烈伝』の作成、そして青詞によって世宗の寵を得たという認識がうかがえる。

青詞とは道教の祭祀を行う際に用いる祝詞である。嘉靖年間後半の内閣大学士が「青詞宰相」[78]と後代に揶揄されるほど、世宗の治世の後半には青詞の執筆が出世や処世にかかわった[79]。文官だけではなく勲臣や外戚も例外ではなかった。青詞の執筆を辞退した世宗の妹婿鄔景和（?～一五六九、南直隷崑山の人）は世宗の不興を買ったという[80]。また、子どもができないことを悩み続けていた世宗は道教への傾斜を強め、ついには強壮剤も口にするようになる[81]。郭勛は薬作りを得意とする方士段朝用[82]や唐珠珊[83]、房中術を得意とする官僚胡守中（一五〇七～一五四六、河南寧陵の人、嘉靖十一年進士）[84]と密接な関係をもっていた。このように、郭勛は世宗の道教信仰も利用して自らの権勢を固めていた。

ただし、郭勛の政治関与の契機を世宗の道教信仰にのみ求めるべきではない。世宗は道教狂いの君主であるとともに、政治の実権を握り続けようとした君主でもあった。道教面だけではなく、政治面でも役立つからこそ郭勛を重用したと考えられる。

郭勛は朝廷の議論においても活躍が期待できる人材であった。たとえば、嘉靖十七年、世宗は明堂祭祀を整備することを決意する。明堂とは古代の帝王が政治を行っていた場所とされるが、実態は不明である。明においては奉天殿が古代の明堂にあたるとされてきた[85]。しかし、世宗は奉天殿とは別に明堂を建設したいと長年考えていた。なぜなら天の祀りを行うときに明堂は父を配享して祀る場所であり、明堂で祭祀を行うためには実父興献帝に歴代皇帝と同等に廟号を送ることが必要になってくるからである[86]。世宗は明堂建設とともに実父に廟号を贈ることを礼部主宰の廷臣会議にかけた。しかし、礼部尚書厳嵩は世宗の意向を支持する上奏文をなかなか書かなかった。彼は廷議の様子について次のように言及している。

臣らは（嘉靖十七年六月）一日に五軍都督府・六部・大理寺・都察院などの衙門と一緒に闕左門で会議し、秋に行う天の祀りで興献帝を上帝に配享することについては、皆が同意し異論はございませんでした。廟号につきましては、臣らは聖諭を諸臣に示されてから会議することを要請しました。今回は聖諭を奉じて再会議を行いました。皇上の無窮の孝心により、尊崇の礼をとりたいということですので、必ず衆論が同意せねばなりませんが、諸臣はお互い目配せして何もいいませんでした。ただ武定侯郭勛・吏部尚書許讚だけが実行すべきだとし、最後に刑科都給事中戴儒と礼科都給事中李充濁が廟号はよいが太廟に興献帝を祀るのはよくないとし、そのほかの諸臣は署名するときもぐずぐずと煮え切らない態度でした。臣らが勝手に決められませんので、実態をご報告申し上げます。どうか皇上は典礼の重大さに鑑み、臣らに旧例を調査させ、内閣大学士と一緒に各官を東閣に集めて再び議論させてください。そしてご聖断を待ちたいと思います。(87)

これは厳嵩が興献帝を太廟に祀るという決定に関与したくないためのいいわけであるが、会議の参加者が曖昧な態度をとる中、郭勛は世宗の意向を支持する主張を行っていた。その後、世宗は『明堂或問』という問答集を執筆し、礼部を通じて廷議の参加者に配布して想定される反対意見への反駁を示してから廷臣会議を開かせる。『明堂或問』を世宗が最初に見せたのが内閣の李時・夏言・顧鼎臣の三人と礼部尚書厳嵩、そして郭勛だった。(88)このことから、世宗は朝廷の議論において内閣や礼部と共に郭勛にも自己の主張の翼賛者として活躍することを望んでいたとみなせよう。この役割は前章の嘉靖九年の郊祀礼制改革で世宗が張璁に望んだもの、あるいは世宗の意向を支持する発言を行った李承勛や汪鋐が果たそうとしたものと同様といえる。つまり、郭勛は単純に世宗に媚びを売って寵愛を得たわけではなく、世宗の目線で考えれば世宗の政治運営に貢献していたために寵愛を受けたのである。

（三）郭勛から朱希忠へ

嘉靖十七年末、李時が亡くなり、夏言が内閣首輔となった。一方、郭勛は翌年、翊国公の爵位を賜り、名実ともに武官の最上位に進んだ。そして、このころから夏言と郭勛の間で激しいつばぜり合いが行われる。その原因は大礼の議をめぐる立場の違いに起因する。郭勛は大礼の議を通じて張璁・桂萼・方献夫・霍韜らとの関係を深めた。一方、夏言は張璁・桂萼に追い落とされた内閣首輔費宏と姻戚関係にあった。[89] 夏言と張璁らではもともと政治的立場が違ったが、その後、夏言が政界で台頭するきっかけを郊祀礼制改革によって掴むと、その過程で夏言を中傷する文書を夏言本人や通政司に送りつけた霍韜が逮捕され投獄された。それ以来、霍韜は激しく夏言を恨むようになり、郭勛と一緒に夏言に対するネガティヴキャンペーンを張った（夏言と郭勛・霍韜の対立については本書附論三参照）。ゆえに後世の士大夫である何喬遠（一五五八～一六三一、福建晋江の人、万暦十四年進士）は夏言の処世について「夏言は皇帝を頼みにしてばかりで、張璁・方献夫・汪鋐・郭勛・霍韜らと仲良くしなかった。張璁とはもっとも対立して激しく争った。郭勛・霍韜とは水火の関係にあった」[90]と評した。嘉靖二十年、郭勛は夏言の息のかかった科道官に攻撃されて逮捕され、翌年に獄死する。

しかし、郭勛の死をもって世宗が特定の勲臣を重用するという状況は終わらなかった。世宗が郭勛に期待していた役割は成国公朱希忠に引き継がれたと思われる。朱希忠は嘉靖十五年、二十二歳で成国公の爵位を継承し、その整った容貌が世宗の目に留まる。[91] 嘉靖十八年、世宗は前年末に亡くなった実母蔣氏の亡骸を故郷の顕陵に葬ることにし、その下見のために里帰りする。世宗の南巡のメンバーには、文官では内閣大学士夏言、礼部尚書厳嵩、戸部尚書李廷相（一四八一～一五四四、山東濮州の人、弘治十五年進士）、礼部左侍郎張璧（一四七五～一五四五、湖広石首の人、正徳六年進士）、詹事府詹事陸深（一四七七～一五四四、南直隷上海の人、弘治十八年進士）など、武官では翊国公郭勛、成国公朱希忠、咸寧侯仇鸞、東寧伯焦棟（?～一五四七）、駙馬都尉京山侯崔元[92]（一四七八～

一五四九、代州の人）などが選ばれた。朱希忠は郭勛の副官の立場だった[93]。世宗一行が河南衛輝府に差し掛かったときに火事が発生し、世宗は陸炳によって救出されるが、朱希忠も救出に参与したという説がある[94]。その後、一行が黄河を渡る際に、世宗は夏言・朱希忠・崔元に接見して詩作を命じ、朱希忠の腕前を激賞したという[95]。その後、郭勛の逮捕後に提督団営総兵官に任じられ、以後、万暦元年（一五七三）に亡くなるまで武官のトップであり続けた。また、生涯にわたって、何十回も皇帝の代理で国家祭祀を行ったという[96]。つまり、郭勛が請け負っていた武官のトップの職務を引き継いだといえる。

また、朱希忠は郭勛と違い、和を尊ぶ性格だったようであるが、廷議における存在感は郭勛に引けをとらなかった。神道碑には下記のようにある。

（朱希忠は）国家の典故を熟知していたが、口下手なので知らないかのように見えた。廷議で重要問題を話し合うときはいつも謙遜して後ろの方にいて口を出そうとしなかったが、時には片言隻句をしゃべり、すべて的を射ていた。世宗の晩年、もろもろの大きな礼制について、内閣大学士がよく知らなければ、いつも朱希忠に尋ねた。朱希忠は若いころから皇帝のおそばに仕えていて、旧例に明るかったからだ。とはいえ質問されなければ発言しないというような慎ましさであった[97]。

本章冒頭で紹介したように、一般に勲臣は廷議において名ばかりの存在とみなされていた。そのことを考えれば、朱希忠の神道碑のなかで廷議での様子に特に言及するのは異例であろう。朱希忠は郭勛のように積極的に論陣を張ることはなかったかもしれないが、廷議においてその一言が注目される存在だったという認識のあらわれと考えられる。つまり、世宗は朱希忠にも郭勛と同様の役割を期待することができたのではないか。郭勛から朱希忠に交代しても、世宗の勲臣の重用の目的は変わらなかったといえる。

おわりに

郭勛が世を去り、夏言が官界を去っていた嘉靖二十四年、時の内閣首輔厳嵩は世宗に対して以下のような請願を行った。

臣は陛下の抜擢を被り、股肱腹心としての信託を寄せられています。天恩は厚く、身を捨てても報いきれないほどですが、力を尽くして身を捧げるまでです。ただ臣は毎回一人だけ接見を賜るので、内心では不安に思っています。といいますのも、人主の恩寵は軽々しくは得られませんのに、臣は分に過ぎた眷顧をいただいており、他人の嫉妬を免れないからです。臣が思うに、かつて夏言は郭勛と同列なのを憎み、関係を悪化させました。そもそも臣下は肩を並べて君主に仕え、協力して心を一つにすべきで、このように嫌いあうべきでしょうか。今、朱希忠や崔元につきまして、どうか皇上は臣下に接見される時には、臣と一緒にお呼びください。そうすれば事体は落ち着くことでしょう。臣がまた思いますに、昔の明君は広く人材を求め補佐役とし、諮問することがあれば多くの者の長所を採用しました。祖宗の朝廷では蹇義・夏原吉・三楊（楊士奇・楊栄・楊溥）がいつも並んでお側に仕えていました。今、許讃と張璧は内閣大学士に抜擢され、ご恩に報いようとしています。陛下にお願い申し上げます。ときには接見を賜り、一緒に皇太子殿下に謁見させてください(98)。

厳嵩は郭勛を恨んで攻撃した夏言と自分は違うと主張し、自分だけではなく成国公朱希忠・駙馬都尉京山侯崔元や同僚である許讃（一四七三〜一五四八、河南霊宝の人、弘治九年進士）・張璧を召対の場に呼ぶべきだと述べている。そして厳嵩は勲臣や内閣の複数の人員が政治的な諮問を皇帝から同時に受け、臣下が「肩を並べて君主に仕え、協力して心を一つにする」という理想像を提示した。厳嵩のいう「協力して心を一つにする（協恭同心）」は『書経』「皐陶謨」の「同寅協恭（同僚が協力する）」の語を踏まえている。「同寅協恭」は、世宗も使用した語句である。嘉靖十年、張璁が夏言を失脚させようとして失敗した（本書附論二参照）とき、世宗は張璁の謀略を公にし、今後は朝廷の官僚全員が古代の「同寅協恭」の心にならうべきだと訴えた(99)。また、嘉靖十四年に郭勛と汪鋐が工事担当の官僚人事をめぐって対立したとき、世宗は李時の要請に従い、二人に「同寅協恭」するよう命じたことがあった(100)。

むろん、厳嵩は夏言を始めとした多数の政敵や自分の批判者を排斥していった人物であり、実際に「同寅協恭」を実行していたとはみなせない。しかし、建前としては「同寅協恭」の理想に見せかけることに成功していたのではないか。かつて、自分が孤立してしまったと訴えた夏言と違い(101)、厳嵩は表面上は他の有力者を攻撃することはなかった。むしろ朱希忠とは姻戚関係まで結んでいた(102)。そして、結果的に見せかけの「同寅協恭」の姿を現出させた厳嵩は嘉靖四十年に失脚するまで、長く内閣首輔の座にあった。このことは世宗にとっても厳嵩・朱希忠らが「同寅協恭」して自らの治世を支えることが理想であったことを意味しているのではないか。世宗が理想としていたのは、自分の意向が臣下の賛同を得て実現される政治であり、むしろ権臣を中心に自らの政治を翼賛させる体制こそ世宗が目指した政治ではないだろうか。

前章で述べたように、嘉靖十年以降、世宗の政治手法はかたまった。ここで世宗の意志の理想的な実現方法をまとめてみよう。まず、世宗は書面または召対によって寵臣に自分の意向を諮問する。諮問された寵臣たちは世宗の意見に賛同を示す。そして、世宗の指示により世宗の意向を反映した建議を朝廷に提出し、世宗はそれに裁可を与える。または、重大な問題であれば朝廷の会議にかける。朝廷の会議では寵臣たちは世宗の翼賛者として活動し、会議の結論を世宗の意向どおりにもっていくことに尽力する。このような政策決定様式のありようはまさしく第三章で世宗が掲げていた「詢謀僉同」の理念の体現であろう。それを可能にするのが、朝廷に大きな影響力をもつ複数の寵臣を政治談議の相手として確保しておくことだった。治世の後半、世宗は特定の寵臣を自身が引きこもる西苑に宿直させ、時には宴会を行った(103)。太祖の教えである「君臣同遊」を実行し続けたともいえよう。

世宗は「君臣同遊」・「詢謀僉同」・「同寅協恭」といった理念を体現した政治を実現しようとし、そして、実際に達成したともいえる。しかし、理念を実現したからこそ、世宗の理想主義が現実の政治の現場に直接持ち込まれてしまうという悲劇を生み、北虜南倭問題に代表されるような治世後半の数々の失政につながったのではないか。

注

（1）都督は爵位をもたない武官も就任することがあった。

（2）王毓銓（二〇〇五）五四〇～六四九頁。

（3）楊一清が大礼の議の際の世宗の意向に反対する廷議について、「如皇親・公・侯・駙馬・伯・都督等官、名亦在列、彼何嘗預其事而見其文哉」と言っている（楊一清『密諭録』巻二「論差定議礼官員罪過奏対」）。

（4）仇鸞については城地（二〇一三）参照。

（5）秦博（二〇一三）、（二〇一五）。

（6）谷（一九七一）。

（7）『世宗実録』巻六四、嘉靖五年五月丙申条「武定侯郭勛為御史張景華等所論、自劾求退、且言、「今太平盛世、固当任文臣所為。」」『嘉靖祀典考』巻七「再請郭英従祀疏」「劉基係文臣、所以如此。臣始祖郭英、係武臣、故遂紛然阻忌。」張鹵『皇明嘉隆疏抄』巻二〇「南京広東道署道事試御史謝瑜等、謹題為乞燭姦貪驕恣武臣以広聖徳以全聖治事。……又其言曰、「文官弄法、武官已被鉗制、不得如文武并用之時」、又非虚心為国、忠於陛下之言也。」

（8）『明史』巻一三〇に郭英及び郭勛を含めた武定侯家の伝がある。
（9）胡吉勛（二〇一四）。
（10）胡吉勛（二〇〇七②）および本書附論三参照。
（11）郭勛は『水滸伝』や『三国志演義』などを刊行したことで有名であり、郭勛が刊行した版本は郭武定本と呼ばれ珍重されている。さらには郭勛を『水滸伝』の作者に比定する研究者もいる（戴不凡（一九八〇）、大塚（一九九四）参照）。近年では郭勛が先祖を宣揚するために作らせたと言われる『英烈伝』について、川浩二氏が研究を行っている（川（二〇〇四）、（二〇一二）、（二〇一三）参照）。また、胡吉勛（二〇一五）は郭勛が編纂・刊行した書物をまとめている。
（12）『世宗実録』巻二五三、嘉靖二十年九月乙未条「同念勛曾賛大礼并刻太和伝等労、令釈刑具。」
（13）『世宗実録』巻六六、嘉靖五年七月乙未条、巻八〇、嘉靖六年九月戊戌条。
（14）僉書は各役所の責任者である掌印官に次ぐ地位である。
（15）郭勛『毓慶勲懿集』巻八、李東陽「明故封武定侯夫人郭母柏氏墓誌銘」「廉慎自律、有名家風、年未四十、総督三千営兵馬、僉後軍都督府事、加太保。」なお、李東陽『懐麓堂稿』巻九〇「封武定侯夫人郭母柏氏墓誌銘」では該当部分はカットされている。『毓慶勲懿集』については胡吉勛（二〇一五）参照。
（16）楊廷和『楊文忠三録』巻四「視草余録」。
（17）『世宗実録』巻二、正徳十六年五月壬子朔条。
（18）正徳十六年だけでも五回行っている。『世宗実録』巻一、正徳十六年四月壬寅条、乙巳条、巻四、正徳十六年七月己巳条、巻六、正徳十六年九月甲子条、巻九、正徳十六年十二月丁未条。
（19）『世宗実録』巻一八、嘉靖元年九月戊午条。
（20）経筵において、勲臣一人が総責任者に任命された。『（正徳）大明会典』巻五〇「経筵初開議」参照。
（21）『世宗実録』巻四、正徳十六年七月壬申条「礼部上初御経筵礼儀。……上是之。乃命定国公徐光祚・大学士楊廷和知経筵事、……提督団営武定侯郭勛如例侍班。」
（22）『世宗実録』巻三〇、嘉靖二年八月癸丑条に「叙奉迎防守功、加太傅定国公徐光祚・太保武定侯郭勛皆兼太子太傅、鎮遠侯顧仕隆・豊城侯李旻・恵安伯張偉皆太子太傅、遂安伯陳鏸太子太保。」とあり、散階から見ても第二位である。
（23）『明倫大典』巻二、正徳十六年五月癸丑条、丙寅条、六月甲申条、九月戊寅条、巻四、正徳十六年八月丙午条、巻九、嘉靖二年四月乙亥条、嘉靖三年正月癸巳条、巻一〇、嘉靖三年二月丙申条、三月壬申条、巻一二、嘉靖三年四月丁酉条、巻一七、嘉靖三年九月壬戌条。
（24）『明倫大典』巻一六、嘉靖三年七月辛卯条。

(25)『明倫大典』「凡例」「一、諸臣奏疏、如礼者、必択其精、不如礼者、亦存其概、備載聖断、以裁之也。一、諸臣或自疏、或連名、或会議、倣漢書例、俱備録姓名、遵聖諭也。」
(26)『明倫大典』巻九、嘉靖三年正月乙亥条「初、郭勛之与是議也、謂傻曰、「此関係重大、宜折中、不可偏執」。傻与力辯、至大詬、而勛竟以是搆怒於衆矣。」なお、『明倫大典』の「勛竟以是搆怒於衆」という文は、范守己『皇明粛皇外史』巻七ではこの条が李福達の獄の部分にかけられているように、李福達の獄を意識して挿入されたものであろう。
(27)范守己『皇明粛皇外史』巻七「当其議大礼時、礼官嘗要勛同疏攻永嘉等。勛後窃語永嘉、「吾嘗謂汪俊、「此事関係甚大、宜折中、不可偏執」。俊与吾力辯、至大詬而止、竟署吾名疏中、非吾意也」。永嘉信之、収其語于大典中、且曰、「勛竟以是搆怒於衆」云。」
(28)『世宗実録』巻四三では嘉靖三年九月丙寅（五日）にかけるが、『明倫大典』巻一七では九月壬戌（一日）、また『大礼集議』巻二では礼部の会奏の日付が「嘉靖三年九月初一日」となっている。
(29)『孝経』事君章「子曰、「君子之事上也、進思尽忠、退思補過、将順其美、匡救其悪、故上下能相親也。詩云、「心乎愛矣、遐不謂矣、中心蔵之、何日忘之」」。」各種野史はこの『孝経』引用部分を郭勛の言葉と解釈し、中華書局の『明史』巻一九一「徐文華伝」も「武定侯郭勛遽曰、「祖訓如是、古礼如是。璁等言当。書曰、大臣事君、当将順其美」。」となっている。しかし、『書経』にこのような文句はなく、会議の主宰者が礼部尚書席書であり、「書請言官尽言」の部分でも席書のことを「書」と表現しているので、ここでは席書の発言として解釈する。
(30)本書第三章注（87）参照。
(31)郭勛が嘉靖三年五月に上京してきた張璁・桂萼を匿ったという逸話が野史や『明史』巻一九六「桂萼伝」に見えるが、『明倫大典』や張璁・桂萼およびその周辺の人物が遺した史料には見えない。なお、郭勛と方献夫の関係については本書附論三参照。
(32)通常であれば吏部尚書の名前が書かれるが、当時、吏部尚書は欠員だった。
(33)『大礼集議』巻二「奉前旨、臣等与翰林院学士桂萼・張璁、侍講学士方献夫、会同皇親・公・侯・駙馬・伯・五府・六部・都察院等衙門後軍都督府掌府事太保兼太子太傅武定侯郭勛・吏部左侍郎汪偉等議得、……」
(34)嘉靖三年九月の廷議について、『明倫大典』巻一七、嘉靖三年九月壬戌条に記載されている署名者と『大礼集議』巻二に記載されている署名者を比べると、公・侯・駙馬・伯ではない杭雄・時源の名前が『明倫大典』には見えない。『明倫大典』巻九、嘉靖二年四月乙亥条には都督時源の名が見えるため、流官の武官の名前は記載する場合としない場合があるようである。
(35)『勅議或問』所収。

(36) なお、郭勛がいつから後軍都督府掌府事になったのかはわからない。

(37) 廷議の参加者は一定ではないが、文官であれば大臣クラス、または科道官の各部署のトップが参加者として数えられることが多かった。席書は礼部尚書に抜擢される以前は南京兵部右侍郎の職にあり、大礼の議が起こらなくても北京の大臣クラスになる可能性はあった。張璁・桂萼・方献夫についてはもともと員外郎・主事クラスの官僚にすぎず、廷議に参加できる立場になかった。

(38) 沈徳符『万暦野獲編』巻一八「嘉靖丁亥大獄」「張永嘉暴貴、武定侯郭勲首附之、因得上異寵。妖人李福達一獄、世宗疑御史借端傾勲、故命璁以兵部侍郎署都察院、吏部侍郎桂萼署刑部、少詹事方献夫署大理寺、倶議礼新貴人也。」

(39) 『世宗実録』巻九八、嘉靖八年二月戊寅条。

(40) 『明史』巻一三〇「大学士楊一清悪之、因其賕請事覚、罷営務、奪保傅官階。一清罷、仍総五軍営、董四郊興造。」

(41) 張璁『諭対録』巻一〇、嘉靖八年正月二十八日、楊一清『密諭録』巻五「論挙代提督団営官奏対」。

(42) 桂萼『文襄公奏議』巻六「論武定侯疏」「臣宿部考察、不朝参者五日、始聞、太監張永、於十二月三十日、無疾、忽血従五孔崩流而絶、中外洶洶、疑中毒所致、且言、「武定侯郭勛、方専横領、永有以制之、今永忽暴死」。」

(43) 霍韜『渭厓文集』巻三「国是疏」、張璁『諭対録』巻一一、嘉靖八年九月十六日。

(44) 楊一清『密諭録』巻五「論挙代提督団営官奏対」。

(45) 謝純『楊文襄公事略』「武定侯郭勛、亦与公知厚、因提督団営内臣員缺、上問公堪任者、公薦太監張永、遂用之。永入団営、号令厳明、力袪積弊、劾勛貪虐酷暴。又因大獄通書於巡按山西御史馬録、録遽以其書劾奏、科道復交章継劾郭勛、遂罷団営間住、乃移憾於公、計誘詹事霍韜、毀公於朝謂、「永暴卒、公為作墓誌銘、受銀二百両」、又誣、「永侵剋造宝金百両、慶公寿」。事下刑部、文致坐罪、革公官、行巡按追銀与金。」ただし、張永が提督団営官になる前の李福達の獄を郭勛罷免の一因に挙げており、この記述自体の信憑性は低い。

(46) 『世宗実録』巻一〇七、嘉靖八年十一月庚子条。

(47) 張璁『諭対録』巻一六、嘉靖九年四月三十日「茲建圜丘等壇、必用武臣一人、以領其事。朕欲起郭勛、復彼散官、令中府管事、以領其工事、未知可否。」

(48) 張璁『諭対録』巻一七、嘉靖九年五月初八日「又、我聖祖昔建祀殿、命三公率梓人以挙事。夫工事自有司空、而仍以三公領之者、蓋重其工也。今朕欲降勅遣官以挙其事、不与他工同、亦未知可否。……又武臣、朕前欲用郭勛、卿回奏以取自朕意、但朕豈自悉知彼之何如。」

(49) 張璁『諭対録』巻一七、嘉靖九年五月初八日「臣窃惟、郭勛督理之才、於武臣中求之、取其所長、似有可用、皇上如用之無疑、彼亦必能省心図報。」

(50)『世宗実録』巻一、正徳十六年四月丙午条「以営建大行皇帝山陵、勅武定侯郭勛督造。」

(51)張璁『諭対録』巻一七、嘉靖九年五月十二日「朕惟、以今勲臣中求其超群者、無出郭勛。況已起用、宜進之俾其尽心。見梁永福被劾、彼必来辞、可令別府僉書、以勛掌府事、併著照旧経筵侍班。夫永福年力精壮、正宜尽職、而未若勛之歴練也。勛雖有過、而亦有功、況昔嘗賛大礼、武臣中不可無此人。」

(52)張璁『諭対録』巻一七、嘉靖九年五月十二日。

(53)『世宗実録』巻一一三、嘉靖九年五月戊申条「掌中府事提督五軍営保定侯梁永福、以貪汚不法、為巡視京営科道魏良弼所劾。詔革永福任、仍逮問党悪李其等。」【表七】にあるように、翌月、郭勛が提督五軍営の任を命じられている。

(54)『世宗実録』巻一一〇、嘉靖九年二月辛巳条「吏科給事中李鶴鳴劾奏、「豊城侯李旻、先鎮守両広、行取至京、沿途需索、乞治以罪」。上曰、「近年駅逓被擾、人民困敝已甚、屢諭査革。李旻勲爵重臣、乃所至騒擾、所司勘覈以聞」。已而兵科都給事中張潤身又劾、「旻違制乗輿、驕恣不検、請先解其兵柄、俟勘明之日、別為奏処」。上乃令旻引避、下法司併究其事。」巻一二三、嘉靖十年三月丙申条「詔豊城侯李旻帯俸養病。初、旻自両広召入提督団営管五軍営、以騒擾駅逓及肩輿趨朝、先後為言官所劾。旻坐廻避、既逾年、引疾辞任。従之。」なお、李旻の正式な辞任後に郭勛が提督団営総兵官になっている。

(55)『嘉靖祀典考』巻一「分郊会議第一疏」。

(56)問住処分中の郭勛や実質的に提督団営総兵官を解任されている李旻が廷議に参加する資格がなぜあったのかはよくわからない。

(57)郊祀礼制改革に関する諸先行研究ではこの集計結果を廷議の結果のように解釈している。しかし、上奏文には廷議に参加していない多くの下級官僚の名前が連なっており、また張璁の説得に応じて天地合祀支持（上奏段階）から天地分祀支持（廷議段階）に切り替えた李承勛が合祀支持に分類されていることから、「大祀詢謀勅」への各官僚の回答の集計結果であることがわかる。

(58)具体的には①天地分祀については臣下が決定できることではないと結論を回避、②朝日壇・夕月壇の設置については賛成、③大祀殿ではこれまでどおり太祖・太宗の二人を一緒に祀る、④その他の神や宗廟の祭祀は臣下が議論できるものではないと議論を回避、という内容だった。このうち③について世宗と張璁の意見対立があったことは前章参照。

(59)本書第四章注（57）参照。

(60)『世宗実録』巻一八五、嘉靖十五年三月丁丑条「駕発沙河、駐天寿山行殿。是夜、上召武定侯郭勛・輔臣李時・尚書夏言至行殿、諭曰、「適過沙河一帯、居民鮮少、田地荒落、七陵在此、要人守護。卿等如何処之」。勛対、「宜免護衛軍赴京操」。言対、「宜量移一二民人可徙者」。皆未当上意。已而時対、「昔丘濬曽議、京師当設四輔、以臨清為南、昌平為北、分薊州及保定東西、各屯兵一二万以供護京師。今若于昌平添設一総兵、南衛京師、北護陵寝、更増軍馬、自然居人稠密」。上曰、「卿等回京、可与戸・兵二部酌議以聞」。」

(61)『世宗実録』巻一九四、嘉靖十五年十二月己丑条「上御文華殿西室、召武定侯郭勛・大学士李時・尚書夏言。語及文武諸臣、以人才不足為嘆。勛等因言、「今文武官去任者、宜令吏・兵二部疏挙年力精強才識可用者、召至京識験其人品、随材録用。其或年力衰邁、礼而遣之。庶幾野無遺賢、朝無曠職」。既退、勛上疏請、「令両京大臣・科道及在外撫按各挙所知」。章下、吏部覆請如勛言。……従之。」

(62)『世宗実録』巻一九五、嘉靖十五年閏十二月庚午条「勅太師武定侯郭勛・輔臣李時・夏言、審讞法司重囚。上以法官多不諳律、比任情出入有冤濫、及経会審応弁問者、又拘泥成案不与開釈、徒為文具、故恩詔有遣大臣審恤之条、至是乃命三臣会法司面審在獄重囚。」

(63)夏言『桂洲先生文集』巻二九「奏劄」嘉靖十六年六月三日、七月二十三日、二十四日。

(64)夏言『桂洲先生文集』巻二九「奏劄」嘉靖十六年八月二日。

(65)夏言『桂洲先生文集』巻三〇「奏劄」嘉靖十七年正月二十六日。

(66)霍韜『宮保霍文敏公年譜黄淮集』巻七、嘉靖十六年三月十六日「夏閣老被賊報至」条「夏家貲累十余万、京中悪少昏夜詐作武定侯郭勛過議機密事、縛夏及家人、尽擢其貲而去。」

(67)李時『南城召対』「九月十五日、上御南城重華殿暖閣、召臣時・臣鉉・臣瑤・臣言進見。上持黄紙掲帖曰、「此是大神殿正位・配位龕匱尺寸」、乃手授臣時、因諭曰、「卿等明日可会同武定侯郭勛、至南郊計議相度制造石座、画図進来。座成之日、朕親来安。卿部具儀来看」。」

(68)『世宗実録』巻一三二、嘉靖十年十一月癸酉条、巻一三四、嘉靖十一年正月壬戌条。

(69)『世宗実録』巻一三四、嘉靖十一年正月辛酉条。

(70)『世宗実録』巻一三八、嘉靖十一年五月戊午条。なお、前年の方丘の祭祀が暑すぎて、世宗は愚痴をこぼしていた。李時『南城召対』「上曰、「与祫祭日同。朕欲用迎気之始、用立春・立夏・立秋・立冬。端午太熱了。前日夏至祭方沢、人情已不能堪」。」

(71)『朝鮮王朝実録』中宗三十五年十月辛未条「大抵皇帝、凡祀事、令郭勛摂行云。」

(72)張璁『太師張文忠公集奏疏』巻八「謝視祀天青爵」「五月二十七日午刻、臣等伏蒙聖諭到閣、「朕覧江西造到青爵、其色甚佳、以為殿陛告祀天用。然此祭器也、器之重也。欲卿等一看。今日雨後稍爽、即酉刻可与勛・鉉・言共服吉服、来至南宮之重華云」。欽此。臣等即伝諭臣勛・臣鉉・臣言、各具吉服、恭候重華門。申刻、皇上御重華殿、先視祭器、畢、御重華左室、召臣等入見。臣等祗拝叩首。上曰、「朕因咳疾、静養久、不与卿等接見。此心甚歉。然茲調養平復、病都好了。

特与卿等一見」。臣勛奏曰、「臣等今日得覩天顔、不勝欣慶」。又稽首頓首。上曰、「殿中設的是江西焼造的殿陛拝天用的爵与酒罇。朕見其顔色鮮明甚佳美、与卿等同看」。臣等復稽首頓首、趨出重華殿、恭視、畢、復入見。臣孚敬奏曰、「伏蒙賜観祭器、制度精美、仰見皇上事天之誠、臣等不勝欽仰」。上命内使以御案所置扇分賜臣等。上曰、「今天気甚炎熱、茲扇与卿等共涼」。臣等復稽首頓首拝恩。臣孚敬復奏曰、「臣等今日得仰覩天顔充裕、不勝欣慶。但今天気炎熱、伏乞皇上倍加調養。臣等在外、不敢不恪恭供職」。上曰、「卿等忠愛、朕知道了」。臣等復稽首頓首。上命賜臣等酒飯、復稽首頓首而退。」なお、『世宗実録』巻一六三、嘉靖十三年五月癸巳条では「臣等今日得覩天顔、不勝欣慶」が張璁らの発言とされている。

(73)『世宗実録』巻一六六、嘉靖十三年八月甲辰条。

(74)『世宗実録』巻一七一、嘉靖十四年正月壬戌朔条。

(75) 夏言『桂洲奏議』巻九「奉安太廟世廟神主儀注疏」。

(76) 陸炳（一五一〇～一五六〇、謚は武恵）は世宗の興王時代からの側近武官陸松と世宗の乳母を両親にする。最終的に左都督にのぼる。

(77) 沈徳符『万暦野獲編』巻五「武定侯進公」「武定侯郭勳《ママ》、在世宗朝、号好文多芸、能計数。……初、勳以附会張永嘉議大礼、因相倚互為援、驟得上寵。謀進爵上公、乃出奇計、自撰開国通俗紀伝、名英烈伝者、内称其始祖郭英、戦功幾埒開平・中山。而鄱陽之戦、陳友諒中流矢死、当時本不知何人、乃云郭英所射、令内官之職平話者、日唱演於上前、且謂此相伝旧本。上因惜英功大賞薄、有意崇進之。会勳入直撰青詞、大得上眷、幾出陸武恵・仇咸寧之上。遂用工程功竣、拝太師、後又加翊国公、世襲。」

(78)『明史』巻一九三「厳訥伝」。

(79) 中（一九九一）参照。

(80)『世宗実録』巻四一四、嘉靖三十三年九月壬戌条。

(81) 沈徳符『万暦野獲編』巻二一「進薬」。

(82)『世宗実録』巻二三九、嘉靖十九年七月癸丑条。

(83)『世宗実録』巻二六二、嘉靖二十一年閏五月庚午条。

(84) 沈徳符『万暦野獲編』補遺巻二「二胡暴貴不終」。

(85) 楊一清『密諭録』巻一「論明堂奏対」。

(86) 明堂建設については尤淑君（二〇〇六）二二三～二三六頁、趙克生（二〇〇六）一〇九～一一七頁、胡吉勛（二〇〇七①）六三二～六四五頁参照。なお、最終的に興献帝には睿宗という廟号を贈ることになる。

(87)『嘉靖祀典考』巻二「配帝称宗会議第一疏」「臣等於本月初一日、会同府部寺院等衙門、赴闕左門会議得、秋報大礼、恭請皇考献皇帝配帝、衆議僉同、無容議矣。其廟号称宗、臣等仰遵聖諭宣示諸臣会議上請。今奉明旨再議。此皇上孝思無窮、欲称尊崇之典、必頌《ママ》衆論皆同、諸臣相顧持疑不語。止武定侯郭勛・尚書許讚、以為可行、最後刑科都給事中戴儒・礼科都給事中李充濁、可称宗、但祔廟未可、其余諸臣一時画題含糊未決。臣等擅難定議、理合具実上聞。伏望皇上念礼典重大、令臣等査照旧例、会同内閣輔臣、仍集各官于東閣、再加詳議、以候聖裁。」

(88) 『嘉靖祀典考』巻二「明堂或問」「嘉靖十七年六月二十六日、欽奉聖諭勛輔三臣、「昨十日、礼部以会議疏上内、又争一祔廟之正、朕故未答、已与卿等説、待作个或問以示臣民、旬余未親筆札。昨将夕覚神思清悦、一作之方就、卿五臣看了、将着嵩去部中、刻印遍給、与議群臣、十日内再会議来聞、勿延去。季秋近了、早辦可也」。欽此。」文章中では郭勛と明示されていないが、「勛輔三臣」の勛＝勲臣は郭勛を指すと思われる。輔は輔臣、つまり内閣の李時・夏言・顧鼎臣を指す。

(89) 夏言の妹の夫が費宏の弟、長男の妻が費宏の弟の娘である。費宏『太保費文憲公摘稿』巻一八「夏母匡太宜人墓誌銘」、夏永年『夏氏宗譜』参照。

(90) 何喬遠『名山蔵』、「臣林記」嘉靖二「夏言」「言独倚上、不与孚敬・方献夫・汪鋐・郭勛・霍韜等為比。尤牴牾孚敬、喧囂相争。其於勛・韜水火矣。」

(91) 張居正『張居正集』巻三二「特進光禄大夫柱国太師兼太子太師成国公追封定襄王謚恭靖朱公神道碑」「嘉靖丙申、襲封成国公、年甫二十二。初、拝表謝恩、世宗望見王丰度秀整、独偉視之。自是、遂被恩顧。」

(92) 憲宗の娘永康公主の夫。世宗が故郷から即位のために上京するときに迎えに来た一人であり、その功績により京山侯に封じられた。

(93) 『世宗実録』巻二二一、嘉靖十八年二月丁未条「命咸寧侯仇鸞、掛左副将軍印、東寧伯焦棟、掛右副将軍印、扈駕。鸞因奏、「臣係左副将軍為前鋒、左右前後、悉宜聴臣節制」。上不許曰、「朕車駕在中軍、以御左右将軍翼行、参将二人為前鋒。後衛、其以翊国公勛代掌中軍戎務、成国公希忠副之」。仍給勛・希忠旗牌各六面副。」

(94) 張居正『張居正集』巻三二「特進光禄大夫柱国太師兼太子太師成国公追封定襄王謚恭靖朱公神道碑」「初、世宗粛皇帝南幸承天、道衛輝、行宮夜火、侍衛倉卒不知駕所在、独王与陸都督炳、翊上以出。」沈徳符『万暦野獲編』巻五「陸炳扈駕功」「至成国公朱公靖（希忠）墓碑、亦載此事云、公与陸公炳、同負上以出。此江陵公筆、可見両人又同立大勲矣。然朱之衛上、他無可考、惟見此碑云。」

(95) 夏言『桂洲先生文集』巻三三「聖駕渡河記」「時、成国公臣希忠・京山侯臣元侍上左右。……因命臣等即時恭和、臣退遜再三、上霽顔促之曰、「卿輔臣、当先応制」。……而希忠年最少、臣与元初不知其能詩、希忠亦謙遜不能。上促之再四、且曰、「希忠似能詩者」。希忠果書所作以進。上喜甚曰、「勲臣中、如此人才可謂絶少」。」

(96) 張居正『張居正集』巻三二「特進光禄大夫柱国太師兼太子太師成国公追封定襄王謚恭靖朱公神道碑」「王歴事三朝。中間代祀圜丘三十有九、方沢二十有七、他中祀尤衆。」

(97) 張居正『張居正集』巻三二「特進光禄大夫柱国太師兼太子太師成国公追封定襄王諡恭靖朱公神道碑」「諳于国家典故、而口吶吶、若無所知。毎廷議大事、常遜居後、不敢発論、或称引片言、咸中肯綮。世宗晩年、諸大典礼、即輔臣有不及知者、常命問王。以王少在左右、明習故事也。然不問、亦終不言、其周慎如此。」

(98) 厳嵩『嘉靖奏対録』巻三「請乞一体賜召諸臣」「臣荷蒙皇上簡置左右、委以股肱腹心之託、天恩高厚、捐躯莫報、惟有鞠躬尽瘁而已。但臣毎次独蒙宣召、臣中懐窃有不安、蓋人主恩眷不易軽得、臣叨冒踰分、人情未免嫉議。臣思得、往歳夏言悪郭勛同列、以致生隙。夫臣子比肩事主、当協恭同心、豈宜有此嫌異。今臣希忠・臣元、伏望皇上凡有宣召、乞与臣同、庶事体相安。臣又惟、昔者明王広求人才、以自夾輔、有所謀議、兼取衆長。祖宗朝、蹇・夏・三楊毎並入侍。今臣讃・臣璧蒙擢居輔職、志切図報。伏望皇上或間賜召諭、及同賜入見東宮。」『世宗実録』巻二九五、嘉靖二十四年閏正月戊辰条。

(99)『世宗実録』巻一二八、嘉靖十年七月戊午条「在朝大小官員、宜革除私忿、務為尽忠、効古人事君同寅協恭之心、守聖人事君不二不欺之訓、匡朕不逮、以臻至化、庶不負其君忝其親、而永有誉焉。」

(100)『世宗実録』巻一七三、嘉靖十四年三月丁丑条「武定侯郭勛・吏部尚書汪鋐、在工数以事相左、遂成隙、上疏相攻。上謂大学士李時曰、「勛疏言上工事猶可、鋐全是忿詞、此何可忍」。時為営護甚力、上意解曰、「若不究竟、則二疏須留中耳。且鋐無故即挙梁材自代、此是何説。昨東閣与夏言争荘粛皇后謚号、本礼部与内閣事、与鋐何与、乃悻悻如此」。時曰、「大臣議事、貴于平心易気。此等挙動、未免取譏於天下後世」。上曰、「科道何不弾之」。時曰、「不敢」。上曰、「此謂寧忤天子、不敢忤権臣也。勛・鋐、卿可伝朕意、戒飭之。但勛奏吏部改調官事、不可不査。卿亦知建造、可会二臣公議之」。於是、時同勛等於東閣会議、奏言、「鋐以主事欧陽清体弱、不任工所労、俞振強行事欠当、故以清改調刑部、振強陞調南京工部員外郎、而以員外郎梁廷振代之、実無他情。勛見鋐擅調、因疑其聴託規避、遂以上聞耳。乞将清・振強、同廷振、倶留在工。勛・鋐、令各仰体聖心、協恭任事」。上曰、「振強行事欠当、宜謫而陞、清体弱、宜惜而調、似有避去意。命降振強一級、仍同清供事、廷振回原部」。於是、勛・鋐各陳謝。上復手諭勛、褒其祗慎、勉以協恭以称簡任。於鋐、則責其動有紛擾、甚負委任、仍以自今宜親君子遠小人、勿効前為、戒之。」校勘記によれば、広言館本は『世宗実録』巻一七四、嘉靖十四年四月己亥条にこの記事を載せるという。語句に異同があり、汪鋐に与えた手諭の中に「凡事当同寅協恭」という言葉が見える（傍線引用者）。

(101)『世宗実録』巻二二四、嘉靖十八年五月丁丑条「上諭吏部、「閣臣夏言、初出朕簡用、首因奏示建賛郊礼、茲典至大、言知之真正、克賛成之。朕嘗曰、「昔孚敬為綱倫、力正吾父子之名、言也不忌禍患、能賛吾復皇祖初礼、二臣於我有助」。不以言之惰慢之資、超進丞弼之位。身居是位、猶不警励。昨已令去之、然朕復念言建助大儀、力賛陵議、復少傅兼太子太傅礼部尚書武英殿大学士、還閣辦事、贊終喪礼、宜省思尽忠、未可尤怨君上也、即日任事」。初言既罷政、将行詣闕辞、上遣司礼監官止之、命還家候旨、随降是諭。言即進閣上疏謝。上報曰、「覧奏、知卿已赴閣、朕知悦已。卿宜益励初忠、尽心輔政、秉公持正、不惟副朕簡任、亦免衆忿也。卿其思之」。言復疏謝且言、「自処不敢後於他人、一志孤立、為衆所忌」。上覧之不悦、随詰責之、幷硃塗疏中洗改字数処。言乃惶恐引罪。得旨、報聞。」

(102) 厳嵩・徐階・朱希忠・陸炳は姻戚関係を結んでいた。厳嵩『鈐山堂集』巻四〇「成国太夫人陳氏墓誌銘」。徐階『世経堂集』巻一七「陸公墓誌銘」。

(103) 『朝鮮王朝実録』中宗三十七年三月丙午条「有五臣、夏言・厳嵩・翟鑾・一駙馬・一伯等、常侍昼夜云。与此人狎侮遊宴之事、未詳知也。」一駙馬は崔元を指すと思われるが、一伯は不明。あるいは成国公朱希忠か。夏言『賜間堂稿』附録「十九日万寿宮叩壇観灯」「壬寅灯夕、上親賜宴豳風亭、看放烟火。」朝鮮中宗三十七年および壬寅は嘉靖二十一年。

附論一　桂萼の賦役制度改革論

はじめに

大礼の議を通じて、張璁および彼に同調した官僚たちが大抜擢されて高位高官を占めるようになった。中心人物は張璁・桂萼・席書・方献夫・霍韜の五人であり(1)、ほかには黄綰（一四八〇～一五五四、浙江余姚の人）・黄宗明（?～一五三六、浙江鄞県の人、正徳九年進士）・熊浹などがいる。従来、張璁らについては世宗の意向に迎合したという評価が根強かったが、最近は再評価する動きがみられる。その筆頭が田澍氏である。田澍氏は彼らを改革者集団と位置づけ(2)、特に張璁を明代最大の改革者と顕彰している(3)。そして、この議論を政治思想史に持ち込んだのが焦堃氏である。焦堃氏は改革者集団である彼らは王守仁の影響下にあったと論じた(4)。また、田澍氏らの研究とは別の流れで、大礼の議の際の張璁らの主張を経学的に論じた新田元規氏の研究が存在する。新田氏は張璁らが皇帝位の「公尊性」という新概念を強調していたことを明らかにした(5)。これらの研究では彼らの改革姿勢や新概念の提唱の意義が強調されている。

田澍氏や焦堃氏の研究では、張璁らの改革の功績として、桂萼が唱えた賦役制度改革論が高く評価されている(6)。ほかにも、一条鞭法（賦役の一括銀納）との関連性という観点から少なからぬ注目を集めてきた。また、明代江南の賦役制度改革について官田の消失に着目して論じた森正夫氏の研究(7)や張居正の土地丈量を論じた西村元照氏の研究(8)でも、桂萼は制度改革過程における登場人物の一人として取り上げられている。しかし、桂萼を軸として彼の賦役制度改革論を政治史から論じた研究はない(9)。

そこで、本論ではこの問題について再検討を行いたい。ただし、一条鞭法など当時の賦役制度ならびに土地制度に与えた影響ではなく、賦役制度改革論そのものとそれが朝廷に採用されなかった経緯を軸に、桂萼の政治人生と改革論に表れた桂萼の思想的傾向、またそれに対する当時の政治の反応を検討し、明代後期における制度改革をめぐる言説の特徴を明らかにする。

一　桂萼の賦役制度改革体験

（一）桂萼の履歴

桂萼は成化十四年（一四七八）、江西饒州府安仁県に生まれた。正徳三年（一五〇八）に挙人、六年に進士となり、南直隷鎮江府丹徒県・浙江湖州府武康県・北直隷広平府成安県の知県を歴任した。ただし、いずれも任期満了を待たずに離任を余儀なくされた。まず正徳九年、丹徒に赴任した桂萼は翌年には致仕してしまう(10)。その原因は上司である鎮江知府林魁（福建龍渓の人、弘治十五年進士）との対立である。その後、正徳十三年、桂萼は推薦されて武康知県に任命され(11)、正徳十三年八月に赴任した。しかし、十二月に母が急死し、翌年正月に桂萼は帰郷した(12)。喪が明けた後、嘉靖元年四月に桂萼は成安知県に赴任する。ここでも桂萼は上司である広平知府呉守中（河南河内の人、正徳九年進士）と対立し、赴任からまもなく致仕願いを繰り返すようになった(13)。そして嘉靖二年、桂萼は南京刑部主事に転任することになった。以上のように、官僚人生の前半の桂萼は上司との対立と離任を繰り返すトラブルメーカーであった(14)。

その後、大礼の議が起こると桂萼を取り巻く状況は一変する。嘉靖二年、桂萼は南京刑部の同僚である張璁に同調する上奏を行い、翌年に張璁とともに北京に召還され翰林学士に抜擢される。以後、張璁とともに世宗の寵臣の一人となり、嘉靖六年に吏部尚書、八年二月には内閣大学士となる。その後、八月に失脚し致仕に追い込まれたものの、十一月には召還の命令を受け、翌年四月に内閣に復帰した。しかし、体調は思わしくなく、七月に「三か月もの間病欠しているのに退任しない」という批判を受けた(15)。嘉靖十年正月、桂萼はついに病気療養のために致仕し、四月に帰郷したが、すでに謝恩疏の執筆すらできない状態になっていた(16)。閏六月、桂萼はこの世を去った(17)。

（二）知県時代の桂萼と賦役制度改革

桂萼が中央政府で賦役制度改革論を唱えたことは二度ある。一度目は嘉靖六年の吏部尚書在任中の「請修復旧制以足国安民疏」であり、二度目は九年の内閣大学士在任中の「任民考」である。賦役制度改革論を唱える際に桂萼は知県時代に自らが賦役制度改革を行ったと述べている(18)。以下に知県時代の桂萼と賦役制度改革の関係を述べる。

①丹徒知県時代

「請修復旧制以足国安民疏」によれば、桂萼は丹徒知県として二つの改革を行ったという。一つは、正額外の攤派（負担金の割り当て）を廃止し、官銀によって額外支出を賄ったことである。この処置により、重い負担のために逃亡していた民衆が戻ってきたという。この改革には丹徒在住の士大夫王済[19]から苦情が申し立てられた。桂萼は優免（税の優遇・免除）特権のある士大夫には民衆の苦しみが理解できず、知県だけがその苦しみを理解できると反論し、自身の政策を曲げなかった。後の武康知県時代、成安知県時代にも同様の処置を行ったという[20]。

もう一つは、災害時に税糧輸送の附加税を融通してもらったことである。正徳九年、丹徒県は旱害と水害に見舞われたが、中央に上申して田租の減免を受けられるほどの被害ではなかった。そこで桂萼は丹陽・淮安・鳳陽の輸送の附加税を融通してもらい、丹徒県の不足分を補った。この処置は上司たちを驚愕させたという[21]。

② 武康知県時代

武康知県時代の桂萼と湖州府における賦役制度改革の関連性はすでに森正夫氏が言及している。明代では土地ごとに異なる税率がかけられており、特に官に没収された耕作地である官田には重く且つ複雑な税率がかけられていた。江南デルタには官田が多く存在していたが、賦役負担の均等化を目指す動きが活発であった。森氏によればそのなかでも湖州府は常に先駆的な存在であった[22]。桂萼は武康知県に赴任し、湖州府の先進的な「官田は一律、民田は一律」という負担均等化政策を知ったと嘉靖六年に提出した上奏文のなかで述べている。

ただし、森氏は『（嘉靖）湖州府志』を参照して桂萼の知県就任時を正徳八年とし、正徳七年〜十年には「官田は一律、民田は一律」方式ではなく「四等起耗」方式という別の徴収方法が採用されていたことを指摘するが、前述したように、桂萼が知県に赴任したのは正徳八年でなく正徳十三年である[23]。当時の湖州府の徴収方法はわからないが、森氏によれば正徳十四年に湖州知府劉天和（一四八五〜一五四五、湖広麻城の人、正徳三年進士）と巡按浙江御史許庭光（河南河陰の人、弘治十二年進士）により税額の均等化が上奏され、翌年に「官田は一律、民田は一律」方式が中央の承認を得たという。森氏はこの改革が地方官の発案というよりも湖州府の改革の伝統に根差していることを強調している。なんといっても劉天和らの上奏は府内の烏程県の民衆の請願を受けてのものだったのである。(24) 桂萼が「官田は一律、民田は一律」方式を実体験したかどうかは不明だが、湖州府において長年行われてきた賦役制度改革の伝統を知ったり、湖州府で高まるさらなる均等化政策実施の気運を体感したりしたことは推察できる。

③成安知県時代

丹徒・武康知県時代の桂萼の施策については、桂萼本人が栄達してから自述した以外に史料がないが、成安知県時代については『(嘉靖)広平府志』や『(万暦)成安県志』に関係史料が掲載されている。『(嘉靖)広平府志』は桂萼の業績として、里甲の再編成、田土の丈量、支出削減、役夫の人員削減、馬政の整頓、学校の充実、明快な裁判を挙げる。(25) このうち里甲の再編成と田土の丈量は賦役制度改革に直接かかわる事柄である。

里甲の再編成については、知県時代の桂萼自身が「政事記」という碑文をしたためている。それによれば、もともと田舎で質朴だった成安県にも貧富の格差が生じ、治安が悪化していた。その主因が社(もとからの住民のむら)と屯(明初に移住してきた人々のむら)という二種類の土地の存在である。成安県には社が十三、屯が八あったが、両者の負担の不均衡を利用したり、不均衡に苦しんだりする民衆が多かった。そこで桂萼は里甲の再編成に際して、既存の社と屯の区画を改めた。(26)

田土の丈量については、『(万暦)成安県志』によれば、桂萼は測量を行う際、「小地」と「大地」という二種類の丈量基準を用いた。上司に報告する場合には、「大地」によって黄冊に符合させ、実際に徴税するときには「小地」によって負担の均等化を図った。桂萼の丈量方式は成安県では万暦年間に至るまで用いられていたという。[27]

ただし、桂萼の施策は実際には地方を混乱に陥れていた。『世宗実録』には、嘉靖二年十月、戸部が「最近、御史の王佩《ママ》が田土の丈量を建議しましたが、民衆は困っています。成安県県民の任本の上奏によれば、騒ぎが起きているとのことです。中止しましょう」と建議して裁可されたという記事が見える。[28] つまり、桂萼が行った田土の丈量は地元の民衆から反対の声があがって中止に追い込まれていた。

この記事によれば、田土の丈量は桂萼の発案ではなく、御史王珮[29]（四川南充の人、正徳三年進士）の上奏文に由来する。王珮の丈量の建議は実録には記録されていないが、正徳十六年に丈量の建議が行われ、それが裁可されたことを示唆する文章が、『（嘉靖）威県志』に収録されている。嘉靖四〜六年の間のある時点で、広平府威県知県銭朮（浙江海塩の人、嘉靖二年進士）が河南巡撫何詔（一四六〇〜一五三五、浙江山陰の人、弘治九年進士）に丈量について報告した。[30] 銭朮によれば、威県でも成安県と同じく社と屯の負担不均衡により格差問題が発生していた。そのような状況のなかで、世宗の即位後まもなく科道官が田糧負担均等化を建議し、戸部に策定させた。戸部は各地の巡撫・巡按に通達し、威県にも丈量の命令が下った。しかし、地元の有力者や胥吏は従おうとせず、当時の知県は責任を逃れようとして丈量の中止を命じた。銭朮が赴任後に地元の民衆に話を聞いたところ、負担均等化の知らせを聞いて逃亡していた人々が戻ってきていたにもかかわらず、丈量が中止されるとまた去ってしまったという。そのため銭朮は丈量を行い、新たな課税台帳を作り、負担均等化を図ったという。[31] つまり、嘉靖初年に成安県にて行われた田土丈量は正徳十六年に中央から全国に通達された田土丈量の命令に依拠していたと考えられる。

二　「請修復旧制以足国安民疏」の提出

嘉靖六年十二月、桂萼は「請修復旧制以足国安民疏」と題する上奏を行った。内容は分豁災傷田租、分豁里甲官銀、分豁南北糧土である[32]。分豁災傷田租と分豁里甲官銀は桂萼が丹徒知県時代に行った政策を指す。そして、分豁南北糧土は、土地制度の不均衡をなくして一律化することを主張しており、南方については武康知県時代に実見した湖州府の負担均等化の潮流、北方については成安知県時代の社と屯の問題が述べられている。桂萼によれば、武康県や成安県の改革は湖州府や広平府に広がり、さらにその他の地域でも桂萼が実見・実行した改革を行いたいという地方官は多数いるが、結局は「官豪之家」に邪魔されて頓挫しているのが実情であるという。そこで桂萼は「だから臣は必ず大臣が公平に会議しなくてはいけないというのです。臣が見るところ、大臣はもちろん熟議すべきですが、いちばん大切なのは陛下のご決断です」と述べ、朝廷が負担均等化の改革を議題に取り上げ、世宗が改革を支持することを願った[33]。

この桂萼の上奏に対する世宗の指示は以下のとおりであった。

卿の上奏を見たところ、すべて民衆を思いやり、政治をうまく行おうとの趣旨である。分豁災傷田租と分豁里甲官銀の二項目について、戸部は可否を斟酌して上奏せよ。恒久的な利便をはかるようにして、目前をとりつくろう方策にはしないように。分豁南北糧土については、版籍が定まっている以上、今は実行しない[34]。

桂萼の賦役制度改革論でもっとも重要な分豁南北糧土については、明白に否定されている。

世宗の指示の裏には内閣の存在があった。首輔楊一清は世宗に以下のような所見を伝えていた。

昨日内閣に渡されました吏部尚書桂萼の上奏「修復旧制以足国安民事」につきまして、臣ら三人で何度も読み込み、再三相談したところ、国を思い民を思いやる意見そのものです。彼は義を尊びいにしえを好んでいますが、見解に偏りがあるので、実行してみると大体成功せず、これを民に施してもうまくいかないかもしれません。臣らはもとより心を合わせて協力し、すばらしい政治を一緒に支えるべきですが、付和雷同して後世に課題を残すわけにはまいりません。桂萼の上奏は三項目あり、分豁災傷田租と分豁里甲官銀の二項目については、問題があるとはいえ、修正を加えれば実行できるかもしれませんので、戸部に覆奏させましょう。しかし、最後の分豁南北糧土については、北方の土地の丈量尺度を等しくして割り当てを等しくし、南方の官田は軽重を論ぜず統一税率にしようとするものです。その意向は善意に満ち、議論も見事ですが、旧制に関することで勝手に変えてよいのでしょうか。版籍が定まっているので、軽々しく改めるべきではありません。[35]

実録記載の世宗の指示は楊一清の主張そのものである。かつて桂萼が赴任した丹徒県の「官豪之家」でもある楊一清は、賦役制度問題について肝心なのは人材であると反論し、負担均等化の改革で逆に税負担が重くなってしまう階層の不満を懸念材料として挙げる。[36]そして楊一清は桂萼の賦役制度改革論を井田制の実行になぞらえて、その非現実性を批判した。

昔と今では時宜も違います。均糧を行うべきなら、均田を行うべきです。均田を行うべきなら、井田を行うべきです。天下に弊害のない法などなく、弊害を改めるのが人間です。もし法に弊害があるからといって、法を変えるのをよしとすれば、恐らく一つの法を作ればまた一つの弊害が起こり、法がまだ行われていないうちから悪人が騙しの手口を何個も考えます。……臣らが近日見た建議は多くが変革を好んでいます。名目は旧制度の復活ですが、実際には旧制度の紊乱です。名目は祖宗の法の復活ですが、実際には既存の法の改悪です。[37]

現実に税負担が不均衡で不正が生じていることは、楊一清ももちろん認識していたが、桂萼の提案を法の変革とみなし、法は完璧ではないから人材を重視するべきだと主張した。「有治人、無治法」（統治するための人は存在するが、統治するための法は存在しない）という言葉（『荀子』「君道」）に代表されるように、古代以来の通念では問題解決は法ではなく人の能力が重視された。一方、法の改正については、「変乱成法（既存の法の改悪）」の律で斬刑に処されるような罪悪になってしまう危険性があった[38]。楊一清は「変乱成法」の律まで示唆しており、かなり強く桂萼の賦役制度改革論を否定したといえる。

三　「任民考」の提出

（一）「任民考」の内容

十年に一度の黄冊作成を二年後に控えた嘉靖九年八月、桂萼は「任民考」ならびに「授時考」を提出する[39]（以下、総称する場合は「二考」とする）。「授時考」の内容は不明だが[40]、賦役制度改革論を記した「任民考」については、全体の内容が章潢『図書編』巻九〇「授時任民（附）」の中に戸部の覆奏として残されている。また、桂萼の文集に残る「任民考」の趣旨説明によれば、桂萼は「任民考」を朝廷で議論し、さらには天下で唱和させることを望んでいたという[41]。

「任民考」の内容は、A清図、B清籍、C攢造、D軍匠開戸、E新増田地、F寺観田土、G編審徭役、H朱熹井田類説の八項目から構成されている。少々煩瑣になるが、以下に八項目について、①桂萼の問題意識、②桂萼の提案、③戸部の覆奏、そして④世宗の指示を簡単に紹介する。

A　清図[42]

①人口流動により魚鱗図冊の図と冊の間には齟齬が生じている

②冊と切り離した図を作り、その図に田土面積・実際の生産者・生産量を書きこみ、それにもとづいて保甲を編成する

③各地方の巡撫・巡按の裁量に任せる

④不採用[43]

B　清籍[44]

①黄冊（賦役台帳）と図が合わず、均等な里甲を編成できない

②里甲は村落や地図にとらわれずに財産の多寡で編成する

③各地方の巡撫に調査・実行を命じる

④不採用

C　攢造[45]

①十年ごとの黄冊作成の時に人丁の増減を考慮せずに前の黄冊の内容を踏襲している

②A・Bを行ったうえで、さらに成安知県時代に行った軍籍不分戸の条例の無視[46]による社・屯の再編成、「人戸帰図冊」（黄冊と対照させる図）と「地土帰戸冊」（従来の黄冊）の作成、世業田・口分田の創設を行う

③黄冊作成の年に賦役割り当ての見直しを各地方の巡撫・巡按に調査・実行させる

④不採用

D軍匠開戸(47)

①軍戸同士・匠戸同士の間で戸籍の合併が行われた結果、一つの戸籍に数千人の人丁と数千頃の土地が登録されている

②すべての戸籍に土地・人丁の制限をかけ、制限以上の場合は州・県が戸籍を分けさせる

③当該政策は湖広・山東ですでに行われており(48)、巡撫・巡按に調査・実行させる

④不採用

E新増田地(49)

①なし

②開墾や自然現象で増えた田土について、弘治年間に新たにできた中州を白冊という新しい冊で管理した例に基づいて管理し、税制面で優遇して、田土を増やす

③南直隷巡撫王恕（一四一六～一五〇八、陝西三原の人、正統十三年進士）がかつて水際の増減しやすい土地のために白冊を作り黄冊には編入しなかった故事(50)をあげて賛成する

④「各地方の巡撫・巡按官に調査・実行を申し付けよ」

F寺観田土(51)

①管理者のいない寺観の田土が他人に占領されて脱税状態になっている

②役所が調査し、管理者のいない寺観の田土については入札を募って売りに出す

③賦役黄冊における寺観の田土に関する規定を紹介して賛意を示す

④「各地方の巡撫・巡按は所属に以下の内容を通知せよ。寺観の田土を調査し、もし管理者のいない寺観・田土があれば、時価に照らして入札者を募り、賦役を負担させよ。地元の有力者が占領したり、安値で買いたたいたりするのは許さない。違反者は重罪に処す」

G編審徭役(52)

①徭役の不均衡

②C～Fにより黄冊の正常化が達成されれば、州県は人丁・不動産・田土を十等分し、一年に一グループずつに徭役を均等に課すことができ、黄冊で割り当てない分については、州県は別に一冊をつくり、府に集約し、各府が各州県の人丁・財産を均等に分けて徭役を均等に課すことにし、州県に割り当てさせる。さらに各府は布政司・按察司に報告し、布政司・按察司は一省全体の徭役を府が州県にしたように割り当てる。また、徭役免除を官位に応じて適用するというルールを遵守させる。

③十甲の人丁・銭糧は各里が、各里の人丁・銭糧は州県が、各州県の人丁・銭糧は府が、各府の人丁・銭糧は布政司が管理し、布政司は省全体の人丁・銭糧のデータから徭役を均等に分けて、各府州県に実行させる。徭役免除の規定の適用については、免除規定で適用されうる人数に空きがあったとしても、免除されるのは同一戸籍だけで、分家や遠い親戚には適用するべきでない。

④「各省所属に遵守するよう通知せよ。違反者は重罪に処す」

H朱熹井田類説[53]

①②A〜Gのような政策立案ではなく、朱熹「井田類説[54]」を抄録し、短い評語[55]で土地を大本にした農業・軍事・教育の展開という理想を示す

③嘉靖六年の「請修復旧制以足国安民疏」の分豁南北糧土の本文とそれに対する世宗の指示を引用し、「任民考」全体について、「今、本官が建議した清図などの七項目と宋儒朱熹の井田説の引用は、すべて昔の人のすぐれた法やすばらしい趣意で、治を致して民を保つ道ですが、すでにご命令がありましたので、本部が勝手に議論するわけにはいきません」と述べる

④なし

桂萼の論理はまず地図の整理（A・B）、次に黄冊の整理（C〜F）、最後に徭役の均等化（G）を漸次行っていくものである。また、全体を貫いているのがH朱熹井田類説の精神である。もちろん、桂萼の主張には世業田や口分田の創設などが含まれ、現実的に実行可能かどうかは疑わしいように見える。とはいえ、桂萼の主張が全く現実離れしていたともいえない。たとえば、C攢造で桂萼が提案する社・屯の再編成、「人戸帰図冊」と「地土帰戸冊」の作成、世業田・口分田の創設であるが、まず社・屯の再編成は前述したように威県でも知県銭朮によって行われていた。また、黄冊以外の図冊の作成についても当時は広く行われていたことである[56]。そして、世業田・口分田の創設にしても、中身を見れば世業田とは族田であり、口分田も今まで非課税であった土地に新たに課税する方策にすぎない。また、D軍匠開戸とE新増田地については戸部の覆奏でも実例が挙げられている。そして、G編審徭役の「州県は人丁・不動産・田土を十等分し、一年に一グループずつに徭役を均等に課す」という桂萼の提案は、いわゆる十段法のことである[57]。十段法は桂萼の

地元江西においては正徳末年～嘉靖初年にかけてすでに行われていたとされる。[58]つまり、「任民考」の個別の具体的提案は、大袈裟な名称を別にすれば、当時すでに地方の現場ではよく見られた政策であったといえる。

このような桂萼の主張に対し、戸部は表立って反対はせず、七項目に修正を加えたうえでA～Fを各地の巡撫・巡按に通達し、Gを府州県に通達することを覆奏した。そして、世宗はE・F・Gの三項目を採用した。[59]小山正明氏の著書に引用されている嘉靖十三年の南直隷江陰県の「優免徭役碑」の碑文[60]の中に「一均徭例免官吏丁粮則例。嘉靖十年十月初二日。奉府帖為授時任民事。」という部分がある。このことから「任民考」G編審徭役が県レベルまでも実際に通達されていたことがうかがえる。

(二)「任民考」と桂萼の処世

上記のように「任民考」は部分的に採用され、実行に移されていた。しかし、桂萼は「任民考」の内容が十分に採用されていないと感じ、一方で世宗は「任民考」の内容は全面的には実行するべきではないと考えていた。両者の「任民考」をめぐる見解の相違は、桂萼の最終的な致仕にもかかわってくる。

実録によれば、桂萼は「二考」を提出した翌日、引退を願う上奏文を提出する。桂萼は自分が政界を去らなくてはいけない理由を四つ挙げた。一つ目は世宗を過労状態に置いてしまっていること、二つ目は自らが大臣の任に堪えないこと、三つ目は多くの攻撃を受けていること、四つ目は「二考」を執筆して精魂尽き果てたことである。桂萼の要請に対し、世宗は「卿は病気がよくなって職務復帰したのに、たったの三日目でどうしてこういう上奏をするのか。君臣関係にふさわしいものではない。「二考」についてはもう関係衙門に議論するのを命じた」と桂萼を政界に引きとどめた。[61]

このころ、世宗は桂萼に対する不快感を張璁に書面で伝えていた。桂萼の上奏はひどい。彼が上奏した「二考」を実行しなかったからだ。そもそも彼の「二考」は、採用すべきものもあるかもしれないが、全部は実行不可能だろう。もし実行してしまったら、上は既存の法と齟齬をきたすし、下は民衆に害をもたらす。ただ彼は卿が邪魔だてしているのではないかと思っている。だから朕は関係衙門に議論を命じた。(62)

世宗の書面からすると、世宗は桂萼の「二考」に賛同していなかったが張璁を気遣って関係衙門に検討を命じたということになる。この書面を受け取った張璁は、桂萼に意見しても聞き入れられなかったと告白した。そして、「授時考」は無益無害だが、「任民考」は有害だと評した。(63)

その後、嘉靖九年年末、世宗は孔廟祭祀の改制にともない文華殿西室にそれまで安置されていた仏像を撤去し、新たに先聖・先師を祀った。(64)それにともない、世宗は進講を担当する内閣・翰林院の官僚に「経書大旨一章」を進呈することを命じた。病欠中の桂萼を含め、全員が数日内に提出した。(65)桂萼は「論恭己無為疏」という文章を提出し、最近の世宗は「儀文制数」などに心を動かされて過労状態に陥っているため、心を無にすべきだと説いている。また、そのために「二考」や「三才日暦」(66)などを執筆したので、是非とも採用してほしいと願っている。そして側近が君主を無暗に疲れさせて権力を奪取した例として、戦国時代の斉の田嬰の専権に言及し、かつて同志だった「某」を批判した。(67)

「二考」提出直後の引退願い、および「論恭己無為疏」で桂萼が世宗の過労状態を強調しているのは、当時の世宗が礼制改革に没頭していたことを指している。そして、批判の矛先は世宗の改革のパートナーである内閣首輔張璁に向けられていた。「論恭己無為疏」で田嬰に擬せられた「某」が張璁であることはいうまでもない。

斉王に擬せられた世宗は桂萼の文章に不快感を覚えた。嘉靖十年正月一日、世宗は全員の「経書大旨一章」を張璁のもとに届け、忠邪を弁別するように命じた(68)。張璁は桂萼以外の文章を褒め、そして桂萼の文章に疑義を呈した。また、張璁は桂萼が世宗の過労状態を心配しているのに、「二考」や「三才日暦」を作って余計に世宗を過労にさせているなどの矛盾点を指摘して批判した(69)。

張璁の同調を得た世宗はますます桂萼への不快感を募らせ、桂萼こそ田嬰だと罵り、詰問状を作ろうとした(70)。さらに、以下のような批判を張璁に書き送った。

卿と桂萼は、昔は大礼のために全力を尽くし、朕の父子の間柄を全うしてくれた。当時、卿ら二人は別の姓とはいえ、気を一つにしているようだった。朕が卿に入閣を命じて以来、桂萼は怨み始めた。さらに先日の上奏で「二考」が大々的に実行されないのは卿が邪魔だてしているからだとした。井田制を行えば必ず禍が起こるのは、宦官でもわかっている。誠実な鮑忠（宦官）のような者は朕のために説明してくれた。桂萼はどういうつもりなのか。卿は桂萼を信用しているようだが、あいつはそうではない。しかも朕にいろいろと（張璁批判を）いってきたくせに、今回は斉の田嬰呼ばわりするとは人間失格じゃないか。朕を斉王に比しているのかもしれないが、朕も斉王ほどではないはずだ(71)。

「任民考」が部分的に採用されていたにもかかわらず、桂萼は官僚人生の最後まで「二考」の全面的な実行を願っていた。一方、「任民考」の不採用の決定を下した中心人物は世宗であった。世宗は井田制の話を持ち出して桂萼を批判した。それは桂萼は改革論が部分採用しかされなかったことに不満を抱いている、少なくとも世宗はそうみなしていたゆえだと考えられる。そして、世宗はかつての楊一清と同じく桂萼の改革論を既存の法と齟齬するもの、すなわち「変乱成法」とみなして否定した。

おわりに

「任民考」が提出された嘉靖九年、御史郭弘化（一四八一〜一五五六、江西安福の人、嘉靖二年進士）が全国各地で丈量・戸籍調査を行うべきだという上奏を行った。これに対し、戸部尚書梁材（一四七〇〜一五四〇、南京金吾右衛の人、弘治十二年進士）は「天下の田土をすべて丈量しようとしたら、おそらく騒ぎが起きます。もし有能な官僚がいて、調査処理するに適切な方法があれば、丈量しなくても問題を解決できます」という意見を述べた(72)。桂萼の賦役制度改革論への楊一清の意見と同様に、梁材も負担の不均衡問題に対する解決策には人材が重要だとしている。有能な官僚の裁量に任せるというのは、楊一清や梁材が賦役負担の均等化の必要性を否定していたことを意味しない。あくまでも当地の官の問題で朝廷が法を改変して対処することではないという認識である。

この認識の背景にあるのが、桂萼の改革論に呈された「変乱成法」という問題である。制度上、祖宗の法を改変することは「変乱成法」の律に抵触してしまう。この律があるゆえに、中央政府は問題を地方官任せにすることで解決していた。たとえば、弘治十八年四月、巡按御史陸偁（一四五七〜一五四〇、浙江鄞県の人、弘治六年進士）が「均徭則例」という書物を個人的に管河通政に送り、また勝手に運送の夫役を削減したことが発覚した。この問題について、孝宗は内閣を召対し、「陸偁は御史なのに、どうして私的な著作を送るのか、道理としておかしい。また夫役は旧制であり、勝手に削減できない」と下問した。内閣は、均徭は御史の管轄業務だと述べた。孝宗が「それならどうして上奏しないのか」というと、内閣は「では罪だとされるのですか」と反論した。そこで孝宗は陸偁に弁明を命じることで懲戒の意を示すことにした[73]。現場で現実の要請から祖宗の法が「変乱」されていることは皇帝や内閣といった中央政府上層部にも周知の事実だった。しかし、それが表に出てきては問題にしないわけにはいかない。だが、祖宗の法の遵守など現実には無理なのである。そこで求められるのが、祖宗の法を「変乱」せずに現実に対処していくことである。「変乱」せずに、とは祖宗の法の遵守ではない。政界で問題にしないように現実への対処を行うことである。十段法にしても軍戸の分戸にしても、祖宗の法ではない。しかし、それが地方で行われている限りは中央の問題ではない。それが中央に伝わって初めて「変乱成法」として政治問題化されるのである。だからこそ「変乱成法」せずに現実に対処しうる個別の官僚の能力が必要とされた。

このような「変乱成法」の限界があるからこそ、桂萼の賦役制度改革論は部分的には実際に行われていた方策であったにもかかわらず、朝廷においては批判の対象にしかなりえなかった。大礼の議以来の寵臣である桂萼も「変乱成法」を乗り越えるような力はもっていなかった。「変乱成法」の枠を乗り越えた全国的な賦役制度改革の実行は、万暦年間の張居正の登場を待たなくてはならない[74]。

桂萼は「請修復旧制以足国安民疏」において改革論を半ば否定されたにもかかわらず、「任民考」で再度改革を唱えた。その背景には政治的な駆け引きももちろん存在するであろうが、「変乱成法」の危険性をはらんだ改革論をあえて主張するところに桂萼の志向の特徴を見て取ることも可能だろう。「二考」提出時の桂萼の上奏文には次のような部分があった。

皇上は皇位を継承されてから、事に当たっては旧来のやり方を踏襲せず、必ず上は天の運行に従い、下は自然の法則に合わせ、ここに一代の制度を新しくされました。[75]

桂萼は世宗を旧来の制度の枠にとらわれない新たな制度の制定者として持ち上げている。桂萼が現場の官僚の裁量ではなく、皇帝による法の改定により問題解決にあたるという方式を提案したのは、礼制改革において新たな制度を創出していた世宗の政治姿勢が下敷きにあると考えられる。ただし、世宗自身は客観的に見れば礼制改革を行い新たな制度を作っていたが、世宗の主観ではそれは新たな制度ではなく太祖が定めたもともとの制度への回帰であった。[76]ゆえに世宗には賦役制度改革において制定者となる意志はなく、桂萼が志向した皇帝による賦役制度改革は挫折せざるをえなかったといえる。

なお、本論では賦役制度改革についての桂萼の主張とその背景にしか触れることができなかったが、それ以外の桂萼の政治思想全般に関しては今後の課題としたい。[77]

注

（1）張璁『諭対録』巻二六、嘉靖十年正月初四日「臣伏思、皇上嘗以五臣許臣等矣。今書亡矣。献夫以病去、韜以憂去矣。萼病亦至此矣。」

（2）田澍（二〇〇二）。

（3）田澍（二〇一三）。

（4）焦堃（二〇一二）。張璁らと陽明学の親和性についてはつとに中山（一九九五③）が指摘している。

（5）新田（二〇〇八）。

（6）唐文基（一九九一）二九〇～二九三頁。ただし、藤井（一九五二）によれば、桂萼の賦役制度改革論が一条鞭法にそのままつながるわけではなく、より関連性が高いのは桂萼の「任民考」（後述）に対する戸部の覆奏であるという。

（7）森（一九八八）四〇一～四〇五頁。

(8) 西村（一九七一）。

(9) 桂蕚を扱った専門研究は、管見の及ぶ限り桂蕚の事績の顕彰である馬静（二〇一一）のみである。

(10) 桂蕚『桂古山先生年譜』正徳九年甲戌「三月、蕚授丹徒令。」正徳十年乙亥「五月、蕚致仕、帰。」実際には浙江青田知県に調任されていたのに赴任しなかった。方献夫『西樵遺稿』巻七「桂文襄公墓誌銘」「乙亥秋、以劾者改令青田、不赴。」なお、『桂古山先生年譜』は桂蕚自身の年譜ではなく、桂蕚が執筆した桂蕚の兄桂華（一四七六～一五二二、正徳八年挙人）の年譜である。

(11) 桂蕚の政界復帰の背景には吏部尚書陸完（南直隷長洲の人、成化二十三年進士）の存在が考えられる。注（14）の孫継芳『磯園稗史』では桂蕚は陸完の門生というコネを使って嘉靖初年に成安知県の職を得たとされているが、陸完は寧王宸濠との癒着嫌疑によりそれ以前に失脚しており、時期的には武康知県の時の方が当てはまる。陸完は正徳初年に江西按察使を経験しており、桂蕚とは当時からつながりがあった。『桂古山先生年譜』正徳二年丁卯「蕚発解。先是、陸憲長完媿不能以先生魁榜額、楊憲副錦以告蕚。」

(12) 『桂古山先生年譜』正徳十三年戊寅「五月、吏部以薦剡補蕚武康令。先生遺蕚至武康、先治一室、期明年正月侍太淑人一行。八月、蕚至武康。……而不孝之罪及太淑人、以十二月十一日不疾卒。」正徳十四年己卯「春正月五日、蕚始得先生報、奔喪帰。」

(13) 桂蕚『太傅桂文襄公奏議』（中国国家図書館所蔵）巻八「任成安乞休致疏」。なお、『四庫全書存目叢書』所収の版本にはこの上奏文は収録されていない。

(14) 桂蕚と上司の対立については孫継芳『磯園稗史』巻二「桂子実、初為丹徒尹、毎与林知府魁杭《ママ》。林初殊容之、後不能堪、笞之二十、桂棄官去。陸水村完為太宰、桂以門生上書、復起令広平之某県。時予同寮呉守中時之適推守広平、同寓于京、桂亦不之見。洎抵任、凡府檄公文、桂率寝閣不行、呉無如之何。一日僉事劉秉監遵教、桂会試同年且同郷也、行部至広平、桂与文皆徃襍行書吏中、呉不勝忿、擒之出笞三十。巡按御史聞之謂、「桂必有言求去」。桂竟無言。後見御史、慰撫之。桂徐曰、「呉老大人見教的是」。人競伝以為咲。」

(15) 『世宗実録』巻一一五、嘉靖九年七月丙午条。張璁によれば、桂蕚は医者を信用せずに我流の薬に頼っていたため、病状はより深刻になっていった。張璁『諭対録』巻二六、嘉靖十年正月初四日「又、蕚病、臣日見其深、且諱疾忌医、任自用薬、勢甚難為、臣実為之慮焉。」

(16) 桂蕚『文襄公奏議』巻八「遺疏」。なお、「遺疏」では致仕したのが嘉靖九年十二月二十一日になっている。

(17) 方献夫『西樵遺稿』巻七「桂文襄公墓誌銘」。

(18) 桂蕚『文襄公奏議』巻三「請修復旧制以足国安民疏」「臣自筮仕以来、周游三県、与百姓同艱難者有年矣。毎憤井地不行、民已無頼、而取民之制、并不修復、以致貧富懸絶、将何以為民父母也。切嘗考求其法、独行於所治之県、実得二三、遠近之民、至今懐之。」

(19)『(万暦)丹徒県志』巻三「郷貢」によれば王済は弘治五年（一四九二）の挙人、監察御史・湖広按察司僉事を歴任した。

(20) 桂萼『文襄公奏議』巻三「請修復旧制以足国安民疏」「臣按、戸部正賦之外、礼工等部派辦物料、如蘇松・浙江等処地方、以丁田科派者、雖甚艱難、尚有所拠。如江西・湖広等処、止論里甲科派、其有銭糧近上人戸、類有役占、反不与焉、所以窮民逃竄、閭里或空。故臣治丹徒時、嘗為之区画、凡官中無碍余銀悉以起解、而不肯科派於民、逃民始帰。郷官御史王済謂臣曰、「里甲官銀、民出旧矣。子何苦如此」。臣曰、「子為郷士大夫、所往還者、皆優免人戸、所以充補優免者、率顛連無告之窮民耳。故非知県、不知此苦也」。是年、分豁該県銀不下万有余両。継治武康五月、亦処置官銀七百余両。後、治成安、里甲官銀、尽為除轄、致逃民帰農、不下数千、即閭里漸実、而差役有帰矣。」

(21) 桂萼『文襄公奏議』巻三「請修復旧制以足国安民疏」「正徳九年、臣在丹徒県、因夏旱秋水為災、不及分数、例不奏免、乃通融於丹陽・淮安・鳳陽軍民運収軽重之間、遂得夏麦秋糧足補本県不敷之米数万余石、而軍民咸便、当時該管上司、莫不驚恠。」

(22) 森正夫（一九八八）四〇一頁。

(23) 桂萼『桂古山先生年譜』だけではなく『(嘉靖)武康県志』巻六「名宦伝」でも確認できる。

(24) 森正夫（一九八八）四〇二～四〇五頁。

(25) 陳棐『(嘉靖)広平府志』巻一一「宦業志」「桂萼、江西安仁人、由進士、嘉靖改元、補令成安。下車即詢問風土、知其民素無蓄積、而経用頗侈、猶有燕趙忼慷椎剽之遺。萼乃均里甲、覈地土、減供億、汰役夫、清馬政、先《ママ》其弊政之太甚者、而又辟小学、延長老、以端民間養正之教、申孝弟、崇礼譲、未期年而百里風行、四境安。只隣邑争訟者咸来質厥成、一折咸服、退無後言。循良之声、起河魏間、観風者、皆称其学醇政美、黄覇治潁、文翁教蜀、於今見之矣。予行県過成安、問明興以来賢令、父老首挙萼以対、且曰、「言不能悉、有碑存焉」。予読成安政事記、知萼之所以治成、及読去思碑、知民之所以思萼者、始信萼之善政、民之公心、自不可誣也。後、擢南京刑部主事、累太《ママ》学士、卒、謚文襄。近成安令万文彩、建仰功祠、并祀萼及宋寇忠愍云。今已入名宦祠。」

(26) 陳棐『(嘉靖)広平府志』巻四、建置志「成安県」「安仁桂萼成安政事記曰、成安在燕趙西南、接斉衛魯魏之郊、無山河阻、民植槐・柳・椿・桑・楡・栢・楊・楮、以為村落。其地僻、故其民質、遠舟楫、故其民重遷、然商販四方至、又承平久漸侈、遂以富庶称、実無蓄聚、易乏絶、不能、十数歳、即貧富懸絶。旧十三社・八屯。社即周司徒所謂各以其土所宜木、名社于野、是也。屯者、以先世民尚稀、遷朔方関右民屯田焉、当時遷民多于郭西、亦民屯所謂西関廂屯、是也。然無其実数、流竄民因為奸、雖明習吏莫得其要領、官家方以増戸口課有司致虚設。凡社民用罔上、俗始澆薄、弘治正徳間、号称難治、蓋社民狃此土、故占地広、賦役倍輸之屯、屯益繁地、不能給用、不常逃復。于是、詭社避差、窟地気綿、民騎射不逮燕冀、然図画往往作走鷹馬挟弓矢之戯、起自武霊王作俑、遂伝世世不可変、与班氏称其俗忼慨椎剽、今尚見之、而有司上下、布網密、亦不得大嘯集、則或被酒怒罵、夜挙火以舒其不逞。嘉靖改元夏四月、余至茲土、乃均里甲、去其虚社屯、為二十社屯。」

(27) 賈三策『(万暦)成安県志』巻三「賦役考・田地」「原額官民地二千三百八十六頃五十九畝九分。嘉靖元年、知県桂萼丈地均量、為大地二千七百八十一頃四分五釐、実小地五千五百六十三頃五十五畝七分三釐六毫五絲。夫小地者、即周人六尺為弓、而歩二百四十、是也。大地者、毎二畝三分三釐九絲一忽、折大地一畝、是也。上行造報、則用大地、以符黄冊、下行徴派、則用小地、以取均平。行之六十余年、最為称便。」

(28)『世宗実録』巻二一、嘉靖二年十月乙丑条「戸部言、「近御史王佩奏行丈量田土、小民不便。拠成安県民任本所奏、委有騒擾情弊、乞行停止」。従之。」

(29) 王珮は正徳十六年十一月まで南京監察御史に在職していた。『世宗実録』巻八、正徳十六年十一月己酉朔条参照。

(30) 胡容『(嘉靖)威県志』巻三「職官志」によれば銭朮は嘉靖二年に着任、後任の知県は嘉靖六年に着任している。また、何詔の保定巡撫在任期間は実録の記事から嘉靖四年四月〜嘉靖六年四月だとわかる。

(31) 胡容『(嘉靖)威県志』巻四「食貨志・地土」「本県知県銭朮議得、本県地土、自国初承胡元之乱、積兵火之余類、皆荒棄不治、兼次沙醎不堪。永楽間、募民儘力開種、並不計畝起科。惟時朔方山右遷民、与半著人等、各自開墾、任力之欠余、占地之多寡、在官止有定与徴糧額数、在民原無開報、占業頃畝社屯。于是乎、両岐壌賦、未見其三則、承襲既久、奸弊漸恣、富豪肆兼并之謀、乃至田連阡陌、徴糧百一。其甚也、又起撥復之例、而有田無租矣。里書工飛詭之術、乃至戸已逃絶、徴糧什九。其甚也、又立均賠之名、而無田有租矣。蓋立法初、本欲為国為民、未有不善、而世変時移、自是愈趨愈下、豈足多恠、顧通変之道、更化之治、不可少耳。我皇上嘉靖履元、中興聴政、首采言官十二事、而於所謂均田糧者、特下該部議擬、題報欽依、備行撫按衙門、着令本県分投丈量、具有成案。比因勢家撓法、奸吏舞文、県官不肯身任其責、遽爾報罷。本職到任之初、審知為地方重務、生民大業、且父老人等咸謂、「本県地土、比之他県、尤為不均、本県糧馬、比之他県、尤為偏累、民不堪命、望切更生。逃竄之徒、甫聞均糧、而争先復業、新附之衆、輒見報罷、而相継引去」。今時則誠不可失也。已経仰承俯諭、准古宜今、査照草冊、重具甘結、供報明白、穏括略書、兼審得本県民人、倶欲従新、並無奏告紛更、概県地畝、悉已丈量明白、造有冊籍在官、及今挙行建利除弊、奚啻百一。具由申巡撫右副都御史何批、「仰広平府再査該県地畝、委果丈量明白、造有新冊在官、利多弊少、民情称便。糧差悉照施行」。」

(32) 分豁災傷田租と分豁里甲官銀については、桂萼『文襄公奏議』巻三「請修復旧制以足国安民疏」に「一曰分豁災傷田租……一曰分豁里甲官銀……」と見えるが、分豁南北糧土についてはこの形式では始まっていない。便宜上、楊一清『閣諭録』巻二「論足邦安民奏対」（嘉靖六年十二月）で使われている名称を用いる。

(33)『文襄公奏議』巻三「請修復旧制以足国安民疏」「此外、則除治南北田土銭糧不均之患、又有不可以不講者。如北方之土、有屯地・社地之異、今直隷・河南等処州県、以社分里甲、猶江西・湖広等処州県、以村分里甲也。祖宗朝、北方民少地多、遷山・陝等処無田之民、分屯其地、故又以屯分里甲。当時、屯民新地、頃畝甚狭、社民旧地、傾畝甚広、故屯地謂之小畝、社地謂之広畝。此北方之民所怨於不均者也。南方之糧、有軽則重則之殊、天下之民、任土作貢、宜其科則如一、特以歴朝因革事体不同、故田土雖同、而科則甚異。又以天下各州県皆有抄没之産、当時追収抄没、籍冊即因民間所収、客作田租為糧、謂之官糧、及転売多年、無復辯験、致重糧人戸尽逃、独累里甲包納、此南方之民所甚怨於不均者也。此則在大臣各平其心一会議之、皇上絜矩之道、遍於天下矣。臣治湖州府武康県時、嘗査成化年間節該奏行田糧事例、官為一則、民為一則、申府、已而該府七州県已行屢年、民甚便之。至今、蘇・松・常・鎮・杭・嘉六府各州県、又莫不欲取法於湖州府者。臣治直隷成安県時、嘗査奏行事例、将屯社之地均糧畝、一其科差、行之一県、而該府八県、莫不効之。至今、北直隷・河南・山東附近各州県、又莫不欲取法於広平府者。然而終莫能使之尽如両県者、南北各郡、皆由官豪之家阻之故也。所以阻之者、北方官豪之家、欲得独享廣畝之社地、不肯為狭地屯民分粮、南方官豪之家、欲得独出軽則之田粮、不肯為重則里甲均苦。所以一遇有志州県正官、必欲通行均則量地、勢家即上下夤縁、多方排阻、故民怨無時可息也。臣故曰必大臣平心、以会議之可也。以臣観之、大臣固当熟議、尤在皇上独断而已。昔禹思天下有溺者、若己溺之、稷思天下有饑者、若己饑之、伊尹思天下匹夫匹婦、不獲其所、若己推而納之溝中、皆自古聖君賢臣憂道愛民之心也、三代以降、此道不復聞矣。臣乃今身親見之、而不能出一謀発一慮、以備采択、実為有負、此臣所以夙夜不能自安者也。」

(34)『世宗実録』巻八三、嘉靖六年十二月癸丑条「上曰「覧卿之奏、皆恤民図治之意。分豁災傷・里甲二事、戸部其斟酌可否以聞。務図経久利便之規、無為苟且目前之計。若南北粮土、則版籍既定、姑已之」。」

(35)楊一清『閣諭録』巻二「論足邦安民奏対」（嘉靖六年十二月）「昨日、発下吏部尚書桂萼所題、修復旧制以足国安民事一本。臣等三人反復詳看、再三籌度、無非体国恤民之意。本官尚義好古、但所見不能無偏、故措之於事、則多不達、施之於民、則或不順。臣等固当協力同心、共襄盛事、然亦不敢雷同附和、以遺後難。詳萼所奏三事、分豁災傷田租・里甲官糧二事、雖有窒礙、或可参酌而行、宜令戸部議処覆奏。但後一件分豁南北糧土、欲将北方地土均量頃畝、一其科差、南方官糧不論軽重、均為一則。其意雖善、其論雖美、但事干旧制、孰敢紛更。版籍已定、不宜軽改。」

(36)楊一清『閣諭録』巻二「論足邦安民奏対」（嘉靖六年十二月）「北方地畝止是広狭不同、不甚相遠。若南方官糧所起科、則有三斗・六斗・七斗至八・九斗、甚則至一石・一・二升、倶洪武年間、太祖皇帝所定、百六十年未之有改。各民屢世相承、雖苦不自恤、然科則既繁、糧里得以夤縁為弊、那移飛詭之患、誠不能無、要在官得其人而已。且地有高下、土有肥磽。彼糧之重者、地或肥美、所収米穀多至三・四石、糧之軽者、在瘠薄之地、所収不及三分之一、是烏得而同之乎。大抵物之不斉、物之情也、比而同之、徒為乱階。夫人之情、孰不楽軽而悪重。彼減重為軽者、人固欣然従之、加軽為重者、其不疾首蹙額、腹誹巷議者幾希矣。勢雖迫之以威力、待之以厳刑、至再至三而後可定。古今天下、豈有払人之情、以威刑迫脅成事、而後可免於後艱乎。臣謂均糧之法若行、始則奏告紛紜、終則奪攘蜂起、厲階必自茲始。」

(37) 楊一清『閣論録』巻二「論足邦安民奏対」(嘉靖六年十二月)「古今異宜、均糧可行、則均田可行、均田可行、則井田可行矣。天下未有無弊之法、弊而釐之、存乎其人。若見其法之有弊、而欲更法以為良、恐一法立、一弊生、法未能行而不知為奸人開幾番騙局矣。……臣等近日観諸建議者多好更張。名為復旧制、実紊旧制、名為復祖宗之法、実則変乱成法。」

(38) 『大明律』巻三「吏律・講読律令」「若官吏人等、挟詐欺公、妄生異議、擅為更改、変乱成法者、斬。」

(39) 『世宗実録』巻一一六、嘉靖九年八月辛巳条。

(40) 桂萼『文襄公奏議』巻八「進授時考疏」「凡所謂黄帝・岐伯之説、有関於順時摂養之宜、及所謂農家利用等書、具耕耘種蒔之法、月冠以月、令以類編次、名曰授時考。」

(41) 『文襄公奏議』巻八「進任民考疏」。

(42) 章潢『図書編』巻九〇「清図」「一、嘉靖九年十月内、戸部題、該学士桂萼奏、為授時任民事、「臣考、図者、今之黄図、故謂之板、亦謂之方。……所謂地訟、地之無民照対者、乃奸人飛詭之源也。我祖宗朝、屢頒下田不出図・戸不出郷之禁、以防飛詭。然州県村落、有大小人戸、聚散無定居、故硃紅流水、魚鱗等冊雖詳、而該図之中、大則山川道路、小則人戸里巷之総、凡経界大政、因以反略、即終不能合于籍冊、所以不久随廃。蓋不知古人立図与籍、実是両事。林勲本政書作図之法、以田為母、以管業人戸為子。蓋不照籍冊所登地方、以為憑拠、人戸雖有逃亡、土地只在本処、是正地訟切要法也。故今欲清図、惟在以各県地方通融紐算、分為幾図、其散漫山坂人少地荒去処、又以近分属各図、東西相准、南北相照、立為封界、記定四至、約其頃畝総数、実写管業辦糧、係某処人戸于上、因以立保甲、比追胥別為一図、不必強同籍冊」等因。該本部看得、図者、地図也。所以図其地畝坐落之形、委与黄冊不同。洪武二十年、覈実天下地土、其両浙等処、富民多畏避差役、詭寄田産、遣監生往丈之、画図編号悉書、名為魚鱗図冊、以備査考。今本官奏欲清図、合行各該撫按官、酌処施行。」

(43) 戸部の覆奏で末尾に世宗の指示が記されていない項目は不採用になったものである。

(44) 章潢『図書編』巻九〇「清籍」「一、嘉靖九年十月内、戸部題、該学士桂萼、為授時任民事、「臣考、籍者、今謂之黄冊。……是民与地之有照対者、不能作飛詭之弊者也。我祖宗当時、方欲寛郷徙田、窄郷徙民、又因為与前図画不合、所以均平里甲之政、反為之妨。蓋不知均里甲、正在通融各郷村落、不当為地図限定者也」等因。該本部看得、籍者、冊籍也。所以籍其丁産多寡之数、委与地図不同。我朝十年攢造一次、名為黄冊。前列里甲格眼、後開人戸丁産税糧分別、旧管新収開除実在、已是定規。本官奏称、今欲清籍、不過照見冊追究逐年所以飛失田土人戸之故、則寄居捏荒田土、尽出投首、深為有補。合行各該巡撫官査照施行。」

(45) 章潢『図書編』巻九〇「攅造」「一、嘉靖九年十月内、戸部題、該学士桂奏、為授時任民事内称、「地図既清、里甲差役毫釐不均、無所逃矣。乃毎十歳攅造之時、通将該州該県有若干図、分限田限丁而均派之、十年之後、消長不一、則下之。凡一里甲、有比衆田不及一頃以上、人不及十丁以上、則以有余者附益、有比衆田増至一頃以上、人増至十丁以上、則聴不足者収補。今止為造定格冊内前、遂妄指為版図不可更易、只以旧管新収開除実在以括之、反因是毎十年為奸猾飛詭一次。嘉靖元年、臣治成安時、正改造黄冊未定。臣即不拘旧定屯社之図、不拘軍五不分戸之例、一以均里長之丁産甲首之多寡為事、即一時之地土広畝小畝、人人願均、而有司旧日之偽増戸口、人人願改、去其詭捏名字一十一屯社。事定而人心大悦、乃於黄冊之外別作一図、名曰人戸帰図冊、与黄冊判而為二、其今之黄冊、則名曰地土帰戸冊、以相参対。甫成、臣又妄意以為図籍既正、里甲既均、遂旋可以査挙世業田、以牽聯族属者、別処口分田、以広恵困窮矣。臣思、今之族大者、就其家抽出世業田、隠然有宗于收放之意、無難挙者。若口分田、則当別為一制、不必依倣唐法、只将自後没官田土分給州県無田窮困之民、毎十年一計、口分之田、或有流移死絶、復入於官」等因。該本部看得、各該州県、毎里額設里長十名、甲首各十名、輪年応役、但毎里各甲丁田多寡不一、十年之間人戸消長不斉、必須攅造之年通融審派、然後賦役得均而無偏重之患。合行各該撫按官査照施行。」

(46) 于志嘉（二〇〇四）九四～九六頁で桂萼の主張が紹介されている。

(47) 章潢『図書編』巻九〇「軍匠開戸」「一、嘉靖九年十月内、戸部題、該学士桂奏、為授時任民事、「臣考、近来有上匠不許開戸之例。蓋為軍匠逃亡事故而設、邇来軍戸有原不同戸、而求告合戸者、又有串令近軍同姓之人投告而合戸者、匠籍亦然。於是、軍匠有人及数千丁、地及数千頃、輒仮例不分戸為辞。於是、里長甲首人丁事産、不及軍匠人戸百分之一。其法止当不分軍民匠竈等籍、限田限丁、将州県人戸事産、通融総算、一体分戸」等因。該本部査得、大明会典内一款、「凡軍戸子孫、畏懼軍役、另開戸籍、或於別府州県、入贅寄籍等項、及至原衛発冊清勾買囑原籍官吏里書人等捏作丁尽戸絶回申者、俱問罪正犯、発烟瘴地面、里書人等捏作丁尽戸絶、発附近衛所、俱充軍、官吏参究治罪」。今本官奏要将州県人戸、通融総算、一体分戸。蓋欲同籍則承軍伍之役、分戸則応里甲之差。今如湖広之垜籍、山東之分開審差、是矣。合行各該撫按官査照施行。」

(48) 于志嘉（二〇〇四）九六頁参照。

(49) 章潢『図書編』巻九〇「新増田地」「一、嘉靖九年十月内、戸部題、該学士桂奏、為授時任民事、「臣按禹貢、有作十有三載乃同之規。周官有一易再易之令。今師其意、而施之於新増田土、即勧民開墾、資給事故、田産之大法也。大抵両山之間、必有深川、濱海之土、必有高岸、故深川為陵谷、滄海化桑田、自古已然。所以新増之産、所得率不能補所亡也。合無今後新増事産、通査照弘治年間、凡新漲洲田、別立一冊、謂之白冊、陞科事例、当法周礼之制、則以二畝或三畝視一畝、当法禹貢之制、則計成熟之久者、与不易之産同科」等因。該本部査得、「毎年会計夏税秋糧、倶照原額分派各省府徴納、若有新増、続認一体査照徴収、遵行已久、但各処臨湖辺江濱海田地、東灘西漲、彼長此消、名曰新増、実非旧額。昔尚書王恕曽巡撫蘇常等、将此等銭糧不入黄冊、另作白冊、以補小民包賠之数、意蓋如此」等因、覆奉欽依、「合行各該撫按官査照施行」。」

(50) 王恕の南直隷巡撫在任期間は成化十五年(一四七九)~二十年(一四八四)であり、桂萼の認識とは差異がある。

(51) 章潢『図書編』巻九〇「寺観田土」「一、嘉靖九年十月内、戸部題、該学士桂奏、為授時任民事内称、「見今荒廃寺観、倶無僧行住持田産、多為人侵占、逐年失陥税糧、賠累里甲、官府清査、又無人照対。合無出榜召人、報勘納価、改正登冊」等因、該本部査得、「賦役黄冊事例、一、菴観寺院、已給度牒僧道、倶要遵旧例、有田糧者、倶要編入黄冊、同里甲納糧当差、無糧者編入帯管畸零。今本官乞要出榜召人、報勘納価、改正登冊、承納税糧、相応査処」等因、覆奉欽依、「合行各該撫按官、通行所属、査勘寺観田土、但有荒廃寺観、無僧行住持、及遺下田産、無人管業、逐一清査見数、各照彼中時価、召人承買、改名入冊、辦納糧差、不許勢豪用強侵占、及因而減価承買。違者、従重参究治罪」。」

(52) 章潢『図書編』巻九〇「編審徭役」「一、嘉靖九年十月内、戸部題、該学士桂奏、為授時任民事内称、「黄冊既均、毎州県必以人丁事産通融、分為十分、一年一分、軽重均施、而不照黄冊派定年分、又各通造一冊、総於各府、各府又以各州県丁産計差画一、均施之、以令州県編派、又各府以申布按二司、二司又会同以一省所属合起徭役通融、如府之視州県、則一省通無不均之嘆矣。且優免等則、又重擬定、而一例行之」等因。該本部看得、各処編審徭役、各験冊内丁口田糧、定立等第科差、遵行已久。但各甲丁糧多寡不一者、得以衆軽易挙、少者不免増益取盈、委有不均之嘆。合将十甲丁糧、総於一里、各里丁糧、総於一州一県、各州県丁糧、総於一府、各府丁糧、総於一布政司、布政司通将一省丁糧、均派一省徭役、内量除優免之数、毎糧一石、編銀若干、毎丁審銀若干、斟酌繁簡、通融科派、造定冊籍、行令各府州県、永為遵行。其外、官吏監生生員之家、例応優免雑泛差役。査得大明会典、「洪武十三年令、六部・都察院・応天府両県判録・司儀司・行人司、随朝官員、除本戸合納税糧外、其余一応雑泛差役尽免。正統元年令、在京文武官員之家、除里甲正役外、其余一応雑泛差役倶免」。又査得、「先為優免事。該錦衣衛百戸趙鏜告、該本部議擬、将錦衣衛随朝官員、比照優免内臣事、倶量其官職品級、将各戸下雑泛差役、指揮〔免〕三丁、千戸衛鎮撫免二丁、百戸所鎮撫免一丁、著為定例」等因。嘉靖四年三月二十六日具題、奉聖旨、「内官内使戸内、照文職例優免。錦衣衛指揮免七丁、千戸五丁、鎮撫百戸三丁」。欽此。以上事例、建議紛紜、委無定則。其京官不拘品秩崇卑、一概全戸優免、此乃祖宗優待常朝官員、極為隆厚。延今一百六十余年、官属衆盛、差役浩繁、科派益頻、民力日困、加以郷里親戚、詭寄夤縁、里書畏勢、奉承有司、莫敢窮詰、致将濫免之数一概加派小民。且京官品級、本有崇卑、而事産人丁、自有多寡、必須立為限制、庶可允塞弊源。合無除錦衣衛指揮・千戸・

鎮撫百戸、奉有前項欽依外、京官一品免糧二十石・丁二十丁、二品免糧十八石・人丁十八丁、三品免糧十六石・人丁十六丁、四品免糧十四石・人丁十四丁、五品免糧十二石・人丁十二丁、六品免糧十石・人丁十丁、七品免糧八石・人丁八丁、八品免糧六石・人丁六丁、九品免糧四石・人丁四丁、内官・内使亦如之。外官各減一半、教官・監生・挙人・生員、各免糧二石、人丁二丁、雑職・省祭官・承差・知印与吏典、各免田糧一石、人丁一丁。其丁多而糧少者、則以丁準糧、丁少而糧多者、則以糧準丁。戸内丁糧不及数者、止免実在之数、倶以本戸自己丁糧、照数優免。但有分門各戸、疎遠房族、不得一概混免、以啓詭寄之端。覆奉欽依、「通行各省所属一体遵守、違者従重各治以罪」。」

（53）章潢『図書編』巻九〇「朱熹井田類説」「一、嘉靖九年十月内、戸部題、該学士桂奏、為授時任民事内称、「朱熹井田類説。夫天地土者、天下之大本也。春秋之義、諸侯不得専封、大夫不得専地。今豪民占田、或至数千百頃、富過王侯、是自専封也。買売由己、是自専地也。孝武時、董仲舒嘗言、「宜限民田」。至哀帝時、乃限民占田、不得過三十頃、雖有其制率不能施、然三十頃已不平矣。且夫井田之制、宜于民衆之時、地広民稀勿為、可也。然廃之于寡、立之于衆、占地既富、列在豪強者、率而帰之、並起怨心、則生紛乱、而制度難行。由是観之、則高帝初定天下、及光武中興之後、人民稀少、立之易矣。就下、悉備井田之法、宜以口数占田為立科限、民得耕種、商得買売、以贍貧弱、以防兼併、且為制度張本、不亦宜乎。雖古今異制、損益随時、然綱紀大略、其制一也。書曰、「天秩有礼、天罰有罪」。故古聖人、因天秩而制五礼、因天罰而制五刑。建司馬之官、設六軍之衆、因井田而制軍賦。于是、有司馬之法、車徒干戈素具、春振旅以蒐、夏抜舎以苗、秋治兵以獮、冬大閲以狩、於農隙講武事焉。此一王于任民、而立賦足兵之大略也。臣家食時、常作周礼師田図、亦頗講求大意。窃謂、農・兵・学校、只是一事。古之帝王、深知之、所以升官有統、而条目不致繊瑣」等因、該本部査得、先該本官奏要分豁災傷田租・里甲官銀……随該本部、将分豁災傷・里甲二事、斟酌議擬、題奉欽依、備行漕運衙門及各該巡撫御史、議処具奏定奪去後。今本官条陳以上清図等七事、而復申以宋儒朱熹均井田之説、一皆古人良法美意、致治保民之道、但已有前旨、本部擅難別議」等因。」傍線部が桂萼の評語。

（54）朱熹『晦庵集』巻六八「井田類説」。ただし、朱熹「井田類説」の内容は後漢の荀悦『前漢紀』巻八の引き写しである。また、桂萼は「王于任民」という語句を挿入している。

（55）桂萼の評語の長さについては、もともと短かったのか、戸部の覆議または『図書編』編集の時点でカットされたのかは不明。

（56）欒成顕（一九九八）一六九～一七七頁によれば、土地ごとの課税額を記した魚鱗図冊と戸ごとの課税額を記した黄冊の連携性を高めるために、実際の徴税の現場においては各種「帰戸冊」が作られていたという。

（57）十段法については山根（一九六六）、岩見（一九八六）、小山（一九九二）参照。

（58）小山（一九九二）一五一～一五三頁。

(59)『世宗実録』巻一一八、嘉靖九年十月戊寅条「戸部議大学士桂萼所奏任民考、曰清図、曰清籍、曰攢造、曰軍匠開戸、曰新増田地、曰寺観田土、曰編審徭役、請上裁。得旨、「新増田地、寺観田土、編審徭役、如議。余已之、以免紛擾」。」

(60) 小山（一九九二）一六二〜一六七頁。

(61)『世宗実録』巻一一六、嘉靖九年八月壬午条「大学士桂萼言、「臣屢以人言懇乞休致、不荷俞允、然臣至情有不容不去者四。臣遭際聖君、而不能畢力輔佐、使陛下不免有任事之労、而未遂夫恭己無為之盛、一当去。臣不学無術、昧於所択、凡天下事、一意担荷、不顧毀誉利害、雖殺身滅族、可不旋踵、不以時求去、終無以全陛下進退大臣之道、二当去。臣入仕以来、律身清苦、自謂可質鬼神、乃致謗讟紛紛、為辱不已、是誠何顔立於縉紳之間、三当去。頃者、心悸傷脾、足跛成痿、近又力疾考求授時・任民之説、過用心力、即致暈眩、殆為終身痼瘵、四当去。乞賜矜憫、放臣早帰、一息尚存、猶当随時献納」。上不允、報曰、「卿以疾可出視事、甫三日、何為又有此奏、恐非所宜用於君臣之際也。其二考事宜、已令所司看議矣」。」

(62) 張璁『論対録』巻二〇、嘉靖九年八月二十五日「又、萼之奏甚、因彼所奏二考不行也。夫彼之二考、或有可取、恐難尽行。如従而行、上有干成法、下貽民之害。但彼意謂、卿止之歟。故朕下之該部看云。」

(63) 張璁『論対録』巻二〇、嘉靖九年八月二十五日「凡萼行有一得、即臣之善也。行有一失、即臣之過也。故臣非敢但為皇上言之、亦数面質也。論授時考、皆古人議論、今行之、雖無益、亦無害也。若任民考、行之、恐古今時異勢殊、非徒無益、実又害之。聖明既已洞察、臣復何言。伏乞皇上察萼之論固遠於事情、憫萼之志亦在於君国、俯賜教諭、俾得安心供職、実臣之至願也。」

(64) 黄進興（二〇〇五）二三六〜二四六頁参照。

(65)『世宗実録』巻一二〇、嘉靖九年十二月丁丑条「上乃告于奉先・崇先二殿、勅諭璁曰、「朕以奉安聖師告于祖考礼成。朕惟、祖考・聖師、豈無以加教于朕者、須卿等言。茲可遍示萼・鑾・時・縉・鼎臣・誥・孔暉・言・潮、人各以経書大旨一章、既講解之、尤要啓沃之実、交修之誠、切于身心、政事風俗民情、為目前緊要者、来陳。勿相通謀、人各自献其誠、庶不負朕所望焉」。随以祭品頒賜諸臣。越数日、諸臣乃各撰次講章以進。」

(66)『世宗実録』巻一二〇、嘉靖九年十二月壬午条。

(67) 桂萼『文襄公奏議』巻八「論恭己無為疏」「臣聞、宋儒程顥有言、天地以其心普万物而無心、聖人以其情順万事而無情者。不役情於事為之謂也。……然近方憂労太深、雖儀文制数之末、亦不免往来於心、是将役於物矣。……臣於是輒以法天体道之意、推広祖宗之制、所以上律天時、下襲水土、為授時・任民二考、蓋以広陛下敬天之条目、又為三才日暦一志、以記簡要之功程、蓋帝王知人安民之大務、実亦無一毫能出是者。請陛下一採択之、庶幾為訏謨定命、以下之百執事、使不得以分陛下昭事上帝之誠。……所以宋臣范太史必深陳人君不可不逸之道以告君、而臣為学士時、亦惓惓以斉田嬰誤君之事、上言於陛下。当時某固嘗与臣同憂、豈今日某偶忘之哉。」

(68) 張璁『諭対録』巻二六、嘉靖十年正月初一日「這是萼等具陳昨歳朕命進解経書大旨。朕不知某説為忠、為交修之道、為啓沃之誠、某説為欺、為詐佞非佞之辞、激上要直之論、宜有分別、庶為可行之実、徳政之助。卿其慎密細細詳看、所以俾朕不惑。」

(69) 張璁『諭対録』巻二六、嘉靖十年正月初一日「至於萼之所陳、臣再三読之、未知所以萼之言曰、「仰惟陛下之存心、惟敬惟一、可謂不容一物矣。然近方憂労太深、雖儀文制数之末、亦不免往来於心。不知一日之間、能幾何時而不継之以焦然不寧者乎」。臣未知萼所謂儀文制数者何指。仮使誠慮皇上憂労太深、至其所自為授時・任民二考、及為三才日暦志者、将不日滋皇上之憂労乎。臣不知何説也。萼又曰、「天下学士大夫、有志於聖賢之学者、莫不以陛下留情於事為恐不能不傷天道無為之体。有志於雍熙之治者、莫不以陛下留情於事為恐不能不蔽至明兼照之公。有志於陛下棲心化源以愛養聖躬者、莫不以陛下留情於事為恐不能不致有精力之労」。夫愛養聖躬、恐有精力之労、臣屢嘗言之。萼之心、亦臣之心也。若使皇上一切不留情於事為、此乃老氏清浄無為之教、恐非堯舜存心天下之道、臣不知其何説也。至論田嬰悞君之事、臣益不知所謂。按通鑑綱目、田嬰言於斉王曰、「五官之計、不可不日聴而数覧也」。王従之。已而厭之、悉以委嬰、嬰由是得専斉権。臣仰惟聖明在上、宰制六官、総攬万機、憲天法祖、君道之至也。不知曽亦有以田嬰之術、勧皇上労於五官之計、已而使皇上厭之、而自窃権焉。臣窃謂、今日聖明大有道之朝、豈容有是耶。萼之言、先後不倫如此、豈其心之病歟。」

(70) 張璁『諭対録』巻二六、嘉靖十年正月初三日「独萼所謂、不可知其所向。如曰、「田嬰勧其君、日竭其精神、以総五官之事」、則萼之日暦志、欲朕依行是、与総五官之事不異、而自蹈嬰之罪也。亦曰、「人君不可不逸、必如范氏之言」、則周公之無逸、書殆不可存、将毀之而後可。此等所謂、必有所指。朕欲作問、如何。」

(71) 張璁『諭対録』巻二六、嘉靖十年正月初四日「卿与萼、昔為大礼力争、完朕父子、其時卿二人雖両姓、若一気焉。自朕命卿入輔時、萼即悪忿生焉。且如昨奏内明引二考不得大行、以卿止之耳。井田之制行必致禍、此内臣知之、真如鮑忠者、亦為陳於朕也。萼之意、是何意哉。卿於萼以信相処、彼則非也。況嘗有言於朕、茲所指為斉田嬰者、豈不大虧人耶。如以朕比斉君、恐朕亦不至於斉君耳。」

(72) 『世宗実録』巻一一九、嘉靖九年十一月己亥条「御史郭弘化奏、「天下田土、視国初旧額減半。乞通行清丈及査覈戸口、以杜包賠兼并之弊」。因条清査丈量十四事。詔下戸部、会官詳議。尚書梁材等言、「欲遍量天下土田、恐致驚擾、若官得其人、而査理有方、則不必丈量、而弊源可究。其所条十四事内、如査処奏討、勘処荒場、均審編限、優免定徴、收重責成六事、与律令及部例合可行、仍令撫按督管冊官釐革諸弊政、其積弊而冊籍難稽者、斟酌間行丈量。経界既明、縁此会算丁糧均審、里甲糧差、永為遵守。諸飛詭為奸利者、許自首免罪」。奏上、詔、「清理事、依擬行。其余已之、免致紛擾」。」

(73) 李東陽『燕対録』「(弘治十八年四月)十六日、召至煖閣。上問曰、「昨管河通政奏、巡按御史陸偁私寄書二冊、題曰均徭則例、又擅革接遞夫役若干名。陸偁為御史、奈何寄人私書、於理不当、且夫役係是旧制、不得擅減」。臣東陽曰、「観奏詞、恐所寄即是則例」。上曰、「書自是書」。皆不敢答。臣健対曰、「均徭事、亦須御史所管」。上曰、「何為不奏」。臣健奏曰、「然則罪之乎」。上曰、「今日陸偁已見、姑令回話。縦不深罪、亦須薄示懲戒」。皆応曰、「諾」。」

(74) 岩井(一九九三)は張居正が施行した考成法について、それまでの「治人」主義ではなく「治法」主義に基づいていると明らかにした。本論において、桂萼が賦役制度を改革しようとしたことと楊一清(あるいは梁材)が当地の官による裁量による解決を志向したことは、前者は法の重視、後者は人の重視ともいえ、考成法をめぐる賛否である「治法」か「治人」かという対立点と共通するところがあるかもしれない。

(75) 『世宗実録』巻一一六、嘉靖九年八月辛巳条「皇上纘服、凡事不蹈故常、必上律天時、下襲水土、以聿新一代之制。」

(76) 小島(一九九二)。

(77) 桂萼の思想については、王守仁との思想的対立という側面から今後検討する予定である。桂萼と王守仁の対立については、焦堃(二〇一四)によれば二説あり、一つは、桂萼はひそかに安南遠征を夢見ていて、その実行を王守仁に任せようと計画していたが、王守仁が消極的だったから対立したという『明史』の説である。もう一つは、桂萼の上奏文を代筆していた魏校(一四八三~一五四三、南直隷崑山の人、弘治十八年進士)と王守仁が敵対関係にあり、それゆえに桂萼は王守仁を嫌ったという王世貞の説である。これだけでは桂萼と王守仁は政治的対立・人間関係的な対立で不仲になったように見えるが、思想的にも合わなかった。南京図書館蔵『桂古山先生年譜』および桂華『古山先生集』附録、桂実「伯兄古山先生遺実」は正徳年間の王守仁と桂華・桂萼兄弟の論争を掲載している。

附論二　夏言の著作について
――『桂洲先生文集』と『桂洲奏議』を中心に

はじめに

第三章～第五章で述べたように、世宗が自分の理想の政策決定体制の構築を目指す過程で、重要な役割を果たしたのが内閣筆頭の首輔である。嘉靖年間には張璁、夏言、厳嵩、徐階という内閣首輔たちが順番に官僚機構の頂点に立ち、皇帝と朝廷輿論との間の調整役を担った。ゆえにこれらの首輔たちの変遷に着目して、嘉靖年間の政治や政局を具体的に描こうとする先行研究は少なくない(1)。それは彼らの政治上の重要性もさることながら、彼ら自身が遺した史料が豊富にあるという物理的な状況にも由来する。本書においてもここまで張璁と世宗の書面を収録した『諭対録』、夏言の文集である『桂洲先生文集』、夏言の奏議である『桂洲奏議』をたびたび使用してきた。また、張璁の文集『太師張文忠公集』、厳嵩の礼部尚書時代の奏議である『南宮奏議』、世宗の書面に対する厳嵩の返信を収録した『嘉靖奏対録』、厳嵩の文集である『鈐山堂集』、徐階の文集『世経堂集』なども本書内で引用することは少ないが、筆者が嘉靖年間の政治史の研究をすすめていくなかで何度も紐解いた書物であり、各先行研究が依拠している史料でもある。つまり、嘉靖年間の政治史を理解するためには、内閣首輔たちの文章が基礎史料となっているといえよう。

ただし、上記四人の嘉靖年間を代表する内閣首輔たちのなかで、夏言に関連する史料については注意が必要であることはあまり知られていない。『桂洲先生文集』は目次からして不審な点が多々見られるし、『桂洲奏議』は各種版本によって同じ上奏文を違う日付で収録している場合がある。(2) このような状況は夏言が刑死したという特殊な政治状況と直系の子孫がおらず書籍編纂の中心になりうる人物がいなかったという事情に由来すると考えられる。

張璁・徐階が遺した史料については、子孫が編纂を行っている。厳嵩も夏言と同様、悲惨な末路をたどるが、(3)『南宮奏議』や『鈐山堂集』は生前に刊行された書物であり、また夏言と違い直系の子孫がいた。(4) そのため、ある程度は校正がなされており、内容の来歴もはっきりしている。一方、夏言の文集・奏議は誤字や不備が多いうえに、内容の来歴や版本ごとの相互関係がはっきりしないことが多い。

夏言は嘉靖年間の中盤の政界における主要人物であり、その著作は嘉靖年間の政治史を検討する上で最重要史料の一角をなす。本論では夏言の文集と奏議について現存する各種版本の整理を行い、それぞれの版本がどのような背景によって成立したのかについての筆者の知見を述べたい。

本題に入る前に、夏言の一生について、『桂洲先生文集』巻首「桂洲先生年譜」(以下「年譜」)、上海図書館蔵『夏氏宗譜』、および『世宗実録』、『明史』などの記載をもとに述べておく。なお、「年譜」と『夏氏宗譜』については一般的に有名ではない著作なので少し触れておく必要があるだろう。「年譜」は誕生から嘉靖十年七月の張璁による夏言追い落としの失敗までの事績を記したものである。『夏氏宗譜』は清の乾隆年間に自称子孫(後述)がまとめた家譜である。

夏言は成化十八年(一四八二)六月二十九日、北京の蓮子巷で生まれた。本籍地は江西広信府貴渓県、父夏鼎(一四五〇〜一五〇六)は成化十六年の挙人であった。夏鼎は弘治九年に進士となり、厳州府推官、臨清州知州を歴任した。「年譜」は北京育ちの夏言が全く訛りのない言葉を話すことを強調し、厳州府に赴任した父に随行した際、現地の方言をまねしたところ、将来息子を給事中や進講担当官にさせたかった父から叱責されたエピソードを載せる。

正徳元年（一五〇六）、夏鼎は臨清州知州在任中に亡くなる。喪が明けた後、夏言は正徳五年に挙人、十二年に進士となる。初任官は行人であった。その後、十五年に兵科給事中となる。翌年の世宗の即位とともに内閣首輔楊廷和の主導で武宗時代の政治の総清算が行われ、夏言は冗員の削減や荘田の取り締まりに起用されて活躍した。しかし、嘉靖三年（一五二四）五月、母の死のため、喪に服すことになる。この結果、二か月後に起きた左順門事件に巻き込まれることを免れた。その後、朝廷の政治党争では張璁派が大臣の追い落としを行ったが、そのなかには夏言の姻戚の内閣首輔費宏も含まれていた。そのため、夏言の周囲では官界復帰を危ぶむ声もあったが、彼は復帰を決断し、嘉靖七年五月に朝廷に戻り、原職に復帰すると、年内に礼科左給事中、そして兵科都給事中になる。官界での歩みは順調であったが、私生活ではこの年の冬に長男（敬承）と二男（九哥）を亡くすという不幸に見舞われる。

翌年十二月に吏科都給事中に異動、そして嘉靖九年から世宗の礼制改革の右腕として活躍した。夏言の台頭に対して内閣首輔張璁は危機感を覚え、彼を排除する計略をめぐらした。嘉靖十年、夏言と同じく正徳十二年に進士になった薛侃（?～一五四五、広東掲陽の人）が子どものいない世宗に対し、皇室の中から後継候補を選んで北京に来させることを建議する。事前に薛侃は張璁の手下の太常寺卿彭沢(5)（広東南海の人、正徳十二年進士）に上奏文を見せ、彭沢は張璁に通報した。張璁は密疏にて世宗に薛侃が後継者について上奏をこれから行うこと、そしてそれは薛侃と同年進士の夏言の指嗾によるものであることを伝えた。上奏を行った薛侃は逮捕され、朝廷で拷問にかけられ、誰の指嗾によるものかを告白するよう責め立てられた。都御史汪鋐が夏言の指嗾によると主張すると、夏言は激高して机を叩いて汪鋐を罵倒した。朝廷における礼を踏み外したため、夏言も逮捕された。しかし、薛侃が「彭沢から張璁が自分の建議を評価していると聞いた」と告白すると状況が一変する。夏言は釈放され、彭沢は充軍処分となり、張璁は致仕に追い込まれた。

その後、李時の入閣により空席となった礼部尚書に昇進することになり、世宗の礼制改革に従事し続けた。そして一連の功績が認められて、嘉靖十五年閏十二月、内閣大学士となる。内閣の序列第一位は李時で夏言は第二位であったが、第三章冒頭で紹介したように嘉靖十六年に世宗が内閣に送った文書数では夏言宛が李時宛より圧倒的に多く、世宗の寵愛は夏言に集まっていたことがうかがえる。

しかし、嘉靖十七年十二月の世宗実母蔣氏と内閣首輔李時の死後、夏言の人生は不安定さを増す。最愛の実母を亡くした世宗は精神的に大きく動揺し[6]、さらに夏言とつながりをもっていた道士邵元節も亡くなる。翌年、世宗は地元の顕陵に母を葬るための視察旅行に出かけるが、この旅行中に夏言との関係が破綻する。帰京後、世宗は夏言を職務怠慢であると叱責し、致仕を命じる。しかし、数日後には考えを改め、散階を少師から少傅に落として復帰させる。嘉靖二十一年、また世宗の不興を買った夏言は致仕に追い込まれ、帰郷するが、本籍地の貴渓ではなく、上饒に居住した。二十四年、許讚の罷免、張璧の死により、内閣大学士が厳嵩のみになったことを受けて、世宗は夏言に復帰を命じる。翌年、北京に到着した夏言は内閣に復帰し、厳嵩をさしおいて首輔となる。二人はもともと友人であり[7]、かつては夏言が厳嵩に出世の後押しをしてくれるよう頼んだという風聞すらあった仲だった[8]。年齢と科挙合格年、嘉靖九年以前の出世の点では厳嵩の方が上であったが、夏言は自分の方が出世すると厳嵩に対して尊大にふるまうようになり、厳嵩はひそかに夏言を怨むようになった[9]。夏言は内閣復帰後、世宗が望むオルドス地方の失地回復、いわゆる「復套」を推しすすめていくが、世宗の意向の急変によって梯子を外され、すべての責任を押し付けられ、嘉靖二十七年(一五四八)十月二日、刑死という末期を迎える。

一　『桂洲先生文集』・『桂洲奏議』の各版本

まず、『桂洲先生文集』と『桂洲奏議』、およびその成立に関係する他の現存する著作について、筆者がこれまでに目睹しえた諸版本の書誌情報を列挙する。ただし、すべての版本を網羅したわけではなく、また嘉慶年間以降の版本については省略した。各書の所蔵については筆者が実際に確認できた場合のみを挙げている。なお、本論は版本学的な関心によるものではないので、形態上の情報（単辺・双辺、白口・黒口、魚尾、字数、行数など）については必要でない限りは省略する。

（一）『桂洲先生文集』の各版本

『桂洲先生文集』の版本として下記の四種を挙げる。

①『桂洲先生文集』五〇巻

〔所蔵〕尊経閣文庫(10)・国立公文書館（内閣文庫）・台湾国家図書館

〔序〕(11)

刻夏文愍公全集序

万暦三年歳次乙亥孟夏之下弦日賜進士出身尚宝司丞同郡後進楊時喬書

＊文末に「宂遷氏言」の陰文印と「乙丑進士」の陽文印

〔目次・構成〕

目次の一行目には「桂洲先生文集総目」とあり、巻一～五〇まで各巻の内容の分類が記されている。たとえば、巻一であれば「巻之一／古詩（四言四首）／古詩（五言四十八首）」と掲載されている。

目次の巻二九以降は巻数の順番が重複または逆行しているところがあり、また目次と実際の内容も齟齬をきたしている。巻一～二八の内容は、巻一～四は古詩、巻五は古詩・律詩・排律、巻六～九は律詩、巻一〇～一三は絶句、巻一四は賦、巻一五～一八は詞、巻一九は冊文、巻二〇は勅諭・殿試策問・遺旨・遺詔、巻二一は講章、巻二二は表、巻二三は表疏、巻二四～二八は疏である。【表九】において、巻二九以降の目次の配列と実際の内容の対照を示した。

【表九】『桂洲先生文集』五〇巻本の目次の配列と実際の内容

目次の巻数	目次の内容	実際の巻数	実際の内容
巻二九	奏箚	巻二九	奏箚
巻三〇	奏箚	巻三〇	奏箚
巻三一	奏箚	巻三一	奏箚
巻二九	奏箚	巻三二	奏箚
巻三〇	奏箚	巻三三	記

〔巻一巻頭〕

賜進士出身特進光禄大夫上柱国少
師兼太子太師吏部尚書華蓋殿大学士
貴溪夏言撰
　賜進士出身中憲大夫山東按察司副
使奉勅　巡察海道前光禄寺少卿子婿
呉春輯
甥呉莱校刻

巻三一	奏劄	巻三四	序
巻三二	記	巻三五	頌
巻三六	奏劄	巻三六	賛・銘・箴・跋・文・書
巻三七	序	巻三七	応制宴享楽章
巻三三	頌	巻三八	応制事神楽章
巻三四	賛・銘・箴・跋・文・書	巻三九	応制祀神楽章
巻三五	燕饗致語	巻四〇	応制五言歩虚詞
巻三八	応制宴享楽章・応制祀神楽章	巻四一	応制五言歩虚詞
巻三九	応制事神楽章	巻四二	応制事神表文
巻四〇	応制祀神楽章	巻四三	応制事神四六体文
巻四一	応制五言歩虚詞	巻四四	応制事神四六体文
巻四二	応制五言歩虚詞	巻四五	応制讃饌文偈
巻四三	応制享祭致詞	巻四六	応制祭文
巻四四	応制事神表文	巻四七	祭文
巻四五	応制事神四六体文	巻四八	壙誌・神道碑
巻四六	応制事神四六体文	巻四九	墓表・墓誌銘
巻四七	応制祭文	巻五〇	獄詞
巻四八	祭文		
巻四九	壙誌・神道碑文・墓表		
巻五〇	獄詞・辯本・遺囑		

重校

〔巻三巻末〕

建陽書戸呉世良梓

〔その他〕

本文中にも不審な点が多く見受けられる。たとえば、巻二〇「殿試策問（嘉靖二十三年）」は実際には嘉靖二十年の策問である。また、「殿試策問（嘉靖二十六年）」は文字が前後の文章より小さく、「十三」とすべき葉数が「又十二」とあり、その次の葉には「十三」とある[12]。また、巻三六巻頭「巻之三十六」の下に「二十六」、巻四九巻頭「巻之四十九」の下に「三十四」という字がそれぞれ印刷されている。さらに、全体にわたって文中の空白を埋めるための黒塗りの箇所が多く見られる。

②『桂洲先生文集』六五巻

〔所蔵〕

台湾国家図書館

〔序〕

刻夏文愍公全集序

万暦三年歳次乙亥孟夏之下弦日賜進士出身尚宝司司丞同郡後進楊時喬書

＊文末に「乙丑進士」と「止菴」の陽文印

〔目次・構成〕

目次は①と違い、内容の分類だけではなく各文章のタイトルも掲載している。また、数巻ごとにグループ分けされている。「天集」、「風集」、「水集」、「時集」、「般集」、「味集」、「少集」という名前がついているグループがあるが、邵雍の「清夜吟」に使われている漢字をグループ名にしていると思われる。(13) 目次は六五巻まであるが、現存する版本の実際の内容は①の五〇巻までの内容しかない。①とは巻二八まで内容がほぼ一致しているが、巻二九以降はそうではない部分も多い。総じて情報量は①をほとんど超えるところがなく、現存している部分には①に見られる祭文や神道碑がない。巻二九以降の目次の配列と実際の内容の対応および①との対照について次の【表十】にまとめた。

【表十】『桂洲先生文集』六五巻本の目次の配列と実際の内容

目次の巻数	目次の内容	実際の巻数	①との対照
巻二九	奏劄	巻二九	①巻二九（奏劄）
巻三〇	奏劄	巻三〇	＊巻二九第二葉から巻三二第三葉に巻数がとぶが、内容は連続している
巻三一	奏劄	巻三一	
目次欠葉		巻三二	
		巻三三	①巻三〇（奏劄）
		巻三四	①巻三一（奏劄）
		巻三五	①巻三二（奏劄）
巻三六	奏劄	巻三六	①巻三三（記）
巻三七	奏劄	巻三七	①巻三四（序）
巻三八	記	巻三八	①巻三五（頌）
巻三九	序	巻三九	①巻三六（賛・銘・箴・跋・文・書）
巻四〇	頌	巻四〇	①巻三七（応制宴享楽章）
巻四一	賛・銘・箴・跋・文・書	巻四一	①巻三八（応制事神楽章）
巻四二	燕饗致語	巻四二	①巻三七前半（応制宴享楽章）
巻四三	応制宴享楽章・祀神楽章	巻四三	①巻三七後半（応制宴享楽章）
巻四四	応制事神楽章	巻四四	①巻三八（応制事神楽章）
巻四五	応制祀神楽章	巻四五	①巻三九（応制祀神楽章）

巻四六	応制五言歩虚詞	巻四六	①巻四〇（応制五言歩虚詞）
巻四七	応制五言歩虚詞	巻四七	①巻四一前半（応制五言歩虚詞）
巻四八	応制享祭致詞	巻四八	①巻四一後半（応制五言歩虚詞）
巻四九	応制事神表文	巻四九	①巻四二前半（応制事神表文） ＊「保祥斗表」より後は内容が違う
巻五〇	応制青詞醮意	巻五〇	①巻四二後半（応制事神表文） ＊「祷雪醮意」より前は内容が違う
巻五一	内制事神四六体文	（以下は②目次と①内容の対比） **①に含まれない内容**	
巻五二	応制事神四六体文	①巻四三（応制事神四六体文） ＋「金籙地臘醮壇用文二篇」	
巻五三	応制事神四六体文	**①に含まれない内容**	
巻五四	応制事神四六体文	①巻四四前半（応制事神四六体文）	
巻五五	応制事神四六体文	①巻四四後半（応制事神四六体文） ＊①で省略されている[14]「祈神殿興工文三篇」、「祈天文五篇」、「啓蟄祈歳文六篇」も掲載	
目次欠葉			
巻五九	応制讃饌文偈	**①には含まれない内容**	
巻六〇	応制讃饌文偈	①巻四五（応制讃饌文偈）＋**①には含まれない内容**	
巻六一	応制讃饌祝食文偈	**①には含まれない内容**	

巻六二	応制祭文	①巻四六（応制祭文）
巻六三	祭文	①巻四七（祭文）
巻六四	壙誌・神道碑	①巻四八（壙誌・神道碑）
巻六五	墓表・墓誌銘	①巻四九（墓表・墓誌銘）

〔巻一巻頭〕
賜進士出身特進光禄大夫上柱国少師兼太子太師吏部尚書華蓋殿大学士貴溪夏言撰
賜進士出身中憲大夫山東按察司副使奉勅　巡察海道前光禄寺少卿子婿呉春輯
甥呉莱校刻
門人江惟東重校

〔巻三巻末〕
興化府学教授沛県盧雄校
建陽県署県簿王夢良督刊
饒邑徐寿春　建陽書戸呉世良梓

〔巻四九巻末〕
万暦二年歳次甲戌孟冬之吉書林呉世良刊于望斗楼

〔その他〕
①と共通する不審な点が多い。②独自の不審な点としては、たとえば、巻三八、三九に該当すると思われる部分の巻数の下一桁が黒塗りになっている。また、巻四一以降について、各巻巻頭巻数表示の下一桁がす

べて黒塗りになっている。

③『夏桂洲先生文集』一八巻

〔所蔵〕

四庫全書存目叢書（北京大学図書館所蔵本影印）

〔序〕

重刻文愍公集序[15]

崇禎戊寅初秋賜進士出身通議大夫浙江提刑按察司按察使前分守江西湖東道右参政清漳後学林日瑞題於鴬湖官舎

原夏文愍公全集叙[16]

万暦三年歳次乙亥孟夏賜進士出身尚宝司司丞同郡後進楊時喬譔孫楊徳彪重書

〔識〕

不肖甥呉莱百拝頓首謹識

文愍公全集跋

皇明崇禎十年丁丑五月吉旦外裔甥孫呉一璘偕男呉宏頓首百拝記

記[17]

大明崇禎十一年戊寅　月　日外裔孫呉一璘頓首百拝記

〔目次・構成〕

①や②と違い、目次の配列と実際の内容は対応している。巻首が年譜、巻一が賦、巻二が四言古詩・五言

古詩、巻三が七言古詩、巻四が五言律詩・五言排律、巻五が七言律詩・七言排律、巻六が五言絶句・六言詩・三五七言・七言絶句、巻七が詞・獄詞詩賦、巻八が応制宴享楽章・応制事神楽章・応制五言歩虚詞・応制七言歩虚詞・応制享祭致詞・燕享致語、巻九が冊文・勅諭・遺旨・遺誥・策問、巻一〇が表、巻一一～一四が疏、巻一五が奏劄・謝疏、巻一六が序・記・壙誌・神道碑・墓表・墓誌銘・頌・賛・銘・箴・跋・語・文・書、巻一七が応制事神四六体文表・応制詞意・応制賛饌文偈、巻一八が応制祭文・祭文である。

〔巻一巻頭〕

夏桂洲先生文集巻之一

閩清漳後学林日瑞廷輯甫彙編

後学鄭大璟妥尹訂閲

外孫呉一璘淑采較刊

④夏桂洲先生文集　一八巻

〔所蔵〕

中国国家図書館

〔封面〕

表題のほか、「清漳林廷輯先生」、「薌渓呉淑采較明」、「斤桂艸堂蔵版」と印刷してある。

〔序〕

重刻文愍公集序

崇禎戊寅初秋賜進士出身通議大夫浙江提刑按察司按察使前分守江西湖東道右参政清漳後学林日瑞題於鸞湖官舎

夏文愍公全集叙

万暦三年歳次乙亥孟夏賜進士出身尚宝司司丞同郡後進楊時喬譔孫楊徳彪重書

〔識〕

不肖甥呉莱頓首謹識

文愍公全集跋

皇明崇禎十年丁丑五月吉旦外裔甥孫呉一璘偕男呉宏頓首百拝記

集記

康熙十八年歳次己未秋月郡庠増生甥孫呉弘頓首百拝記

記

皇清康熙五十八年歳次己亥十一月長至日外裔孫邑庠生呉橋仰山氏頓首拝記

〔構成〕

③と同一である。

(二)『桂洲奏議』の各版本

『桂洲奏議』の版本として下記の五種を挙げる。

⑤『桂洲奏議』二一巻

〔所蔵〕
蓬左文庫
〔宣賜記〕
嘉靖二十八年十月　日
内賜前吏曹佐郎任輔臣桂洲奏議一件
命除謝
恩
左承旨臣元〔花押〕
〔序〕
刻桂洲奏議序
嘉靖己亥秋八月既望賜同進士出身通議大夫都察院右副都御史奉勅巡撫江西等処地方句曲山人王暐書于洪都公署之後楽堂
桂洲奏議序
賜進士出身文林郎陝西道監察御史河中景溱撰
刻桂洲奏議序
嘉靖己亥仲秋之吉賜進士及第司経局洗馬兼翰林院侍読前提督江浙学校門人華亭徐階序
〔巻一巻頭〕
桂洲奏議第一巻
兵部主事管理誥勅　門人涇県左鎰　編輯

翰林院待詔　　門人宣城貢汝成
九江府学教授前進士門人武進薛応旂校正

〔構成〕
朝鮮で出版された版本である。巻一～九が諫垣集（給事中時代の上奏文）、巻一〇～二一が南宮集（礼部尚書時代の上奏文）である。諫垣集と南宮集という分類は⑥・⑦と共通している。基本的に年代順に上奏文を並べているが、年代が前後している部分もある。抬頭を厳格に行い、通常の本文は上から三文字目から始まる。抬頭すべき語は改行して抬頭し、一字抬頭と二字抬頭を区別しているために改行が非常に多い。また、「縁係開読事理、未敢擅便、今将査革過官旗数目開坐、謹題請旨」（巻一「開読事査革武職疏」）などのような通常の奏議では削除されることの多い上奏文の末尾の定型句も掲載している。本来の上奏文の形式に近い体裁であるといえる。(18)

⑥『桂洲奏議』二〇巻『外集』二巻『桂洲集』四巻
〔所蔵〕
北平図書館善本・北京大学図書館(19)
〔序〕
少師兼太子太師吏部尚書華蓋殿大学士桂洲夏公奏議序
福建按察司提学副使前礼部郎中田汝成譔
嘉靖二十年春三月
〔構成〕

巻一～八が諫垣集、巻九～二〇が南宮集である。基本的に年代順に上奏文を載せるが、⑤と順番が同一ではない部分もある。抬頭は空白にとどめて改行せず、上奏文の末尾の定型句は削除されている。『外集』は主に人身攻撃を受けたときの弁解の上奏文、また『桂洲集』は謝恩疏を収録する。

⑦『桂洲奏議』一二巻『外集』二巻

〔所蔵〕

国立公文書館（内閣文庫）・宮内庁図書寮(20)・天津図書館(21)・清華大学図書館

〔序〕

桂洲奏議序(22)

福建按察司提学副使前礼部郎中田汝成譔

嘉靖二十年春三月

桂洲奏議序(23)

巡按御史直隷監察御史前翰林庶吉士門生王言譔

嘉靖丙午仲春既望

〔構成〕

巻一～五が諫垣集、巻六～一二が南宮集である。上奏文の順番や体裁（抬頭の仕方や末尾の定型句の削除）は⑥と同一である。

⑧『桂洲奏議』二〇巻『外集』一巻

〔所蔵〕
四庫全書存目叢書（重慶図書館所蔵本影印）
〔序〕
刻桂洲奏議序(24)
賜同進士出身賛善大夫戸部尚書前都察院右副都御史奉勅巡撫江西等地方句曲山人王暐書
桂洲奏議後序
（三葉目以降欠葉だが⑨の謝九儀後序とほぼ同内容）
〔巻一巻頭〕
桂洲先生奏議巻之一
賜進士第奉勅大夫尚宝司少卿前兵部主事管理誥勅門人涇県左鎰編輯
賜進士第中憲大夫浙江按察司副使奉勅提督学校前九江府学教授門人武進薛応旂校正
賜進士第中憲大夫山東按察司副使奉勅巡察海道前光禄寺少卿婿同邑呉春重編
〔巻末〕
不肖甥呉莱百拝刻
〔構成〕
⑤・⑥・⑦・⑨とは違い、テーマごとに上奏文がまとめられている。巻一は明郊礼、巻二は明郊祀、巻三は建廟議・睦宗藩、巻四は建廟議、巻五は励風俗、巻六は広儲嗣、巻七は崇聖学・端好尚、巻八は慎名器、巻九は清皇荘、巻一〇は弭盗賊・弘治道、巻一一・一二は弭盗賊、巻一三は紀恩賜、巻一四・一五は紀恩類、巻一六は重陵寝、巻一七は秩群祀、巻一八は挙恤典、巻一九は公挙錯、巻二〇は馭夷狄、『外集』

は挙公議[25]という分類になっている。

⑨『桂洲奏議』二一巻『補遺』一巻

〔所蔵〕

国立公文書館（内閣文庫）・上海図書館

〔序〕

原序

嘉靖己亥秋八月既望賜進士第通議大夫都察院右副都御史奉勅巡撫江西等処地方句曲山人王暐書於洪都公署之後楽堂

序奉公録

嘉靖四年十一月二十有一日棠陵老農方豪対雪書于詔養堂之遂心処

奉公録後序

嘉靖己丑春季台一江王洙識

書奉公録後

嘉靖癸巳夏四月既望虚山席春書

山西按事奏議叙

賜進士出身翰林院編修承事郎経筵講官同修会典泰和南野欧陽徳書

山西按事奏議叙

嘉靖八年太歳己丑七月二十一日中憲大夫福建等処提刑按察司副使前進士棠陵方豪譔于甲馬営舟中

郊祀奏議叙
嘉靖甲午春二月望日属吏汝南張元孝頓首謹跋
南宮奏稿叙
嘉靖十三年秋七月既望崇陽汪文盛希周甫撰
刻桂洲奏議序
嘉靖己亥仲秋月賜進士及第司経局洗馬兼翰林院侍読前提督江淛学校門人華亭徐階序
桂洲奏議叙
賜進士出身文林郎陝西道監察御史河中景溱撰
桂洲奏議後序
嘉靖庚子春正月既望賜進士第巡按江西監察御史済南謝九儀拝撰
像賛
大清乾隆弎十有九年歳次甲申穐八月裔孫其洛沭手重書
附装潢像賛
乾隆戊辰嘉平月江西布政使者中州後学彭家屏頓首拝題於紫薇官署之宿雲花榭
附像賛跋
乾隆庚午三月貴溪令錫山華西植頓首拝跋
跋
乾隆甲申仲秋下浣七世孫（之瑞・之琳）薫沐敬識
〔巻一巻頭〕

桂洲夏文愍公奏議第一巻
　門人涇県左鎰　編輯　宣城貢汝成　校正
　華亭徐階　　　武進薛応旂
　裔孫之瑞　重訂　其浩　仝校字
　之琳　　　其瀾
　　　　　　其洛
　　　　　　其澍

〔構成〕

巻一～九が諫垣集、巻一〇～二一が南宮集である。

〔その他〕

南京図書館所蔵の道光刊本、中国国家図書館所蔵の光緒刊本は⑨の重刻である。

（三）その他の夏言の著作

『桂洲先生文集』や『桂洲奏議』の編纂に関係する書籍として下記の七種を挙げる。

⑩『奏謝録』三巻

〔所蔵〕

北平図書館善本

〔序〕

なし

〔巻一巻末〕

此学士兄諸謝恩之奏、雖出一時聞命対使揮毫之作、然駢儷典則、有足為後学式者、因録而刻之。

嘉靖十年辛卯夏後六月朔旦双洲弟行謹拝手書

〔内容〕

嘉靖九年～嘉靖十三年に夏言が書いた謝恩疏を収録している。

⑪『郊祀奏議』二巻

〔所蔵〕

浙江図書館

〔序〕

なし

〔内容〕

嘉靖九年以降の郊祀礼制改革関連の上奏を収録している。

⑫『南宮奏稿』五巻

〔所蔵〕

四庫全書所収

〔序〕

南宮奏稿序
　嘉靖十三年秋七月既望崇陽汪文盛希周甫撰
〔内容〕
礼部尚書時代の上奏をテーマごとに並べている。単独の刊本は現存しない。

⑬『桂洲詩集』二四巻
〔所蔵〕
四庫全書存目叢書（上海図書館所蔵本影印）
〔序〕
桂洲詩集叙
　河南道監察御史南郡江陵曹忭譔
桂洲詩集序
　山東道監察御史関中華陰楊九沢譔
　嘉靖丙午年夏四月
〔構成〕
　巻一が賦、巻二が四言古詩・五言古詩、巻三・四が五言古詩、巻五〜七が七言古詩、巻八〜一二が五言律詩、巻一三が五言排律、巻一四〜一八が七言律詩、巻一九が七言律詩・七言排律・五言絶句、巻二〇が五言絶句・六言詩、巻二一〜二四が七言絶句である。序によれば田汝成によって刊行された。

〔巻一巻頭〕

桂洲詩集第一巻

特進光禄大夫上柱国少師兼太子太師吏部尚書華蓋殿大学士貴溪夏言譔

〔巻末〕

杭州府通判羅尚絅監刻

⑭『賜間堂稿』一〇巻

〔所蔵〕

南京図書館

〔序〕

賜間堂稿序

銭唐田汝成譔

嘉靖二十五年春三月

〔巻一巻頭〕

賜間堂稿第一巻

特進光禄大夫上柱国少師兼太子太師吏部尚書華蓋殿大学士貴溪夏言譔

〔構成〕

巻一が疏・表、巻二が祭文、巻三が碑文、巻四が誌表、巻五～八が詩、巻九～一〇が詞である。

〔内容〕

嘉靖二十一年～二十四年に夏言が下野していた期間の詩文を収録している。なお、国立公文書館（内閣文庫）には本書を隆慶年間に翻刻したものと思われる『賜間堂稿』八巻が所蔵されている。

⑮『応制集』四巻

〔所蔵〕

中国国家図書館

〔序〕

応制集序

大明嘉靖甲午八月既望浚儀王廷相撰

少傅夏公応制集序

嘉靖丁酉三月朔旦睢陽朱希周序

〔巻一巻頭〕

巻一

光禄大夫柱国少傅兼太子太師礼部尚書武英殿大学士臣夏言撰

〔構成〕

巻一が楽章・詩・賦・歌吟・頌、巻二が致語・青詞醮意、巻三が講章、巻四が進呈札子である。

〔内容〕

世宗の命令で作った詩文や世宗と直接やりとりした際の文章を収録している。

⑯『桂翁詞』六巻『鴎園新曲』一巻

〔所蔵〕

台湾国家図書館

〔序〕

重刻桂翁詞序

嘉靖丙午二月朔旦門人常熟楊儀再拝謹序

玉堂余興引

嘉靖辛丑夏六月朔賜進士出身通議大夫南京吏部右侍郎前国子祭酒春坊太子庶子兼翰林侍講掌翰南院同脩国史経筵講官鍾石費寀著

少傅桂洲公詩余序

嘉靖戊戌冬十一月資善大夫太子少保南京吏部尚書致仕前礼部尚書兼翰林院学士専管誥勅兼国史副総裁長洲呉一鵬書

（後序）

是歳⑵⑹冬十月既望後学皇甫汸識

跋桂洲詞後

庚子歳冬十月望日大名府知府後学石遷高謹識

〔『鴎園新曲』巻末〕

嘉靖丙午仲春常熟後学生陳堯文重刻

〔内容〕

夏言の詞集である。同じあるいは類似した内容を収めた書物としては、上海図書館蔵『桂洲集』や台湾国家図書館蔵『桂洲集』、中国国家図書館蔵『桂翁詞』が挙げられる。上海図書館蔵『桂洲集』および台湾国家図書館蔵『桂洲集』については各種目録で嘉靖二十年刻本とされているが、⑭巻九・一〇の内容を含んでいることから嘉靖二十五年以後に編集されたと考えられる。中国国家図書館蔵『桂翁詞』には「嘉靖丙寅仲夏金陵双泉童氏梓行」という牌記が見え、巻ごとのタイトルが『桂翁詞』か『玉堂余興』か一定していないという杜撰なつくり(27)のため、これは本書の坊刻本であろう。なお、楊儀「重刻桂翁詞序」には夏言の詞集は最初に蘇州、次に江西鉛山、その次に福建ですでに刊行されていたことが書かれており(28)、後述するように嘉靖二十五年に改めて編纂された詞集である。

二　『桂洲先生文集』の各版本の成立

『桂洲先生文集』の四種類の版本のうち、①・②と③・④では明確に構成が異なる。内容の情報量の多寡や序文の日付から、①・②の方が③・④に先行すると考えられる。そこで、便宜的に序文の年月から前者を万暦本、後者を崇禎本と呼び、各版本の成立の検討をすすめる。

(一) 万暦本

①と②を比較した場合、②の巻一巻頭には①で空欄になっている重校者の氏名(江惟東)が書かれており、また②の巻三巻末の出版関係者の情報(興化府学教授沛県盧雄校、建陽県署県簿王夢良督刊、饒邑徐寿春、建陽書戸呉世良

梓）は②の巻三巻末の情報（建陽書戸呉世良梓）より明らかに多い。また、②の巻五一以降の青詞部分に関しては、少なくとも目録上は①に載せない青詞を多数収録しているようである。

ただし、だからといって②をオリジナルと断定することはできない。筆者は三つの点から①も②も破損した版本の翻刻であり、オリジナルの万暦本が別に存在したと想定する方がよいと考える。まず一つには、巻三巻末に記載されている出版関係者に福建の建陽の出版業者が含まれていることである。建陽は宋代以来、大量の商業出版が行われ、坊刻本制作の中心地であった。建陽で出版された商業目的の書籍は杜撰な編集がなされているものが珍しくない。[29] もちろん、原本が建陽で出版された可能性を完全に排除することはできないが、坊刻の可能性を大きく提示する標記であることは間違いない。次に、楊時喬（一五三一～一六〇九、江西上饒の人、嘉靖四十四年進士）の序の印について、①と②ともに「乙丑進士」印は共通するが、①にはその上に「宂遷氏言」印（「宂遷」は楊時喬の字）、②には「止菴」印（「止菴」は楊時喬の号）がそれぞれ印刷されている点である。オリジナルでは上から「宂遷氏言」、「乙丑進士」、「止菴」と印刷されていた各印が、①と②ではそれぞれ不完全に再現されたと見るのが妥当だろう。もう一つは、①も②も巻二八「疏」までは目次と内容が一致しているのにもかかわらず、巻二九「奏劄」以降に目次にも内容にも混乱が見られる点である。おそらく①や②が翻刻した版本は巻二九以降に欠葉や欠巻などの不備が目立ち、それゆえに目次の配列の混乱や目次と内容との不一致など不審な点が多く見られるのではないか。①は不備の見られる巻を整理して五〇巻にまとめて、②は目録が巻六五まで続いていることを考慮して、少ない内容から無理に巻数を引き延ばしたため、巻二九第二葉から巻三二第三葉に巻数がとぶという不審な現象が引き起こされたと思われる。オリジナルについては、巻二八までは①・②と同様の配列で、巻二九以降に「奏劄」が収録されていたのは確かであろうが、全何巻だったのか、どのような配列だったのか、①・②を超える情報量があったのかについては現時点ではわからない。

①・②がオリジナルではないという仮定と関連して、夏言の文集の刊行年をいつまで遡れるのかについて手がかりとなる記述がある。万暦二年、質正官として明への朝貢使節に参加した朝鮮人趙憲の七月二十五日の日記に「初めて『桂洲集』を見た」感想が書かれている。

嘉靖年間の内閣大学士夏言の文集である。とりあえず表と疏を見て、中国が儒臣に礼をもって接していることが詳しくわかった。郊祀や宗廟の祭祀のとき、たとえば毎年規定された祭祀や先祖にお供え物をする儀礼のとき、習慣によって（祭祀のお供え物の）酒や肉を大臣に分け与え、スープや漬物のあまりまで頒布しないことがなかった。夏言も一件ごとに表文をたてまつって感謝を述べている。礼の気持ちがどちらにもいきとどいている。しかし嘉靖は結局、厳嵩の讒言を聞いてしまい、夏言を斬刑に処した。ああ、夏言はすでに勇退していたのに、再起用の命令に赴いたのは、なぜだろうか。天命なのだろうか。[30]

『桂洲集』については、⑥の附録に同名の書物が見えるが、筆者は趙憲が見たのはオリジナルの文集またはその後継本ではないかと考える。というのも、趙憲は表と疏を見たといっているが、『桂洲集』は謝恩疏だけを収録し、表は収録しない。一方、万暦本では巻二二から表と謝恩疏が収録されている。筆者の考えが正しければ、万暦二年七月時点ですでに夏言の文集が刊行され、北京で購入可能な状態にあったということになる。これは②巻四九巻末の「万暦二年歳次甲戌孟冬之吉書林呉世良刊于望斗楼」の日付に先行する記録である。

では、文集のオリジナルの版本はどのようにできたのだろうか。楊時喬の序によれば、夏言の生前に文集の出版計画が浙江ですすめられていたが、夏言の刑死により出版は不可能になった。その後、夏言の娘婿である呉春が夏言の遺言に従って遺稿を収集し、夏言の外孫である呉莱が出版にこぎつけたという。[31] 呉春（一五一二〜？）は、字は以容、号は学愚、夏言と同郷人で嘉靖十七年の進士である。呉春の父は正徳八年挙人で兵部郎中や山東按察司副使を歴任した呉道南という人物であった。[32] 呉春は嘉靖二十六年には光禄寺少卿になったが、翌年夏言が逮捕された後に山東按察司副使となった。[33] 夏言が処刑された時点では呉春に嫁いだ娘しか生きている子女がおらず、ゆえに夏言は後事を呉春に託した。[34] 崇禎本の呉一璘「文愍公全集跋」によれば、呉春と呉莱は夏言の遺稿を「購求」して文集を作成したという。[35] つまり、万暦本は夏言の家に秘蔵されていた資料や出版計画が挫折した浙江の版本を使用したというより、夏言の生前に出版された書物を含めた遺稿から再構成された書物といえる。その痕跡がうかがえるのが詞の配列である。万暦本の巻一五〜一八には「詞」が収録されているが、詞の順番は⑯とほぼ同一である。また、巻二一「講章」は⑮巻三と同内容である。

（二）崇禎本

崇禎本は万暦本よりも巻数や収録分量が少ないが、万暦本のダイジェストではない。呉家が所蔵していた版本は火災により一部が焼失し、残存した巻も虫害に遭ってしまった。その後、呉春・呉莱の子孫である呉一璘が江西按察使林日瑞（?〜一六四三、福建詔安の人、万暦四十四年進士）に残存していた万暦本を進呈し、林日瑞が再出版をすすめたという。[36] つまり、崇禎本は万暦本を十分に参考にすることはできず、他の書籍から再構成した部分が多い。たとえば、崇禎本の巻一〜六は詩賦を収録しているが、配列は万暦本とはかなり異なり、むしろ⑬に近い。また、巻一一〜一四までは疏を収録しているが、収録されている文章は万暦本の巻二四〜二八の「疏」に収録されているものとは大いに異なり、むしろ⑧に近い。また、巻一五「奏劄」は万暦本「奏劄」部分を参考にしたと思われるが、万暦本に比べると情報量が少ない（【表十二】）。したがって、崇禎本に収録されている内容は万暦本や夏言の他の現存する書籍で見ることができる。

【表十二】万暦本①と崇禎本の奏箚収録数の比較
＊崇禎本は巻一五にすべての奏箚が収録されている

万暦本巻数	時期	万暦本奏箚収録数	崇禎本奏箚収録数
巻二九	嘉靖十六年六月初一日～嘉靖十六年八月三十一日	51	6
巻三〇	嘉靖十六年九月初一日～嘉靖十七年二月初三日	73	11
巻三一	嘉靖十七年二月初三日～嘉靖十七年八月二十七日	101（一通分空欄）	10
巻三二	嘉靖十七年九月初四日～嘉靖十七年十二月二十八日	61	16

三　『桂洲奏議』の各版本の成立

『桂洲奏議』各版本のなかで、⑤・⑥・⑦・⑨は夏言の給事中時代と礼部尚書時代の上奏文を収録し、基本的に配列が年代順であることは共通している。⑧のみ内閣大学士時代の上奏も収録し、配列がテーマ・文体ごとになっている。便宜上、⑤のもととなった版本（現存しない）を江西本、⑥を田汝成本、⑦を王言本、⑧を呉春本、⑨を乾隆本と呼ぶことにする。

（一）江西本

江西本の原本および中国国内の翻刻は現存していないが、朝鮮で同時代に出版された⑤、清代に江西本を参照して作成された⑨からその大体を把握することは可能である。

⑤には宣賜記がついており、嘉靖二十八年十月に朝鮮国王が任輔臣（？～一五五八）に賜ったことが見える。朝鮮では正徳九年十二月、尊経閣で火災が起き、それまで所蔵されていた「祖宗朝書冊」が灰燼に帰してしまった(37)。翌年十一月、弘文館副提学金謹思らは世宗朝（一四一八～一四五〇）の書籍出版事業を復活させることを提案し、中宗（在位：一五〇六～一五四四）はこれを裁可した(38)。以来、国内の書籍だけではなく中国書の出版とその賜与がさかんに行われるようになったようである。たとえば、中宗の治世には『通鑑纂要』、『魏鄭公諌録』が出版・頒布されたことが『朝鮮王朝実録』に見える(39)。また嘉靖二十一年に礼曹判書金安国（一四七八～一五四三）が『春秋集解』、『大明律読法』、『呂氏読書記』、『詩経註解』、『古文関鍵』、『皇極経世書説』、『易経集説』、『止斎集』、『象山集』、『赤城諌録』、『古文苑』、『焦氏易林』、『山海関志』、『顔氏家訓』を印刷すべき書に挙げ、裁可された(40)。ここから当時の朝鮮で政治から学問、さらには実用書まで幅広い中国書が出版されていたことが見て取れる。

⑤が所蔵されている蓬左文庫にはほかに『御製文集』、『少保于公奏議』、『大明会典』、『国朝五礼儀』、『内訓』、『箋註靖節先生集』、『朱子大全集』、『選詩』、『西山先生真文忠公文章正宗』、『文章辨体』、『晦斎先生集』といった朝鮮宣賜本が所蔵され、どれもが正徳年間以降に賜与されたという内賜記をもつ(41)。このうち『御製文集』については実録中に嘉靖二十五年四月に朝天使から朝鮮国王に献上されたという記事が見える(42)。蓬左文庫所蔵本の内賜記には嘉靖二十五年十月に宣賜されたと書かれている。書籍の種類にもよるだろうが、収集から刊行・頒布までの時間はそれほど長くないようである。また、『御製文集』は嘉靖八年に雲南で黔国公が所蔵

していた明初刊本をもとに出版されている。(43) 嘉靖八年刊本は復旦大学図書館と中国国家図書館に残っている。このうち筆者が実際に目睹しえた中国国家図書館所蔵本は巻一六以降のみ現存し、これと蓬左文庫所蔵本の体裁を比較すると、一行当たりの文字数は異なるが、行数（半葉十行）や抬頭の方法（改行するが行頭は空けない）などは共通している。したがって、朝鮮で出版された中国書はある程度はオリジナルの版本の体裁を遵守していると考えられ、『桂洲奏議』江西本のオリジナルの体裁は⑤に近かったと思われる。

それではなぜ朝鮮で『桂洲奏議』が刊行されたのか。夏言が同時代の中国の要人であるという理由だけではなく、ほかにもいくつかの背景が存在する。まず、夏言は嘉靖十年から十五年まで礼部尚書の任にあった。礼部は朝貢国への窓口であり、夏言は尚書時代に朝天使の外出制限を緩和するなどして朝鮮側から高い評価を得ていた。(44) さらに、当時の朝鮮の朝廷にとって明との関係の最重要事項は「宗系弁誣」という問題だった。(45) 正徳年間に刊行された勅撰書『大明会典』中の初代朝鮮国王李成桂の記事が間違っているとして、朝鮮側は明側に執拗に改定を求めていた。(46) 夏言も礼部尚書としてこれに対処したことがあり、礼部尚書時代の上奏文を収録する『桂洲奏議』は朝鮮にとって明との交渉の一資料となることが期待されていたと推測できる。(47)

では、江西本はどのようにして出版されたのか。嘉靖十七年冬、王暐（南直隷句容の人、正徳十二年進士）・景溱（一四九二〜一五五三、山西蒲州の人、正徳十六年進士）・徐階の各序文によれば、出版事業は江西巡撫胡岳（一四七四〜一五三九、南直隷華亭の人、正徳九年進士）・巡按景溱・清軍御史董玠（一四九七〜一五五六、南直隷涇県の人、嘉靖十一年進士）の三人の発案により、夏言から「奏議百数十巻」を得て江西布政使夏邦謨（一四八四〜一五六四、四川涪州の人、正徳三年進士）・按察使尹嗣忠（?〜一五四一、北直隷灤州の人、正徳十二年進士）が出版を行った。校正に関しては提学徐階が九江府学教授薛応旂（一五〇〇〜一五七四、南直隷武進の人、嘉靖十四年進士）に依頼して行わせたという。(48) 刊行の正確な年月は不明だが、各序の日付および王暐の江西巡撫赴任時期から嘉靖十八年と推定される。(49)

また、巻一巻頭には編纂者として左鎰と貢汝成の名前が見える。左鎰は嘉靖十一年の進士である。嘉靖十五年、世宗は『宋史』や経書などの書籍の再編集・校正を開始し[50]、管理誥勅の職にあった左鎰はこの事業に参加した。その後、嘉靖十七年に明堂建設の際に出現した景雲を言祝ぐ賦を作って評価されたが、まもなく三十二歳の若さで亡くなってしまったという[51]。貢汝成は正徳八年の挙人であるが、会試に落第し続け、嘉靖七年以後は北京に住んで礼の研究を行っていた。そのころから世宗が礼制改革を行い始め、その成果をまとめた『祀儀成典』を刊行する運びになった。墓誌銘によれば、貢汝成は「礼官」によって『祀儀成典』編纂事業のメンバーに抜擢された。その後、嘉靖十六年に「輔臣」の推薦により翰林院待詔になり、たびたび政治に関する上奏を行ったが採用されなかったので官僚をやめようとしたものの、その才能を高く評価していた「輔臣」はやめさせなかった。嘉靖十八年七月、在職中に亡くなった[52]。伝記中の「礼官」や「輔臣」は夏言のことと考えられる[53]。左鎰も貢汝成も書籍編纂事業に従事していたこと[54]、さらに二人とも寧国府出身であるという共通点がある。また、貢汝成は夏言と近しい人物であり、礼制改革における夏言のブレーンの一人だったのではないだろうか。つまり、左鎰と貢汝成は二人とも江西本の編纂時には江西ではなく北京で奉職していた。したがって、江西本出版の過程を整理すると、まず江西巡撫らが夏言に奏議出版を持ち掛け、夏言は北京で左鎰・貢汝成の二人に自身の奏議の編纂を依頼し、できあがった原稿は江西に送られ徐階が斡旋して薛応旂に校正を行わせ、布政使・按察使によって出版されたということになる。

　徐階の序によれば夏言にはすでに『奉公録』、『山西按事奏議』、『郊祀奏議』、『南宮奏稿』という小規模な奏議集が存在していたという[55]。⑨にはこの四書の各序が収録されており、江西本にもこの四種類の書籍の序がついていたと考えられる。このうち、『奉公録』については現存せず、管見の及ぶ限り、前近代の各種書目にも掲載されていない。『山西按事奏議』については、『天一閣書目』巻二に「山西按功奏議二巻（刊本）明桂林《ママ》夏言撰、嘉靖八年棠陵方豪序、泰和欧陽徳序」と見えるが、現在の天一閣には所蔵されていないようである。『郊祀奏議』は浙江図書館に所蔵されている⑾。『南宮奏稿』は『四庫全書』に収録されているが⑿、単独の版本としては現存していない。

⑪は全二巻で、巻上が⑤の巻八と同一であり、巻下も⑤の巻九とほぼ同じである[56]。注目すべきは⑪と⑤の巻八・九は内容や上奏文の配列が共通しているだけではなく、抬頭の方法や上奏文の末尾の定型句まで収録するという点まで共通していることである。実は、⑤巻九は「諫垣集」であるにもかかわらず礼部尚書時代の上奏文まで収録している。この現象は⑤を編纂する際に⑪をほぼそのまま翻刻したと考えれば辻褄が合う。さらにすすめて考えれば、⑤の上奏文の配列が基本的に年代順であるにもかかわらず順番が錯誤している部分が存在する理由は、『奏公録』や『山西按事奏議』をそのまま転載したためと推定することができる。ただし、「南宮集」の配列は現行の『南宮奏稿』とは異なる。

(二) 田汝成本

⑥と⑦では巻数は違うものの上奏文の配列順は同一であり、また文章についても⑤にみられる末尾の定型句は載せないことも共通している。⑥は嘉靖二十年に田汝成（一五〇三～一五五七）が出版し、⑦は蘇州付近で嘉靖二十五年に出版されたと想定できるが、その根拠については次項で述べ、本項では田汝成本の来歴を考える。

田汝成は杭州の人で嘉靖五年進士である。嘉靖十一年まで礼部主事の任にあり、礼部尚書時代の夏言の部下であり、以後は地方官を歴任した。彼の序文によれば、朝覲のために上京し夏言に会ったら、「鈐帙」を差し出されて奏議の編集を託されたという[57]。

⑤と田汝成本を比較すると、前者は抬頭のルールを厳格に適用して頻繁に改行し、上奏文末尾の定型句もそのまま留めているのに対し、後者は抬頭による改行をせずに一字を空けるだけで定型句は削除している。また、⑤では各上奏文の表題を上奏原本のままにつけている。そのため、たとえば巻二〇には「欽奉聖諭疏」という表題の上奏文が十三本収録されており、これだけではそれぞれの内容の違いがわからない。一方、田汝成本巻一九では、各上奏文に「奉旨議廃中元日内殿祭礼疏」、「請会廷臣議遷奉慈殿三后神主疏」といったような内容に応じたタイトルがつけられている。

このように特徴を紹介すると江西本と田汝成本には関係がないようにも思えるが、共通した特徴もある。それは江西本も田汝成本も礼部尚書時代までの上奏文を「諫垣集」と「南宮集」に分けて収録すること、そして内閣大学士時代の上奏文を収録しないことである。また、収録されている上奏文についても、『外集』および『桂洲集』を除いて、一部に順番の前後は見られるものの基本的に同一である。これらの共通点から田汝成が夏言から受け取った「鉅帙」とはまさに江西本そのものを指すという可能性も考えられる。

(三) 王言本

田汝成本は北平図書館善本も北京大学図書館所蔵本も嘉靖二十年の序しかついていないのに対し、王言本には嘉靖二十五年の序もついている版本があることから、田汝成本が嘉靖二十年、王言本が嘉靖二十五年に刊行されたと単純に推定できるが、補強材料を二つ挙げる。

まず、前述のように田汝成本が江西本の再編集という性格をもっているのなら、早期に作られた方がより江西本の影響を強く残し、後期に作られた方は先行する田汝成本の重刻ということになる。半葉の行数を比較すると、⑤と田汝成本は十二行であるのに対し、王言本は十行であり、田汝成本の方が⑤に近い(58)。

また、王言本の版心に刻まれている刊工について、高成・沈喬・彭文の三人は嘉靖二十五年に常熟で出版された⑯にもその名がみえる。⑯は半葉十行、黒魚尾、左右双辺であり、王言本と同じ特徴をもっている。王言(山東蓬萊の人、嘉靖二十年進士)の序によれば、夏言は嘉靖二十四年年末に官界復帰の命を受けて上京するに際し、蘇州を通りすぎ、そこで巡按王言に奏議の校正を依頼したという[59]。

なぜ夏言は江西本および田汝成本が存在するにもかかわらず、王言に奏議の校正を依頼したのか。特に田汝成本と王言本は巻数と体裁には差異があるものの、内容は同一である[60]。これについては、夏言の政界復帰と関連性があると考えられる。嘉靖二十四年に再起用の命令を受けた夏言は、地元江西から杭州に移動し、そしてそこから運河沿いに北京を目指した。その際に各地で自分の書物の出版を依頼している。まず、杭州では田汝成に詩集と隠退期間の詩文集の出版を依頼した。それが⑬・⑭である。さらに常熟では詞集を再出版した。⑯の楊儀(一四八八～一五六四、南直隷常熟の人、嘉靖五年進士)の序文によれば、夏言は上京の途上で奏議も携えていたという[61]。これらの出版事業には自らの政界復帰をアピールする狙いがあったと予想できる。

以上から、田汝成本は嘉靖二十年に杭州で田汝成によって江西本を再編集して刊行された版本、王言本は嘉靖二十五年に蘇州附近で田汝成本を再編集して刊行された版本であることが導き出せる。

(四) 呉春本

呉春本は他の版本と違い、テーマごとに分類されており、また内閣大学士時代の上奏も収録するところに特色がある。呉春本には王暐の序と謝九儀(山東章丘の人、嘉靖十一年進士)の後序がついている。謝九儀の後序は乾隆本によれば、江西巡按として嘉靖十九年に執筆したことになっている。このことから、呉春本は確実に江西本は参照していると思われる。また、巻一三～巻一五の「紀恩賜」・「紀恩類」については、⑩とほぼ同じである。内閣大学士時代の上奏については、⑭所収の上奏文と同様であるため、⑭が来源ではないかと思われ、管見の及ぶ限り、呉春本にしかない文章は存在しない。呉春本は『四庫全書存目叢書』に収録されているため現在はアクセスが容易であるが、重慶図書館所蔵の版本が孤本である。また、『桂洲先生文集』崇禎本の「疏」は上奏文の配列の方法が呉春本と類似している。

（五）乾隆本

乾隆本は夏言の七世孫を自称する夏之瑞・夏之琳[62]によって刊行された版本である。七世孫の跋によると、乾隆年間においては夏言の文集は流通していたが、奏議は流通していなかった。乾隆九年（一七四四）、程巖（一七一四～一七六八、江西鉛山の人、乾隆四年進士、当時は翰林院検討）が江西布政使彭家屛（?～一七五七、河南夏邑の人、康熙六十年進士）の家に夏言の奏議があることを知り、夏之瑞に知らせた。ただし、彭家屛の所蔵する奏議は一帙欠落があり、かつて南京や蘇州で奏議を探してみたが見つからなかったという。夏之琳は江西按察司副使李根雲（雲南趙州の人、康熙五十七年進士）にとりついでもらって彭家屛所蔵本を見ることができた。そして、李根雲および貴溪知県彭之錦を通じて奏議を期間限定で抄写させてもらうことができた。その後、乾隆二十一年（一七五六）、夏之瑞は乾隆帝の南巡のために杭州を訪れ、ついでに本屋で夏言の奏議の原刻を探し、古本屋の目録に夏言の奏議を見つけるが、値段が高く、しかも取り寄せに時間がかかるという代物だった。夏之瑞は値切り交渉をしてなんとか奏議を手に入れ、彭家屛所蔵本で欠落していた部分を補い、刊行にこぎつけたという[63]。

ここから、乾隆本は彭家屛が所蔵していた版本と杭州で購入した版本の二つをもとにして再編集した版本であることがわかる。実は、両者はそれぞれ別の『桂洲奏議』であり、前者は江西本、後者は田汝成本（または王言本）と思われる。なぜなら、乾隆本は江西本と同じく全二一巻構成でありながら、巻一八以降の上奏文の配列は江西本とは異なり、田汝成本と同一である。また、文章の掲載範囲も江西本のように末尾の定型句を載せることはなく、田汝成本と同じく定型句は削除している。したがって、乾隆本は江西本をベースにしながらも田汝成本のスタイルを取り込んで再編成した版本といえる。

また、乾隆本には元の版本の記載を改竄した部分が見られる。たとえば、巻一の巻頭に掲載されている編者について、⑤では左鎰・貢汝成編修、薛応旂校正とあったのを、左鎰・徐階編修、貢汝成・薛応旂校正と改めている。しかし、前述したように、左鎰・貢汝成は北京に、徐階・薛応旂は江西にいて、徐階は薛応旂に校正作業を依頼しただけである。したがって、こうした作業分担はありえない。おそらく徐階のような名宰相が編纂の中心であったという権威づけを狙ったのだろう。また、⑤の景溱の序では夏言の職は「少傅」になっているが、乾隆本では「少師」になっている。同様に、呉春本の謝九儀の後序で夏言の肩書は「少傅」になっているが、乾隆本の謝九儀後序では削除されている。夏言は嘉靖十八年正月に少師になったが、同年五月に少傅に降格し、嘉靖十九年十一月に少師に返り咲いた(64)。つまり、嘉靖十八年五月から嘉靖十九年十一月までの夏言の肩書は少傅であり、ゆえに⑧の謝九儀の後序にはもともと「少傅」とあったはずである。「七世孫」は各序に「少傅」とある意味をよくわかっておらず、「少師」に変更したり削除したりしたのではないだろうか(65)。

このように乾隆本は編集の手が大きく加わっているものの、乾隆本ならではの特色もある。まず、『奉公録』、『山西按事奏議』、『郊祀奏議』、『南宮奏稿』という『桂洲奏議』に先行する各奏議の序文を含んでいることである。このなかで『南宮奏稿』の序文は四庫全書に収録されているものの、他の個別の奏議の序文は他の本には見られない(66)。栄達する前の夏言についての貴重な史料を含んでいるといえよう。また、『桂洲奏議』は道光年間以後、『桂洲夏文愍公奏議』として何度か重刻されるが、その底本となったのが乾隆本である。つまり、清代後半以降に広く読まれた『桂洲奏議』の版本は乾隆本であったといえる。

おわりに

本論で検討した『桂洲先生文集』および『桂洲奏議』の各版本の関係を大体の成立年代順にまとめる。まず、嘉靖十八年に夏言の先行する各奏議をもとにして『桂洲奏議』江西本が作られた。後に江西本は朝鮮で出版され、朝鮮国王から臣下に宣賜される。その後、夏言は田汝成に奏議の編集を依頼し、嘉靖二十年に『桂洲奏議』田汝成本が作られた。夏言は嘉靖二十一年に下野し、嘉靖二十四年に官界に復帰するが、地元の江西から上京する途中で、杭州や蘇州に立ち寄った。夏言は杭州では田汝成に『桂洲詩集』や『賜間堂稿』の刊行を依頼し、蘇州では田汝成本をもとに王言に『桂洲奏議』の再出版を依頼した。また、杭州では夏言の文集を出版する計画がすすめられていたが、夏言の刑死により白紙撤回された。夏言の死後、外孫の呉莱が夏言の遺稿や『桂翁詞』、『桂洲奏議』江西本などの既存の著作物から『桂洲先生文集』と『桂洲奏議』を刊行する。『桂洲先生文集』は複数の出版業者の手により翻刻され、万暦年間に諸版本が作られた。しかし、オリジナルの『桂洲先生文集』はいつの間にか消え去ってしまった。編集者である呉春の子孫の家も例外でなく、火事や虫害で『桂洲先生文集』が部分的に破損してしまったため、子孫の呉一璘が『桂洲奏議』呉春本を始めとする既存の版本をもとに『桂洲先生文集』崇禎本を刊行した。以後、夏言の文集としては崇禎本が主流となっていく。一方、『桂洲奏議』は清代に入って夏言の子孫を自称する夏之瑞・夏之琳によって再び刊行された。乾隆本は江西本をベースに、江西本の欠落を田汝成本で補った版本である。これ以後、夏言の奏議としては乾隆本が主流となっていく。

近年に入って『四庫全書存目叢書』の刊行により、研究史料として『桂洲先生文集』崇禎本や『桂洲奏議』呉春本が参照されることが多くなった。ただし、前者については本章で明らかにしたように情報量が『桂洲先生文集』万暦本に比べて限られている。また、後者については欠葉・欠巻が多く、しかも夏言の生前に刊行された江西本・田汝成本・王言本には収録されている一部の上奏文が収録されていない。一方で、『桂洲先生文集』万暦本は杜撰なつくりのために誤字や不審な点が多い。また、『桂洲奏議』各版本は校正の丁寧さに差があり、文章の正確さの万全を期すためには『桂洲奏議』各版本や『南宮奏稿』・『郊祀奏議』の字句の異同の対比を行う必要がある。夏言の文集ならびに奏議を使用して研究を行う際には、一つの版本だけではなくいくつもの版本を対照させなくてはいけないのである。

注

（1）代表的な先行研究としては尤淑君（二〇〇六）、城地（二〇一二）、Dardess (2016) が挙げられる。
（2）夫馬（二〇一五）六八五頁参照。
（3）厳嵩の最期には諸説ある。大木（一九九七）参照。
（4）清の嘉慶年間（一七九六～一八二〇）、子孫が厳嵩の生前に刊行された『歴官表奏』（北京大学・中国国家図書館・東京大学東洋文化研究所所蔵）を復刻しているが、内容は『歴官表奏』と『嘉靖奏対録』を混在させたものである。『嘉靖奏対録』については刊行年、刊行目的ともに不明である。
（5）彭沢が張璁の手下であるという認識は夏言『桂洲奏議』巻五「論劾少傅張璁尚書方献夫等疏」（嘉靖九年七月十九日）に見える。
（6）嘉靖十九年には体調不良から退位の意向を見せる。『朝鮮王朝実録』中宗三十五年十月辛未条「八月十二日聖諭。朕仰承天恩、下眷嗣統、臨朝已多歳矣。自十三年以来至今、早朝尽廃、政多失理、以致災変累生、財用匱乏、民不安生者。雖在宮中、此心如履深淵、一般言官、無一箇奏声、待他説時、即可借為他、毎妨禍把滑不言、我今即不得不自言。早朝不修、祀典多遺代、与戸位同。朕近来血気衰弱、髪鬚脱半、精神太減、大不如旧。雖即無他事、亦未可不慮也。東宮雖幼、上有赫赫昭鑑、保定必矣。或権命監国、重大仍奏請、朕少解一二年調養、或可親政、悉若初、不敢、又取逸耳。亦非作術以弄巧成様、只待清澄思慮、浄養霊台、但得血気還昔、諸疾尽去、即復初勤、豈甘終怠了。卿等以五六人、不肯担当、礼官就播這諭、速播廷臣、限三日議上、不許蔵欺出詐。君固瞞了、如鬼神可欺乎。朕非陥今日之仙術、酷玄元之是尚。此身之苦、怎麼自家誤了自家。」

(7) 厳嵩『鈐山堂集』巻二七「西使志」によれば、正徳十三年九月、広西への冊封副使に抜擢された厳嵩が貴渓を通過した際、夏言ら数人の官僚と酒宴を開いた。夏言は当時、妻の病気のため休暇をとって帰郷していた。

(8) 夏言『桂洲奏議』外集巻一「陳辯尚書方献夫誣奏疏」（嘉靖九年七月二十七日）「不意、璁上奏言、臣託尚書李時求陞詹事、又託侍郎厳嵩転言欲出科門等語。」

(9) 焦竑『玉堂叢語』巻八「仇隙」「厳相謂華亭公、「吾生平為貴渓所狼籍、不可勝数、而最不堪者二事。其一、大宗伯時、貴渓為首揆、倶在直、欲置酒、延貴渓者数矣、多不許。間許、至前一日而後辞、則所徴集方物、紅羊・貔狸・消熊・桟鹿之類、倶付之烏有。一日候出直、乃敢啓歯。又、次揆諸城為従臾、則曰、「吾以某日赴、自閣出、即造公、不過家矣」。至日、諸城為先憩西朝房以俟、乃貴渓復過家、寝於它姫所、薄暮始至。就坐、進酒三勺一湯、取略沾唇而已、忽傲然起、長揖、命輿、諸城亦不敢後。三人者、竟不交一言」。」

(10) 『尊経閣文庫漢籍分類目録』（尊経閣文庫、一九三四）では「嘉靖刊」となっているが、実際には万暦三年以後の版本である。

(11) 各版本の序については序のタイトルと作者・年月日を記録する。

(12) ②にはこの葉はない。

(13) 邵雍『撃壌集』巻一二「清夜吟」「月到天心処、風来水面時。一般清意味、料得少人知。」

(14) ①では三行の空白になっている。

(15) ③では「序」字が欠落しているが④によって補った。

(16) 行書体で印刷されている。①と②の楊時喬序は楷書体である。なお、④の楊時喬序も行書体である。

(17) 「文愍公全集跋」（行書体）の楷書体バージョンである。

(18) ⑤については藤本（二〇一八）四五五頁に解説がある。ただし藤本氏は⑤以外の『桂洲奏議』の諸版本をおそらく実際に確認していないため、中国刊本の整理は不十分である。

(19) 現存するのは巻一八の途中までである。

(20) 現存するのは巻七までである。

(21)『中国古籍珍本叢刊天津図書館』巻二一（国家図書館出版社、二〇一三）。

(22)天津図書館所蔵本には収録されていない。

(23)国立公文書館所蔵本には収録されていない。

(24)⑧では「刻桂洲奏」字が欠落しているが⑤・⑨によって補った。

(25)内容は⑥・⑦の『外集』および⑨の『補遺』と同じ。

(26)本文冒頭に「嘉靖戊戌」とある。嘉靖十七年を指す。

(27)各巻の巻頭・巻末の書名表記は下記の表のとおりである。

(28)楊儀「重刻桂翁詞序」「元相桂翁詞六巻、初刻於呉郡、再刻於鉛山、三刻於閩中。」

(29)中砂（二〇〇二）九四〜九六頁参照。

(30)趙憲『重峰先生文集』巻一〇「朝天日記」万暦二年七月二十五日条「（始見桂洲集。）嘉靖朝閣老夏言之集也。暫見表疏、仰審中朝礼接儒臣。凡郊廟有事、如例祀及薦新之類、例以酒胙分于大臣、至於羹葅之余、莫不頒之。言亦事事上表以謝。礼意両至。而嘉靖卒不免聴厳嵩之譏、以斬夏言。嗚呼。言既勇退、則再赴于尚書之命者、何歟。命也乎。」

(31)楊時喬「刻夏文愍公全集序」「公故有集、浙江巡鹺御史全刻之、聞変剷去。公婿憲副呉君春、遵遺言、収存散乱、併着年譜、未竟。子大官君莱、今始鋟梓、問序于喬。郡大夫有謂、公無血胤、状誌久虚、因此可詳之。」

(32)畢士俊『（康熙）貴溪県誌』巻六「呉道南、字宗甫、少負文名、督学李夢陽奇之。由郷薦歴官兵部郎中。会世廟出幸承天、道南為導、厳戢騎従、所過吏民安堵。擢山東副使、緝海盗、築海堤、勤恤民隠、以労瘁卒于官。道南古貌古心、不務名高而陰行善。微時、為塾師、歳暮帰家、憫族叔有鬻妻以償債者、尽捐一歳之塾金以贈、而叔之室家、竟頼以完。歴官二十年、雖聯姻于夏相、而毫不私于家、如寒素凛然、古清修君子也。」

(33)『世宗実録』巻三二一、嘉靖二十六年四月己丑条、巻三三八、嘉靖二十七年七月丁丑条。なお、楊儀『保孤記』に収録されている「呉学愚与夏少洲書」によれば呉春は嘉靖二十八年（一五四九）に官をやめたとある。

(34)万暦本巻五〇「遺言」「遺言与憲副呉学愚賢婿。……身後惟有平生奏疏詩文諸稿、望子為我編板成書。諸序并年譜、乞借雄筆、以頼不朽。諸稿有文五《ママ》春一経手、亦已囑之矣。……遺言賢女安人。我止有汝一人。」

(35)呉一璘「文愍公全集跋」「先憲副・先別駕、購求遺編、寿梓成集、災于鬱攸。璘承籍簿而窶甚、残秩雖存、徒飽蠹腹。」

巻数	巻頭	巻末
目録	桂翁詞目録	玉堂余興目録終
巻一	桂翁詞巻之一	
巻二	玉堂余興巻之二	桂翁詞巻之二終
巻三	玉堂余興巻之三	玉堂余興巻之三終
巻四	玉堂余興巻之四	玉堂余興巻之四終
巻五	玉堂余興巻之五	桂翁詞巻之五終
巻六	桂翁詞巻之六	可改玉堂余興巻之六終

(36) 前注および林日瑞「重刻文愍公集序」「故有公集如干巻、為公婿呉憲副学愚所捜遺、公甥別駕若愚殺青、継乃災於鬱攸、人什襲之、無従広覧。会公之裔甥孫諸生呉一璘、陳請復祀、因徴其蔵本乃進。」

(37) 『朝鮮王朝実録』中宗九年十二月辛卯条。

(38) 『朝鮮王朝実録』中宗十年十一月甲申条。

(39) 『朝鮮王朝実録』中宗十三年九月己酉条、中宗三十四年二月癸酉条。

(40) 『朝鮮王朝実録』中宗三十七年五月丁亥条。

(41) このうち『国朝五礼儀』は中国書ではない。

(42) 『朝鮮王朝実録』明宗元年四月乙巳条。

(43) 『御製文集』劉臬「恭刻御製文集序」「嘉靖戊子、臣奉命出按雲南、従黔国公臣沐紹勛得其先世所蔵鈔本、伏而読之、既復仰而歎曰、「大哉。郁郁乎、淵乎広乎、並経而垂憲、不可以有加矣。寰宇之内、宜家伝而人誦之也」。因属提学按察副使臣唐胄校正、簡郡学弟子、書以入刻。」

(44) 嘉靖十三年閏二月の出来事である。⑤巻一五「尊旧制以便出入疏」参照。

(45) 『朝鮮王朝実録』中宗三十年正月戊子条。

(46) 桑野（二〇〇八①）、（二〇〇八②）、（二〇〇九）、（二〇一〇）参照。

(47) 朝鮮では万暦四年になっても『桂洲奏議』が「治道」に関する書籍として重要視され、朝天使の書籍収集リストの中に入っていた。柳希春『眉巖先生全集』巻一四「日記」丙子八月十四日条「昨日、玉堂啓、「本館乃書籍淵叢、正宜無所不儲、以備参考。而右件書冊、或関於講学、或繫於世務、而今皆無有。南軒集落板、亦当得完本以印出。乞命該司、令今赴京通事貿来、使書状各別撿挙、無使慢忽。此外如有渉於学問治道書、亦皆貿来如何。南軒先生集・黄勉斎文集・五代史・涑水記聞・三家礼範・司馬公書儀・高氏送終礼・孫氏家児篇・孤樹裒談・今献彙語・灼艾集・殿閣詞林記・皇明名臣録・皇明文衡・皇明経済録・皇明鴻猷記・桂洲奏議・南宮注議・九辺図論・南村輟耕録・経書疑難録」。啓。伝曰、「如啓」。」

(48) 王暐「刻桂洲奏議序」「於是、前巡撫都御史胡公岳・巡按御史景君溱・清戎御史董君玠、相与協謀、請於公、得全稿、畀布政使夏君邦謨・按察使尹君嗣忠、刻印以伝。」景溱「桂洲奏議序」「会中丞胡公岳・王公暐・侍御董公玠、各以職事涖茲土、謂当播之海内、垂之後世、遂属方伯夏君邦謨・憲使尹君嗣忠鋟梓以伝、而藩臬諸君、寔相成之。若其校讎、則学憲徐君階、委九江府学薛教授応旂。」徐階「刻桂洲奏議序」「嘉靖戊戌冬、巡撫江西胡中丞浦南、謀於巡按景侍御蒲津・董侍御晴渓曰、「桂洲公之奏議、視我朝諸名相独多、而全稿未有刻。夫公邦之産也。吾属安所辞責乎」。諏日具書請於公、得今所謂奏議百十巻、属教授薛応旂氏正其訛脱、而檄藩臬之長、出贖金梓焉。未幾、浦南以廷尉召。今年春、王中丞克斎継至、督成之。」

(49) 王暐は嘉靖十八年に江西巡撫に任命された。『世宗実録』巻二二〇、嘉靖十八年正月乙未条参照。

(50) 『世宗実録』巻一八七、嘉靖十五年五月乙卯朔条。

(51) 『(光緒) 重修安徽通志』巻二二六「左鎰、字応衡、涇県人、嘉靖壬辰進士。授南戸部主事、晋尚宝卿、管誥敕、復以本職、同修宋史、校正五経四書性理大全。会肇開明堂、行大饗礼、景雲見、鎰作賦以上、世宗大称賞。未幾卒、年僅三十二。」

(52) 聶豹『双江聶先生文集』巻六「登仕郎翰林院待詔湖涯貢公墓誌銘」「正徳癸酉、以詩経中応天郷試。屢上春官、不第。戊子、留京師、属今上鋭志礼楽、郊廟喪祭、聿図鼎革、而淆乱喧豗、群言紛若。宰輔之所旁求、宗祝之所咨叩、惟公是正焉。考訂折衷、成一家言、以是受知君相、天下翕然推重之。乙未夏、皇后崩、議削其服、惟公衰服出入、雖嘗以是蒙訕笑、然亦以是為識者所重。是年礼官聘、修祀儀成典、受金帛之賜。丁酉夏、除翰林待詔、預史館校書。」羅洪先『羅洪先集』巻一九「明故登仕郎翰林院待詔湖涯貢君墓表」「君在翰林纔二載、所言屢上、不一采用、欲棄去、於是告病者三、致仕者一。輔臣惜其才、強留之、竟卒於官、年止六十有四。」

(53) 墓誌銘の執筆が夏言の刑死後ゆえに名前を明示していないと考えられる。墓誌銘の著者聶豹（一四八七～一五六三、江西永豊の人）は夏言と同年の進士で、夏言によって投獄された。聶豹『双江聶先生文集』巻六「登仕郎翰林院待詔湖涯貢公墓誌銘」「乃於予無一臂之交、以臭味相求、契若平生也。嘗於稠人中颺言於時宰曰、「今天下称才行名績、如聶双江、非歟。沈晦草野十余年、相公亦嘗念及之否乎」。相曰、「予同年友也、予固知之矣」。南野欧陽公嘗言於予、予不識公之知予何所自、而公亦不知丞相嗔予旧矣。」

(54) 夏言『桂洲先生文集』巻三一「奏箚」嘉靖十七年五月二十七日に「臣夏言等謹題謄写書籍事。……合無令翰林院編修李学詩・検討閻樸・待詔貢汝成・誥勅房辦事兵部主事左鎰補缺校録。」とあり、貢汝成と左鎰が当時、一緒に書籍の謄写事業に携わっていたことが確認できる。

(55) 徐階「刻桂洲奏議序」「有奉公録、有山西按事奏議、有郊祀奏議、有南宮奏稿、既先後梓行於時、而汪中丞白泉・欧太史南野・方少参棠陵・張郎中仲立、亦既序之詳矣、然未有会而梓之者也。」

(56) ⑤巻九末尾「郊祀疏」は未収録。

(57) 田汝成「桂洲奏議序」「小子曩備下僚、……頃以覲賀在行、謁公政府、公撫然迎謂曰、「珥筆臨文、往往拊髀於吾子也。耿予心曲、託子宣之」。遂出示鉅帙、属令校閲。汝成展誦、隔歳緝勒始完。総凡奏議三百有七篇、分為諫垣・南宮両集、黄閣封事、則不敢采列。」

(58) 一行ごとの字数は三者とも二十字である。

(59) 王言「桂洲奏議序」「今年天子有元宰之思、虚席倚憑、命使下於江漢。先生以旧徳雅望、為蒼生起、安車過呉、言適以観風之役、駐節蘇門、迓公于館舎、公出是編、属校正訛謬、将繙刻之、且曰、「告君之言、聖賢所慎。余無益於斯世斯民、祇勿欺而已耳。子其識之」。」

(60) ただし王言本には『桂洲集』がない。

(61) 楊儀「重刻桂翁詞序」「公之再召入相也、道過呉門、以疏草若干巻・詞曲二巻示儀。」

(62) 夏言は生前に息子と孫をすべて亡くしていた（夏言『賜間堂稿』巻二一「祭徐氏夫人墓文」「言生四子一女、如玉樹金英、皆不幸夭折。一子既長、娶婦生孫、而今也皆亡。」ただし、この記述は娘一人が生き残っているとしている万暦本「遺言」と矛盾する）。王世貞『嘉靖以来首輔伝』巻三によれば、夏言の妾が妊娠したものの妻の嫉妬により改嫁させられて男児を出産し、夏言の死後に夏言の家に迎えられたが、まもなく任官という時に亡くなり、子孫がいなくなってしまったという。『明史』もこの説を採用している。一方で夏言の孫およびその後裔の存在を伝える史料もある。『穆宗実録』巻四二、隆慶四年二月己未条には夏言の孫の夏朝輔なる人物が夏言の名誉回復を訴え認められたという記事がある。また、上海図書館蔵『夏氏宗譜』には宋代から七世孫に至るまでの夏氏の系譜が記載されている。そこでは「剣公→白皎→光士→溶→肇岷→発祥→明倫→超南→栄甫→原友→自新→允恭→暘・鼎・鼐→大賢・言→敬承・先承→朝慶・朝恩・朝輔→鎔→継文→錦・欽・鈺→濬・之瑞・之琳・之球」という系譜が記され、夏言の死後に出現した息子が夏先承であり、夏之瑞は夏先承の息子の夏朝恩の直系の子孫にあたるとされている。夏朝輔らが夏言の実の孫なのか（夏先承の息子なのか）、それとも継嗣としての孫なのかの確定的な証拠を現時点で筆者は得ていない。

(63) 夏之瑞・夏之琳「跋」「先相国文愍公奏議二十二巻、以工部不寝聴金鑰詩編為二十帙、刻于嘉靖己亥、皆諫垣南宮之建白。登庸後奏箚、見于文集、集為公晩年手定、省原刻奏議十之七、公被禍時、集畀婿呉憲副、今猶印行者是也。而奏議板、歳久散佚、伝布寖疎、世罕知者。之瑞・之琳為従兄弟、皆少孤、自先王父継文公、際兵燹後、家中落、公之遺笏、蓋無復存者。初不知有奏議一書、乾隆壬戌癸亥間、大方伯河南鹿邑彭公諱家屏、屢檄邑尹求公奏議、輒以文集応之、即邑耆宿、亦無知有此書者。甲子春、鉛山今少宰程公海蒼為翰林、在告時、謁方伯于署、見架上有此書。方伯謂、「係自高曽世蔵旧物、内遺失玉字一帙。嘗屢遣人、往江寧蘇州書肆、訪求補缺、重為鋟布、卒不可得」。因程公係同桑梓、并属再為蒐羅、由是知公奏議另有専刻。顧方伯憲体崇厳、地隔勢暌、無従仮読。会饒九憲副雲南趙州李公諱根雲、行部過鄱城、往返物色、公後裔琳乃持挙業数十首詩一冊謁憲副于饒、一見歓如平生払拭過情、爰求憲副介於方伯仮観此書、方伯欣然許之、并囑諭琳往見、琳赴省投謁、猥荷殊睞、出示此書、留款浹旬、然此書猶不畀以帰。踰月、出付憲副李公、李公乃専差檄送邑侯彭公、俾転付抄録、刻期令繳還。瑞往領帰、亟集子姪友人、窮日夕分抄、時丁卯仲冬。明年正月、琳親賚赴省呈還。方伯復徴公遺像、瓣香瞻仰、親題賛語、更重為装、贍方伯之美墻乎公者如此。瑞兄弟議事重刊、無従補缺。丙子春聖駕南巡、瑞同琳裹糧至杭、覬近天子之光、瑞因徧訪杭城書肆、冀有原刻、最後至一小巷鬻旧書者、書目中有此書、

亟欲購之、賈人以時下希有之名書、索価十金、書猶遠在一縉紳家、逾三日復往、則書猶完整、而遺失首帙、瑞念方伯本遺第十帙、合之即成完璧、訾呵再三、乃一金易之、帰即思覓梨棗、而費重力綿、祇嘆望洋、積念忽逾十稔。今年春、瑞偕琳始同覓工重梓、巻仍其旧、帙縮其判、計字四十一万有奇、中秋後告竣。」なお、巻数を二十二巻としているのは目録を入れた巻数と考えられる。王暐「刻桂洲奏議序」「江西新刻桂洲奏議成、凡二十一巻、諫垣集九巻、南宮集十二巻、並目録一巻、合之総二十二巻云。」乾隆本では王暐「刻桂洲奏議序」は「原序」として序の冒頭に置かれている。

(64) 『世宗実録』巻二二四、嘉靖十八年五月己巳条、丁丑条、巻二四三、嘉靖十九年十一月甲寅条。

(65) ただし、⑤の徐階の序にも「少師」とある。

(66) 『奉公録』や『山西按事奏議』の序文の作者である方豪や欧陽徳の文集は現存するが、夏言の奏議に関する序文は収録されていない。

附論三　霍韜の年譜について
――『宮保霍文敏公年譜黄淮集』と『石頭録』

はじめに

第一章から第五章までの主な登場人物は皇帝と内閣である。明代の政治決定の中心にこの両者が存在したからである。その一方で、内閣首輔でもなければ、世宗の召対を受けたわけでもなく、世宗と書面の交換をしたわけでもないのに、ずっと登場し続けているのが霍韜である。霍韜は、字は渭先、号は渭厓、広東南海の人で、正徳九年（一五一四）の会元（会試の首席合格者）である。大礼の議で世宗を支持する上奏を提出し、大礼の議の終結後、詹事府詹事に抜擢された。その後、嘉靖九年（一五三〇）に世宗の怒りを買って投獄されるが、釈放され、同年、母の喪に服するために帰郷する。嘉靖十二年に再起用の命令を受け、翌年に上京して吏部左侍郎に着任した。嘉靖十五年に南京礼部尚書に昇任し南京に赴任する。嘉靖十八年、礼部尚書掌詹事府詹事として北京に召還される。詹事府は皇太子教育を管轄する役所であり、この年に皇太子が立てられたことが霍韜召還の背景にある。翌年九月、霍韜は亡くなる。(1)

霍韜は嘉靖初年に「君臣同遊」を掲げて大臣召対を要請する上奏を行い（第一章・第二章）、内殿儀礼改定では世宗と張璁の非公開の書面のやりとりの内容を公にしてしまうような上奏を行い（第三章）、盟友である張璁・桂萼が失脚した際には楊一清を追い落とす上奏を行い（第四章）、礼制改革で出世した夏言とは生涯にわたって対立し続けた（第五章）。このように霍韜は嘉靖年間前半の政局のいたるところに顔を出しており、その政治人生は当時の権力抗争を如実に反映しているといえる。

霍韜の政治人生を知るための重要な史料の一つが年譜『石頭録』である。正徳十六年から嘉靖十九年六月までの霍韜の日記を材料として、子の霍与瑕[2]が隆慶年間に編纂した年譜である。[3]全八巻のうち、巻二～巻七までは日記を大字で示し、霍韜の弟子である沈応乾[4]（南直隷五河の人、嘉靖二十九年進士）が小字で注釈を施し、同門の何世守[5]が参訂を行った。巻一は霍韜の誕生から正徳十五年まで、巻八は嘉靖十九年七月以後について、巻二～巻七の体裁に準じて霍韜の行動を記している。その後、万暦年間に霍尚守により増修され[6]、時代はくだって清代同治年間（一八六二～一八七四）に子孫により刊行された『霍文敏公集』の附録として再刊された（以下、これを同治本と呼ぶ）。一般的に現在参照される霍韜の年譜はこの同治本である。

同治本は現在に至るまで二度影印出版されている。一つは『北京図書館蔵珍本年譜叢刊』第四五冊（北京図書館出版社、一九九九）であり、もう一つは最近刊行された西樵歴史文献叢書『石頭録』（広西師範大学出版社、二〇一五）である。前者には解題がないが、後者には同治本の特徴や編纂に関する「評介」が附されている。

実は霍韜の年譜には別本があり、それが北京大学所蔵明抄本『宮保霍文敏公年譜黄淮集』（以下、『黄淮集』と呼ぶ）である。『黄淮集』は沈応乾注釈・何世守参訂・霍尚守増修であるため、万暦年間以降の抄本と思われる。冒頭に殷従倹「宮保霍文敏公年譜序」（同治本の殷従倹「石頭録序」と同文）が置かれ、次に「宮保霍文敏公年譜目録」が配され、その後に像賛が置かれた後、本文が収録されている。目録は巻一を前譜、巻二～七を中譜、巻八を後譜とグループ分けしている。ただし、現存の『黄淮集』は巻一～七までしか存在せず、巻八が欠落している。本文の各巻冒頭には「宮保霍文敏公年譜黄淮集」とあるが、黄淮集が何を意味するのかは不明である。『黄淮集』についてはすでに西樵歴史文献叢書『石頭録』の「評介」において言及があり、「評介」はこの抄本が万暦年間の増修の稿本だったのではないかと推測している。また、同治本巻首に収録されている霍韜の各種伝記が『黄淮集』にはないことも指摘している。(7) ただし、「評介」は『黄淮集』の体裁については詳述するものの、内容そのものには触れていない。筆者はかつて北京大学図書館で『黄淮集』のマイクロフィルムを閲覧し、『黄淮集』は同治本には収録されていない記事を含んでいることに気づいた。そこで、本章では『黄淮集』と同治本を比較し、『黄淮集』にのみ含まれる記事にはどのような傾向があるのか、そして『黄淮集』と同治本の差異がなぜ発生したのかを明らかにする。

一　『黄淮集』と同治本

『黄淮集』と同治本の大部分に異同はないが、前者の方が記事が多い。また、細部を比べてみると、同じ記事でも文字の異同が存在する部分がある。たとえば、巻一、正徳九年二月「会試、公中式第一名（会試で霍韜は首席合格した）」条についていえば、あらすじは同じである。すなわち、会試のときに李時が霍韜の答案を高く評価し、会元を決める会議で、霍韜の答案を推薦して見事に首席合格に押し上げたという内容である。『黄淮集』では次のようになっている。

李時が当時、同考官（試験官）であり、霍韜の答案をみてひそかに嘆賞し、主考官(8)（試験の総責任者）にお願いして、「今回の模範解答はわたしにいいつけてください」といった。まもなく霍韜の答案二本を記録して主考官に進呈した。すぐにこれを称賛して、「一字も置き換えることができません」といった。[9] その後、首席合格がまだ決まらず、人々（試験官たち）がいい争っているとき、霍韜の答案も候補の中にあったが、李時は一言もしゃべらなかった。まもなく決定という段になって、（李時は）おもむろに人々に向かって「それぞれの答案の災異・時事対策の中に、写しのようなものがありますか」といった。人々は「名作をどうして望むことができましょうか」といった。李時は霍韜の答案を取り出し、それが（写しと）異なっていないことを見せると、人々は驚き納得した。霍韜はこうして首席合格となった。[10]

一方、同治本では以下のようになっている。

会試では同考官たちがいつも（自分が採点した答案から）会元を（出すことを）争う。霍韜の答案は李時が採点した。李時は総裁に「今回の模範解答は、わたしに担当させてください」と申し上げた。そこで霍韜の答案五本分を記録して進呈した。総裁は目を通して「いいね」といい、一字も置き換えなかった。その後、それぞれ採点担当者が会元を争ったが、李時だけは何もいわなかった。まもなく決定となり、（李時は）やっと人々に向かって「どうかそれぞれの答案をご覧ください。写しの策問五問（の答案）がありますか」といった。人々は「翰林さまの文章をどうして望むことができましょうか」といった。李時は霍韜の答案を取り出し、それが（写しと）異なっていないことを見せると、人々は驚き納得した。霍韜はこうして首席合格となった。[11]

上記のように両者のあらすじは共通しているが、文字の異同が多いことがわかる。

情報量の多寡や一部記事の文字に異同があるのはなぜだろうか。両者が抄録・翻刻した『石頭録』が同一であるとすれば、想定しうる原因は二種類ある。一つは『黄淮集』の抄録者が記事を挿入、改変した可能性である。もう一つは同治本の刊行時に記事の削除、改変が行われた可能性である。筆者は後者が原因だと考える。

その理由としては、まず上記の正徳九年の会試の記事の差異が挙げられる。『黄淮集』では模範解答になった霍韜の策問の答案は二問であるのに対し、同治本では五問になっている。『正徳九年会試録』を見てみると、策問全五問のうち、第二問と第四問が霍韜の答案、それ以外は別人の答案となっている。(12) また、第二問の内容は災害・異常気象について、第四問の内容は水利・馬政・屯田・塩法についてであり、『黄淮集』の「災害対策・時事対策の答案」という言葉と対応している。つまり、『黄淮集』は実際の『正徳九年会試録』の内容を踏まえているが、同治本には策問の模範解答すべてが霍韜の答案であるという事実とは異なる話が盛り込まれている。これは『正徳九年会試録』の実際の内容を知らない後代の子孫が、先祖を顕彰するために誇張したと考えるのが自然であろう。

また、同治本巻七、嘉靖十八年七月十九日「是月莫方瀛乞降（この月、ベトナムの莫方瀛が投降を乞うた）(13)」条の小字註も同治本による記事の改変を示唆する。当該条の末尾に、「霍韜はかつて沈応乾に「夏言は大きな間違いを三つ犯した。宦官を大量に献上したのがその一である。ひそかに宮女を献上したのがその二である。夷狄の賄賂を受け取って簒奪行為を援助したのがその三である。この三つの罪があるから、夏言は（禍から）逃げられないだろう」といった(14)」とある。霍韜が挙げた三つの理由のうち、大量の宦官の献上は同治本巻六、嘉靖十四年八月一日「尚書夏言疏進内臣一万有奇（礼部尚書夏言が上奏して宦官一万人以上を献上した）」条、夷狄からの受賄・簒奪援助は前記「是月莫方瀛乞降」条小字註が対応している（【表十二】の両日の条を参照）。しかし、同治本には宮女の献上に対応する記事はない。一方、『黄淮集』では巻六、嘉靖十四年八月一日「尚書夏言疏進内臣一万有奇」条で宦官の献上に続いて宮女の献上に触れている（【表十三】の同日の条を参照）。つまり、同治本はもともと存在した宮女の献上の記述を削除したと考えられる(15)。

これらの事例から、『黄淮集』の方が『石頭録』本来の記事をよく残しており、同治本は何らかの理由で記事の削除・改変を行っていたのではないかと考えられる。

二　李福達の獄と霍韜

『黄淮集』にはあって同治本に収録されていない記事、いいかえれば同治本が削除したと推定される記事のなかでもっとも目立つのが李福達の獄に関するものである。李福達の獄は嘉靖年間初年に起きた疑獄事件である[16]。李福達は山西の宗教結社の指導者であり、弘治～正徳年間に武装して掠奪や殺人を行い指名手配され、名前を張寅と改めて追及をかわそうとした。嘉靖二年、張寅の正体が李福達であるという告発がなされ逮捕されたが嫌疑不十分で釈放された。嘉靖五年、巡按御史馬録（一四七七～一五四四、河南信陽の人、正徳三年進士）が李福達の存在を知り、再び逮捕した。李福達の息子に助けを求められた郭勛が馬録に便宜をはかるよう手紙で伝えたところ、馬録は郭勛を告発した。そして、郭勛を擁護しようという世宗・張璁らと郭勛を李福達に連座させようとする大多数の官僚の政治抗争に発展した。世宗は郭勛を助けるため、翌年八月五日、張璁・桂萼・方献夫を三法司（刑部・都察院・大理寺）の長に任命する。張璁らの主導のもと、張寅と李福達は別人とされ、馬録ら郭勛を罪に落とそうとした官僚たちは断罪された。事件の経緯は張璁によって『欽明大獄録』という書物にまとめられ、世宗の治世中に事件の処断が覆されることはなかった。世宗の死後、断罪された人々の名誉回復が個別になされたが、隆慶二年（一五六八）四月に右僉都御史総理両淮長蘆山東三塩運司の龐尚鵬（一五二四～一五八〇、広東南海の人、嘉靖三十二年進士）が『欽明大獄録』の記述を全否定する上奏を行う。それによれば、嘉靖末年に四川で反乱を起こした蔡伯貫の師の李同という人物が李福達の孫であり、張寅はやはり李福達であり、嘉靖初年の李福達の獄は郭勛と彼を擁護する張璁・桂萼・方献夫によって事実が歪められて発生したという[17]。以後、李福達の獄は嘉靖初年の大礼の議に由来するフレームアップとして位置づけられ、張璁・桂萼・方献夫の政治人生の汚点として見られるようになっていく。

李福達の獄当時の霍韜はどのような立場だったのだろうか。霍韜は大礼の議で張璁に近い立場を表明したが、嘉靖二年三月に兵部主事を離職して帰郷して以来、たびたび召還命令を受けたが応じず、六年三月になってようやく受諾し、六月に北京に着いて詹事府少詹事に任じられた。そして、李福達の獄が決着した九月に詹事府詹事に昇進する。つまり、霍韜は郭勛が告発された嘉靖五年当時はまだ家居していたが、張璁・桂萼・方献夫が法司に任じられた八月にはすでに北京にいた。しかし、一般には李福達の獄に霍韜が関与したという話は知られず、同治本にも関係する記事はない。

ところが、『黄淮集』は李福達の獄に霍韜が積極的に関与していたという文章を掲載している。巻三、嘉靖六年九月二十日の「拝職」条の小字註に李福達の獄に関する長文の記事が見え、前半は「公日録手筆」すなわち霍韜の文章の抜粋であり、後半は沈応乾による補足である。原文は【参考史料】として本論末尾に付した。

霍韜自筆という前半部分のあらすじは以下のとおりである。李福達の獄の発端は、張寅の息子たちが父の無罪放免を知らずに京山侯崔元に助けを求めたことに始まる。崔元は息子たちに郭勛を紹介し、郭勛は馬録と面識があったため馬録に手紙を書いた。ところが、馬録は郭勛の手紙を公表して郭勛の事件介入を暴露した。さらに馬録は郭勛を張寅に連座させるため、張寅＝李福達という事件に仕立て上げる。馬録は黄金という李福達の徒党の息子で四十二歳の男が張寅を李福達と認めたことを報告し、その結果、李福達には凌遅の判決がくだされた。また、張寅の息子の張大礼と張大義はそれぞれ二十九歳と二十七歳で、十六歳以上は謀反に連座するという律の規定[18]により斬刑という判決がくだされた。そして朝廷では郭勛を誅すべきだという意見が多数の科道官から呈された。世宗はこの判決に疑念を抱き、朝廷で裁判を行うことにする。裁判の場で、霍韜が事件は冤罪であると見破り、事件の矛盾点を指摘する。霍韜の論理によれば、李福達が掠奪や殺人を行っていたとき、張大礼は十三歳、張大義は十一歳であり、二人の刑は免除されるはずで、逆に黄金は当時二十五歳だったので斬刑に処せられるべきだということになる。裁判の場に証人として呼び出されていた黄金は霍韜の指摘を聞いて証言を覆し、嘘の供述を官僚から教唆されたと自白し、かくして李福達の獄は郭勛を陥れようとした官僚たちのでっちあげであったことが明らかになったという。

後半部分は沈応乾が霍韜の「自筆」について、四点の補足説明を行っている。一つ目は、世宗が張寅を逮捕して三法司に下したことについて。実は世宗は三法司を疑っていて独自調査を行っていたという。二つ目は、会審で霍韜が「冤罪だ」と見破ったことについて。実は裁判の日の八月五日の前夜、桂萼・張璁・方献夫の三人は実情を知りながら形勢を覆す手段を思いつかず、霍韜の屋敷を訪ねたところ、霍韜が右記の推理を披露した。次の日、会審で霍韜が推理を披露すると、三人だけでなくその場にいた人々から「きわめて妥当」と声があがった。霍韜の推理によって明らかにされた事件の真相を知った世宗は激怒したという。三つ目は、証人の黄金について。『欽明大獄録』には黄金の存在がなぜか記録されていない。世宗の怒りをこれ以上激しくするのを張璁らが望まなかったので黄金のことは伏せたという説があったという。四つ目は郭勛が大礼の議を助けて人々に恨まれたことについて。郭勛は大礼の議の廷臣会議において、両者の意見を折中するべきだと発言したため、官僚たちに攻撃されるようになったという（本書第五章参照）。さらに、当時の内閣が世宗に対して藩王による反乱を示唆して脅迫したとき、その場にいた郭勛は「もし戦争になったら自分が対処する」と反論した。[19] この発言によって郭勛はますます官僚たちに憎まれ、ついには疑獄事件を起こされるに至ったという。以上、四点の補足を述べた後で、沈応乾は世宗が馬録らを姦党律で斬刑にしようとしたとき、張璁・桂萼・方献夫の三人と霍韜は反対したという話を付け加えている。

『黄淮集』の記事には他の史書では確認できない話が並んでおり、信憑性は高くない。しかし、注目すべきは記事の真偽ではなく、霍韜の事績を顕彰するために作られたと考えられる年譜に、李福達の獄に積極的に関与する霍韜の姿が描写されていることである。

三　宿敵夏言と盟友郭勛

(一) 夏言・郭勛に関する記事の異同

前節で紹介した『黄淮集』の記事の意味するところは、張寅は李福達ではなく、郭勛は大礼の議で官僚たちの恨みを買っていたため陥れられたという話である。霍韜と郭勛は大礼の議以来の盟友関係にあったが、その絆は共通の敵の出現以降により強固になったように感じられる。その共通の敵とは夏言である。

第四章・第五章で述べたように、夏言は世宗が嘉靖九年から行った一連の礼制改革で出世し、張璁ら大礼の議で世宗を助けて高位に上った人々を押しのけて権力を握るようになる。霍韜は郊祀礼制改革に激しく反対し、最終的に夏言を攻撃する文書を夏言本人に送りつけたり通政司に送付したりしたため、投獄されてしまう。結局、一か月後に釈放されたものの[20]、これ以来霍韜は激しく夏言を憎むようになった[21]。そして、嘉靖十五年に二人の対立を象徴する劉淑相事件[22]が起こる。汚職事件に連座して逮捕された順天府尹劉淑相（湖広麻城の人、正徳九年進士）が通判費完（江西鉛山の人、正徳八年挙人、故内閣大学士費宏の弟）によって陥れられたと考え、さらに費完の姻戚の夏言[23]が黒幕であるとして告発した。一方、劉淑相は霍韜と親しかったため、夏言は霍韜が黒幕であると考えて霍韜を告発したという事件である。世宗は霍韜も夏言も処分しなかった。その後、霍韜は南京に赴任し、夏言は内閣大学士になるが、霍韜は夏言が科道官を手下にしていると考えて、さかんに科道官批判を行う。嘉靖十八年に霍韜は礼部尚書として北京に召還され、詹事府を司ることになる。以来、翌年に亡くなるまで、霍韜は夏言と対抗関係にあった郭勛と結び、夏言との泥仕合が続いた(24)。

霍韜と夏言の対立は『明史』にも記されるほど有名である。ゆえに、霍韜の年譜の中における夏言のイメージは悪い。同治本中の夏言に関する記事を【表十二】にまとめた。嘉靖九年の郊祀礼制改革および嘉靖十五年の劉淑相事件についての関連記事が多いほか、夏言が道士邵元節と結託していたこと（嘉靖九年二月二十一日）や贅沢を好む性格であったこと（嘉靖九年四月六日）、前述したように宦官一万人以上を献上したこと（嘉靖十四年八月一日）、賄賂によって政治を行っていたこと（嘉靖十五年七月二十八日、嘉靖十六年七月二十五日、嘉靖十八年五月二十九日、七月十九日）などの逸話も載せる。また、霍韜の南京礼部尚書昇任は夏言による排斥であり（嘉靖十五年六月二十九日）、霍韜自身だけではなく息子たちも夏言のせいで科挙を不合格にされてしまうという被害を受けていたという（嘉靖十九年八月二十七日）。また、世宗から戒められてもお構いなしの夏言の鉄面皮ぶりの描写（嘉靖十六年七月二十五日）や夏言の失政（嘉靖十六年正月十五日）、さらには夏言の暗い未来を霍韜が予言していたという記事（嘉靖十八年七月十九日）も掲載されている。

一方、『黄淮集』はさらに多くの夏言関連記事を載せる。同治本に載っていない夏言関連記事を【表十三】にまとめた。夏言に対する批判的な記事を載せているところは共通しているが、同治本では削除された記事もある。その中には、第一節で紹介した宮女の献上の話のほか、道教の呼吸法を朝廷で実践して世宗に気に入られようとした（嘉靖十四年七月二十一日）とか、夏言の家に強盗が押し入った（嘉靖十六年三月十七日）とか、よりゴシップ性が強いものが多い。

さらに、同治本では郭勛が関係する記事三条に削除が見られる。①嘉靖十四年九月二十二日「再上缺官疏

（再び官僚の欠員に関する上奏文を提出した）」条、②嘉靖十六年三月十七日「夏閣老被賊報至（内閣大学士夏言が襲撃されたという知らせが届いた）」条、③嘉靖十八年九月三十日「回京（北京に戻った）」条である。このうち①で削除された部分は吏部尚書の適任者を世宗が内閣大学士李時、礼部尚書夏言、そして郭勛に諮問した際に、郭勛が霍韜を高評価し、ゆえに夏言が霍韜を憎むようになったという内容である。また、③については、同治本では戸部尚書梁材を陥れた郭勛に霍韜は苦言を呈したが、郭勛は受け入れることができずに、後に郭勛は投獄されて霍韜の言葉を聞き入れなかったことを後悔し獄死するという内容を載せる。しかし『黄淮集』にはさらに続きがあり、夏言の刑死後に武定侯の爵位の世襲が認められた記事を続ける。つまり、前節で紹介した李福達の獄の記事を含め、郭勛を高評価・弁護する記事を同治本は削除していることになる。(25)

（二）異同の原因

同治本が李福達の獄や郭勛に関する記事を削除した原因は、誰もがすぐに思いつくだろう。李福達の獄への関与や郭勛との密接な関係は霍韜のイメージに悪影響を与えかねない要素である。すでに清代同治年間には李福達の獄や郭勛に対する評価は固まっていた。そこで、同治本は祖先の汚点を抹消したと考えられる。ただし、郭勛は嘉靖二十年に下獄し翌年に獄死し、李福達の獄の「真相」は隆慶二年には暴露されている。『石頭録』編纂時にはすでに李福達の獄や郭勛に対する一般的な評価はほぼ定まっていたといえる。にもかかわらず、霍与瑕らはなぜこれらの記事をあえて小字註という形で掲載したのだろうか。それは夏言に関するゴシップの記載と関係するのではないだろうか。

霍与瑕らが『石頭録』を編纂した当時、夏言の復権が進んでいた。(26) さらに前後する時期には、楊儀『保孤記』のような夏言の悲劇に題材をとった物語(27)が作られ、巷では夏言に同情的な認識が広まっていく。たとえば、万暦二年（一五七四）、朝鮮の朝貢使節の間では以下のような物語が共有されていた。

夏言は世宗皇帝の寵臣だった。順番を飛び越えて昇任し、内閣首輔の地位を得て、もっとも寵愛を受けた。厳嵩が次に世宗に寵愛されるようになり、礼部尚書に抜擢された。（二人の）権勢はすでにぶつかるようになり、厳嵩は夏言を消そうと考えた。当時、西方の異民族が陝西・四川で投降してきた。受け入れるべきではないという意見もあったが、夏言はあちらが中国を慕って投降してきたのだから道理として拒否しがたいとして、受け入れることにした。厳嵩はひそかに四川の巡按御史を指嗾し、夏言が夷狄の巨額の賄賂を受け取って、偽りの投降を受け入れたと誣告させた。世宗は激怒し、夏言を錦衣衛の監獄に入れた。午門外で拷問が加えられ、夏言が疲れていたので、二人がかりで手足をしばらせ、その中に棒を通して夏言を運ばせた。夏言は苦しさに耐え切れず、罪に服した。即座に斬刑に処された。……厳嵩の財産が没収されると、金銀が三千杠あまり、一杠は百斤、分散して人々に貸していたのも同じくらいあった。玉帯は八十本以上あった。その他は想像に難くない。厳嵩は帰る家がなくなり、寺に寄宿して糊口をしのいだが、ついに餓死した。人々はみんな喜んだ。昔、夏言の財産が没収されたとき、ただ書籍と衣類しかなかった。この話を聞いた者は悲しんだ。(28)

年譜の編纂にあたった霍与瑕ら霍韜の息子たちも、夏言によって科挙合格が妨害されるなど直接の被害を受けていたという。彼らにとって夏言に対する好印象が広がることはおもしろいものではない。ゆえに年譜の中にゴシップを含めた大量の夏言の悪事を掲載したのではないかと考えられる。そして、霍韜と一緒に夏言に対抗した郭勛に対しては、獄死している人物だけに善玉として位置づけるのは無理でも、できるだけの好評を与えようとしたのではないか。

上述したように霍韜と郭勛は大礼の議以来の盟友であるが、実は郭勛は正徳六年から十二年まで、両広総兵として広東に赴任しており、大礼の議の前から広東の士大夫層と濃密なつながりをもっていた。張璁の弟子で夏言を敵視していた項喬（一四九四～一五五三、浙江永嘉の人、嘉靖八年進士）によれば、当時の郭勛は士大夫と広く交際しようと「謙恭下士（士大夫に対して謙虚にふるまっていた）」という行動をしており、[29]その成果は武定侯家の家蔵史料集である『毓慶勲懿集』に含まれている。[30]同書巻四には武定侯家に関する明初から正徳年間までの詩文を多数収録するが、郭勛の時代の詩文の多くが広東の官員・士大夫による作品である。その中に霍韜の作品は見えないが、霍韜と同じく西樵山で読書していた湛若水の作品が含まれる。[31]さらに湛若水は『毓慶勲懿集』の序文も執筆している。[32]また、方献夫には両広総兵時代の郭勛が自身の書院である石泉書院を訪ねてきたことを詠んだ詩がある。[33]大礼の議以前の霍韜と郭勛の面識の有無は史料上では確認できないが、一緒に西樵山附近で読書していた友人である湛若水・方献夫は郭勛とすでに親密な関係を築いていた。大礼の議以前から霍韜の交際圏と郭勛のそれは重なっており、二人の盟友関係は大礼の議や夏言との対立という中央政治の政局にとどまるものではなく、広東の士大夫社会を背景とするより根強いものであるといえる。霍与瑕らやその周辺の人々は郭勛に対して悪いイメージをもっていなかっただろうし、それが郭勛に高評価を与える記述になったのではないか。

さらに、郭勛の獄死後、武定侯家はお取り潰しとなるが、『黄淮集』にあるように夏言の死後に郭勛の息子の郭守乾が武定侯の爵位を継承する。郭守乾は嘉靖三十四年（一五五五）以後、中軍都督府や左軍都督府を主管し、嘉靖三十九年（一五六〇）に亡くなった。[34]当時、郭守乾の長男の郭大誠はまだ十一歳だったため、[35]四十五年（一五六六）に襲爵した。その後、万暦年間に入ると郭大誠も前軍都督府を司るなど要職を歴任する。つまり、郭勛の死後に武定侯家は没落したわけではなく、全盛期には及ばないとはいえ、子孫は有力勲臣であり続けた。[36]武定侯家との密接なつながりを強調することは、明代の政治舞台においては必ずしも不利に働かなかったのであろう。

おわりに

本章では『黄淮集』と『石頭録』同治本との記事の差異について若干の検討を行った。もともとの『石頭録』に近いと思われる『黄淮集』は霍韜と郭勛のつながりを明確に記述し、また夏言に関する批判・ゴシップも数多く掲載していた。一方、同治本では李福達の獄や郭勛を弁護する記事などが削除されており、同治本を出版した人々にとってはそれらの記事は先祖の汚点になっていたことがわかる。

一方、霍与瑕らが夏言に対する大量の悪評と郭勛への弁護記事を年譜に掲載したのも、霍韜を顕彰するためである。本論の推察が正しければ、夏言の復権がなされ夏言への同情が集まる政治状況・社会状況のなかで、夏言と対立し続けた霍韜の評価が悪化する危険性が生じた。そこで霍与瑕らは夏言を貶めることで夏言と対立した霍韜の正当化をはかった。霍韜の年譜のなかで夏言は絶対的な悪人であるため、霍韜とともに夏言と対立した郭勛のイメージも向上させなければいけない。そこでその最大の汚点である李福達の獄を霍韜の名推理によって解決された冤罪事件として描き出し、節々に郭勛を弁護する記事を掲載したのではないだろうか。嘉靖年間の政治史について予備知識皆無の状態で『黄淮集』を読めば、金にも出世にも貪欲で皇帝に媚びへつらうしか能がない巨悪夏言に忠臣霍韜が対抗し、しばしば郭勛の支援を受けたという構図が浮かび上がる。そして、霍韜は郭勛の悪事には諫言を呈し、夏言と違って絶対的な悪人ではない郭勛は最終的に諫言を受け入れなかったことを後悔して死ぬが、死後に救いがあったという人物描写になっている。むろん、『黄淮集』が描き出す嘉靖年間の政局は事実と乖離しているが、このような描写を行うことが霍与瑕らにとっての霍韜の顕彰を意味したのではないだろうか。

『黄淮集』も同治本もどちらも霍韜の顕彰を目的としながら、その文章の勢いや性格には差異がある。『黄淮集』で描かれる霍韜は李福達の獄で名推理を見せ、勲臣郭勛から高評価を獲得した。一方、同治本で描かれた霍韜は、悪大臣の夏言と対峙する名臣である。実際に夏言の悪政の被害を受けたと認識し、下級官僚ではあるものの朝廷政治に参画していた霍与瑕らが編集した年譜を写した『黄淮集』と夏言も郭勛も遠い昔の歴史上の人物となってしまった清代の子孫が編集した同治本は、両書の性格の違いを踏まえたうえで史料として用いるべきであろう。

【参考史料】『黄淮集』巻三、嘉靖六年九月二十日「拝職」条

張寅獄、繇刁民薛良求寅貸債、不得、誣告都御史畢昭所曰、「寅謀逆」。昭験廉無跡。都御史江潮継畢涖、廉治無跡、判曰、「薛良誣平人。蓋抵罪」。張寅男張大礼・張大義、有胥承役京師、不知誣白、懇郷人京山侯崔元拯。元曰、「何衙門行」。曰、「撫按」。元曰、「予無能拯。拯若翁、其武定君乎」。代懇郭。郭曰、「馬御史識面、可拯」。為書、授張寅児往拯、馬以書上聞曰、「郭勛囑公事、勛抵罰俸」。馬録閲牘、得薛良誣寅状、曰、「張寅反、郭勛囑反者、獄宜同坐」。乃覈験張寅獄。或曰、「畢都御史昭、江都御史潮、験覈無跡」。録曰、「我験、必得跡」。江潮曰、「聴若験覈、予不与知」。馬録移牘陝西、査覈正徳七年洛川脱死反賊曰李五、又曰李福達。獄牘陝西界李五・李福達、獄牘至、付布政使李璋・按察使李珏験覈獄、繇曰、「李五即李福達、李福達即張寅、一人三名、在陝西反曰李五・李福達、迯脱山西曰張寅。物識張寅者、曰黄金。黄金、黄昶子也。黄昶反洛川敗、獄死。黄金今年四十二歳、少時識李五、売薬洛川、自陳説有天命能役鬼兵。父黄昶拝礼師李五、五授反術。洛川未敗時、李五先遁五台山。今張寅即李五、覩貌識焉。乃当張寅凌遅死、男大礼二十九歳、大義二十七

歳、曰反賊児、律、十六以上皆斬、妻女財産没入官」。奏可。刑科給事中張逵言、「郭勛党反賊、宜同坐」。六科十三道、交章言勛宜誅。上命逮張寅、下三法司験覈。刑部尚書顔頤寿・都御史聶賢・大理寺卿湯沐、不能顒決断、狥少卿徐文華・御史程啓充言、覈上如馬録獄牘無異。上命五府九卿鞫于午門、韜閲牘曰、「冤也。一言決爾」。張孚敬曰、「何也」。韜曰、「反逆、児十六歳斬、法也。張大礼、今丁亥年二十九歳、遡李五反年壬申、適十三歳。張大義、今丁亥二十七歳、遡李五反年壬申、適十一歳。宜従幼小律、豈合死。黄金、今丁亥年四十二歳、遡李五反年壬申、二十七歳、乃父昶合凌遅、昶児金合斬、黄金身任斬刑、不即戮、何也」。廷詰法官、法官不能答。廷鞫黄金曰、「爾父反、爾為反者児、合斬」。黄金惶恐言曰、「金非黄昶児、乃某也、陝西有司教金云、「爾去山西、認張寅即李五、則授爾官」、仍給饘食駅。行人給路費十金教金、「認識張寅」。不然、金従何識寅」。問曰、「作何状」。認曰、「是日、会審三司堂、坐両班、首承差、次吏、次皁隷、張寅服承差服雑班内、隷人喚金、入教曰、「班内第幾人是也」。金入、衆調眼向張寅、金乃識寅、執寅于庭曰、「即李五也。教我父反者也」。李憲使珏佯駭曰、「予疑張寅非李五也、乃今知張寅真李五也、真李福達也」。遂肘鐐寅、具獄以聞」。是獄也、文桂実繁、朝官悪郭勛傲、郭勛恒辦瓊林宴坐飲、又助大礼議、叢衆怨。馬録搆誣、朝官遂謀夷張寅家傾勛、頼聖明察焉。不然、良民闔家、数十命血、向飼犬鼠、傷宇宙元気、儒臣甘心焉。

右張寅獄由、乃公日録手筆也。其間、事尚有未詳者、今備于後。一曰、上命逮張寅、下三法司。先是、上知九卿・科道専意傾陥郭勛、乃密差錦衣衛東廠人役、内自京城、外至山西、多方緝鞫、訪得其実情、而三法司一言一動、皆朝発而朝以上聞、故上欲親鞫云。二曰、上命五府・九卿鞫于午門、韜閲牘曰、「冤也」。先是、上命三法司覆問、各官執原案不可破、上怒欲親審、大学士楊一清固止之、乃革三法司、命張萼[37]掌刑部、張聡[38]掌都察院、方献夫掌大理寺会審、時丁亥年八月五日也。挙朝震慄、三公心知獄情、然無以折之、夜携牘至詹事府問公。公閲牘曰、「冤也。一言決耳」。張曰、「何為」。曰、「不可泄。耳目甚於属垣。明早為公訊之」。次日、五府九卿六科十三道会于午門、上雖不親臨、乃坐于正殿、命鎮撫・東廠・錦衣衛人員悉集片語馳達。刑部郎中以牘遍逓、無一人啓口、次至公、公即詰刑官如上語。先宥大礼・大義、衆斉声曰、「甚当」。次詰黄金曰、「爾合抵死」。衆斉声曰、「甚当」。黄金乃惶恐、輸情如上語。時片語皆通内殿、上甚怒、欲坐各誣欺官員以姦党律云。其三曰、物識張寅者、曰黄金。黄金、即黄昶子也。黄昶反洛川敗獄死、黄金観貌識張寅、即李五云。今査『欽明大獄録』、無黄金・黄昶事、止拠李珏前案開称衆証、及各県結状、情由逐款、具掲、連人引至江潮、将薛良責打問虚云云而已。此必原案巻一十八宗、内有馬録別問黄金一巻、専欲以黄金死証張寅、不意公一訊輸情、后欽刊『大獄録』時、張・桂不及細査、法司遂減落此節、不知廷鞠最明白罪人自報、上下痛快者在此也。或曰、「張・桂恐、存此節、上覧之必怒、更起姦党獄也」。其四曰、郭勛助大礼議、叢衆怨。先是、会議大礼、文東武西、百官無敢啓口。郭勛独曰、「須酌中処」。幾被殴辱。后、内閣集上前、上面諭再三曰、「少不免煩労卿等、委曲為朕全母子之情」。閣臣曰、「縦臣等委曲従命、諸親王挙兵、以国法来問、臣等何以待之」。上黙然変色。郭勛厲声曰、「諸臣只合議礼、不当以兵事挟天子、倘有兵事、臣願当之」。諸公沮喪之甚。蓋、上自藩初入、前後左右無一非先朝旧侍、而先朝宸鐇・宸濠、皆其所兢兢于心者、故諸公以親王為言、不意郭勛折挫之、所以衆怒叢焉、大獄所由起也。乾按、是時獄上、上震怒、欲擬馬録等姦党罪斬、張・桂・方諸公並力救之、公亦疏言。（以下略）

【表十二】同治本の夏言関係記事（カッコ内は小字註）

巻五	嘉靖九年正月十八日	上親蚕疏。（都給事中夏言、先年査勘皇荘田土、欲以各官員郭田為親蚕廠。戸部駁其議已之。至是、上言、「天子躬耕于南郊、王后親蚕于北郊、古礼也。皇后宜出郊親蚕、以風示天下」。公謂、「親蚕之礼可行于宮中、不可行于郊外」。遂疏其不便状。）
	嘉靖九年二月二十一日	上郊祀疏。（先是、七年、上鋭意行南北郊礼、屡問張羅峰・桂見山、皆謂遵祖制為宜。三問、対如初。至是、見山去位。上復問羅峰、対曰、「祖制、臣不敢議」。宗伯李叙庵、亦対如羅峰。上曰、「分祀復古、何不可」。羅峰知上志在必行、乃請詔廷議。上曰、「廷議棼、可令言官建議」。羅峰諭旨汪都憲鋐、鋐不敢発。給事中夏言、先与上所幸術士邵元節結交、宮中一言必達。邵密語曰、「上鋭意南北郊、贊議者、卿相立致」。言尚未信。至是、羅峰令祭酒王激示密旨、言欣然上疏、首倡其議。上大喜賜言四品服色、分祀之議始決。公卿多以循旧請、不敢深議其非也。公独抗疏、力言之。上覧公疏、疑之、以問羅峰。羅峰対、与公矛盾。上遂定議分祀、始不然公議矣。）
	嘉靖九年三月七日	遺都給事中夏言書。（公料分祀天地後、将来東西郊建九廟、迭更侈靡愈甚、因為書責之。）
	嘉靖九年三月九日	入都察院獄。是日、上待罪疏。疏甫入、夏言劾亦下。（給事中夏言既迎合上意、倡分祀之議、慮公沮撓、乃辨駁公疏、深加詆毀、復摘公所移書中語、誣公指斥乗輿、因以其書上之。上震怒、下公都察院獄。……留都江西道御史鄧文憲聞之、亦疏救、深詆夏言。……上怒、謫文憲駅丞。）
	嘉靖九年四月六日	寓城東。（公出獄後、桂見山復入閣。上以郊礼詢見山、見山唯唯而已。蔡圻貽書、責見山云、「郊祀之議、中外駭異、敢怒而不敢言。公初不与議、幸也。比有咨対、公惟曰唯唯、礼成。臣復何言。人問公、亦復如是。尊公子中書君力助夏議、衆口紛紛、為霍不平。蓋郊礼祖宗、二百年成憲也。一旦変乱、他時藉口不浅。霍公独得第一義。且夏給事、素性奢侈、貪淫好貨、不足服人。乃人謂公所締厚。圻不識其人、而稔其行、如此名節有関左右、義不容於黙」云。）
巻六	嘉靖十四年八月一日	尚書夏言疏進内臣一万有奇。（張羅峰柄政十余年、与公日夕議革除鎮守内臣、殆尽。至是、夏言進一万四百員、列三等、上等四千七百員皇城供役、中等海子聴用、下等月給米三斗聴缺。公窃嘆曰、「唐元宗時、用宦官二千七百員、史以為譏。今進一万有奇、可為寒心」。）
	嘉靖十四年九月四日	汪公致仕。（時汪誠斎寵遇日隆、以大冢宰兼理大司馬、夏宗伯言忌其軋己、且修旧隙、遂嗾言官、交章攻去。）

	嘉靖十五年六月二十九日	陞南京礼部尚書。（時、公与夏桂溪相掲。夏方嚮用、以留都六卿為宿徳所居、故擠公於外。）
	嘉靖十五年七月十日	礼部尚書夏言奏辨府尹劉淑相下獄。（福建藩司循旧例解銀六千、到戸部発順天府、給坊廂富民。府尹劉淑相謂、「富民初徙時宜給、富民立籍後不宜給」。遂廃例不行。通判費完、尚書夏言親党也。為関説于夏、求必給、劉不許。監生周禎、亦劉親。富民夏昇、恃其兄昶為東廠主書、詐以金二百投禎、仮曰、「為嘱府尹」。禎入言之、劉叱出。昇輒奔告東廠、逮禎、備諸毒刑。夏思中劉、陰令連及。故下獄。）
	嘉靖十五年七月二十七日	上乞賜罷黜以避讐嫌疏。（府尹劉淑相、公同年也。夏尚書与劉奏訐、疑公右劉、疏中論劉遊銀山、大不敬。然倡遊銀山者、公也。言意実侵公、公遂乞罷、疏上。）
	嘉靖十五年七月二十八日	劉府尹奏夏言贓賄。（劉淑相被誣玷、知夏言主使、不勝其憤、遂奏夏言嘱托納贓数十事。）
	嘉靖十五年八月二日	謝尚書恩。（公凡有升階、無不累疏力辞。至是、升任南京礼部尚書、夏桂溪意公必不拝命、欲指公為怨謗。公以為栄寵皆操之自上、遂受職謝恩。）
	嘉靖十五年八月二十六日	上照察奸党疏。（公上申明礼制疏、尚書夏言陰令科官肆辯、公知其謀、故疏言之。夏言聞之、上疏力辯、遂引嫌不敢覆。公礼制疏推、両侍郎与都察院会議。）奉旨、「朕已有旨。大臣群僚之首、各同寅賛治、勿相詆撃。如何又這等来説、且不査究」。（先是、廖侍郎道南・劉府尹淑相並奏尚書夏言罪過。給事中銭薇上言、「大臣不宜忿争」。上是薇言、而令大臣各務同寅賛治。適公疏上、故有此論。）
巻七	嘉靖十六年正月十五日	九廟礼成及上両宮徽号詔至。（上嘗因少保夏言之議、更郊祀、建四郊矣。復以太廟之制同堂異室、原非古礼、欲更正之。言輒献議改創九廟、奉太祖居中、太宗居左前、宣宗以下六帝、分列左右、更皇考廟曰献皇帝廟、昭聖太后・章聖太后、並上徽号、大赦天下。後四年、群廟災、上降罪已寛恤之詔。遂復旧制。）
	嘉靖十六年二月十一日	正定体分疏。（先是、都察院覆題公申明礼制疏、有旨、「南京大小官員、務要崇譲遵制、有故違的、参奏治罪」。時、夏言入内閣、給事中曹邁等倚之為重、復与公抗、故公因論南都拝祝之礼、復申前議。）
	嘉靖十六年七月二十五日	応詔献言疏。（是時、少傅夏言顓柄、吏部考選給事中劉文光等不先関白、夏遂票旨劉文光等別用。給事中李鶴鳴、以事謫金壇丞、五年用吏蔣珊・薛晃過贓事発、倶充軍。鶴鳴乃遣人挟金巨万、入京打点、適吏部推鶴鳴陞知県、夏得厚賂、票旨鶴鳴取回原任給事中。遠近驚異。公乃疏論之。章下吏部、既数日、上諭内閣、「近日南卿言事多実、宜各加省」。後、夏言遷葬父母乞恩、上可其奏。復批、「夏言須竭忠事

		主」。聞者吐舌、而夏恬不為意。)
	嘉靖十七年十二月十六日	尊号廟号詔至。(……有致仕同知豊坊者、学士豊熙子也。上言、「献帝宜称宗祔廟」。上諭内閣、夏少傅・李少傅・顧少保不敢違異。……)
	嘉靖十八年五月二十九日	吏部咨至、転北礼部尚書。(先是、夏言所挙官僚、多非其人、有以賄進者。御史洪垣論劾、上怒、悉黜不用、特委吏部推挙。太宰許松皐博訪、得天下名士九人、而公為首。許太宰薦公疏云、「剛正不阿、忠直有識、志守祖宗成法、力排後学頽風。允為宮僚之選」云。)……是月、少師夏言免。(時上幸大峪山、内閣進居守勅遅緩。上大怒、手勅責夏言曰、「言自微官、朕命張孚敬、令賛郊礼之議、遂不次進官、其所倚任、皆朝廷恩眷、自当益励公勤、尽忠事主、乃毎毎怠惰不恭、昨所選擬宮僚多不称用。密疏既不遵式、却借封皮行私。原賜印記、歴年御帖、可即繳進」。尋降少保、着致仕。数日、托内官高忠巧為祈哀、遂復少傅、還閣辦事。未幾、高忠代夏進玉器祝寿。上以為疑。二十一年、上廉知其交結高忠、泄禁中語、大怒、因霖雨傷稼、列其罪状、示都察院、復奪職間住。)
	嘉靖十八年七月十九日	……是月、莫方瀛乞降。(……時、夏言当国、受方瀛賄、擬聴其降。公聞之、嘆曰、「登庸簒逆十余年、得保首領幸矣。子孫必不能保、不待智者而後知也。乃亟与之詔書、頒之正朔、俾定為位、何為者也」。比尚書毛伯温、偕咸寧侯仇鸞、奉命南行、公語之曰、「若問順逆、則黎為順、莫為逆、三尺童子可辨。若問莫肯投降否、彼則肯降。又問肯貢否、彼則稽首帰貢、遣三尺童持片紙、彼則順応如響。不煩二公行而後定也。何也。莫自簒窃、後恒懼国人之討、是以正朔急於乞頒也。然莫黎胥願貢、則二公何以処之」。毛不答。蓋将推事任於撫臣耳。雲南巡撫汪文盛整旅待命、或以為訝。汪聞於公、公為書報之。次年、公薨後一月、登庸降於鎮南関。毛尚書伯温・蔡侍郎経以聞。登庸姪莫文明、齎降表至京、称黎寧乃阮淦之子、黎已無後。当国者、獲重賂、力為之請、遂詔収安南国王印、以登庸為安南都統使。登庸仍僭帝号於其国。使公而在、当鎮南関之請、必有善後之策矣。公嘗謂応乾曰、「夏桂洲犯三大謬。多進宦官、一也。密進宮女、二也。受夷賂、佑簒逆、三也。有此三罪、桂洲其能免乎」。)
	嘉靖十八年九月三十日	回京。(時、九廟七陵営建大工、皆翊国公郭勛董之、先後奏支戸部銭糧無算。梁尚書材曰、「予先任在部、老庫尚有銀一百三十万、今来惟存二十三万」。執不与。郭奏、「梁阻悞大工」。罷去。比郭訪公私第、公正色責之曰、「梁倹庵為国忠謀、公何為撃去。大工浪費、誰不知公所為乎」。郭払衣去。次日、郭遣官校来謝。公復責之曰、「為大臣、当為国家扶植

		善類、愛惜財用、不然、是負恩寵也。江彬・朱寧、何曽謀反、不過恃寵恣肆、擅作威福、文臣蓄怒、故以此加之耳。今無故排去重臣、此豈自全計耶」。郭聞言、復遣人謝。公薨、次年夏少師言修怨、遂令給事中高時劾郭代張延齢管家店、下獄。郭対刑部主事盧夢陽嘆曰、「悔不聴渭厓公言」。竟死獄中。）
巻八	嘉靖十九年八月二十七日	公子与瑕中式郷試第九名。（公子与璞・与瑕並中選。洪侍御垣恐忤夏少師、録瑕棄璞。邑人霍超亦中選、洪疑公族人、併黜之。公四子、与玞随任就試順天、亦中高選、考官左庶子童承叙、以夏故、黜不敢録。）

【表十三】『黄淮集』のみに見られる夏言描写（カッコ内は小字註）

（同治本と重複する部分は基本的には省略し、必要に応じて重複部分を下線で示した）

巻三	嘉靖六年九月二十日	拝職。（……張皇親鶴齢兄弟者、昭聖皇太后舅也。弘治中、横行不法、李夢陽略疏弾之、他尚有人不忍言者、孝宗且不得立妃云。上登極、欲正鶴齢罪、一日諭意内閣。張・桂・方、夜造詹事府、与公議之。公曰、「此事三公切要執持、若今日順旨、明日予披髪入山矣」。三公愕然曰、「何為其然」。公曰、「武宗無嗣、孝宗惟皇太后、皇太后惟両舅耳。今不能保全両舅、何以安皇太后之心、何以綏孝宗在天之霊。処大事以忠厚為主、議親議貴、国有典章。況已往之愆、何必深究。范六丈云、他日殺得手熟、我輩不免」。三公憮然、遂已其事、而上意終未釈。一日、復問方西樵、対曰、「誰教陛下為此薄徳事」。事亦緩。后、夏桂洲窺知上意、陰令天文生董至及劉東山獄中上書、発二張不法、遂下延齢論死、而鶴齢奪爵。公曰、「桂洲其不免乎」。）（以下、李福達の獄についての記述が続く）
巻六	嘉靖十四年七月二十一日	郊迎費公。（名、宏）（術士邵元節称、「費鵞湖善修養、七十如壮年」。遂復起用、九卿郊迎。夏宗伯言聞之、毎日候朝、輒瞑目竦肩、或按摩伸縮、作運気状、意欲上知其亦善修煉云。汪誠斎太宰曰、「我不知夏桂洲術巧至此、獲寵宜矣」。正徳以来内閣権益重、諸侍郎不敢抗礼。楊邃庵・費鵞湖、皆以先朝耆旧居首揆、公毎叙坐未嘗随衆過遜、視之猶六卿、然諸侍郎竟不借見。）
	嘉靖十四年八月一日	尚書夏言疏、進内臣一万有奇。（張羅峰柄政十余年、内臣不進一員。至是、夏言進一万四百員、列三等、上等四千七百員皇城供役、中等海子聴用、下等月給米三斗聴缺。公窃嘆、「唐玄宗進用宦官二千七百員、史以為譏。今進一万有奇、可為寒心」。又、河南李拱辰自状礼部云、「女有殊色、宜充嬪御」。礼部侍郎黄宗明曰、「皇祖有制、嬪民間公選、不許薦

		進。大臣薦女、伏大辟」。却其状。翼日、夏言閲状、為密聞。上命拱辰進女至京、命言躬視、言奏、「拱辰女、真絶色」。上命入供御、在嬪列、授拱辰兵馬指揮、言恃為援。上久之知言情、不寵李嬪、言失図焉。)
	嘉靖十四年九月四日	汪公致仕。(時汪誠斎寵遇日隆、以大冢宰兼理大司馬、夏宗伯忌其軋己、且修旧隙、遂嗾言官、交章攻去。上雖罷汪、亦怒言官、逮曽翀・薛宗鎧、拷問主使人。翀云、「考功郎中楊育秀伝尚書夏言頤指、使撃鋐。宗鎧風聞論劾、不預謀云」。鎮撫司畏夏、不敢奏翀言、東廠亦不敢奏。公嘆曰、「国家設鎮撫司掌詔獄、設東廠訪外臣奸贓、皆朝廷耳目、事無敢隠。夏桂洲威行内外、嵌制廠衛、無可達者、近来権臣所無也」。)
	嘉靖十四年九月二十二日 ＊同治本巻六では嘉靖十四年九月六日のこととされ、「再上缺官疏」という文がない。	再上缺官疏。……奉旨、爾毎説得固是、如今人心不同。有旨着会推、只尽衆人所挙者写、将来点他。(……其信任如此。当会推時、上在西城、与大臣議曰、「霍韜何如」。大学士李時輩畏夏言、無敢対者。独武定侯郭勛曰、「好好。朝中不避権勢者、惟韜一人」。夏大恨郭、比公論大臣受賂以郭言為証、夏益悪之。始思所以中之矣。)
巻七	嘉靖十六年三月十七日	夏閣老被賊報至。(夏家貲累十余万、京中悪少昏夜詐作武定侯郭勛過議機密事、縛夏及家人尽攫其貲而去。)
	嘉靖十六年六月二十二日	吏部覆題、奉旨楊育秀降一級外用。(……公先奏礼部郎中陳虎欺隠勅旨公文、復奏吏部郎中楊育秀壊法。時、厳介渓在礼部、公貽書曰、「隠匿聖旨、乃夏桂洲在部時、……所以喚醒群迷也」。既而有楊育秀降調外之命、留都科官為夏鷹犬者、始斂戢矣。)
	嘉靖十八年九月三十日	回京。(時、九廟七陵営建大工、皆翊国公郭勛董之、先後奏支戸部銭糧無等。梁尚書材曰、「予先任在部、老庫尚有銀一百三十万、今来惟存二十三万」、執不与。郭奏梁阻誤大工、罷去。郭訪公私第、公正色責之曰、「梁倹庵為国忠謀、公何為撃去。大工浪費、誰不知公所為乎」。郭払衣去。次日、郭遣官校来謝。公復責之曰、「為大臣、当為国家扶植善類、愛惜財用。不然、是負恩寵也。江彬・朱寧何曽謀反、不過恃寵恣肆、擅作威福、文臣蓄怒、故以此加之耳。今無故排去重臣、此豈自全計耶」。郭聞言、復遣人謝。公薨、次年、夏少師言脩怨、遂令給事中高時劾、「郭代張延齢管家店」、下獄。郭対刑部主事盧夢陽嘆曰、「悔不聴渭厓公言」。竟死獄中。郭雖恣傲、但罪不至此。後、夏伏大辟、上察知郭為夏所陥、逮高給事下獄。久之、特旨称、「郭勛雖以罪譴、然其祖功安可廃。着即復其子爵廕」云。)

注

（1）霍韜の人生の概観としては『明史』巻一九七参照。また、先行研究としては井上（二〇〇一）、（二〇〇四）、（二〇〇七）参照。

（2）霍与瑕は霍韜の二男で嘉靖三十八年進士である。『石頭録』編纂時、南京太僕寺に奉職していた。

（3）殷従倹（広西桂林の人、嘉靖二十三年進士）による序文（「宮保霍文敏公年譜序」）の日付は隆慶三年十月である。なお、殷従倹は当時、霍与瑕の同僚であった。

（4）鄭棻『（康熙）五河県志』巻四、呉爾升「沈泣川先生伝」「……先生沈姓、諱応乾、……弱冠、以選貢入太学、為南都大宗伯霍文敏公韜所奇賞、曰、「此子文多慷慨、気骨嶙峋、端人也。一第烏足道哉」。即命其子瑕号勉斎者、出称兄弟、同読書于金陵之柳樹湾。嘉靖間、両人果後先成進士。公初授粤東広州南海令、即文敏公梓里也、喜曰、「吾思有以報先生矣」。」

（5）何世守の経歴はよくわからないが、『石頭録』巻八に「刑部員外郎門人何世守行実」という文章が収録されている（刑部員外郎門人何世守による霍韜の行実という意味）。また、曹封祖『（康熙）安吉州誌』巻七「知州」に「何世守（南京人、官生。嘉靖四十一年任。陞南京刑部員外郎。）」とある。

（6）後述する西樵歴史文献叢書『石頭録』の「評介」によれば、霍尚守は霍与瑕の従侄である。また、同書は増修後に霍与瑕・霍尚守に序文を依頼された郭棐（一五二九～一六〇五、広東南海の人、嘉靖四十一年進士）の官暦と霍与瑕の没年（万暦二十六年）から、増修時期を万暦二十三～二十六年と推測する。

（7）西樵歴史文献叢書『石頭録』三～四頁。

（8）正徳九年の会試の主考官は内閣大学士梁儲と翰林学士毛澄（一四六一～一五二三、南直隷崑山の人、弘治六年状元）であった。梁儲は霍韜と同じく広東出身である。

（9）科挙の試験後、試験の記録（会試であれば『会試録』）に上位合格答案が模範解答として掲載される。ただし、本書第一章注（16）で述べたように通常は試験官の自作か、もとの答案に試験官が大幅に手を入れた文章が掲載される。

（10）『黄淮集』巻一、正徳九年二月「会試、公中式第一名」条「李叙庵公時為同考官、獲公巻、私自嘆賞、請于主考曰、「今科程策、顧以属時」。尋録公二策進主考、亟称之、謂、「一字不可易」。後、榜首未定、衆方囂争、公巻在選中、叙庵不出一語、将填榜、徐謂衆曰、「請看各巻災異・時務策、有如録中者乎」。衆曰、「名筆安敢望」。叙庵取公巻、示之無異、衆驚伏。公遂中式第一。」

（11）同治本巻一、正徳九年二月「会試、中式第一名」条「凡会試、諸同考官毎争会元。公巻在李叙菴房。叙菴白総裁曰、「今科程策、某願領之」。遂録公五策以進。総裁覧曰、「隹隹」。不易一字。後、各房紛争会元、独叙菴不語。将填榜、乃謂衆曰、「請看各巻、有録中五策否」。衆曰、「老翰林筆、安敢望」。叙菴取公巻、示之無異、衆驚服。公遂中式第一。」

（12）なお、『正徳九年会試録』には他にも霍韜の答案として『易』（選択科目）の答案、「論」に対する答案を掲載する。

（13）明の朝貢国の一つであったベトナム（黎朝）では下剋上が頻繁に起こっていた。嘉靖六年、莫登庸が黎朝の皇帝を殺して帝位についた。世宗は嘉靖十五年にベトナム遠征の命令を下す。ベトナム遠征を臣下のなかで最初に主張したのが当時礼部尚書の夏言であった。しかし、実際には明軍はベトナムに攻め込むことはせず、嘉靖十九年に莫登庸が投降して終わった。嘉靖年間のベトナム遠征については夫馬（二〇一五）参照。

（14）同治本巻七、嘉靖十八年七月十九日「是月莫方瀛乞降」条「公嘗謂応乾曰、「夏桂洲犯三大僇。多進宦官、一也。密進宮女、二也。受夷賂、佑簒逆、三也。有此三罪、桂洲其能免乎。」」

（15）宮女の献上については沈徳符『万暦野獲編』巻三「李氏再貢女」に関連記事がある。

（16）胡吉勛（二〇〇七②）参照。

（17）龐尚鵬『百可亭摘稿』巻二「誅逆賊正国法以銷禍本疏」および張鹵『皇明嘉隆疏抄』巻一八、龐尚鵬「為誅逆賊正国法以銷禍本事」。

（18）『大明律』巻一八、刑律、「謀反大逆」「凡謀反及大逆、但共謀者、不分首従、皆凌遅処死。祖父・父・子・孫・兄・弟、及同居之人、不分異姓、及伯叔父・兄弟之子、不限籍之同異、年十六以上、不論篤疾・廃疾、皆斬。其十五以下、及母・女・妻・妾・姉・妹、若子之妻妾、給付功臣之家為奴。」

（19）本書第五章で述べたように、当時の郭勛は後軍都督府掌府事であり、軍のトップに位置した。

（20）霍韜釈放についての逸話として『黄淮集』および同治本は下記の記事を載せる。巻五、嘉靖九年四月二日「得旨如院議罪」条「是時、天雨黄沙、昼晦如夜、内臣奏武庫兵器自動。上驚懼、自駕至武庫聴之、鏗鏗作戦闘声。回宮、至章聖太后所、坐不安席。太后曰、「何事乃爾」。上曰、「武庫兵器震響、非常之変」。太后曰、「獄中得毋有冤者乎」。上曰、「霍詹事忤我、下都察院獄」。太后曰、「以小故而囚大臣、変所生也」。上大悟。時已有旨、杖四十為民矣、乃砕其紙、改旨如院議罪。是日、天驟開霽。」

（21）当時、夏言の出世をおもしろく思っていなかったのは霍韜だけではなく、内閣大学士張璁や吏部尚書方献夫も同様であった。張璁は附論二で述べたように夏言を罠にかけようとしたことが露見し、致仕に追い込まれた。方献夫も夏言批判の上奏を行ったことがあった。夏言『桂洲奏議』外集巻一「陳辯尚書方献夫誣奏疏」参照。

（22）巫仁恕（二〇〇七）一〇四～一〇五頁、Dardess (2016) pp. 119–121。

（23）費完は夏言の息子夏敬承（当時はすでに故人）の舅である。費宏『太保費文憲公摘稿』巻一八「夏母匡太宜人墓誌銘」参照。

（24）王世貞『嘉靖以来首輔伝』巻三「尚書霍韜入掌詹事府面詰言、而郭勛喜其得助益横。」『世宗実録』巻二三七、嘉靖十九年五月丙申条「四川遂寧県訓導蕭時芳奏言、「郭勛・夏言・霍韜、皆中興元佐、同功一体、而外議沸騰、心跡未一、非国家之福。宜召此三人、賜之坐、杯酒以釈其心」。語皆浮誕不経。詔、下鎮撫司、逮問具罪、黜為民。」巻二四一、嘉靖十九年九月辛丑条「広西道試御史舒鵬翼奏、「近歳以来、災異頻仍、醜虜猖獗、所恃以輔翼匡賛者、在左右二三大臣、而今乃不聞恐懼修省、顧陰相攻撃、報纖芥之怨於陛前、虧損聖明。……仍降諭二三大臣、俾各秉徳畏威、同心輔政」。得旨、「二三大臣陰相攻撃報怨陛前者誰。令指名以聞」。鵬翼言、「臣昨見尚書霍韜・翊国公郭勛・大学士夏言奏疏、倶語渉攻訐、相為排擠。独以礼不敢歯君之路馬、見几杖則式之。況貴臣近主、久在陛下監覲之中、是以不敢斥名者以状」。」『明史』巻一九七「霍韜伝」「既屢撃言不勝、最後見郭勛与言有隙、乃陰比勛、与共齮齕言。」

(25) ただし、巻六、嘉靖十五年七月十七日「燕郭武定庄（武定侯郭勛の別荘で宴会に参加した）」条は同治本でも省略されていない。

(26)『穆宗実録』巻一五、隆慶元年十二月己丑条「吏科都給事中王浩等言、「……原任大学士夏言、人品事業、雖不可知、至所論復套事、未為過失。其視曾銑、均属無辜、宜加雪宥。……」。礼部覆議、如其言。詔、……復言吏部尚書。」巻四二、隆慶四年二月己未条「故大学士夏言孫朝輔奏、「先臣之冤、幸蒙昭雪、而復官止於吏部尚書。乞推広恩数、以栄泉壌」。詔、尽復原官、仍賜祭葬、諡文愍。」

(27) 楊儀は礼部尚書時代の夏言の部下である。『保孤記』の小字註には死の直前、徐階にすすめられて『保孤記』を執筆したとある。（「癸亥歳、首相徐公命撰桂州保孤記、終為絶筆」。）

(28) 許篈『荷谷先生文集』「荷谷先生朝天記」万暦二年六月初七日条「因及夏言・厳嵩等被禍之由。夏言、世宗皇帝寵臣也。不次陞用、位居首相、最承恩遇。厳嵩継為世宗所幸、擢礼部尚書、権勢既相軋、嵩謀欲去言。時西蕃扣陝西・四川塞来降、或以為不可受。言以彼既慕義帰款、理難逆拒、遂受而処之。嵩陰嘱四川巡按御史、誣言潜納外夷重賂、受其偽降。世宗大怒、命下言錦衣衛獄、痛加栲掠於午門外。言気至委頓、乃命両人綁其手足、以杖貫其中、荷之而行。言不勝其苦、誣服、即斬之。……籍没嵩家産、金銀至三千余杠、毎杠有一百斤、散而貸諸人者称是、玉帯有八十条、其他可知。嵩無所帰、依於僧寺以糊口、竟餓死、人皆快之。初、夏言之籍家也、只有書冊衣裳而已、聞者悲焉。」

(29) 項喬『甌東私録』巻八「雑著外編」八八。

(30)『毓慶勲懿集』については胡吉勛（二〇一五）参照。

(31)『毓慶勲懿集』巻四、湛若水「留別」二首、「跋総府題名後記」（正徳八年六月二十五日）。

(32)『毓慶勲懿集』湛若水「毓慶勲懿集序」（正徳十一年正月十六日）。なお、他に費宏と王瓚（当時国子監祭酒）も序文を執筆している。

(33) 方献夫『西樵遺稿』巻四「郭総戎世臣見過石泉」「疎慵自分只漁樵、故向深山小結巣、両日明公来対酒、一壺聊下樹頭

瓢」。世臣は郭勛の字である。石泉書院については方献夫『西樵遺稿』巻六「石泉書院記」参照。

(34) 張文憲「明故左軍都督府掌府事武定侯郭公墓誌銘」(李魏(二〇一五)七七頁)。

(35) 鄭汝璧『皇明功臣封爵考』巻一「武定侯」。

(36) 郭大誠の妻は魏国公徐邦瑞の娘である。王世貞『弇州山人四部稿続稿』巻一一八「南京守備掌中軍都督府事魏国公徐少軒公墓誌銘」。

(37) 桂の誤り。

(38) 璁の誤り。

第六章　管志道の思想形成と政治的立場

——万暦五年張居正奪情問題とその後

はじめに

管志道は明代後期の三教合一思想の代表的な論者の一人である。その思想内容については荒木見悟氏をはじめとした中国思想史研究者によって研究されてきた。一方、明代政治史研究者が管志道をとりあげることは少なかった(1)。それは管志道という人物が明代万暦年間の政治史や社会史、経済史などにほとんど影響を残さなかったからである。しかし、それは管志道が歴史研究の対象とする価値をもたないことを意味するわけではない。時代を作った人物ではなく、時代に流された人物であるからこそ、管志道という人物の分析を通して、明代後期の政治状況や社会状況をうかがうことは可能である(2)。

本章では、管志道の思想内容自体を論じる前提として、管志道の思想形成について検討を行う。先行研究では管志道の思想形成について、明代後期における三教合一の流行から分析を試みることが多かった。三教合一の流行が管志道の思想形成に大きな影響を与えたのは確かであろう。しかし一方で、先行研究においては管志道個人の履歴から管志道の思想形成をたどるという作業が軽視され、自伝的詩文『朱歩吟』および墓誌銘（焦竑『焦氏澹園続集』巻一四「広東按察司僉事東溟管公墓誌銘」）、行状（銭謙益『牧斎初学集』巻四九「湖広提刑按察司僉事晋階朝列大夫管公行状」）の記述が鵜呑みにされてきた。これらの史料はいずれも管志道の晩年および死後に編纂された。本来であれば、思想形成時期の管志道の履歴を見るためには、同時期に編纂された史料に基づく必要があろう。

しかし、管志道は万暦十六年（一五八八）以前、文章を残すことに消極的だった(3)。たとえば、尊経閣文庫に所蔵されている管志道の全集『管東溟先生全集』全六十六冊のなかで、万暦十六年以前の序をもつのは『奏疏稿』一冊のみである。(4)『奏疏稿』は管志道の上奏文集であり、これまで思想史を中心にすすめられてきた管志道研究においては重視されてこなかった。確かに『奏疏稿』に収録されている上奏文から管志道の早期の思想を抜き出すとしたら単純のきらいがある。ゆえにこれまでの研究が管志道の経歴について説明するときに晩年および死後に編纂された史料を使ってきたのも、無理のないことではある。しかし、発想を転換させれば、万暦十六年以前は文章を残すことに消極的だったはずの管志道になぜ万暦十六年以前の序をもつ上奏文集が存在するのかという切り口から、思想家として活躍する前の管志道の思想形成と立ち位置を描くことは可能だろう。

そこで本章では管志道『奏疏稿』につけられた序文を手掛かりに、万暦年間前半における管志道の思想や立場を検討する。後述するように『奏疏稿』に自序はないが、万暦十三年（一五八五）から万暦十五年（一五八七）にかけて五人の人物が書いた序文が残っている。各序文のなかで管志道の事績として大々的に取り上げられているのが、万暦五年（一五七七）の張居正奪情問題（後述）である。多くの明代史研究あるいは思想史研究において管志道は張居正を批判する立場にあったとされてきた。(5)ゆえに荒木氏は官僚としての管志道について、権力者を批判した不屈の官僚として描き、政界から離れた後は内向性を高めて独自の思想を形成したと論じている。(6)管志道が奪情問題で張居正批判を行ったがゆえに政治的に挫折し、政界から距離を置いたという荒木氏の見解は最近の研究者にも引き継がれている。(7)しかし、管志道と張居正は泰州学派や私的な書院での講学活動に否定的であるという点（次章参照）で共通しており、両者は思想的に必ずしも隔たっていたわけではない。(8)また、管志道の周囲の人物、たとえば学問上の師である耿定向や友人である沈懋学（一五三九～一五八二、南直隷宣城の人、万暦五年状元）などは張居正奪情問題では張居正に追従したり日和見したりしていたことが先行研究によって明らかにされている。[9] 管志道が耿定向や沈懋学の立ち位置と大きく離れていたとは考えにくい。

　本章では『奏疏稿』の成立過程とそこに附された序文の内容を検討することで、張居正奪情問題における管志道の立ち位置と張居正没後に『奏疏稿』各序文が作成された思惑を明らかにし、管志道の思想形成と政治的立場の関係を論じる。

一　万暦年間の政局と張居正奪情問題

（一）嘉靖・隆慶・万暦の内閣首輔たち

　張居正奪情問題について述べる前に、張居正とは何者なのかを含めて嘉靖年間後半から万暦年間前半にかけての政治史を説明する。
　嘉靖四十五年（一五六六）十二月十四日、世宗が亡くなった。唯一存命であった息子の裕王が次代皇帝として即位する。これが穆宗である。生涯にわたって政治の主導権を握り続けようとした世宗に対し、穆宗は政治に大きな関心をもたなかった。その後、穆宗は三十六歳の若さで病死し、わずか十歳の神宗が即位する。そのため、皇帝が政策決定における主導的立場を果たしていた嘉靖年間とは異なり、隆慶年間や万暦初年には内閣が政策決定で主導的な役割を果たすようになる。[10]
　穆宗即位当時の内閣首輔は徐階である。[11] 徐階は翰林院編修だった嘉靖九年、世宗がすすめる孔廟礼制改革を批判したため、世宗の怒りを買い、[12] 地方官に左遷される。その後、地方官を歴任した徐階は嘉靖十九年、皇太子の教育係の官僚を整備するのに際して、司経局洗馬に任命され中央政界に復帰する。その後、嘉靖二十八年に礼部尚書、嘉靖三十一年に内閣大学士となる。厳嵩の失脚後は内閣首輔となった。世宗の死後、その治世の悪弊を一掃するなど政治手腕を発揮する一方で、穆宗からはお目付け役的な言動が疎まれていた。

徐階が隆慶二年に致仕した後、代わって李春芳（一五一〇～一五八四、南直隷興化の人、嘉靖二十六年状元）が内閣首輔となる。李春芳は嘉靖四十二年に礼部尚書、嘉靖四十四年に内閣大学士となった。徐階の首輔在任時、李春芳は徐階に唯々諾々と従っているだけであり[13]、人々の和を重んじる性格であったという。当時の内閣には張居正、趙貞吉（一五〇八～一五七六、四川内江の人、嘉靖十四年進士）、高拱（一五一三～一五七八、河南新鄭の人、嘉靖二十年進士）という個性派の大学士が揃い、互いに排撃しあっていた[14]。

隆慶五年、李春芳の致仕後、高拱が内閣首輔となった。高拱は嘉靖四十四年に礼部尚書となり、翌年に入閣した。裕王時代の穆宗の教育係でもあった高拱に対し、穆宗は大きな信頼を寄せていた。徐階との対立により高拱は一時的に引退に追い込まれたものの、徐階の引退にともない再起用された。そして、穆宗が亡くなる際に後事を託されたという。

穆宗の死後、張居正が神宗生母李氏・宦官馮保と手を組み、高拱を追い落とした。張居正はその後、万暦十年に亡くなるまで内閣首輔であり続ける。城地孝氏によれば、徐階・李春芳から高拱・張居正という内閣首輔の交代は、皇帝の諮問を受けて関係各所の調整を行う顧問団というべき内閣の性格が変容し、内閣が主体的に政策を打ち出し実行していく行政府になっていくことを意味するという[15]。首輔となった張居正は政治において強力なリーダーシップを発揮し、国内外の問題に敏腕をふるい、一定の成果を上げた。その一方で張居正のすすめる政治に反感を抱く人々も少なくなかったが、張居正は自分の批判者を政界から排除していった[16]。

（二）張居正奪情問題と管志道の政治人生

張居正奪情問題とは、万暦初年の政治を牛耳っていた内閣首輔張居正が父の喪に服さずに職務を続けたことを五人の官僚が批判し、廷杖という超法規的な杖刑に処されたことを指す。奪情とは重要な職務にあたっている臣下が父母を亡くしたとき、天子が喪に服させずに職務を続けさせることである。[17] 張居正の内閣首輔在任期間のちょうど半ばにあたる万暦五年八月、張居正の父が亡くなる。そして翌月、訃報が北京に届いた。父の死によって張居正は本来、三年間の喪に服すため職務を離れて地元（湖広）に戻らなくてはいけなかったが、官界では張居正を奪情するべきだという声が広がった。そこで、当時十五歳の神宗は奪情を命じ、張居正は内閣首輔の座にとどまることになった。これに怒った翰林院編修呉中行（一五四〇～一五九四、南直隷武進の人、隆慶五年進士）、翰林院検討趙用賢（一五三五～一五九六、南直隷常熟の人、隆慶五年進士）、刑部員外郎艾穆（湖広平江の人、嘉靖三十七年挙人）、刑部主事沈思孝（一五四二～一六一一、浙江嘉興の人、隆慶二年進士）が翌十月に張居正の奪情を批判し、廷杖に処されることになった。さらに四人の廷杖に怒った刑部観政進士鄒元標（一五五一～一六二四、江西吉水の人、万暦五年進士）も奪情批判の上奏を提出し廷杖を受けた。廷杖後、翰林院の二人は官僚身分を剥奪され、刑部の三人は充軍となり辺境に送られた。さらに奪情に穏便に反対したり、五人を庇った官僚たちも左遷されたり罷免されたりするなどの憂き目にあった。万暦十年（一五八二）に張居正が亡くなった後、廷杖を受けた五人を始めとして奪情問題で失脚した人々が官界に復帰していく。

それでは管志道の伝記史料は奪情問題と管志道の関係をどのように描いてきたのか。以下に管志道の墓誌銘と行状の記述を中心に紹介する。万暦二年、父の死により、管志道は喪に服するために南京兵部主事の職務を離れる。万暦五年、喪が明けた管志道は復職のために上京するが、あいにく六部主事のポストが空いておらず、しばらく北京で待機することになった。張居正奪情問題が起こったのはちょうどこのときだった。焦竑

（一五四一～一六二〇、南直隷江寧の人、万暦十七年状元）が執筆した墓誌銘によれば、奪情問題発生後、管志道は張居正が座主[18]であることを理由に批判をためらうが、沈懋学と奪情批判の上奏を約束していたため、奪情批判への関与を疑われたという。銭謙益（一五八二～一六六四、南直隷常熟の人、万暦三十八年探花）が執筆した行状によれば、沈懋学・趙用賢とともに奪情に怒った管志道は二人が執筆した上奏文に助言を行い、また、趙用賢の廷杖後は沈懋学に辞任するよう助言したという。その後、十一月に管志道は刑部主事となる。

万暦六年（一五七八）二月、管志道は神宗に親政を促す「為直陳緊切重大機務懇乞聖明稽祖訓酌時宜博謀独断以恢聖知事[19]（喫緊の重要な政治課題を直言し皇帝陛下がご先祖の教えを踏まえて現在の実情も考慮に入れて広く相談されて独断して陛下の叡知を推し広げることをお願いする上奏文）」（以下、「祖訓疏」）を上奏する。「祖訓疏」は①復議政之規（政治の規定を復活させる）、②務講筵之実（進講の実体化を行う）、③闢進言之路（進言の手段を確保する）、④公銓擢之法（人事のルールを公明にする）、⑤釐巡察之弊（巡按御史の弊害を改める）、⑥処宗室之繁（宗室の増加に対処する）、⑦定河漕之策（漕運の策を定める）、⑧杜辺陲之釁（辺境の危機を防ぐ）、⑨核取士之制（科挙制度を改善する）という九点の提言から構成され[20]、張居正の政治に対する批判を意図していたという。同年九月に管志道は員外郎に昇進、また十一月には広東按察司僉事になる。刑部員外郎から広東按察司僉事というのは昇任人事であるが、墓誌銘はこの人事を張居正がしかけた罠だとする。すなわち、「祖訓疏」において巡按御史批判を展開した管志道を地方官にすることで、張居正は巡按御史に管志道を弾劾させようという魂胆だったという。広東に赴任した管志道は巡按御史龔懋賢（一五三九～一五九八、四川内江の人、隆慶二年進士）と対立し、万暦七年（一五七九）五月には降一級処分、万暦八年（一五八〇）正月には塩課司提挙に降格させられる。さらにその直後の考察で管志道は「老疾」として罷免される。行状によれば、管志道は致仕を願う上奏をしていたにもかかわらず、吏部尚書王国光（一五一二～一五九四、山西陽城の人、嘉靖二十三年進士）に握りつぶされたという。

張居正の死後、何度か官界復帰の推薦を受けた管志道は、万暦十四年（一五八六）二月に広東按察司僉事として致仕という待遇の変更を受ける。その後、万暦十九年（一五九一）に尚宝司丞周弘禴（湖広麻城の人、万暦二年進士）が管志道を辺境対策の人材として推薦し、管志道は湖広按察司僉事靖州天柱兵備道に任命される。しかし、万暦二十年（一五九二）に赴任途中の江西湖口で致仕を願い、回籍聴用となる。以後、万暦二十一年（一五九三）に『周易六龍解』を発表した管志道は、蘇州を拠点として在野で言論活動を行うようになる。[21]

二　管志道『奏疏稿』序文の奪情劇

（一）管志道『奏疏稿』の構成と序文

上記の「祖訓疏」が収録されているのが『奏疏稿』である。管見の及ぶ限り、『奏疏稿』は現在、尊経閣文庫、国立公文書館（内閣文庫）、中国国家図書館が所蔵している。尊経閣文庫が所蔵している版本は管志道の全集『管東溟先生文集』中の一冊である。国立公文書館が所蔵している版本は『周易六龍解』と一緒に綴じられている。中国国家図書館が所蔵している版本はマイクロフィルムで閲覧できる。どの版本も本文部分は左右双辺、上黒魚尾、半葉十行、一行十九字、二字抬頭であり、収録されている本文に違いはない。

まず、『奏疏稿』の構成は下記のとおりである。

序文
病疏附（万暦七年八月二十九日）

巻一「為直陳緊切重大機務懇乞聖明稽祖訓酌時宜博謀独断以恢聖知事」（万暦六年二月二十六日）
巻二「為遵勅諭申憲綱以正風紀事」（万暦六年十二月十六日）
巻三「為再陳風紀未尽事」（万暦七年六月二十一日）
巻四　万暦十九年の尚宝司丞周弘譱の管志道推薦の上奏・覆奏
巻五　万暦二十年の管志道の致仕関連の上奏・覆奏

一見してわかるように、巻三以前は上奏文一本で一巻が構成されるのに対し、巻四・五は複数の人物・機関の上奏文から構成される。特に巻四には管志道の文章は全く収録されていない。

次に『奏疏稿』の序文であるが、各版本によって収録内容が異なる。もっとも多くの序文を収録しているのは尊経閣文庫所蔵本であり、左記のとおりである。

馮時可「管東溟先生刑曹疏議序」(22)（万暦十三年三月朔日）（以下、馮時可「序」）
馮時可「跋」(23)（万暦十四年三月八日）
王世貞「管比部奏疏序」(24)（年月不明）（以下、王世貞「序」）
張鼎思(25)「題管観察疏議綴言簡端」（万暦十五年十月）（以下、張鼎思「題」）
夏道初(26)「題管東溟先生疏草後」（万暦十五年十一月）
張浩(27)「万言書草綴言」（万暦十五年九月）（以下、「綴言」）
張浩「補綴」（万暦十五年十月朔日）

一方、中国国家図書館所蔵本には序文はなく、国立公文書館所蔵本は王世貞の序文のみを収録する。以上の『奏疏稿』の構成と序文の年月から、管志道の全著作の解題を作成した呉孟謙氏は巻一～三は万暦十五年に刊行され、現在の『奏疏稿』は増補されたものであるとみなしている。また、行状に管志道の著作として「刑曹疏議四巻」が挙げられていることも指摘し、ただその内容構成は不明であるとしている。[28] つまり、呉氏の見解によれば、現行の『奏疏稿』の成立以前に、万暦十五年に上奏文三本を収録した奏議が刊行されたということになる。しかし、上記の各序文で奏議の刊行について言及しているものはなく、万暦十五年に奏議が刊行されたかどうかは決め手にかける。

そこで『奏疏稿』の成立を再検討するために、まずはそれぞれの序文のタイトルに注目する。馮時可「序」と王世貞「序」のタイトルには「刑曹」・「比部」とあるのに対し、張鼎思「題」のタイトルには「観察」とある。この差異については、執筆時期が万暦十四年二月の広東按察司僉事の肩書の復活以前か以後かの違いに由来すると推測できる。したがって、年月不明の王世貞「序」は万暦十四年二月以前に執筆されたと考えられる。「綴言」の「万言書」というのは「祖訓疏」のことである。[29] さらに、各序文の内容面を見ると、馮時可「序」と王世貞「序」は「祖訓疏」についての言及しか行っていない。一方、張鼎思「題」は「祖訓疏」だけではなく按察司僉事時代の上奏にも言及するとともに、タイトルから明らかなように「綴言」を見て書いている。よって、万暦十三～十四年に馮時可・王世貞が「祖訓疏」を見て、万暦十五年に張鼎思が『奏疏稿』巻一～三収録の上奏文および「綴言」を見て、それぞれ序文を執筆したことは確実であろう。ただし、それが刊行を意味していたかどうは不明である。[30] 万暦十三～十五年に管志道もしくは管志道の周囲が蘇松地方に在住していた有名文人[31]に管志道の上奏文を見せて序文を執筆してもらっただけとも考えられる。その後、管志道の没後に行状が書かれたのは崇禎元年（一六二八）である。また、清代の黄虞稷『千頃堂書目』巻五には「管志道比部奏議四巻（一作刑曹政議五巻）」とある。崇禎元年時点では現行の『奏疏稿』のような五巻本は存在しなかったが、清代になると五巻本も存在していたようである。以上の事象を整理すれば、『奏疏稿』の成立については、万暦十三〜十四年に馮時可・王世貞が「祖訓疏」を見て序文を執筆→万暦十五年に張鼎思が現行の『奏疏稿』巻一〜三収録の上奏文および「綴言」を見て序文を執筆→四巻本として管志道の奏議が編纂される（崇禎元年以前）→五巻本（現行の『奏疏稿』）が編纂されるという順番であろう。

（二）張浩「万言書草綴言」の奪情劇

現行の『奏疏稿』の序文のなかで、馮時可は万暦十三年に序文を執筆したにもかかわらず、翌年にも跋文を執筆している。なぜ馮時可は二度も管志道の上奏文の序文を執筆したのか。それに関して馮時可は「跋」のなかで左記のように述べる。

わたしは去年、管志道の上奏文に序文を書いたが、彼と趙用賢のやりとりしか知らなかった。最近、彼が張居正と対立した詳細を知って、それをしっかり書かなかったことが恥ずかしく思われる。(32)

馮時可「序」では、奪情問題の描写は左記のようになっている。

万暦五年冬、わたしは兵部にいたが病床にあった。その時、趙用賢たちは故内閣大学士張居正が喪に服さないことを批判し、廷杖を受けて流された。同僚が家にやって来てその事件について語り、また「管君も上奏して攻撃しました」といった。わたしは驚いて「本当ですか。管君はポスト待ちでまだ職を得ていないですよ。ほかの人はともかく、彼がしますかね」といった。数日後、また同僚がやって来て、「確かに管君は上奏していませんでした。ただ管君はいつも趙用賢の家に出入りして一緒に激怒していて、趙用賢が批判の上奏をすると、援護射撃して「親友のために宰相にさからうことはあっても、宰相のために親友を疎んじることはできない」といっていました。張居正は（管志道を）恨まずにはいられないでしょう」といった。[33]

右記の「序」の奪情問題描写には不足があったために馮時可は補足として「跋」を書いたという。

では、当時の管志道自身の奪情問題についての認識はどのようなものだったのであろうか。それを伝えるのが張浩「綴言」である。「綴言」には、執筆動機、奪情問題、「祖訓疏」の提出、管志道の政界における挫折、管志道の現状という五つの要素が盛り込まれている。「綴言」に出てくるエピソード、たとえば廷杖の前日に管志道の母が隕石落下の幻聴を聞いた、張居正と盟友関係にあった宦官馮保が「祖訓疏」を読んで廷杖を後悔した、という話は、管志道が母の壙記に書いた内容と一致している。[34]「綴言」は弟子による師匠の顕彰というより、管志道自身の奪情問題の認識をあらわしているといえよう。本節においては執筆動機と奪情問題の部分を紹介する。

まず、執筆動機について、張浩は南直隷常熟の人であり、廷杖を受けた趙用賢とは同郷である。張浩は奪情問題当時、まだ管志道に会ったことがなかったが、管志道が張居正を批判したという噂を聞いて関心をもっていた。後に管志道に師事することになり、万暦五年の奪情問題の話を暇なときに聞くことができた。管志道から聞いた話は『星変志』（後述）や『江陵遺事』（未詳）[35]などの野史に不記載のものがあったという。[36]

次に奪情問題の描写に関しては、以下にあらすじをまとめた。

張居正は地位を失うことを恐れて、錦衣衛の徐爵[37]を通じて馮保に賄賂を贈り、神宗に奪情するよう要請させた。当時、管志道はポストの空き待ちで北京にいた。ある晩、同年（科挙同年合格者）の家で宴会が開かれ、一同は張居正の悪口で盛り上がった。趙用賢が憤って「張居正はずっと君主をないがしろにしてきたが、今回は父までもないがしろにしている。黙っていられるか」と声を荒げた。管志道はなだめ役となっていたが、一同は管志道も何か関係していそうだと勘付いた。実は、趙用賢は事前に奪情批判について管志道に相談しており、管志道は趙用賢に「座主を批判するのは人情としてどうか。もう少し待とう」と助言をしていた。次の日、沈懋学が奪情批判の相談にやって来て、管志道は「大事だから慌てるな。趙用賢と熟慮するように」と助言した。また次の日、試御史涂杰（江西新建の人、隆慶五年進士）も相談にやって来て、管志道は「早くいわないと別衙門に先を越され、言官として恥だろう」と助言した。涂杰はそこで鄭鋭（南直隷涇県の人、隆慶五年進士）と一緒に張居正批判の上奏を行おうとしたが[38]、年老いた親がいるので断念した。一方、沈懋学が趙用賢のもとに相談しに行くと、呉中行がやって来て、「三人一緒に死ぬのは国辱だ。あなたは我々二人を優先して、後でがんばりなさい」といった。そこで沈懋学は趙用賢・呉中行を救出するための上奏文を執筆し、管志道に見せた。

趙用賢・呉中行の奪情批判の上奏文が提出され、刑部の艾穆・沈思孝も続いた。たまたま暫定的に刑罰が停止されていたが[39]、管志道は廷杖を予感した。詹事王錫爵（一五三四～一六一四、南直隷太倉の人、嘉靖四十一年探花）は張居正の行動を快く思っておらず、趙用賢・呉中行・沈懋学の奪情批判計画も知っていた。管志道は王錫爵に手紙を送って申時行（一五三五～一六一四、南直隷長洲の人、嘉靖四十一年状元、当時は礼部右侍郎）と一緒に趙用賢らを助けるよう助言し、王錫爵は翰林院の部下を率いて張居正に懇願したが、張居正は聞き入れなかった。その後、四人が廷杖されると、王錫爵の名声は高まった。続いて鄒元標が奪情批判の上奏を行い、同じく廷杖された。趙用賢・呉中行が廷杖を受けようとしたとき、沈懋学は呉中行・趙用賢との上奏の約束を果たすため、自身の上奏文を提出しようと持参したところ、同郷の座主に持ち去られてしまった。そこで管志道は手紙を書いて「早く辞任して二人に謝りなさい」と助言し、沈懋学は辞任して地元に戻り、そのまま亡くなった。廷杖の前日、管志道の母は寝付けずにいた。深夜に隕石が屋根に落ちた音を聞いたが、朝になってみると何もなかった。母からこのできごとを告げられた管志道は動揺した。また、管志道に上奏を勧める人がいた。管志道は「わたしには官守（官僚としての職責）がないし、わたしには言責（言論の責任）はない。来年の大婚後に天子が万機を総攬するよう勧める者が必要だが、六科と都察院が口をつぐんでいるので、わたしになるだろう」と答えた。管志道は張居正を弾劾しなかったが、趙用賢らが災難を受けたなかで周弘綸[40]・陶允宜[41]（浙江会稽の人、万暦二年進士）・甘雨[42]（江西永新の人、万暦五年進士）・朱維京[43]（一五四九～一五九五、江西万安の人、万暦五年進士）・曾乾亨（江西吉水の人、万暦五年進士）らと一緒に支援活動を行っていたため、張居正の手下に監視されるようになった。さらに管志道は沈懋学を唆して張居正父子に対する批判の手紙を書かせたり[44]、甘雨の趙用賢・呉中行を弁護する上奏を代筆したり、毎日王錫爵と一緒に張居正の悪口をいっていると告発する者がいたため、張居正は管志道を特に憾むようになった[45]。

「綴言」のなかでは、管志道は奪情に批判的な人々の相談役を務め、さらには奪情問題で名声を高めた同郷の王錫爵の行動は実は管志道に動かされたものであることになっている。

(三) 管志道の立場――我無官守、我無言責

上記のような奪情問題の描写が事実であるかどうかは不明であり、むしろさながら小説のようであり、信憑性は高くない。しかし、「綴言」の描写からは万暦十五年前後の管志道が奪情問題中における自己の立場をどのように位置付けようとしていたのかを読み取ることは可能である。「綴言」の中には奪情問題で廷杖を受け

て名をあげた趙用賢・呉中行、二人を助けようとして名をあげた王錫爵だけではなく、沈懋学や涂杰・鄭鋭といった奪情を批判しようとして批判できなかった人物が登場する。涂杰・鄭鋭は年老いた親の存在のために上奏を諦めた(46)。趙用賢・呉中行との約束を果たせなかった沈懋学は官界を去ってまもなく亡くなる。「綴言」中では廷杖を受けた趙用賢らと同列に沈懋学や涂杰らが扱われている。これらの奪情批判を行いえなかった登場人物たちは管志道の立場を映す鏡であった。後年、呉中行への祭文において管志道は「時の同志たちは、きみ（呉中行）と趙用賢がまっすぐでかしこいのを称賛し、沈懋学とわたしが迂闊でばかなのを嘲笑していた(47)」と述べている。また、「綴言」中には管志道の母も登場し、涂杰らが老親の存在で批判を諦めたこととの関連を匂わせている。さらに、「祖訓疏」提出のタイミングは、神宗の大婚の直後、張居正の一時帰郷の直前という非常にあわただしい時期だった(48)。つまり、管志道も師である耿定向や友である沈懋学と同様に、張居正奪情問題に対して保身を優先させていたのである。

　管志道のために弁護するとすれば、奪情批判ができない理由はいくつかあった。まず、馮時可「序」にあるように、管志道は職務復帰のためにポストの空き待ちの状態であった。また、「綴言」に描かれているように、当時は管志道の母が息子の身を案じて不安定な心情にあった。しかも張居正は管志道の座主であり恩義もある。確かにこれらの理由があれば、内閣首輔批判を行って政治人生どころか生命の危険を冒す(49)ことを避けるのもやむをえないといえる。

　しかし、管志道は奪情問題と無関係ではいられなかった。管志道は奪情批判の翰林官たちや刑部の官僚たちと浅からぬ因縁をもっていた。当時の管志道は呉中行とはそれほど親しくなかったが(50)、沈懋学・趙用賢とは切っても切れない仲であった。沈懋学とは進士及第以前からの付き合いがあった。嘉靖四十三年（一五六四）、郷試に落第した管志道は師匠である南直隷提学耿定向に命じられて他の落第答案をチェックしていた。その時に沈懋学の答案を読んで感動し、耿定向に請願して沈懋学を南京に呼び寄せ、一緒に勉学に励むこととなった。その後、奪情問題が起こる前後には、沈懋学と管志道は北京で近所に住み、頻繁に行き来していたという。[51]また、趙用賢とは単純に科挙合格年が同じというよしみがあっただけではなく、管志道がポスト待ちで北京に待機している間に、趙用賢は自らの子弟を管志道に師事させていた。[52]いわば、無職の管志道を塾講師として雇用してあげていたのである。ゆえに馮時可「序」において、管志道が趙用賢の家に出入りしていたとあったのは、二人が張居正奪情批判の仲間という側面だけではなく、塾講師と顧客という関係だったことを意味する。そして、趙用賢・呉中行が廷杖されたとき、管志道の母は「同年の趙さんはかわいそうなこと。父母に授けられた肉体に叩かれる痛みを受けて、生死すらどうなるかわからない」と趙用賢だけを名指しで同情していたという。[53]

さらに管志道は万暦五年十一月に刑部主事のポストを得るが、それは艾穆・沈思孝が官界から追放されて、刑部のポストに空きが出たためである。[54]奪情批判者と深く交際していた管志道が奪情批判者の官界追放によってポストを得るという皮肉な人事が行われたのである。また、廷杖を受けた刑部観政進士の鄒元標とは少なくともこの年の八月に有名な陽明学者・羅汝芳が開催した講会で同席している。[55][56]管志道は刑部の奪情批判者とも無関係でいられなかったのである。

このように奪情問題、とりわけ奪情批判の人士たちと関係のあった管志道に対して、奪情批判の実行を勧める人物がいたことを「綴言」は述べている。「綴言」では名前が明示されていないが、これは管志道と共に廷杖された人々の後方支援にあたった一人である曾乾亭のことである。[57]しかし、友人である曾乾亭の勧めに対して管志道は「わたしには官守がないし、わたしには言責はない[58]」と断っている。これは日和見や保身の極致のような言葉であり、管志道は敢然と張居正に非を唱えようとしたわけではなく、保身を優先しようとしていたことがうかがえる。ゆえに張居正批判の上奏文とされてきた「祖訓疏」についても、間接的に張居正を批判したにすぎなかった。

三　管志道の復職活動

(一)『奏疏稿』序文と復職活動

奪情問題では張居正を正面切って批判することのなかった管志道であるが、「綴言」によれば奪情批判の黒幕として張居正に目をつけられて、それが政治上の挫折につながったという。前述したように、万暦八年、管志道は官界を追われ地元に戻る。先行研究ではこれ以後の管志道は政治から距離をおいたとされるが、『奏疏稿』序文の文章を読むと、そうとは限らないようである。

まず、前節で万暦十三〜十四年に執筆されたと推定した王世貞「序」には「わたしは管志道が必ず最終的には登用されると考えている」[59]と書かれている。王世貞が本気でそのように考えていたのかは不明だが、政治から距離をおいた人物に向けた序文としてはそぐわない文章である。さらに、管志道の弟子の張浩が書いた「綴言」になると、口ぶりはいっそう激しくなる。

張居正の失脚後、廷杖を受けた諸君子は次々と出世していったが、師匠だけ何回推薦されても召還されなかった。聖旨によって按察司僉事の官位は復活したとはいえ、まだ田舎にいる。ああ、ああ。師匠はどうして運がないのか。最初は寧武子の愚忠をまねて[60]、それから介推が賞されなかったようになってしまった[61]。また師匠は按察司僉事として致仕を願う上奏をしたのに、吏部によって塩課司として人事評定された。開国以来二百年以上、按察司所属で左遷され、赴任していないのに考察で罷免された人がいるだろうか。祖宗の人事規定は吏部によってすでに壊されていたのである。今になって考察を覆すことはよくないとしているのは、国内の賢者と豪傑が切歯扼腕しているところだ。(62)

張浩は、張居正の死後に華々しく官界復帰を遂げた趙用賢らとは対照的に、管志道がいまだに地元でくすぶっていることについての冤抑を訴えている。「綴言」を参照した張鼎思「題」も同様の事情を訴える。

張居正の失脚後、諸君子は次々と抜擢されたのに、管志道だけ考察で罷免されたということのために、何度推薦されても召還されず、最近になってやっと按察司僉事の官位が復活しただけだ。もちろん考察の結果を変更してはいけないというのは妥当だ。張浩がいうように、按察司として致仕を願う上奏をしたのに塩課司として人事評定されたり、按察司の所属で左遷され、赴任していないのに考察されるのは、妥当だろうか。また、管志道は当時病気ということで罷免されたが、病気だったのだろうか。間違えて病気ということで罷免したのに、病気ではなかったのに復職させないのは、考察の誤りを押し通しているということだ。考察においては、左遷したり罷免したりされて再度昇任する者がたくさんいるが、後の昇任は以前の左遷に影響されない。罷免されて再起用される者も、後の再起用は以前の罷免に影響されるべきではないのではないか。張居正は諸君子を恨んで、永遠に任用しないという皇帝の命令を出させた。今皆残らず召還されているのに、管志道だけは考察の担当者から召還の人事異動をくだされていない。考察の担当者は当時の皇帝の命令を金科玉条としているのだろうか。これは張居正が諸君子をまずく処置したが、管志道をうまく処置したということである。(63)

これらの序文の口吻からするに、万暦十五年前後の管志道は政治から距離をおいていたというよりも、政界復帰を望んでいたという雰囲気が感じられる。そうであるとすれば、馮時可・王世貞・張鼎思が管志道の上奏文を見た、いいかえれば、彼らに管志道が上奏文を見せ、さらに張鼎思には自らの奪情問題におけるスタンスやその後の不遇をつづった「綴言」を見せたのは、政界復帰のための一種の運動であったという様相も浮かび上がる。

実際に、万暦十三～十四年にかけて、管志道の復職を請願する人々が朝廷に続々と現れる。まず、万暦十三年正月に順天府通判の周弘綸が大臣批判を行う上奏を提出し、そのなかで張居正の指図を受けた龔懋賢が管志道を不正に弾劾したことも告発した。ただし、周弘綸はこの上奏のために左遷されてしまった(64)。周弘綸に続いて万暦十三年に管志道を推薦した人物としては、『神宗実録』に記載されている饒位（江西進賢の人、万暦八年進士）・顧雲程（南直隷常熟の人、万暦五年進士）のほか(65)、「綴言」によればさらに傅光宅（山東聊城の人、万暦八年進士）・李琯（江西豊城の人、万暦五年進士）・李弘道（山西襄陵の人、万暦五年進士）・王嗣美（陝西朝邑の人、万暦八年進士）らがいたという(66)。彼らが管志道を推薦した時期は馮時可や王世貞の序文と前後する時期である。

そして万暦十三年十二月の顧雲程の推薦が決め手となり、第一節で述べたように万暦十四年二月に管志道の按察司僉事の肩書が復活する。しかし、上記の「綴言」および張鼎思「題」の口吻からは、肩書の復活だけでは物足りないようである。そこで放たれた第二の矢が、管志道が奪情問題で趙用賢らの相談役や後方支援役を担って張居正と対立したと描く「綴言」、そして「祖訓疏」以外の上奏文であったのではないか。「祖訓疏」以外の上奏文について、張浩は「綴言」の補足である「補綴」で左記のように述べる。

　張居正の失脚後、天子は政治に励み、臣下たちは建議し、実行されたことの多くは「祖訓疏」の提案からとられたが、「祖訓疏」⑤釐巡察之弊と按察司僉事時代の二本の上奏文は権勢によって実行を阻まれていた。最近、（副）都御史詹仰庇が巡按御史を戒めるために十二項目の上奏を行ったが、師匠の主張と謀らずも合致している。

詹仰庇は朝廷で皇帝の意向にさからって廷杖されたのに今は大抜擢され、期待にそおうとし、その忠君ぶりはとても熱心だ。師匠が昔上奏した内容は細事だといえようか。(68)

管志道を顕彰する立場から見れば、張居正失脚後の政府の政策は「祖訓疏」と一致しており、(69)さらに管志道の按察司僉事時代の上奏の内容までも最近の政治の動向と一致しているという。詹仰庇の上奏は万暦十五年八月に提出され、朝廷は内容を高く評価して都察院に実行を命じたほか、巡按御史の勝手を許さない旨を命じている。(70)つまり、詹仰庇の上奏を受けて、同年十月に按察司僉事時代の上奏にも触れる張鼎思「題」が執筆されたのは実に時宜を得たものだったのである。

以上のように、万暦十三〜十五年にかけて、朝廷における管志道の推薦および按察司僉事の肩書の復活と、『奏疏稿』の各序文の執筆には関連性があり、管志道の復職活動という枠組みのなかですべてを位置づけることができる。すなわち、張居正失脚後の万暦十三年ごろ、管志道は「祖訓疏」を提出して張居正の怒りを買い官界を不当に追われたというイメージを形成するため、まずは「祖訓疏」を前面に押し出して復職活動を行い、ゆえに馮時可・王世貞は「祖訓疏」を見て序文を執筆した。そして、張居正政治の犠牲者としての印象づくりに成功した管志道は複数の官僚から推薦を受け、結果として万暦十四年の按察司僉事の肩書の復活につながった。しかし、管志道が狙っていたのはおそらく肩書の復活ではなく復職であった。ゆえに、奪情問題における自身の活動をより印象づけるとともに、さらに「祖訓疏」だけではなく按察司僉事時代の上奏文も持ち出し、現在の政府の志向とかつての自身の提言の一致を訴えようとした。そこで張鼎思が「祖訓疏」・「綴言」ならびに按察司僉事時代の上奏を見て序文を執筆することになったのではないだろうか。

（二）『星変志』の奪情劇

しかし、管志道が「祖訓疏」などの上奏文や「綴言」などの各序文によって奪情問題における自己の立場を印象づけようとしたとしても、結局は管志道は張居正の奪情を直接に批判したことはなく、廷杖も受けていない。「綴言」に描写される管志道は確かに趙用賢に助言し、廷杖を受けた人々を支援したかもしれないが、客観的には日和見の誹りを免れないだろう。ただし、日和見と断罪するのは簡単だが、当時の人々が奪情問題をどのように語っていたのかを考えなくては、管志道が形成しようとした自己イメージの意味が見えてこない。

万暦十三〜十五年に奪情問題がどのように語られていたのかの一端を示すのが、「綴言」で奪情問題を取り上げた野史として言及されている『星変志』である。『星変志』は『紀録彙編』に収録されており、また『四庫全書』にも収録されている(71)。各種漢籍目録では抱甕外史撰とされることが多いが、「星変志引」を書いた「抱甕外史」、末尾に評語を附している「迂樵子」ともに不詳である。また、丁仁『八千巻楼書目』では王世貞撰になっているが、丁仁が内容からそのように判断したのか、それとも『紀録彙編』の配列から単純に作者を推定したのかは不明である(72)。

『星変志』の作者は不明であるものの、成立年代はおおよその見当がつく。『星変志』に見られる廷杖の描写は、奪情問題で廷杖を受けた艾穆が奪情問題の顛末を記した「恩譴記」からの引用である(73)。「恩譴記」の執筆時期は万暦十三年八月以降であり(74)、『星変志』の成立はこれ以降となる。また、成立年代の下限は張浩「綴言」執筆時期の万暦十五年九月である。つまり、『星変志』は万暦十三〜十五年の間に成立した奪情問題に関する野史であり、『奏疏稿』の各序文と同時代の史料なのである。

『星変志』は、奪情問題における翰林官たちの動向を主に追いかけている(75)。注目すべきは、廷杖を受けた呉中行・趙用賢の二人の動向はもちろん、王錫爵と沈懋学も主役級の働きをしていることである。特に王錫爵は翰林院の「院長」として若き翰林官たちの相談役を務め、「綴言」における管志道のごとき役割を担っている。また、廷杖の執行後、複数の翰林官たちが呉中行・趙用賢を助けるために上奏したことにも言及する。そして、『星変志』のラストシーンは廷杖を受けた人々の動向ではなく、王錫爵・沈懋学・秦柱という廷杖を受けていない人々の辞任である。したがって、『星変志』では奪情問題で廷杖を受けた人々の顕彰だけではなく、廷杖をされなかった人々の顕彰も行われているといえる。[76]

実は『星変志』が成立した時期、奪情問題で廷杖されなかった人々の顕彰がさかんに行われていた。廷杖されなかった人々への顕彰の声は、廷杖を受けた本人たちからも挙げられた。たとえば、呉中行が執筆した秦柱の墓表（万暦十三年）には次のようにある。

> 昔、万暦五年の事件の時、困難を助けてくれたのは、きみと朱嘉君だけだった。きみは官を失ったことで名を上げたが、朱君は処罰されなかったので栄誉もなかった。[77]

また、艾穆「恩譴記」は末尾で馬自強（一五一三〜一五七八、陝西同州の人、嘉靖三十二年進士）・王錫爵・張国彦（北直隷邯鄲の人、嘉靖四十一年進士）に対して特別な賛辞を与える。[78]

廷杖を受けなかった人々の顕彰という風潮の背景にあるのが、王錫爵の官界復帰である。王錫爵は「綴言」にあるように奪情問題で名声を高めた人物である。[79] 万暦五年当時、翰林院の責任者であった王錫爵は呉中行・趙用賢を助けるために翰林院を率いて張居正に懇願したばかりか、単身で張居正の屋敷に乗り込んだこともある。[80] さらに翌年、張居正が一時帰郷した際には、張居正の早期の帰京を願う上奏に署名せず、そして老親の世話を口実に故郷太倉に戻り、張居正との対立姿勢をあらわにしたという。[81] 張居正の死後、王錫爵に内閣大学士としての召還の命令が下ったのが万暦十二年（一五八四）十二月のことであり、その後、万暦十三年六月に王錫爵は北京に到着して職務に就く(82)。奪情問題において張居正と対立したが、公に奪情批判の言論を述べたわけではない王錫爵の官界復帰・入閣が、廷杖を受けた人々を支援した人々の顕彰という風潮を引き起こしたのではないか。管志道の復職活動はこのような風潮のなかで可能となり、さらに「綴言」を作成させることで『星変志』における王錫爵と同様の役割を果たしていたという自己イメージを作ろうとしたと考えられる。

(三) 王錫爵と管志道

王錫爵の官界復帰と管志道の復職活動がつながっていたことは、管志道自身の言葉からも明らかである。後年、管志道は当時のことを下記のように振り返った。

万暦十二年、我が太倉の礼部侍郎王錫爵が召還された。王錫爵はかつてわたしと一緒に廷杖された諸君子を支援し、張居正に恨まれた人だった。このとき、科道官でわたしの復活に力を貸そうという人もいたが、すぐに讒言によって阻まれ、按察司僉事として致仕することになった(83)。

この言葉からも万暦十三～十五年に管志道の復職活動が展開されたのは王錫爵の官界復帰を受けての行動であることがうかがえる。

王錫爵と管志道は単に同郷というわけではなく、王曇陽信仰という共通点をもっていた。王錫爵の帰郷後、王錫爵の娘の王曇陽は儒仏道の三教に通じ、多数の信者をもつに至った(84)。主な信者には王錫爵本人を始めとして、王世貞、沈懋学、趙用賢、屠隆(85)（一五四三～一六〇四、浙江鄞県の人、万暦五年進士）、管志道、瞿汝稷(86)（南直隷常熟の人）ら当時の太倉周辺にいた士大夫が挙げられる。そして、万暦八年、王曇陽は数万人の観衆の前で昇仙し、王錫爵・王世貞らは曇陽観という道観をつくり、信者が集まれるようにした。王錫爵の帰郷から官界復帰に至るまでの間、王曇陽の名のもとに王錫爵・趙用賢・沈懋学・管志道という「綴言」の登場人物、さらに『奏疏稿』序文の作者の一人の王世貞が集結していたという事実は興味深い。王曇陽信仰の真の目的が何であれ、奪情問題から王錫爵の官界復帰の時期までの管志道は王錫爵と深く結びついていたといえる。

ただし、王曇陽信仰以外の点における王錫爵と管志道の結びつきについては従来の研究で無視されてきた。管志道と王錫爵の直接的な書簡交換のやりとりがほとんど残っていないからであろう。王錫爵が管志道に送った書簡は、王錫爵の文集の中には管志道の広東按察使僉事在任中に送った一通しか収録されていない(87)。

一方、管志道が王錫爵に送った書簡は二通残っている。一つは『続問辨牘』に収録されており、万暦二十七年(一五九九)に書かれたと考えられる(88)。もう一つは『管子酬諮続録』に収録されており、万暦二十七〜三十三年(一六〇五)に書かれたと考えられる(89)。このうち、前者の書簡が送られた発端は、三教合一に批判的な許孚遠(浙江徳清の人、嘉靖四十一年進士)が王錫爵のもとを訪ね、管志道の『易』の解釈を批判したことによる。許孚遠の管志道批判を受けて、王錫爵は管志道に出版した書籍を改訂してはどうかと書簡で勧めた(90)。王錫爵の書簡への返信として、管志道が長大な文章をしたためて反駁したのがこの書簡である。全体としては王錫爵の助言への反論となっているが、注目すべきは書簡の冒頭である。

馬齢を重ねて実証に足りないところがあるかもしれず、少しも自己満足しておりません。宴会のなかで四書五経に関する疑義について伺うたびに、その場では納得できないこともありますが、退出してからいつも考え直していきます。たとえば『尚書』の「惟危惟微」の趣旨の訂正については、すでに弟子に『暢若斎集』の中に入れるように原稿を渡していたのですが、ご教示いただいてからすぐに印刷原板を差し替えました。また『師門求正牘』の『論語』の「一を以て之を貫く」および「朝に道を聞けば」の二つの章の奥義を説明した部分について(91)は、あなたはくどくどしいと感じられて、まさしくわたし自身があきたらないところをご指摘になり、印刷原板は差し替えていないものの、大変反省しております。[92]

ここから、管志道と王錫爵は王曇陽の昇天後もたびたび会い、[93]さらには王錫爵の指摘によって管志道が自らの著作を改稿したこともあったという関係性がうかがえる。

さらに管志道は政治的にも王錫爵に対して融和的であった。王錫爵は官界復帰後、国本問題[94]で東林党の人々などから激しい批判を浴びる。しかし、管志道は東林党の人々と違い、国本問題は大したことではないと考えていた。[95]さらに、万暦十九年の自身の官界復帰に対して、周弘禴に「辺材」として妄りに推薦されてしまった気まずさを管志道は王錫爵の窮状とダブらせていた。管志道によれば、明朝の決められた制度を守るべきだという上奏文をしたために官界から去った自分が、制度の乱用によって復職することで責められようとしているのは、王錫爵が奪情問題で気骨のある人々を助けて名声を高めて復職したのに、内閣大学士として今は気骨のある人々から批判を受けているのと同様だという。[96]管志道は国本問題で攻撃の的になっている王錫爵に同情し、東林党の人々と異なり王錫爵の行動を批判することはなかった。王錫爵の官界復帰で復職活動を展開し、王錫爵の名声の急落のさなかに官界を離れた管志道の政治人生は、王錫爵の浮沈と軌を一にしていたといっても過言ではないだろう。

おわりに

本章では『奏疏稿』序文を手がかりに、張居正奪情問題と管志道の関係を検討してきた。管志道は奪情問題で敢然と張居正に立ち向かったというよりは、求職中であることを盾にして沈懋学と同じく保身を優先させるような態度をとっていた。その後、万暦八年に罷免されて帰郷した後の管志道は、決して内面性を高めて地域社会や学究生活に埋没していたわけではない。万暦十二年の王錫爵の官界復帰を契機として、管志道は復職活動を展開することになる。復職活動のなかで管志道が試みた奪情問題における自己イメージ形成を端的に示しているのが張浩「綴言」である。「綴言」の管志道は趙用賢らの相談役であり、廷杖を受けた人々の支援者であり、張居正の政治の被害者であり、今の政府の同調者であった。復職活動が展開された結果、管志道の按司僉事の肩書が復活する。しかし、その後、管志道の復職活動の契機となった王錫爵の名声は国本問題で急落し、王錫爵と政治的立場が近似していた管志道は官界と決別することになった。管志道の思想について検討をすすめるためには、彼が万暦年間の党争の幕開けの時代において処世に奔走した側面も持っていることを見逃してはならない。

管志道は確かに政治を動かした人物ではないが、政治に動かされた人物といえ、その人生は当時の政治状況や自身の政治的立場と切り離せるものではない。したがって、管志道の言説を検討するためには、三教合一思想や蘇州社会といった要因の影響だけではなく、中央政界の政治党争についても考慮しなくてはならない。『周易六龍解』発表以後の管志道の思想家としての活動や東林党との論争についても、管志道の政治的立場を踏まえたうえで検討を行うべきである。管志道の思想内容と当時の政治がどのように結びつくのかについては、章を改めて検討する。

注

（1）明代政治史研究のなかで管志道が大きくとりあげられた研究としては和田（二〇〇二）が挙げられる。

（2）Weisfogel（2010）は管志道の思想から当時の歴史をみようとする研究目的という点に関しては筆者と共通するところがある。しかし、氏は本章で問題とする管志道の思想形成や政治的立場を軽視しているため、筆者とは異なる結論になっている。

（3）荒木（一九七九）五三頁参照。

（4）管志道の著作については呉孟謙（二〇一七）八四～九八、五二九～五三六頁に解題がある。

（5）たとえば、小野（一九九六）四五～五一頁、呉震（二〇〇三）三三二～三三四頁参照。

（6）荒木（一九七九）四六～五六頁参照。

（7）たとえば、魏月萍（二〇一六）一七四～一七六頁および呉孟謙（二〇一七）五六～五八頁参照。

（8）曾光正（一九九六）。

（9）中（一九九四）および鄧志峰（二〇〇四）三四七～三四九、三九三～四〇二頁参照。

（10）城地（二〇一二）一六九頁参照。

（11）徐階について詳しくは中（一九九一）、Dardess（2013）参照。

（12）世宗は徐階を名指しで批判する文章「御製正孔子祀典申記」（『勅議或問』収録）を発表した。

（13）王世貞『嘉靖以来首輔伝』巻四。

（14）城地（二〇一二）一四六～一六八頁参照。

（15）城地（二〇一二）一六九～一七一頁参照。

（16）張居正の政治の具体的な内容とそれに対する反発については、小野（一九九六）一一～一〇六頁、韋慶遠（一九九九）七九四～七九八頁参照。

（17）趙克生（二〇〇七）によれば、内閣大学士は成化年間以前は基本的に奪情されていた。しかし、正徳年間以後、張居正を除いて奪情される例が見られなくなる。なお、正徳年間の内閣首輔楊廷和は吏部尚書楊一清から奪情の提案を受けるも拒否して喪に服した（楊廷和『楊文忠三録』巻三「視草余録」）。

（18）座主とは科挙を受けたときの試験官を指し、試験官と受験生は師弟関係を結ぶ。

（19）管志道『奏疏稿』巻一収録。この上奏文は『万暦疏鈔』や『皇明経世文編』にも収録されている。呉良『万暦疏鈔』巻二、管志道「乞稽祖訓酌時宜以恢聖治疏」、陳子龍『皇明経世文編』巻三九九、管志道「直陳緊切重大機務疏」参照。『神宗実録』巻七三、万暦六年三月壬子朔条にも①復議政之規、②務講筵之実、③闢進言之路、④公銓擢之法、⑥処宗室之繁、⑦定河漕之策、⑧杜辺陲之釁、の七項目の要点が記載されている。

(20) 神宗の指示および覆議の内容については管志道『奏疏稿』巻一および『神宗実録』巻七三、万暦六年三月乙亥条を参照。

(21) 呉孟謙（二〇一七）四七～四八頁が指摘するように、管志道は官僚になった後は太倉ではなく蘇州に住むようになった。

(22) 馮時可『馮元成選集』巻一三「管登之刑曹疏議序」に同文が収録されている。馮時可は南直隷華亭の人、隆慶五年進士。

(23) 馮時可『馮元成選集』巻三一「管東溟草跋」に同文が収録されている。

(24) 王世貞『弇州山人四部稿続稿』巻五三「管比部奏疏序」に同文が収録されている。

(25) 一五四三～一六〇三、南直隷長洲の人、万暦五年進士。

(26) 管志道の弟子と思われるが詳細は不明。

(27) 南直隷常熟の人、管志道の弟子。呉孟謙（二〇一七）一〇〇～一〇一頁参照。

(28) 呉孟謙（二〇一七）五二九頁参照。

(29) 管志道『惕若斎集』巻四「祭沈状元少林丈文」「無何、天子大婚礼成、余亦進万言書、勧攬万機、下該部議。」

(30) 韓浚『（万暦）嘉定県志』巻三「尊経閣書籍」は万暦三十一年（一六〇三）に嘉定知県韓浚（山東淄川の人、万暦二十六年進士）により県学に増入された書籍として、「憲章録・憲章余録・惕若斎集・師門求正録・化九問辨牘・続問辨牘・従先維俗議・理要酬語諮《ママ》録・源教論評・講余録・周易六龍解」という管志道の著作と思われるものを列挙している。この中に『奏疏稿』に類する書籍が見られないのは、万暦三十一年当時も『奏疏稿』の内容を載せた書籍が未刊行状態であったことを示唆するかもしれない。

(31) 万暦十二年に馮時可は致仕、王世貞は回籍聴用になっている（『神宗実録』巻一四九、万暦十二年五月癸未条、巻一五一、万暦十二年七月己卯条）。張鼎思は万暦十五年当時は母の喪に服していた（申時行『賜閒堂集』巻二五「張公暨配王氏合葬墓誌銘」）。

(32) 馮時可「跋」「余往歳叙管丈疏草、知其与趙太史相経緯爾。而近復得其詆牾故相之状、媿所叙未悉也。」

(33) 馮時可「序」「万暦丁丑冬、余臥痾兵曹、時趙太史諸君疏論故相江陵不服憂、得旨杖遣。郎有過語其事、且曰、「管君亦投草交戟矣」。予駭曰、「信乎。管君需選次、未除也。有他人談説、渠且已乎」。居数日、郎復過云、「信矣。無管君草。第管君雅故出入趙太史、相与発憤懣。太史抗疏、為之先後曰、寧以知己忤相臣、無寧以相臣疏知己也。江陵蓋不能無衘」。」

(34) 管志道『惕若斎集』巻四「勅封安人先妣銭氏壙記」。

(35) 黄虞稷『千頃堂書目』巻五によれば支大綸（一五三四～一六〇四、浙江嘉善の人、万暦二年進士）の著作か。また、北京大学図書館所蔵の抄本『晩香堂筆記』は「劉瑾遺事」・「江陵遺事」・「厳嵩遺事」・「客魏遺事」の四種類の書物を収録するようであるが未見。

(36) 張浩「綴言」「歳戊寅、（浩）従友人間、聞我師与故相張江陵相左事、私心嚮慕、謂為天上人、既来郡城、適四方、従賢豪長者、遊聞益詳、私心易嚮慕、倍於往事、然而不能不恨於全疏之未覩也。久之、而返自東魯、廼修贄請、卒業門下、日取疏藁、伏而読之、斂容起曰、嗟乎我師、誠命世才也。……（浩）為師同年趙太史定宇公（諱用賢）里人、又往来於師諸年家、今出門下、復三歳受業、暇間叩丁丑事顛末、然後知星変志与江陵遺事、諸野史之未尽覈也。」

(37) 徐爵は馮保の幕友であり、張居正によって錦衣衛同知に抜擢されていた。方志遠（二〇一〇）参照。

(38) 二人とも試御史になったばかりだった。『神宗実録』巻六六、万暦五年閏八月甲辰条参照。

(39) このとき彗星が出現していたためである。『神宗実録』巻六八、万暦五年十月戊子条、庚子条参照。

(40) 周弘論の支援活動は艾穆『艾煕亭先生文集』巻四「恩譴記」で確認できる。

(41) 陶允宜は奪情問題直前に鄒元標と友人になった（陶允宜『鏡心堂草』巻一一「送寅丈鄒爾瞻遷司封序」）。

(42) 甘雨の支援活動は鄒元標『願学集』巻四「別甘子開憲副序」で確認できる。

(43) 管見の及ぶ限り、奪情問題当時の朱維京と廷杖された五人の直接的な関係は不明である。なお、朱維京の妻は陽明学者鄒守益（一四九一～一五六二、江西安福の人、正徳六年探花）の娘で、嫁も鄒守益の孫娘であった（于慎行『穀城山館文集』巻二三「明故光禄寺丞訥斎朱公墓誌銘」）。

(44) 沈懋学は張居正の息子張嗣修と同年であり、注（56）にあるように張嗣修と交流をもっていた。王世貞『弇州山人四部続稿』巻一二五「翰林院修撰承務郎沈君典先生墓表」参照。また、沈懋学が送った手紙は沈懋学『郊居遺稿』巻六「与張岱輿」参照。

(45) 張浩「綴言」「当江陵遭父喪也、慮解相位、呼其私人緹騎徐爵、厚賂権璫馮宝《ママ》、諷以先朝奪情事例、密請天子詔留之。於是、閣部台省、相継勧請。師時以南駕部郎、関服需次都下。一夕、与趙太史共集一同年邸讌会、微譚国事、及江陵欺君誤国之罪、相対吁嗟吐灔。太史投箸奮袂曰、「江陵久矣無君、今復無父、可嘿嘿已乎」。辞色倶厲、師若規若諷、間出激語、坐中已窺師之共計江陵矣。先是、太史以羅彛正之挙謀諸師。師与太史、倶江陵所挙礼闈士也。師語太史曰、「挙世庇座主、而吾儕論之、奈人情何。祖宗養士二百年、両衙門豈無一人義士。蓋少待諸」。次日、沈太史少林（諱懋学）、又次日涂待卿念東（諱杰）、倶就師密議茲事。師語沈曰、「兄方読書中秘、即欲為羅彛正耶。大事也、勿草草。可与趙太史熟計之」。語涂曰、「両衙門、正缺此挙、赴義若渴、兄不早言、別司必有先之者、将為台省諸公羞」。涂振衣起、亟帰具草、擬与鄭侍御雲石（諱鋭）同上、念親老無嗣、不果。而沈則走趙、謀合、正擬議間、而呉太史復菴（諱中行）至。呉亦江陵挙士也。謂沈曰、「子釈褐曾幾時、尚不憂一死。吾義不得後君而死。然三臣同死一疏、辱国矣。子姑譲吾両人、而黽図後効」。沈曰、「諾。脱有不測、必無声二先生冤者。二先生衝鋒、我将殿退」。即預具救疏以待、出草諮師。師曰、「事不可中止矣。昔桃源三義同日死、永不相負。兄与両君子、奚譲焉」。沈亦曰、「諾」。二太史疏上、艾比部熙寧（諱穆）・沈比部継山（諱思孝）継之。会有国醮停刑、候旨三日不下。師頻慼曰、「廷杖之勢成矣。恨無回天力、可若何」。時則今少師茂苑申公為正詹、宮傅太原王公掌史館。太原故不善江陵所為、預聞三太史之謀。師以書諷太原、約茂苑営救于江陵所。大略云、「今日之事、止言綱常、猶類書生恒談、第上書頌功徳、漸不可長、故二兄之疏、其功尤尚於一峰先生也」。太原為率同館、詣江陵救解、弗聴。四君子竟杖闕下、太原以此名高一世。続有鄒進士南皐（諱元標）、袖疏立杖、視四君子杖畢上之、甘死如飴、語尤激烈、有旨弗殺、従杖遺例。蓋天祐奇男子哉。二太史将杖時、沈太史策馬向闕、践前諾、而同里座主、給索其実封持去、弗獲上。師乃貽之書曰、「兄速告休、以謝両君子矣」。沈遂引疾帰、帰四載、齎志以没。師嘗為（浩）言、諸君子廷杖前一夕、太夫人伏枕不寐、子分忽声震若巨石隕者三、従屋脊墜地。晨起跡之、無有也。太夫人驚以語師、師亦心動、黙自念曰、「此天以唇歯休戚之兆示我耳」。所知亦有以此挙勧師者。師曰、「我無官守、我無言責也、何急為。宇宙大矣、功何必悉自己出。天子春秋富、明春大婚、応有勧攬万機者。台省既結舌、是将在我」。師雖諸君子弾江陵、而諸君子危難中、唱和同志、若周民部二魯（諱論《ママ》・陶比部蘭亭諱允誼《ママ》・甘翰吉義麓諱雨）・朱廷平訥斎（諱維京）・曾進士健斎（諱乾亭）等、奔走周旋、防預後事、輒為江陵耳目偵去。復有効款江陵者謂、沈太史累書督過江陵父子、倶出師意、又為甘翰吉代草救二太史疏、而日与太原詆江陵不法事。故江陵銜師特甚、而師亦無秋毫顧忌、以避讒鋒。」

（46）涂杰の母の墓誌銘には「既光禄選為監察御史、偶以事不得其言、乃図請告」（鄧以讃『鄧定宇先生文集』巻四「封太孺人涂母陳氏墓誌銘」）とあり、涂杰が試御史になったあとすぐに辞任を願ったことが見える。

（47）管志道『惕若斎集』巻四「祭呉少詹復菴年兄文」「一時同志者、靡不壮君与趙汝師之直而智、哂沈君典与余之迂而拙也。」

（48）神宗の結婚が万暦六年二月十九日、張居正の一時帰郷が三月十三日だった。『神宗実録』巻七二、万暦六年二月庚子条、巻七三、万暦六年三月甲子条参照。

（49）張居正奪情問題によって廷杖された人々が瀕死の重傷を負ったことについては、艾穆『艾熙亭先生文集』巻四「恩譴記」参照。

（50）管志道『惕若斎集』巻四「祭呉少詹復菴年兄文」。

（51）管志道『惕若斎集』巻四「祭沈状元少林丈文」「当嘉靖中、余与君典相望為校官弟子員、並以稗芸有聞。甲子秋、落榜。督学使者楚侗耿先生、檄余明道書院論学、暇則令繙検南闈落巻。余因得君典五策、其一攻近時談学之弊、刺入膏肓、思若天馬歩虚、不可控馭、自嘆以為不及、請於耿先生、召致書院砥礪、余之識君典自此始。……曁万暦丁丑春、君典以状頭及第、而余亦起復至都下。時部司壅甚、余需次半年、最閑、適得恣与故旧往還、而君典所僦邸舎、与余櫛比而居、公余輒却騶従、以角巾芒屩相過訪款談、微及性命、溥及古今塵寰内外事、忘其身在市朝也。」

(52) 管志道『惕若斎集』巻四「祭趙少宰定宇年兄文」「迨丁丑、公在史館、方有名、為座主江陵張公所重、而余以部郎起外艱、需次於都下、公遣子弟以経術師余、嗣是情好日篤。」

(53) 管志道『惕若斎集』巻四「勅封安人先妣銭氏壙記」「俄而廷杖之報至、吾母泫然曰、「可憐趙同年。以父母所生膚肉、受此痛楚、存亡難保也」。」

(54) 管志道『惕若斎集』続集巻二「祭誥封江母李太恭人文」「当余之復除比部郎也、正得今沈右都継山・艾僉都熙亭杖後之缺。」巻四「勅封安人先妣銭氏壙記」「是時、比部艾員外郎熙亭・沈主事継山倶以廷杖削籍、乃得補本部貴州司主事之缺。」

(55) 管志道は嘉靖四十三年に南京で羅汝芳と知り合った（曹胤儒『盱壇直詮』）。

(56) 鄒元標『仁文講義』「丁丑、羅近渓先生入賀、予輩会於寺中。時大会、先生聞東溟兄言、即叩首曰、「我兄説的是」。」なお、この講会は羅汝芳の致仕、ひいては張居正による書院の破壊につながる。また、沈懋学が張嗣修（張居正の息子）を連れて羅汝芳の講会に参加したところ、羅汝芳が僧侶と雑談ばかりしていることに張嗣修は失望し、息子から羅汝芳の講会の実態を聞いた張居正は沈懋学を叱責したという。呉震（二〇〇三）三三〇頁、中（一九九二）参照。

(57) 管志道『惕若斎集』巻四「祭曾大理少卿健斎丈文」「君嘆言路結舌、嘗慫余以羅彝正之挙、余辞曰、「我無官守、我無言責也。越樽俎而代庖、我将為名乎」。君嘿然首肯、而日与余為廷杖五君子、多方求援、不避嫌謗。」

(58) 出典は『孟子』「公孫丑」下「孟子謂蚳鼃曰、「子之辞霊丘而請士師、似也、為其可以言也。今既数月矣、未可以言与」。蚳鼃諫於王而不用、致為臣而去。斉人曰、「所以為蚳鼃、則善矣。所以自為、則吾不知也」。公都子以告。曰、「吾聞之也。有官守者、不得其職則去。有言責者、不得其言則去。我無官守、我無言責也。則吾進退、豈不綽綽然有余裕哉」。」

(59) 王世貞「序」「吾固知登之必終見庸也。」

(60) 寧武子（寧兪）は春秋時代の衛の大夫であり、君主が無道でも忠を尽くした。『論語』「公冶長」「子曰、「寧武子、邦有道則知、邦無道則愚。其知可及也、其愚不可及也」。」朱熹『論語集註』巻三「寧武子、衛大夫、名兪。按春秋伝、武子仕衛、当文公・成公之時。文公有道、而武子無事可見、此其知之可及也。成公無道、至於失国、而武子周旋其間、尽心竭力、不避艱険。凡其所処、皆智巧之士所深避而不肯為者、而能卒保其身以済其君、此其愚之不可及也。程子曰、邦無道能沈晦以免患、故曰不可及也。亦有不当愚者、比干是也。」

(61) 介推（介子推、介之推）は春秋時代の晋の文公の即位を助けたが、文公の即位後、隠者になり、褒賞を与えられなかった。『史記』「晋世家」「文公修政、施恵百姓。賞従亡者及功臣、大者封邑、小者尊爵。未尽行賞、周襄王以弟帯難出居鄭地、来告急晋。晋初定、欲発兵、恐他乱起。是以賞従亡、未至隠者介子推。推亦不言禄、禄亦不及。」

(62) 張浩「綴言」「比江陵敗、諸君子翩翩上、不次晋階、而独師屢薦不召、雖被旨復憲銜、而猶投間田間。嗟乎、嗟乎。師何不辰而始蹈寗愈之愚、継淪介之推之不及賞也。且師以憲臣投劾、而主計者乃鹺司註考。開国二百余年、曾有憲体而謫官、未抵任而被察者乎。祖宗黜陟之例、已為主計者所破矣。而今動以破大察例為嫌、海内賢豪、所為扼腕而不平者也。」

(63) 張鼎思「題」「自江陵事敗、諸君子如茅斯抜、登之独以妨大計例、屢薦不召、近乃復其僉臬職銜而已。夫謂大計之不可易者、為其当也。如張子所称、憲臣投劾、而鹺司註考、持憲体而謫官、未抵任而被察、当乎不当乎。且登之当時以疾去、果疾乎、非疾而去以疾、是大計誤於前也。誤以疾去、而終不以非疾復、是大計怙於後也。凡大計所輊、有謫有黜而復陞者、不可屈指、然人未嘗以後之陞為妨前之謫、則黜而復用者、亦豈得以後之用為妨前之黜哉。江陵之啣諸君子也、調旨永棄矣。今皆召用靡遺、而登之乃不得於主計者、豈主計者更金石於上旨哉。則是江陵拙於処諸君子、而工於処登之也。」

(64) 『神宗実録』巻一五七、万暦十三年正月丁酉条。

(65) 『神宗実録』巻一六九、万暦十三年十二月丁卯朔条。

(66) 「綴言」「諸薦剡中、有謂究明心学者（傅御史光宅）、有謂大有経済者（李給事弘道）、有謂学伊洛而才賈董者（顧御史雲程）、有謂為天下人心之所属者（李御史瑄）、而南科所称学求為己志不干時、状師尤真（王給事嗣羨《ママ》）。」

(67) 詹仰庇（一五三四〜一六四〇、福建安渓の人、嘉靖四十四年進士）は隆慶三年に穆宗の怒りを買って廷杖されている。『穆宗実録』巻三一、隆慶三年五月甲寅条参照。

(68) 張浩「補綴」「江陵敗後、天子勤政、百工献規、所施設採九事中、規画独鼇巡按条与論風紀二疏、格於勢重。而頃都御史詹公上書、請申飭御史出巡憲綱事宜凡十二款、与師意不謀而合。詹公在朝、忤旨廷杖、今方荷殊擢、図報称、而其靖献也惓惓於是。然則我師往日所陳、詎可弁髦之乎。」

(69) 同様の見解は馮時可「序」にも見られる。「江陵捐館、天子亦喟然遷思回慮、攬万機、勤講学、広言路、皆実君所言、而宗室・河漕・辺防・貢挙諸議、亦駸駸次第施行。」

(70) 『神宗実録』巻一八九、万暦十五年八月戊寅条。

(71) 賀復徴『文章辨体彙選』巻六二四所収。ただし、『紀録彙編』本の節略である。なお、『星変志』の記述や内容は『神宗実録』の奪情問題に関する記事と同様のものがある。『神宗実録』巻六八、万暦五年十月辛丑条、乙巳条、巻七〇、万暦五年十二月癸未朔条参照。

(72) 丁仁『八千巻楼書目』巻四、史部、雑誌類「弇山堂別集一百巻（明王世貞撰、紀録彙編本）定浙二乱志一巻（明王世貞撰、紀録彙編本）錦衣志一巻星変志一巻（明王世貞撰、紀録彙編本）」『紀録彙編』では王世貞『錦衣志』の次に『星変志』が収録されている。なお、許建平（二〇一二）に『星変志』の書名は見えない。

(73) 『星変志』（『紀録彙編』本）は「四公言」から廷杖描写を始める。四公とは呉中行・趙用賢・艾穆・沈思孝を指す。

(74) 艾穆『艾熙亭先生文集』巻四「恩譴記」「余思、昔竄時、感馬宗伯・王学士・張廉訪三公義甚高。宗伯入政府、未久世。余在謫所、哭之、僅一申誄焉。学士今居政府、廉訪為少司農卿。若三公者、余何以報也。憂居中、為恩譴記、紀其事、付児曹蔵之、令子孫有徴焉。」張国彦（張廉訪）は万暦十三年八月～十四年九月に戸部右侍郎、十四年九月～十五年四月に戸部左侍郎だった。艾穆の丁憂の時期は不明であるが、『神宗実録』巻一三八、万暦十一年六月庚午条に「陞四川僉事艾穆為光禄寺少卿。」とあり、また巻一九九、万暦十六年六月辛未条には「起原任少卿艾穆光禄寺少卿。」とある。また、『神宗実録』巻一六四、万暦十三年八月庚申条に「兵科給事中李弘道請録用五臣。謂呉中行・趙用賢・沈思孝・艾穆・鄒元標也。章下所司。」とあり、万暦十三年八月時点で艾穆らは政治の表舞台にいなかったと考えられる。

(75) 翰林官の美化も見られる。たとえば、趙用賢ら四人が廷杖に引き立てられたとき、『星変志』では艾穆・沈思孝という刑部の二人が罵詈雑言を吐いたとされているが、艾穆「恩譴記」では趙用賢・沈思孝の二人が罵詈雑言を吐いたと記されている。

(76) 南直隷無錫の人。嘉靖年間の工部尚書秦金（一四六七～一五四四、弘治六年進士）の孫で中書舎人だった。呉中行・趙用賢が後事を託したため左遷される。趙用賢『松石斎集』巻一二「中書舎人秦君汝立墓表」、呉中行『賜余堂集』巻一二「徴仕郎中書舎人余山秦君墓誌銘」参照。

(77) 呉中行『賜余堂集』巻一二「徴仕郎中書舎人余山秦君墓誌銘」「昔予丁丑事、周旋患難、惟君与朱君嘉、得両人耳。君以失官得名、而朱君則無咎、故無誉。」朱嘉が何者かは不明だが、おそらく号は盤石である。呉中行『賜余堂集』巻一四「祭朱盤石文」「昔歳丁丑、長星示禨際、予狂謬抗章扣閽。顚沛之中、形影無親、編戸居里、朝夕相尋。惟予寡合、素無雑賓、花前月下、惟予与君。」

(78) 本章注（74）参照。馬自強は奪情問題当時の礼部尚書。艾穆「恩譴記」によれば、艾穆が国子監で働いていたころ、馬自強・王錫爵から目をかけられていて、奪情批判の上奏を提出後に二人に見せてそれぞれ激励された。また、廷杖後、王錫爵から手紙と旅費が届いたという。張国彦は万暦六～八年に陝西右布政使であり、発戍されてきた艾穆を厚遇した。

(79) 王錫爵が張居正奪情問題で名声を高め、その名声によって入閣したことを自任していたことについては王天有（一九八四）参照。

(80) 『神宗実録』巻六八、万暦五年十月乙巳条。

(81) 王錫爵『王文粛公文集』巻五五、焦竑「光禄大夫少保兼太子太保吏部尚書建極殿大学士贈太保謚文粛荊石王先生行状」。

(82) 『神宗実録』巻一五六、万暦十二年十二月甲辰条、巻一六二、万暦十三年六月乙卯条。

(83) 管志道『惕若斎集』巻四「勅封安人先妣銭氏壙記」「越乙酉、吾婁少宗伯荊石王公以大拝起家。公初与不肖同以左袒被杖諸君子、得罪江陵者也。于時亦有台省官、為不肖嘘死灰者、旋以譏沮、獲復憲銜以休。」

(84)　王曇陽についての基礎研究は Waltner (1987) である。当時の太倉・常熟を中心とした多数の士大夫の王曇陽信仰の意味についてはさまざまな見解がある。徐朔方（一九九三）は王錫爵らが政界復帰の意志がないことを張居正に示すためとし、徐美潔（二〇一〇）は張居正の政治に失望した人々が集結したとし、また魏宏遠（二〇一四）は王世貞・王錫爵によるイメージ工作のためとする。また、管志道の王曇陽信仰については荒木（一九七九）、張芸曦（二〇一一）参照。

(85)　当時は南直隷青浦知県だった。屠隆の王曇陽信仰については張芸曦（二〇一一）参照。

(86)　隆慶年間の礼部左侍郎瞿景淳（一五〇七～一五六九、嘉靖二十三年榜眼）の息子で管志道の弟子である。

(87)　王錫爵『王文粛公文集』巻一四「管東溟僉事」。

(88)　書簡に出てくる許孚遠は万暦二十七年七月まで兵部左侍郎に在職中であった（『神宗実録』巻三三七、万暦二十七年七月壬子条）。また、『問辨牘』には万暦二十六年十二月の自序、『続問辨牘』には万暦二十七年十二月の自序がついている。

(89)　管志道『管子酬諮続録』巻一「答王相国屢空屢中執御執射尊孟等義」「摘録王相国荊石先生推敲我執公参中語。来書略云。示教我執公参、正伏枕時、為之疾読一過、不覚盲眼豁然、嗣更当深求其理、与石経大学新註合而聴教左右耳。」管志道の著書『我執公参』には万暦三十三年の自序がついている。

(90)　管志道『続問辨牘』巻一「答王相国荊石公亢龍説」「来書略云、昨許敬菴見過、大以亢龍一解為未安。兄既努力此事、不妨虚心博証、雖刊版已行、或尚可刪竄也、如何。云云。」

(91)　「一貫」は『論語』「里仁」「子曰、「参乎。吾道一以貫之」。曾子曰、「唯」。子出。門人問曰、「何謂也」。曾子曰、「夫子之道、忠恕而已矣」。」「衛霊公」「子曰、「賜也、女以予為多学而識之者与」。対曰、「然。非与」。曰、「非也。予一以貫之」。」「朝聞」は『論語』「里仁」「子曰、「朝聞道、夕死可矣」。」

(92)　管志道『続問辨牘』巻一「答王相国荊石公亢龍説」「犬馬之歯衰矣、博証或有所未能、而心則不敢一毫自満、毎従清譏中、聆経書疑義、雖一時未必面諾、而退後未嘗不反覆沈思也。如訂尚書危微之旨、已付門人梓入惕若斎集中、聞教即易板、又如求正牘中、所演魯論一貫・朝聞両章奥義、翁嫌其話頭覚多、正点着腐心之不自慊処、板雖未易、而内訟之意弥深也。」

(93)　万暦二十三年（一五九五）以降に書かれたと思われる文章のなかで王錫爵は管志道と最近はあまり会えずにいることを述べている。王錫爵『王文粛公文集』巻二七「周二魯尚宝」「苫次杜門、管登之更不得数会、然不孝業有成言。此兄立身持論、畢竟是一代人豪、所謂卿不知我、我自知卿、来日尚長、非用世、即出世、無不得也。」

(94)　神宗は第三子の生母鄭貴妃を寵愛し、第一子を皇太子になかなか立てようとしなかった。この事態をもたらした責任を内閣に求める東林党が激しい内閣批判を行った。謝国楨（一九三四）、小野（一九九六）一九一～二一一頁参照。

(95)　管志道『惕若斎集』巻二「答焦状頭漪園丈書」「国本之定有時、正不足以為慮也。」

(96) 管志道『惕若斎集』巻二「托涂侍御念東年兄辞官書」「事有因果。弟非借憲綱、則帰不明。然今日起官而受責備者、亦以憲綱也。正如婁東相公、非借気節諸君子、則出不重、然多年作相而受責備者、亦以気節諸君子也。」

第七章　管志道『従先維俗議』の政治思想

はじめに

従来の明代後期政治史研究においては、東林党が主要な研究対象とされてきた。東林党とは国本問題や人事などをめぐり内閣と対立した顧憲成（一五五〇～一六一二、南直隷無錫の人、万暦八年進士）を中心とする士大夫官僚たちである(1)。東林党の名は顧憲成が故郷無錫に復興した東林書院に由来し、顧憲成らは経世のためにここで講学や議論に励んだ。

実は、書院復興の直接の契機は、顧憲成と管志道の論争であった。万暦二十年代、管志道の性無善無悪説(2)をめぐって激しい論争が繰り広げられた(3)。論争の発端は管志道の説に顧憲成が反駁したことにある。その後、性善説を唱える顧憲成らと管志道の論戦はやがて書簡上(4)にとどまらなくなり、公開討論を開催するに至った。しかし会場となった無錫の錫山山麓の二泉では多数の聴衆を迎え入れることができなかったために、顧憲成は講学の場として書院の建設を決意したのである(5)。

東林党と管志道の論争は中国思想史上において画期的なできごとであるが、これまでの研究は管志道の政治的立場を踏まえていなかったため、この論争を哲学問答として理解してきた。しかし、前章で明らかにしたように、管志道は東林党と違って国本問題を重視せず、むしろ東林党の攻撃対象であった内閣首輔王錫爵と密接な関係をもっていた。したがって、東林党と管志道の論争には両者の政治的対立という側面があったことを想定できる。

本章においては、管志道の政治思想の検討を通じて、管志道と東林党の思想的対立と政治的対立の結びつきを明らかにするために、万暦三十年（一六〇二）に刊行された管志道の代表作『従先維俗議』に見られる政治思想を検討対象とする。[6]『従先維俗議』は全五巻で、論文集といった体裁である。管志道自身が序文で「前半三巻はすべて事跡、後半二巻は後世に伝えていくべき法則と出世するための方法に言及している[7]」と述べているように、特に前半の一～三巻は社会・政治制度に関する議論を多く載せており、管志道の政治思想を知るのにもっともふさわしい書物といえる。

一　『従先維俗議』の書名と主張

（一）先進としての太祖の法

まずは『従先維俗議』という書名とその核となるべき主張について紹介する。[8]

『従先維俗議』というタイトルは『論語』「先進」の「先進に従いたい[9]」という孔子の発言に由来する。すでにWeisfogel氏が解説しているように、先進とは孔子が編集した礼と明の太祖の法を指す。[10]以下に、氏も引用している管志道自序と巻三「総核中外変体以遡先進礼法議（中外の変容をすべて調べて先進の礼法にたちかえることについて）」中の「先進」についての解釈を引用する。

【自序】

「従先」というのは、語義を孔子の「先進に従いたい[11]」から取ったのである。先進に従わなければ、末代の風俗を維持するには不十分である。ただ、孔子のいった先進の意味は、三皇五帝以前の野人が作った礼楽にあるのに対し、わたしのいう先進とは、太祖が建国当初に定めた礼楽を基本として、孔子が編集した後に残されたさまざまな礼楽を組み合わせたものである(12)。

【本文】

礼を論ずるときは必ず孔子を宗とし、法を論ずるときは必ず太祖にのっとる、これがいわゆる先進に従うということである(13)。

すでに先学が指摘しているように、管志道は太祖を尊崇していた(14)。その一因には、太祖の三教合一に対する姿勢が挙げられる(15)。酒井忠夫氏は太祖の三教合一思想を「儒教を中心とする儒釈一致論であり、儒教を中心として儒仏仙三教が共に王綱を助け世を益する」とするものであると解説しているが(16)、これは管志道の三教合一思想にもそのままあてはめることができる。『従先維俗議』では政治における三教の役割について次のように説明している。

仏教や道教を廃さない理由は何だろうか。仏教・道教の見えない不思議な力が皇綱をひそかに助けているから、どうして廃することができようか(17)。

そもそも〈太祖が「三教論」で〉論ずるにあたり三教と名づけ、万世とこしえに頼るべきとして孔子を挙げ、王綱をひそかに助けているとして仏教・道教を挙げたのは、儒教を主として道教・仏教を客としているからである(18)。

自らの三教合一の主張と太祖の思想が近似しているから太祖を称えただけのようにも見えるが、前掲の【自序】および【本文】で太祖の礼楽および太祖の法が先進と規定されている点にも注目すべきである。管志道のいう太祖の法とは、明初に太祖が作成した諸制度を指す。『従先維俗議』のなかで管志道はあちこちで『諸司職掌』や『御製文集』、『大明律』、『皇明祖訓』、『臥碑』、『大誥』などの太祖の布告や著作について、よるべき原則としてとりあげたり、絶賛したりしており、[20] 太祖の三教合一思想のみを顕彰しているのではない。[19]

太祖が定めた諸制度のなかでも、管志道が特に重視したのが「六諭」である。[21]「六諭」とは『教民榜文』[22]の一節であり、「孝順父母（父母に孝行せよ）、尊敬長上（目上の人を尊敬せよ）、和睦郷里（郷里の者と仲良くせよ）、教訓子孫（子孫に教訓せよ）、各安生理（それぞれ生理に安んじて）、毋作非為（なすべきでないことをするな）。」という六句からなる民衆に向けた教訓である。『従先維俗議』巻一冒頭に収録されている「発揮大学事使先従左右交議（『大学』の事・使・先・従・左右交の解説）」はまさに「六諭」がテーマになっている。「大学事使先従左右交」とは『大学』のいわゆる「絜矩の道」を指す。[23]「絜矩の道」とは、天下を治めるための方法である。その方法とは、目上の人にされたくないやり方で目下の者を使うのをにくむ（使）、目下の者にされたくないやり方で目上の人に仕えない（事）、先輩にされたくないやり方で後輩に先んじるのをにくむ（先）、後輩にされたくないやり方で先輩に従わない（従）、同じ地位の人にされたくないやり方で同じ地位の人に交わらない（左右交）、ということである。[24] 管志道は「絜矩の道」と「六諭」を以下のように関連づける。

これ（『大学』の「矩」）はすべて天然の「矩」で、「野人が先に進んだ」（礼楽）に由来する。これをはかるのは後に進む君子である。『易経』では「義をくわしくすることが神秘の域に達すれば用を致す」という（「繋辞伝」上）。義をくわしくすることが神秘の域に達した状態になって、「従心の矩」が出てくる。その根本を集約すると、「恕」という一文字を出ない。[25] だから『大学』はされたくないことを人にしてはいけないということでそれをまとめている。[26] 太祖の「訓民六条（＝「六諭」）」を考えてみると、その意義をおおいつくしていると思う。「父母に孝行せよ、目上を尊敬せよ」は、目上の人に仕えるときと先輩に従うときの「矩」をおおい、「郷里の者と仲良くせよ」は、同じ地位の人が交わるときの「矩」をおおっている。「子孫に教訓せよ」は、目下の人を使うときと後輩に先んずるときの「矩」をおおっている。さらに「それぞれ生理に安んじて、なすべきでないことをするな」という二句によっておおい、されたくないことを人にしてはいけないという道をいいつくしている。これが太祖の政治が前代を超越して限りない将来において豊かである理由である。[27]（傍線引用者）

管志道は従うべき先進を「絜矩の道」とし、その義をいいつくしているのが「六諭」だとする。ゆえに太祖の法は管志道にとっての先進なのである。

（二）「矩」の所在

先行研究が指摘するように、管志道は人々が「孔門の矩」を意味する[28]「孔矩」に従うべきであると主張していた。[29]「矩」は管志道の思想のなかで大きな重要性をもつ概念であると同時に、儒学史、特に宋明理学においても大きな意義をもつ。中純夫氏によれば、「矩」が内在的であると考えるか外在的であると考えるかは、すなわち「心則理」に賛成か反対かであり、朱子学の信奉者である顧憲成は自分の「心」よりも孔子の言葉こそを基準とすべきだと考えていたという。[30] 一方、王守仁の弟子・王艮[31]は自らの「身」であると解釈していたという。[32] つまり、「矩」をどのように解釈するかによって、論者の思想史上の立ち位置を弁別できるのであり、ゆえに「矩」の定義から「絜矩の道」と「六諭」を結びつける管志道の思想の独自性を抽出することができる。

そもそも宋明理学の基礎となる四書の中には二種類の「矩」がある。一つは『大学』「絜矩の道」であり、もう一つは『論語』の「従心の矩」である。[33] 二つの「矩」に対する朱熹の語釈はほぼ同じである。[34] ただし、朱熹は「絜矩」を「自分の心によって人の心をはかる」[35]こととして解釈している。「絜矩」の解釈においては、朱熹は「矩」を自分の心にたとえている。一方、「従心の矩」については、朱熹は規範や理というような方向でとっている。[36]つまり、朱子学では自分の心と外的な規範という二つの「矩」の解釈が共存していたといえる。実は、先ほどあげた顧憲成と王艮の「矩」の定義の違いの由来も同様である。顧憲成の「矩」は「従心の矩」の「矩」を、王艮の「矩」は「絜矩の道」の「矩」をそれぞれいっているのである。[37]いわば、朱子学を奉じる顧憲成と陽明学を奉じる王艮の「矩」の解釈の違いは、「絜矩の矩」か「従心の矩」か、どちらの「矩」をより重要視しているのかの違いである。

一方、管志道の「矩」は「孔矩」であり、また「絜矩の道」を「六諭」としていることから太祖の教えとしてもよいだろう。管志道は「矩」を外在的なものととらえていることになり、その解釈は朱子学と同じであるように見える。しかし、両者は、管志道の思想における三教合一と「矩」の関係を抜きにしても、[38]同一ではない。先ほどの引用部分の「従心の矩」に注目したい。管志道が「絜矩の道」の「矩」と「従心の矩」の「矩」を同一のものとして解釈し、「恕」という状態に至る手段である「矩」までも外在的なものとして定義していることがわかる。[39]二種類の「矩」の共存を許さないという点で、管志道は朱子学以上に徹底して「矩」を己の外部に求めていたといってよい。とりわけ、「矩」をいいつくしたものとして太祖の「六諭」を想定し、その他の太祖の法についても従うべき先進と規定していたことは管志道の思想の特色といえるだろう。

二　管志道の道統論

（一）明朝政治に対する認識

太祖の治世については、先行研究によって特に士大夫にとっては非常に過酷だったことが明らかにされている[40]。士大夫である管志道が太祖の法を宣揚したのは、歴史的事実を踏まえずに太祖の治世を理想化しているようにも見えるかもしれないが、彼は決して太祖の治世の現実を知らなかったわけではなく、太祖が臣下同士にお互いを牽制させ[41]、また臣下に皇帝をしのぐような力をもたせなかった[42]と認識している。現代の我々の太祖の政治手法に対する認識[43]と同じといってもよいだろう。

また、管志道は法に対して次のような見解をもっていた。

それでは書院は絶対に建設してはいけないのか。宋代や元代ならば可である。我が朝においては不可である。なぜか。宋代や元代においては道統が下に分かれていて、法網も「疎」であったが、我が朝の道統はおかみに握られており、法紀も「密」である[44]。

私的な書院の乱立に批判的だった管志道[45]は、書院の規制のために明朝の法を持ち出す。中国の伝統的な一般認識として、法は「疎」であるべき[46]とされていた。にもかかわらず、管志道は法が「密」であることをポジティヴにとらえていた。

上記の文章では、法が「密」であることと並べて、道統がおかみに握られているということも明朝の特徴として挙げられている。道統とは、堯舜以来の古代の帝王の道を継ぐ者たちの系統である。道統論の先駆けとしては韓愈（七六八〜八二四）が挙げられる。韓愈は『孟子』や仏教から着想を得て、堯—舜—禹—湯—文王・武王・周公—孔子—孟子という道の伝承を主張した。[47] そして、その思想は宋代にも引き継がれた。[48] 朱熹は堯・舜・禹・皐陶—成湯・伊尹・傅説—文王・武王・周公・召公—孔子—顔回・曾子—子思—孟子—周敦頤—程顥・程頤という道統を確立した。[49] いわば、朱子学の道統論においては、孔子以降の道統は帝王ではなく儒者によって担われるようになった。

一方、管志道は太祖を道統の継承者として位置づけた。管志道の主張によれば、道統の継承者は「三重」[50]の保持者である。[51]「三重」は普通、「議礼（礼を議論する）・制度（制度をつくる）・考文（書籍を校定する）」を指すが、[52]管志道の解釈は異なる。

士大夫はみな、天下に王たるための「三重」の存在は知っているが、天下に師たるための「三重」の存在は知っているだろうか。天下に王たるための「三重」は徳・位・時であり、天下に師たるための「三重」は徳・地・時である。孔子は天下に師たるための「三重」を得ていた。[53]

ここでは道統の「三重」の保持者として王、文統の「三重」の保持者として師が挙げられている。太祖はいうまでもなくこの世の支配者、すなわち王である。[54] 管志道は「祖述仲尼、憲章高皇（孔子を祖述して、太祖にのっとる）」を標榜し、道統の継承者として太祖、文統の継承者として孔子を位置づけた。[55]

だが、師の「三重」の保有者は孔子だけではない。管志道によれば、明朝には科挙制度があるため、天子こそ師である。[56] ゆえに太祖は王の「三重」の保持者であると同時に、科挙を通じて師の「三重」の保持者でもあった。そうであるから、「三重」を操る聖人[57]である太祖は王かつ師であり、道統の継承者かつ文統の継承者であった。

ここまでの管志道の認識をまとめると、明朝の政治は道統・文統の継承者である太祖が作った「密」な法に従って行われるべきものだったということになる。

(二) 朱子学・陽明学への批判

管志道の思想のなかで太祖と対置される存在が、王艮であった。管志道は次のように述べる。

太祖は『教民榜文』を頒布して、民衆におのおの生理に安んずるよう教えたが、士の中に泰州の木鐸を抱えている者がいて、「匹夫として天下に明徳を明らかにしよう」といっているが、何を生理としているのだろうか。これは太祖の教えに逆らっている。(58)


「泰州の木鐸を抱えている者」とは中国思想史上で王艮を始めとする陽明学泰州学派と呼ばれる人々を指す。

泰州学派の名は黄宗羲（一六一〇～一六九五、浙江余姚の人）が明代の儒者を自らの価値観で分類した『明儒学案』において、「泰州学案」（巻三二～三六）という分類を作ったことに由来する。王艮は泰州の塩商人であり士大夫ではなかったが、王守仁に弟子入りし、無位無官の身ながら天下をすべて善にすることを志した。王艮の教えを受け継いだ人々には王襞（一五一一～一五八七、王艮の息子）、顔鈞（一五〇四～一五九六、江西永新の人）、何心隠（一五一七～一五七九、江西永豊の人）などの無位無官の儒者や羅汝芳のような士大夫官僚がいた。

実は『明儒学案』では管志道自身や師匠である耿定向も「泰州学案」に入れられている。(59)その理由は第一に耿定向が王艮に私淑し、羅汝芳の思想の影響を受けていたこと、また、管志道も羅汝芳の影響を受けていることという学統面が挙げられる。また、三教合一を唱える管志道の思想は黄宗羲の思想史観からみれば仏教へ過度に傾斜していると映り、ゆえに管志道を「泰州学案」に配置したと思われる。[60] しかし、耿定向も管志道も泰州学派に対する激しい批判者であった。[61] 批判の根源は、上記の引用に表出しているように、泰州学派の人々が無位無官、あるいはただの匹夫の分際で、「天下に明徳を明らかにする」というような大事業をしようという分不相応な望みにある。

ただし、管志道の攻撃対象は泰州学派のみにとどまらなかった。彼は、泰州学派のような分不相応に思い上がった儒者が誕生した歴史的背景を次のように説明する。

宋代の儒者はこれ（韓愈の道統説）に重ね合わせて、道が千年失われていた[62]とか、過去の聖人が絶学を継いだとかいった。孔子・孟子の断絶した系統を継ぐ者について、程頤は周敦頤を省略してこれを程顥だとし、朱熹は程顥を遡ってこれを周敦頤だとし、その門人は諸儒の集大成として朱子を推し、「朱子は太極だ」[63]といい、道統は匹夫に帰せられていった。王守仁は致良知によって朱子学の衰退を挽回したが、大風呂敷は朱子以上で、うぬぼれるのを禁じえず、「悲しいことに絶学からすでに千年が過ぎた、男児として一生を過ごすのに背いてはいられない」[64]という詩歌を作った。その弟子の泰州の王艮は、さらに過激になって、「俺は孔子に学んで、達すれば天下を善にできるし、窮すれば万世を善にできる。[65] 堯舜なんて賢くないし、[66] 伊尹なんて参考にならん」[67]と標榜した。[68]

管志道からすれば、王艮の分不相応な主張の根源は朱子学にあった。朱子学は道統の継承者に、孔子や周敦頤（一〇一七～一〇七三）、程顥（一〇三二～一〇八五）、朱熹などを位置づけた。彼らは道統の継承者たるべき王の「三重」の保有者ではなく、管志道からすれば「匹夫」であった。[69] 匹夫は通常は無位無官の徒を指す言葉であるが、管志道はあえて無位無官ではなかった孔子や宋代の儒者までも匹夫の仲間入りをさせている。その背景には、士大夫にも道統の継承者の可能性を開いたことが、最終的に王艮による道統の継承者の自任という事態を招いたという管志道の考え方が存在する。

さらに管志道は孔子の過度の評価は天子の否定につながるとまで述べる。

王艮の万世を善にできるという説は、実は邵雍の孔子は万世を領土としたという説[70]に基づくのだが、孔子は万世の師に自らをなぞらえなかったばかりか、天下の師を自任していなかったことを知らないのだろうか。もし天下の師を自任していたのならば、作って述べなかったはずだ[71]。だから孔子は、「大道が行われていたのは、三代の英と共にであった。わたしはまだそこに至っていないが、志はそこにある」（『礼記』「礼運」）といった。どうして千年の絶学をもって中庸の道をもち上げ、孔子を桓公・文公になぞらえ、堯・舜・成湯・文王の盟主に祭り上げるのか。堯・舜・成湯・文王のような聖主すらなみするのであれば、当代の君主はどうするのか。これは無父無君の兆しを隠しもっている[72]。

道統の保持者を匹夫に帰属させることは、無父無君を意味した。つまり、管志道は朱子学の道統論も無父無君であると腐しているのである。また、朱子学の道統論では、もちろん並大抵の人物には無理なことであるが、それでももし周敦頤・二程・朱熹レベルの人物になることができたら、王位にない匹夫の身でも道統の継承者になりえた。管志道はそのようなごくわずかの可能性すら否定し、道統の継承者を天子だけに固定した[73]。太祖を道統の継承者と位置づけることは、泰州学派、つまり陽明学を信奉する匹夫たちへの反論にとどまらず、朱子学を信奉する匹夫たちへの攻撃でもあったのである。

「矩」の所在と同様に、道統論に関しても管志道は朱子学・陽明学の両者と異なる見解を有していた。朱子学は「聖人学んで至るべし（聖人可学而至）」のスローガンのもと、学問をする士大夫自身の中に堯舜の道を引き継ぐことの可能性を認めていた。「街じゅうみんなが聖人だ（満街人都是聖人）」の陽明学はいわずもがなである。一方、管志道は堯舜の道を求める先を太祖と定義した。それは天子という外部の存在、士大夫ではない存在に求めたことを意味しよう。

三　秩序の再構築

（一）中央政界と地方社会

管志道の道統論は朱子学・陽明学と違い、天子と士大夫・庶民を含めたそれ以外の人々の役割の違いを明確化させるという意図があると考えられる。それは人々にそれぞれの分に安んじるよう説いた太祖の「六諭」の精神とも合致するものであろう。管志道は天子と士大夫の役割の違いだけではなく、朝廷から地方社会に至るまで、すべての人々が身分秩序を厳格に順守することにこだわった。ゆえに『従先維俗議』の冒頭に太祖の「六諭」や『大学』の「絜矩の道」を持ち出し、その次の文章においても『孟子』の「三達尊(74)（三つの尊ぶべきもの）」をテーマにして身分秩序を論じる。

孟子は「天下には達尊が三つある。爵（官位）・歯（年齢）・徳（人徳）だ」といった。人の道は近い親戚や宗族以外、お互いにつながり譲りあって世の道をなすが、これはすべて三達尊からおこっている。爵の尊さは君に基づき、爵を重んじないのは無君である。歯の尊さは父に基づき、歯を重んじないのは無父である。徳の尊さは師に基づき、徳を重んじないのは無師である。君・父・師の尊さは天に基づき、無君・無父・無師は無天であり、これは大乱の道である[75]。

先行研究では管志道の秩序へのこだわりについて、地元蘇州で起きていた社会変動への危機感と結びつけられることが多い[76]。ただし、管志道にとって地方で起きていた身分秩序の動揺[77]は、中央政界における秩序の崩壊の延長線上にあった。

もっとも何ともしがたいのは、先年の鎮守太監[78]のほかにはない。四品官として皇帝から直接派遣されているから、総督・尚書・都御史に対しては、馬から下りて側に立つべきなのに、蟒衣と玉帯を賜っているがために、側に立たないばかりか、君寵を受けていることをかさにきて真ん中に陣取り、三司を抑圧するのもまるで総督然として高位にいるかのようで、『祖訓』をないがしろにしている。そして今、礦税使（鉱山の徴税のために派遣された宦官）が巡撫・巡按や布政使・按察使といった重臣をしのいでいるのも、異常事態である。これは人の耳目を驚かせるような体制の変動である。なんでもこういうようなことが多くて、開国以来の紀綱は日に日に揺らいでいくばかりである。紀綱が上で揺らいでいて、どうして風俗が下で揺らがないでいられるのか。そこで民間では卑しい者が尊い者を脅し、若い者が年長者をしのぎ、後輩が先輩を侮り、奴婢が家長にそむくといった非常事態が続出している[79]。

嘉靖年間以前に派遣されていた鎮守太監[80]、万暦年間に問題視されていた礦税使について、管志道は宦官の横暴や民衆への重税という側面よりも、礼制秩序の乱れを問題としてとらえている。そして、中央政界の秩序の動揺が地方社会にも影響していると主張する。

地方社会や民間の問題は朝廷の問題の反映だという考え方は次の文章にもみられる。

末世の一般人は上奏する者が少なくないが、はたして諸葛亮や李泌が迫られてからやっと出仕し、熟慮してからやっと任官したようなケースがあるだろうか。[81] 大体は玉を見せびらかして売りつけようとする心によって、自分の担当範囲外のことを行う。たとえその言葉が確かで採用すべきものだとしても、君子はそれをたたえるのを恥じる。まして昔の言葉を自分のもののように述べ、他人の手を借りているのは、まさしくいわゆる縦横家の徒だ。一般人だけではなく朝廷の士大夫も同様である。我が朝は専用の言官は設けていないが、六科と都察院は言責を重視し、その他の役所は官守を重視する。言責のない官であるのに天下のことをいうのであれば、必ず六科・都察院のいわないことをいってやっと天下にいいわけができる。……概して言責のない者は、直言して隠し立てするなという太祖の制度を口実にして売名すべきではない。言責にある者は、さらにいい加減にものをいう短慮な者の失敗に鑑みて、彼らの失敗をついて声望を得るべきではない。[82]

言責のない官僚が売名行為で言論を発表し、言責のある官僚が本来いうべきことをいわないという状況を、布衣（一般人）の言論活動と関連させている。ここで言及されている布衣とは、具体的には王艮と泰州学派である。[83] 言責のない人間が売名行為や射幸心で言論を発表するという行動が、朝廷でも民間でも出現していると管志道は批判する。

(二) 官守と言責

前章でとりあげた奪情問題において、管志道は「わたしには官守がないし、わたしには言責はない」と述べて、奪情問題を直接批判することを拒否していた。この官守と言責について、東林党は士大夫官僚たる者、たとえ官守がなくても言責を負うべきだと考えていた。[84] 一方、管志道の官守と言責についての考え方は全く異なっていた。

『従先維俗議』において、管志道は官守と言責について、科道官の場合とそれ以外の官僚の場合に分けて考察を行っている。まず、科道官について、管志道は保身と出世のため権力者の犬に成り下がって適切な発言をしないと批判している。そして、それを解決するためには「祖訓疏」で述べたように、科道官に対する廷杖をやめることが必要だとしている。(85) 次に、科道官以外の官僚については、いわなくても別によいことまでここぞとばかりにいい立てているため、その結果として皇帝が政治にうんざりしてしまったという状況が引き起こされたと批判している。つまり、管志道は基本的には言責は科道官のもので、ほかの官僚のものではなく、にもかかわらず科道官以外の官僚がむやみに言責を果たそうとしたために皇帝が政治を厭う(86)という状況が出現したと主張している。

さらに管志道は科道官の言責に対しても規制をかけようとして、監察御史経験者の甘士价（?～一六一一、江西信豊の人、万暦五年進士）が編纂した『言責要覧』という書物を科道官がよるべきマニュアルとして挙げる。(87) 『言責要覧』は現存していないため詳しい内容は不明であるが、煩雑な言論に皇帝がうんざりしてやる気をなくした当時の状況を正すために編纂された書物という。(88) 管志道は『言責要覧』の内容を長々と引用した後で(89)このようにいう。

ああ、言責のある者がこの方法をまじめに実行していけば、失敗することはない。これが危言危行(90)であり、言論を興すことができる(91)という状態である。科道官がみなこのような人であったら、どうしてさらにいう必要があろうか。沈黙してもよい。庶人が議論することを恐れることもない(92)。このことで自分を省みると思わず不安になって冷や汗をかいてしまう。六部主事時代には自分をわきまえない発言をしたうえに、按察使僉事時代にも的外れな言論をした。これではどうして『言責要覧』の箇条書きにいちいち合致しているといえようか。だから特に一覧にして引用して、懺悔の気持ちを託した。さらに言責のある者のための指南となし、言責のない者への薬としてすすめる。一般人についていえば、突飛な言動をとって歴史に名を残そうとするよりは、中庸にして世から隠れて知られないことを学んではどうか[93]。これこそ太祖の憲章[94]をよく祖述するやり方である[95]。

管志道は刑部主事時代や広東按察使僉事時代に身の程をわきまえない言論をしたこと、すなわち『奏疏稿』収録の上奏文を提出したことについて自己批判まで行い、言責の在り方を説いている。そこまでしてでも管志道は官守と言責を限定しようと試みていたことがうかがえる。

東林党が誰もが言責を担っていると考えたのに対し、管志道が科道官以外の言責を認めようとしなかったのは、彼の個人的体験が影響しているだろう。奪情問題において、管志道は奪情を批判した趙用賢らと深い関係を持ちながらも、保身を優先させて自らは批判を行わなかった。そこで言責の範囲を限定することで自己の処世を正当化する論理を作り上げたのではないか。つまり、管志道の官守と言責に関する見解は、個人的な政治体験に強く裏打ちされていたと考えられる。

おわりに

本章で明らかにした管志道の政治思想について、その理想世界をまとめると次のようになる。世界の頂点には儒・仏・道の三教をまとめあげ、道統の継承者たる天子が君臨する。官僚たちはお互いに牽制して、自らの職務を遂行するのみで越権行為はせず、もちろん天子の権力を脅かしたりもしない。その世界に官僚・庶民がそれぞれ位置づけられ、あるべき礼法を守り、それぞれ生理に安んじて、なすべきでないことをしない。そのような社会の裏付けとなっているのが、従うべき先進の「密」な法、すなわち太祖が定めた法である。管志道の理想世界のなかでは士大夫は越権行為をすることなく、天子が定めた法に従属的に動くことを求められる存在であったといえる。一方、管志道の論敵であった東林党にとっての士大夫は主体的に政治を動かしていかなければならない存在であり、だからこそ官守を超えてでも言責を担うべきだった。両者の見解の相違は、士大夫観の相違に端を発していたと考えられる。

それでは、管志道の士大夫観はどこから生じたのか。それには前章で検討した彼の政治人生が深くかかわっていると考えられる。管志道は廷杖を受けた趙用賢から恩義を受けたにもかかわらず、保身を優先した。張居正の死後、その強権政治の被害者という自己イメージを形成して復職を達成しようとしたが、うまくいかなかった。結局、出世もできなければ、名声も得られず、その後の処世も決して政治と決別したものではなかった。このような政治的体験を経たために、政治主体としての士大夫というアイデンティティを保持し続けることは難しかったのではないか。ゆえに、管志道はそれぞれがそれぞれの職分だけを守るという理想世界を作り上げた。この理想世界のなかであれば、奪情を批判せずとも日和見という誹りを受けることはない。官守と言責の限定、秩序の再構築、太祖の法への傾倒など管志道が作り上げた理想世界は、政治における士大夫としての責任という重圧からの解放を意味していたのではないだろうか。士大夫としての言責を果たして下野した顧憲成らと異なる士大夫観をもつにいたるのは自然なことといえる。

このように見てくると、中国思想史上の一大トピックである東林党と管志道の間の論争は性無善無悪説だけではなく、万暦年間の政局を色濃く反映し、それぞれの政治人生の正当性をかけた戦いでもあったといえる。

注

(1)　東林党に関する研究は枚挙に暇がないが、溝口（一九七七）、小野（一九九六）が代表的である。なお、東林党という名称は弾圧側からの蔑称であるが、通称としてよく知られているので本書でも東林党という名称を使用する。
(2) 明末の性無善無悪説については溝口（一九八〇）、荒木（一九九二）、呉震（一九九二）、中（一九九六）参照。
(3) 溝口（一九七七）、鶴成（一九九一）参照。論争の詳細については荒木（一九七九）一七九〜二一四頁参照。
(4) 二人の書簡での応酬は管志道『問辨牘』利集・『続問辨牘』巻三にみえる。
(5) 高廷珍『東林書院志』巻七、葉茂才「高景逸先生行状」「是秋始会蘇常諸友於二泉之上、与管東溟先生辨無善無悪之旨、観聴者踵相接、至無所容。於是、涇陽先生倡議曰、「百工居肆以成其事。吾輩可無講習之所乎」。乃集同志数人、醵金数百、卜築楊亀山先生講学遺址相伝所謂東林者、与諸友棲息其中、毎月集呉越士紳講三日、遠近赴会者数百人。」
(6) 管志道『従先維俗議』自序「従先維俗議縁起叙」によれば、万暦二十九年（一六〇一）に執筆されたという。しかし、序文の日付は万暦壬寅（＝三十）年閏二月清明後一日であるが、李贄の自殺（万暦三十年五月）に触れているようにもとれる部分が二か所ある（巻五「剖儒釈現悟脩證境界」「吾党中亦有中此毒薬者、影窺仏法、大煽狂風、軽出焚書蔵書、以召殺身之禍、豈不応文殊之遺讖也。」同「儒者当守敬義縄墨」「馮道之喪節救民、歴事五季、在仏法未必不収諸方便門中、而儒者守身之矩不存焉、則亦姑舎是而已矣。今乃有高其風而慕之者、影圓宗以掃方矩、髠首角巾、不儒不釈以遊於世、此正不善学伝大士、而入素隠行怪之科者也。其末竟流於自刎、傷哉。」)。もしこれらの記述が李贄を指すのであれば、序文の日付以降に本文に加筆があった可能性がある。なお、『従先維俗議』を用いた先行研究として和田（二〇〇二）およびWeisfogel (2010) がある。
(7) 管志道『従先維俗議』「従先維俗議縁起叙」「前三巻皆事迹、後二巻頗及垂世典要与出世密因。」
(8) 『従先維俗議』の書名についてはWeisfogel (2010) p.7、その核となる「六論」と「絜矩の道」の関係については呉孟謙（二〇一七）二六五〜二六六頁に言及がある。
(9) 『論語』「先進」「先進於礼楽、野人也。後進於礼楽、君子也。如用之、則吾従先進。」
(10) Weisfogel (2010) pp. 7-10.
(11) なお、一般的には「先進の礼楽に於けるは、野人なり。後進の礼楽に於けるは、君子なり。」と訓読するが（たとえば吉川（一九九六）四頁）、管志道は「先に礼楽に進むは野人なり。後に礼楽に進むは君子なり。」という解釈をしていたと思われる。
(12) 管志道『従先維俗議』「従先維俗議縁起叙」「従先云者、取義於孔子之従先進也。不従先進、不足以維末俗。但孔子所謂先進、意在三五以前野人之所起之礼楽。而余所謂先進、則本高皇開国初定之礼楽、合諸孔子刪述後所存之礼楽而已矣。」
(13) 管志道『従先維俗議』巻三「総核中外変体以遡先進礼法議」七葉「論礼必宗孔子、論法必憲高皇、此所謂従先進也。」
(14) 荒木（一九七九）一六〇〜一六五頁、酒井（一九九九）二八一〜二八五頁参照。

（15）太祖の三教合一思想については酒井（一九九九）二七二〜二七九頁、Langlois and Sun（1983）参照。

（16）酒井（一九七九）二七五頁。

（17）管志道『従先維俗議』巻五「支子出家当慎」「其所以不廃二教者、何。仏仙之幽霊暗助皇綱、何可廃也。」なお、太祖の「三教論」（『御製文集』巻一一）には「除仲尼之道、祖尭舜、率三王、刪詩制典、万世永頼、其仏仙之幽霊暗助王綱、益世無窮。」とある。

（18）管志道『従先維俗議』巻五「聖祖主賓三教大意」「夫論以三教為名、而以万世永頼称仲尼、以暗助王綱称仏仙、固主儒宗而賓仙仏者也。」

（19）太祖の著作の解題については李晋華（一九三二）、朱鴻林（二〇一一）参照。

（20）『諸司職掌』については巻一「原五大以正百拝之称議」など、『大明律』・『御製文集』については巻一「分別父子兄弟伯叔姪恩礼隆殺議」など、『皇明祖訓』・『臥碑』については巻二「稽祖訓許百工技芸建言合諸司職掌糾劾不正陳言以戒奔競議」など、『大誥』については巻二「教蒙士攻習経書性史外兼読孝経小学及御製大誥大明律議」など。

（21）「六諭」については酒井（一九九九）五八〜七九頁、曾我部（一九五三）、（一九五四）参照。

（22）『教民榜文』については伊藤（二〇一〇）三一三〜三七一頁参照。

（23）嘉靖〜万暦年間、豊坊（浙江鄞県の人、嘉靖二年進士）の偽書である『石経大学』が士大夫の間で流行していた（平岡（一九五一）二六七〜三七一頁、林慶彰（二〇一五）参照）。管志道は『石経大学』こそ真の『大学』であると考えていた（荒木（一九七九）三六七〜四〇四頁）。そのため、通常の『大学』のテキストでは「絜矩の道」は第十章だが、管志道が定めた『大学』のテキストでは第七章になる。

（24）『大学』「所謂平天下、在治其国者、上老老而民興孝、上長長而民興弟、上恤孤而民不倍。是以君子有絜矩之道也。所悪於上毋以使下、所悪於下毋以事上、所悪於前毋以先後、所悪於後毋以従前、所悪於右毋以交於左、所悪於左毋以交於右、此之謂絜矩之道。」「絜矩」の解釈史については早坂（一九九六）、李振宏（二〇〇五）参照。

（25）朱子学においても「絜矩の道」は「恕」と解される（李振宏（二〇〇五）参照）。

（26）『論語』「衛霊公」「子貢問曰、「有一言而可以終身行之者乎」。子曰、「其恕乎。己所不欲、勿施於人」。」

（27）管志道『従先維俗議』巻一「発揮大学事使先従左右交議」「此皆天然之矩、従野人先進中来、而絜之則在後進之君子。易曰、「精義入神、以致用也」。精義至於入神、従心之矩乃出矣。約其本、実不出於一恕。故大学以所悪勿施蔽之。稽我聖祖訓民六条、蓋已尽蔽其義矣。其曰「孝順父母、尊敬長上」、則蔽事上従前之矩也。「和睦郷里」、則蔽左右交之矩也。「教訓子孫」、則蔽使下先後之矩也。又蔽以「各安生理、毋作非為」二語、而所悪勿施之道尽之矣。此聖治之所以超軼前代、而垂裕無疆也。」

(28) 管志道『従先維俗議』巻二「稽祖訓許百工技芸建言合諸司職掌糾劾不正陳言以戒奔競議」「此当裁諸孔門之矩也。」
(29) 陳時龍(二〇〇六)一七五〜一七七頁参照。
(30) 中(一九九七)参照。
(31) 王艮については島田(二〇〇三)一三一〜一五四頁、森(二〇〇五)参照。
(32) 荒木(一九九六)参照。
(33) 『論語』「為政」「子曰、「吾十有五而志于学。三十而立。四十而不惑。五十而知天命。六十而耳順。七十而従心所欲、不踰矩」。」
(34) 朱熹『大学章句』第十章「絜、度也。矩、所以為方也。」『論語集註』巻一「矩、法度之器、所以為方者也。」
(35) 朱熹『大学或問』「蓋、絜、度也。矩、所以為方也。以己之心度人之心、知人之所悪者不異乎己、則不敢以己之所悪者施之於人。」
(36) たとえば朱熹『論語集註』巻一「随其心之所欲、而自不過於法度、安而行之、不勉而中也。」朱熹『論語或問』巻二「曰、「従心所欲不踰矩、何也」。曰、「此聖人大而化之、心与理一、渾然無私欲之間而然也。……」。」
(37) 荒木(一九九六)、中(一九九七)参照。
(38) 管志道は「孔矩」によって儒・仏・道の三教を統合しようとしていた。
(39) 「絜矩の道」の「矩」と「従心の矩」の「矩」を同一視する考え方は管志道の専売特許ではない。松川(一九九一)によれば、李中(一四七九〜一五四二、江西吉水の人、正徳九年進士)がすでにそのような解釈をとっており、また清代の焦循(一七六三〜一八二〇、江蘇甘泉の人、嘉慶六年挙人)も同一視している。ただし、李中も焦循も管志道とは反対に、むしろどちらの「矩」も内在的なものとして考えていたようである。
(40) 余英時(二〇〇四)二五三〜二七六頁参照。
(41) 管志道『従先維俗議』巻二「参合古礼時章以辨上下東西拝揖正体変体議」「蓋聖祖有鑑於元末専任中書之覆轍、欲以大臣鈐束小臣、亦以小臣糾弾大臣。」
(42) 管志道『従先維俗議』巻二巻末「聖祖最悪臣下之憑籍威霊、挟為己有、以成久仮而不可帰之勢、故於進退頓挫間、多用防微杜漸之法。」
(43) 太祖の政治手法やその志向については檀上寛(一九九五)、阪倉(二〇〇〇)七九〜一一二頁参照。
(44) 管志道『従先維俗議』巻二「追求国学郷学社学家塾本来正額以訂書院旁額議」「然則書院必不可建乎。曰、建書院、在宋元則可、在我朝則不可。何者。宋元之道統分於下、而法網且疎。我朝之道統握於上、而法紀亦密也。」
(45) 管志道は張居正による書院の破壊はやむをえないことだったと評価している。『従先維俗議』巻二「追求国学郷学社学

家塾本来正額以訂書院旁額議」「語不云乎、「天下有道、則政不在大夫」。政不在大夫、則教亦不在書院。今自姚江振鐸之後、建書院者紛然、此所以来柄臣江陵拆毀之令也。愚嘗謂、江陵之嫉講学毀書院、固非出於真正拒詖放淫之心、而其甃覇学之梁汝元於杖下、拆私剏之書院於江浙間、亦未可謂之過挙。」

(46)『史記』「酷吏列伝」「昔天下之網嘗密矣、然姦偽萌起。」史記索隠「案、塩鉄論云、秦法密於凝脂。」（『塩鉄論』巻一一「昔秦法繁於秋荼、而網密於凝脂。然而上下相遁、姦偽萌生。」）そのようなイメージは後代にも継承され、たとえば黄宗羲『明夷待訪録』「原法」には以下のようにある。「三代之法、蔵天下於天下者也。……法愈疎而乱愈不作。所謂無法之法也。後世之法、蔵天下於筐篋者也。……故其法不得不密。法愈密而天下之乱即生於法之中。所謂非法之法也。」また、明の太祖も法は「疎」であるべきだと発言していたとされる。『太祖実録』巻二六、呉元年十月甲寅条「命中書省定律令。……諭之曰、「……夫網密則水無大魚、法密則国無全民。……」。」

(47)末岡（一九八八）参照。

(48)諸橋（一九七五）四八七～四九三頁、大島（一九八一）参照。

(49)朱熹『中庸章句』「中庸章句序」、大島（一九八一）参照。なお、道の所在の系統である道統に対して、実際にこの世を統治する支配者の系統は治統と呼ばれた。黄進興（二〇一〇）参照。

(50)出典は『中庸』「王天下有三重焉、其寡過矣乎。」

(51)管志道『従先維俗議』巻四「為孔子闡幽十事」「世咸謂孔子以刪述接千古帝王之道統。愚独闡其終身任文統、不任道統。道統必握於有三重之王者。」

(52)朱熹『中庸章句』第二十九章「呂氏曰、三重謂議礼制度考文、惟天子得以行之。」

(53)管志道『従先維俗議』巻四「中庸遯世」「士胥知王天下有三重、豈知師天下亦有三重。王天下之三重曰徳・位・時、師天下之三重曰徳・地・時。孔子得師天下之三重者也。」

(54)管志道『従先維俗議』巻五「金湯外護名義」「聖祖総理三教、方其矩而円其規、真百王中之傑出者也。」

(55)「文統」について、Weisfogel (2010) pp.103-111 は「成文遺教」、呉孟謙（二〇一七）二七七頁は「斯文」とそれぞれ解釈する。

(56)管志道『従先維俗議』巻二「父之同年与同年之父弁体議」「当知門生雖以師道尊座主、而座主非師也。収録之恩全在君、師道亦在君也。」同「剖座主挙国学郷学督学提調諸師真似議」「郷国学中之師、皆師乎。曰、師也。従君所仮之師道、仍挈而還之君者也。」

(57)管志道『従先維俗議』巻一「剖明三父八母服制従時議」「蓋自周孔以来難破之例、而聖祖以三重之権開其額。……聖祖実従人子心中、追出三年真至之懐、以定斯制、……此亦非操三重之聖人不敢裁也。」

(58) 管志道『従先維俗議』巻四「理学家方命圯族」「聖祖頒榜文、教四民各安生理、而士有抱泰州之木鐸者、且曰、「吾将以匹夫明明徳於天下也」。何以生理為。此方命也。」

(59) 管志道は巻三二、耿定向は巻三五に伝がある。

(60) 「泰州学案」の人選の当否への疑念については、劉勇（二〇〇八）、（二〇一五）参照。

(61) 陳時龍（二〇〇六）一七八頁参照。

(62) 朱熹『晦庵集』巻八五「六先生画像賛・濂渓先生」、巻八七「祭延平李先生文」。

(63) 周敦頤『通書』第三十九章「孔子其太極乎。」をもじった言葉か。

(64) 王守仁『王陽明全集』巻二〇「月夜二首」第二首。

(65) 『孟子』「尽心」上「窮則独善其身、達則兼善天下。」

(66) 王艮『王心斎先生全集』巻二「語録」上「堯舜禹相伝授曰、「允執厥中」。此便是百王相承之統、仲尼祖述者、此也。然宰我曰、「以予観於夫子、賢於堯舜遠矣」。子貢曰、「自生民以来、未有夫子也」。有若曰、「自生民以来、未有盛於孔子也」。孟子亦曰、「自有生民以来、未有孔子也」。是豈厚誣天下者哉。蓋堯舜之治天下、以徳感人者也。故民曰、「帝力何有於我哉」。故有此位、乃有此治。」ここでは王艮自身は必ずしも堯舜を見下していない。さらに、巻五「与南都諸友」には「弟欲請教諸兄、欲堯舜其君、欲堯舜其民也。」とあり、むしろ堯舜を理想の君主としている。

(67) 王艮『王心斎先生全集』巻三「語録」下「門人問志伊学顔。先生曰、「我而今只説志孔子之志、学顔子之学」。」

(68) 管志道『従先維俗議』巻二「追求国学郷学社学家塾本来正額以訂書院旁額議」「宋儒復重之以道喪千載之説、及往聖継絶学之説、続孔孟之墜緒者、伊川則略濂渓而属諸明道、考亭乃遡明道而属諸濂渓、門人復以集諸儒之大成推朱子而曰、「朱子其太極乎」、則道統遞帰於匹夫矣。姚江雖以致良知振朱子之衰、而張皇復過於朱子、不禁自得、而発為詩歌曰、「須憐絶学経千載、莫負男児過一生」。其徒泰州王氏艮、益従而標榜之曰、「吾学孔子、達則兼善天下、窮則兼善万世。堯舜不為賢、而伊尹不足由也」。」

(69) 管志道は孔子も匹夫に含めている。管志道『従先維俗議』巻二「追求国学郷学社学家塾本来正額以訂書院旁額議」「孟子叙及堯舜湯文孔子之見知聞知、不無意円語滞之過。由堯舜遞至文王、皆以聞知属諸天子、由文王遞至孔子、独以聞知属諸匹夫、信斯言也、秦漢而下、似乎匹夫有道統、而天子無道統。此粛皇之所以発為策問、意謂道統在天子、不在臣庶也。」なお、文中の策問とは、嘉靖二十六年殿試の策題のことである（『世宗実録』巻三二一、嘉靖二十六年三月丙寅条）。

(70) 邵雍『邵子全書』巻三「皇極経世書」三観物内篇六。

(71) 『論語』「述而」「子曰、「述而不作。信而好古。窃比於我老彭」。」を逆転させている。

(72) 管志道『従先維俗議』巻二「追求国学郷学社学家塾本来正額以訂書院旁額議」「泰州兼善万世之説、実本於邵子仲尼万世為士之説、豈知仲尼不但不以万世師自擬、亦不以天下師自居。如以天下師自居、則作而不述矣。故曰、「大道之行也、与三代之英、丘未之逮也、而有志焉」。奈何以千古絶学、昂中庸之道、借孔子為桓文、而抬之為堯舜湯文之盟主也。堯舜湯文之聖主尚不有、而何有於当代之君乎哉。此即無父無君之隠機。」

(73) 朱子学の道統論では、孟子と周敦頤の間の道統の継承には千年以上の空白期間が想定されているが、管志道はその論理の妥当性に疑義を呈する。管志道『従先維俗議』巻二「追求国学郷学社学家塾本来正額以訂書院旁額議」「朱子雖原道統之伝、来自上古神聖、而逓及洙泗濂洛之間、義多疎略。以一貫之心宗為道統耶、則六祖五宗之直指単伝、豈離一貫、而奚以独帰於儒聖。以五常之世教為道統耶、則漢祖唐宗之因時立政、豈外五常、而奚以独隷於儒師。以六経之刪述為道統耶、則書契未興、道統何在、刪述後、亦有漢儒之伝経、隋儒之読経、孰非述作。胡為乎軻死後、寥寥千有余年、曰君、曰相、曰師、無一与於道統者、直待河南程氏両夫子出、而始続其伝、此立論之不無遺義者。而意則在闢邪崇正、挙性命而綱常之、挙綱常而性道之、良亦非過。然道緒不従天子統、而従匹夫統矣。」

(74) 『孟子』「公孫丑」下「天下有達尊三。爵一、歯一、徳一。朝廷莫如爵、郷党莫如歯、輔世長民莫如徳。」

(75) 管志道『従先維俗議』巻一「推窮三達尊本末以伸郷党重歯議」「孟子曰、天下有達尊三、爵一、歯一、徳一。蓋人道除三党宗親外、所与相維相譲以成世道、倶従三達尊起矣。爵之尊本於君、不重爵者無君。歯之尊本於父、不重歯者無父。徳之尊本於師、不重徳者無師。君父師之尊又本於天、無君無父無師、則亦無天、此大乱之道也。」

(76) Weisfogel (2010)、呉孟謙（二〇一七）二六五頁。

(77) 管志道『従先維俗議』巻一「推窮三達尊本末以伸郷党重歯議」「朝廷所尊之爵、遂不為郷評所重、爵不重而歯徳従之。……三尊倶失其実、則此世界、遂成小人無忌憚之世界、後輩相率而侮前輩、下流相率而訕上流、殆不知其所底止矣。」

(78) 鎮守太監は皇帝から派遣されて各地方の行政・軍事の監督にあたる宦官である。丁易（一九七一）二九一～二九八頁参照。

(79) 管志道『従先維俗議』巻二「参合古礼時章以辨上下東西拝揖正体変体議」「其最不可訓者、莫如先年鎮守太監。以四品内侍奉欽差、於総督・尚書・都御史、正在引馬側立之款、徒以超賜蟒玉故、不但不側而已、且儼然挟近君之寵而據中位、圧三司亦若総督然、体則隆矣。如祖訓何。而日今鉱税使之憑陵撫按藩臬重臣亦非体、此変体之駭人耳目者也。諸如此類亦多、開国以来之紀綱、唯有日揺一日而已。紀綱揺於上、風俗安得不揺於下。於是民間之卑脅尊、少凌長、後生侮前輩、奴婢叛家長之変態百出。」

(80) 鎮守太監は明代中期以降、各地に派遣されて軍の監察にあたったが嘉靖年間に廃止された。野田（二〇〇〇）参照。

(81) 諸葛亮（一八一～二三四）はいわゆる三顧の礼の故事を指す。李泌（七二二～七八九）は唐の粛宗（在位：七五六～七六二）の学友であり、宰相を務めた。管志道『従先維俗議』巻二「稽祖訓許百工技芸建言合諸司職掌糾劾不正陳言以戒奔

競議」「諸葛武侯、以布衣承先王之三顧草廬、為之托出三分籌画、李鄴侯、亦以布衣為粛宗之儲宮賓友、為之傾倒帷幄壮猷。」

(82) 管志道『従先維俗議』巻二「稽祖訓許百工技芸建言合諸司職掌糾劾不正陳言以戒奔競議」「末世布衣、上書者不少、果有如武侯・鄴侯之迫而後起、量而後入者乎。大都以衒玉求售之心、行越俎代庖之事、即其言鑿鑿可采、君子猶羞称之、而況勦襲陳言、且有仮手於他人者、則真所謂縦横之徒也。不独布衣、朝士亦然。我朝雖不専設言官、而台省終以言責為重、各衙門終以官守為重也。官非言責而言天下之事、則必言台省之所不敢言不能言者、而後有辞於天下。……大概無言責者、不可籍口於直言無隠之聖制而借事以博名、有言責者、又不可懲噎於鹵莽言事之浅夫而擣虚以取望。」

(83) 管志道『従先維俗議』巻二「再覈臥碑士農工商可言軍民利病合教民榜文各安生理議」「先王之世、士非載贄求仕不出疆、非裹糧尋師不出疆、庶民非避地遠害不出疆、非行貨四方不出疆。並未有担道統、聚遊徒、侵司徒楽正之教権以出疆者。以演教聚徒出疆、在二氏之徒、或有之、儒門自濂洛以後、姚江以前、無是也。此風実泰州始、流而又流、庶人不以修身為本、而争言明明徳於天下。」

(84) 小野（一九九六）一七四〜一八六頁。

(85) 管志道『従先維俗議』巻三「総核中外変体以遡先進礼法議」二八葉「柄臣挟大阿之重以鈐科道、科道又挟奥主之重以圧各衙門、我能制人則抗而又抗、我制於人則詘而又詘、体漸尊而志節漸卑、於是諸司之我慢起矣。間有讜直之論、却従冷局中出、而喧豗又乗其後。今乃言士軽而台省与之倶軽。易曰、「亢龍有悔、窮之災也」。天実窮之而由君乎哉。愚昔嘗以除言官之廷杖勧上、而今復為此説、則傷夫有言責者之知進而不知退也。」

(86) 管志道『従先維俗議』巻三「総核中外変体以遡先進礼法議」三一葉「部司恒肩随於按院、而按台則肩随於撫院、此嘉靖末年流来之例也。夫造物忌盈、盈則未有不反者。嗣後、台省諱権臣之所不可諱而諸司発之、諸司又言朝事之所不必言而台省含之、発者或含釣名之心、而含者或発偏激之論、意相左而機若相関、於是主上之厭心生矣。……愚嘗以闢諸司之言路規江陵、而今復為此説、則慮夫有官守者之知彰而不知微也。」神宗は国本問題で批判にさらされ、朝廷に姿を見せなくなっていた。

(87) 管志道『従先維俗議』巻二「稽祖訓許百工技芸建言合諸司職掌糾劾不正陳言以戒奔競議」「持衡於言不言之中而求其当、則莫辨於江右甘中丞之所輯言責要覧矣。」

(88) 羅大紘『紫原文集』巻三「言責要覧叙」「公見時事舛駁、論議繁砕、言之者無忌、観者易厭、而主上益不可省察。於是列言責要覧以捄之。為綱十有一、為目四十有五。」なお、『四庫全書総目』巻一七九、集部三二別集類存目六によれば、陳邦科（江西高安の人、万暦五年進士）にも同名の著作があり、その文集『片玉集』に収録されているという。詳しい内容は不明だが、『四庫全書総目』によれば「邦科所列十一条、分目為四十三。中有当緩言者三、婉言者二、勿軽言者七、勿為人言者五。」とあり、甘の『言責要覧』とは若干の差異がある。また、羅大紘の序文を読むと、甘士价も管志道と同じような志向をもっていたかのように見えるが、少なくとも万暦二十二年に提出した上奏文では言官の言論活動への寛大な処置を願っている。呉良『万暦疏鈔』巻六、甘士价「懇乞聖明嘉与臣工共泯乖争以回元気疏」「臣待罪西台、伏覩昨歳議論煩興、聚訟無已、浸淫以至歳終、群臣猶為不平之鳴、皇上頓生不測之怒。……夫賢路通塞、最関理乱、聞古之明君、導人使言、未聞禁人使不敢言。而台省又公論所自出者、往時遇有建言獲罪之臣、果為公論共予、台省得抗章論救之。猶万一聖明採納、併従寛宥、不然而公論亦頼是以存耳。乃二三年来不之寛而益重其譴、既禁人不敢言、又禁人不敢救、此等挙動、甚非所望于清朝、即皇上初年亦未之有也。夫防人之口甚于防川、恐公論不明、而潰擾者愈衆、皇上忍一一錮之乎。臣願聖度天寛至仁春育、自後凡建言狂戇、或科道抗疏申救者、皆曲賜優容、俯従寛処、上以防壅蔽、下以杜煩囂、只在皇上一転移間耳。如近日元輔疏称、言官重而出位之風自息、讜論容而妄言之気自阻、尤為確論。此臣所謂台省之公論宜存也。」

(89) 管志道『従先維俗議』巻二「稽祖訓許百工技芸建言合諸司職掌糾劾不正陳言以戒奔競議」「中列当言者五、則所謂関君徳・関吏治・関人才・関民生・関国計、是也。当直言者有三、則所謂大利害・大奸弊・大冤抑、是也。勿怕言者有四、則所謂関社稷安危、勿以批鱗剖心怕言、権奸乱政、勿以踏虎捐生怕言、衆言淆国是、勿以違衆犯怒怕言、事関公議、勿以跡処嫌疑怕言、是也。勿惜言者有三、則所謂事関法紀、雖親愛勿惜、行止関大利病、雖有成議勿惜、事関久遠、目前小利害勿惜、是也。有且緩言者二、則所謂主心知所顧忌、及関天親骨肉之間、是也。有勿軽言者七、則所謂事関宮闈秘邃而未有的拠者、軍機秘密者、投鼠傷器者、更置法令憲章而未覩全利者、議論雖是而時勢必不可行者、及不能処分者、株連起大獄者、是也。有可言可勿言者四、則所謂人過失可言而有権倖欲中之者、人詿誤可言而中有不得已之情者、人一青可言而大節足称者、用人行政或有錯繆可言而人論列已明者、是也。有已言不厭再言者四、則所謂事理人已言而指陳未悉者、忠謨讜論人已言而上未省納者、奸弊人已言而関我職掌者、是也。有勿為人言者五、謂勿拾人咳唾、勿附人声響、勿聴人嗾使、勿希人意旨、勿替人標榜等言、是也。有当戒言者六、謂戒模稜両可、戒偏頗失中、戒褻媟、戒忿争、戒深情詭秘、戒委靡不振等言、是也。」

(90) 『論語』「憲問」「子曰、「邦有道、危言危行。邦無道、危行言孫」。」

(91) 『中庸』「国有道、其言足以興。国無道、其黙足以容。」

(92) 『論語』「季氏」「孔子曰、「天下有道、則礼楽征伐、自天子出。天下無道、則礼楽征伐、自諸侯出。自諸侯出、蓋十世、希不失矣。自大夫出、五世、希不失矣。陪臣執国命、三世、希不失矣。天下有道、則政不在大夫。天下有道、則庶人不議」。」

(93) 『中庸』「子曰、「素隠行怪、後世有述焉、吾弗為之矣。君子遵道而行、半塗而廢、吾弗能已矣。君子依乎中庸、遯世不見知而不悔、唯聖者能之」。」

(94) 管志道は『中庸』の「仲尼祖述堯舜、憲章文武」をもじった「祖述孔子、憲章高皇」をしばしば標榜していた。呉孟謙（二〇一七）二五九～二六二頁参照。

(95) 『従先維俗議』巻二「稽祖訓許百工技芸建言合諸司職掌糾劾不正陳言以戒奔競議」「噫、有言責者、慎斯術也以往、其無所失矣。斯之謂危言危行、斯之謂言足以興。言路果皆若人、何必更言、黙足以容、而亦何虞於庶人之議哉。愚也以此自省、不覚惕然内泚焉。在部司、既有不度徳之言、在外台、復有不中機之言、何敢自謂於要覧一一打得対同也。故特表而出之、以寓自儆之意、亦為有言責者作指南、無言責者進薬石焉。在韋布、則与其行怪有述、毋寧学中庸而遯世不見知也。是乃所以善述聖祖之憲章也。」

終章

以下に各章で行った議論を振り返る。

序章ではまず、中国の皇帝政治と「専制」という概念の関係性について紹介した。そして、中国の皇帝政治を理解するためには、それが「専制」であるか否かは重要な論点ではなく、皇帝が実際の政治の場でどのようなはたらきをしていたのかを見ていく必要性があることを指摘し、本書では具体的には自分の意志により政治を行おうとした明代の皇帝世宗がどのような思考様式のもとでどのような政治手法によってどのような政治運営を目指したのかを検討すると述べた。世宗の治世の前提条件となる大礼の議のなかで世宗の実父母の称号に関しての詔が三度出されたが、世宗の意向が実現するまでには三年もの月日がかかった。そこで、世宗が自分の意志をどのように実際の政治の場で実現していくのかを軸に嘉靖年間の政治の検討を行うことにした。さらに、明代の皇帝政治のなかで士大夫がどのような思考様式をもっていたのかについて明らかにするため、万暦年間の士大夫管志道をも取り上げると述べた。

第一章では明代において君臣関係の理想をあらわす言葉であった「君臣同遊」という言葉の来歴と含意の変遷から世宗即位以前の明代の政治文化を検討した。「君臣同遊」という言葉は太祖が作成した『御製大誥』首章の篇名であり、太祖は現実の臣下への批判、そして現実の君臣関係のアンチテーゼとしてこの言葉を掲げた。その後、明代中期になると『御製大誥』「君臣同遊」章のとらえ方に変化が発生する。臣下側から皇帝に対して大臣召対の実行を要求するときに「君臣同遊」章の理念が唱えられるようになり、「君臣同遊」は太祖の寛大さをあらわす言葉と読み替えられ、太祖の治世にこの理想が実現していたという言説も出現した。そして、「君臣同遊」の中に大臣召対が含意されるようになり、太祖の治世に「君臣同遊」が実現していたというイメージは弘治年間末年に定着する。その背景には当時、大臣召対を積極的に行っていた孝宗の政治姿勢への讃頌が存在する。「君臣同遊」の理念の変遷を通じて見えてきたのは、個々の皇帝の政治姿勢によって政治用語の含意が左右されるという事象が象徴する明代政治における皇帝の個性の重要性である。

第二章では孝宗と即位当初の世宗の大臣召対を軸に、明代の政治において大臣召対という政治手法がもっていた意味を検討した。まず、孝宗の召対については治世の後半、特に最晩年には頻繁に行われていたが、中断期間も存在していた。大臣召対は先行研究では緊密な君臣関係の構築を目指すために行われるとされているが、孝宗の召対中断という事例から緊密な君臣関係の構築に必ずしも有利に働かないという側面が浮かび上がった。そして、その実例を見てみると、基本的には孝宗が自分の意志を押し通すために大臣召対を開催していた。一方、世宗は大礼の議の最中に何度か内閣を召対していた。当時の世宗の内閣召対も孝宗の事例と同様に自分の意志を押し通すために開催していた。また、嘉靖初年の内閣召対における議論は水掛け論に終わり、召対は政治決定の場にはなりえなかった。これらの事象から、大臣召対という政治手法は君臣関係の親疎とは無関係であり、過度に皇帝の意志に依存する明代の政治構造を反映した政治手法であったことが明らかになった。

第三章では嘉靖六年年末に行われた内殿儀礼改定の事例を通して、政策決定の正当性に対する世宗の思考様式を検討した。世宗は毎日の内殿参拝を中止するため、自らが内閣に引き上げた張璁と書面交換を通じて改定案の構築を探った。張璁が内閣首輔楊一清とともに作り上げた改定案に対し、世宗は朝廷で議論させることを望んだが、内閣は賛成しなかった。最終的に内閣による提案を世宗が裁可するという形式で内殿儀礼改定が行われた。しかし、実行の段階になって宦官たちが改定に反対した。そこで世宗は『忌祭或問』を執筆し、自らの改定の妥当性とその決定過程の正当性を主張し、「詢謀僉同」の理念を持ち出した。世宗の論理では、自分は朝廷での会議を望む意向を見せたほか、何度も内閣に相談してその賛同を得たから、「詢謀僉同」にのっとった手続きによって改定をすすめたということになる。世宗は異議を防ぐために、「詢謀僉同」の実行によって自分の意志が独断による「私」ではなく「公」であることを証明しなくてはならないと考えていた。そのため、内閣の賛同、関係官僚の会議、廷臣会議など任意の形式を通じて「詢謀僉同」を行い、自分の意志の正当性を獲得しようとしていた。

第四章では世宗が一時停止していた大臣召対という政治手法を再び用いるようになった過程を通じて、世宗の政治運営手法について検討した。大礼の議の終結後、世宗は寵臣の張璁らに大臣召対を要請されても拒否した。当時の世宗は寵臣と書面で政治談議を行うことを重視し、大臣召対という政治手法は必要としていなかった。その後、嘉靖九年に世宗が礼制改革を開始すると、それまで世宗の政治を支えてきた張璁と意見の不一致がたびたび発生するようになった。世宗と張璁の意見の相違は書面だけでは埋めきれなかった。そこで嘉靖十年以後、世宗は「君臣同遊」の理念を掲げて大臣召対を行うようになる。ただし、大臣召対の場で政策決定が行われるのではなく、それまでの書面交換による君臣間の政治談議も引き続き行われた。つまり、嘉靖十年以後、世宗は書面と召対の二つを君臣間の政治談議を行う手段として相補的に用いて政治を行っていった。

第五章では武定侯郭勛が重用された政治的背景から特定の勲臣の重用という政治手法に込められた世宗の意図を検討した。郭勛は史書や先行研究では大礼の議で張璁らの意見を支持したことで世宗の寵愛を受け権勢を得たことが強調されてきたが、大礼の議の前から朝廷における有力武臣であった。大礼の議における郭勛の功績とは武臣のトップという権威のある立場で張璁らの意見を支持したことだった。その後、郭勛はいったん失脚するものの、世宗の礼制改革にともなって再起用される。そして、徐々に政治一般に関与していき、召対・書面を通して内閣と同等に政治議論に参加することすらあった。政治における郭勛の重要性の増大については、世宗に媚びを売ったという側面だけではなく、朝廷での政治議論の場面で世宗にとって利用価値があったという面がある。武臣のトップが皇帝の寵愛を受け、朝廷での政治議論のなかで重きをなすという現象は、郭勛の獄死後は成国公朱希忠に引き継がれていく。これらの事象から世宗は特定の寵臣と書面・召対によって意見調整を行い、そして彼らに朝廷において自分を支持する輿論形成の役目を期待していたといえる。

本書では主に嘉靖年間前半の世宗の政治についてのみ検討を行ったが、第二章〜第五章で明らかにした世宗の政治手法や思考様式は治世後半も基本的には変わらなかったと思われる。寵臣と「君臣同遊」を行い、「詢謀僉同」によって自分の意志を実現していくという世宗の政治運営の方法は治世前半に完成していたといえる。ただし、このような政治運営方法の完成は朝廷や国家にとって必ずしも幸いとはならず、むしろ治世後半の北虜南倭に代表されるような政治混乱を招くに至った。

附論一では桂萼の賦役制度改革論が朝廷に採用されなかった経緯の検討を通じて、制度改革に関する当時の政界の言説を検討した。桂萼の賦役制度改革論は地方の現場では実際に行われているものが多かったが、全国的な賦役制度改革の主張は朝廷では受け入れられず、逆に「変乱成法」という評価を受けた。その背景には法の改革によらずすぐれた人材によって統治を行うべきだという伝統的な思想が存在していた。そして、桂萼が法の改革の実行者として期待した世宗も、法の改革よりも人材の抜擢によって問題に対処していくべきだという思想の持主であった。

附論二では郊祀礼制改革以来、嘉靖二十七年の復套計画中止に至るまでの世宗の政治の片翼を担った夏言の文集『桂洲先生文集』と奏議『桂洲奏議』の各版本を比較して整理した。悲劇的な最期や直系の子孫がいなかったことが著作の残り方にも影響し、夏言の文集も奏議も複数の版本があり、内容に差異がある。そのため、夏言の文集・奏議を研究のために使う際には、一つの版本だけではなく複数の版本、場合によっては文集・奏議以外の著作も比較対照して内容を吟味する必要がある。

附論三では霍韜の年譜二種、明代万暦年間の抄本と思われる『宮保霍文敏公年譜黄淮集』と清代同治年間の『石頭録』の内容を比較した。『黄淮集』は同治本にはない記述を相当量含んでおり、同治本はもともとの内容から李福達の獄の記述や郭勛に好意的な記事を削除し、夏言に関するゴシップの量も少なくなっている。この差異の原因としては、霍韜の年譜を最初に作った息子霍与瑕らは夏言との党争の被害を受け、またその後も高官ではないものの朝廷政治に参画していたのに対し、同治本を編集した清代の子孫たちにとっては夏言も郭勛も遠い昔の歴史上の人物となっていたことが挙げられる。

第六章では三教合一思想で知られる思想家管志道の官僚としての処世を通じて、彼の思想とその政治人生の関連性を検討した。張居正奪情問題が発生したとき、管志道は奪情批判を行った官僚たちと浅からぬ関係をもっていた。しかし、当時、求職中の身だった管志道は保身を優先させ、自らが奪情を批判することはなかった。その後、復職するものの罷免されてしまう。しかし、張居正の死後、同郷の大臣王錫爵の官界復帰を機に、復職活動を展開するようになる。そこで自身が張居正によって官界を追われたという印象づくりのために、かつて提出した上奏文の序文の執筆を江南の名士たちに依頼し、さらには弟子が奪情問題における管志道の活躍を記した文章を作成した。それが管志道の奏議『奏疏稿』につけられた各序文である。しかし、復職活動はうまくいかず、また王錫爵の名声の急落により政界から完全に引退するしかなくなった。

第七章では管志道の政治思想について、晩年の大著『従先維俗議』の内容から検討した。管志道は太祖の法を従うべき先進と位置付け、特に「六諭」を重視した。そして、「六諭」を『中庸』の「絜矩の道」と位置づけた。管志道の「矩」の解釈は「矩」を徹底して己の外部に求めることに特徴があり、「矩」を己の心に求める陽明学や朱子学とは異なった。また、太祖を道統の継承者とみなし、堯舜の道を士大夫が引き継ぐ可能性を認める朱子学や陽明学の道統論に反対した。管志道は天子と士大夫の役割の違いを追求し、さらには士大夫内部でも言論の責任を特定の官僚に限定しようとした。このような職責の限定という主張の背景には、奪情問題において保身を優先させたゆえに張居正を批判しえなかった自分の処世の正当化という側面が存在する。

管志道の理想をまとめると、世界の頂点に天子が君臨し、官僚たちは自らの職務を遂行するのみで越権行為はせず、もちろん天子の権力を脅かしたりもせず、天子・士大夫・庶民がそれぞれあるべき礼法を守り、それぞれ生理に安んじて、なすべきでないことをしないというものになる。そのような世界の裏付けとなっているのが、太祖が定めた法である。管志道の理想世界のなかでは士大夫は天子が定めた法に従属的に動くことを求められる存在であった。管志道がこのような理想を抱くに至ったのは張居正奪情問題における自らの処世という個人的政治体験に起因する。官守と言責の限定、秩序の再構築、太祖の法への傾倒などによって作り上げられた理想世界は、政治における士大夫としての責任という重圧からの解放を意味していた。

以上が本書の主内容であるが、ここであらためて、世宗が自らの意志をどのように実現していたのかを考える。世宗は独断という形式で政策決定を行うことを忌避していた。それは自らに異議が呈されることを懸念してのことだった。この懸念は即位当初の大礼の議に由来する。大礼の議において世宗は自らの意向を最終的に実現したものの、多数の異議が寄せられた。そのため、意向どおりの政策決定にたどり着くまでに三年もの月日を費やし、世宗が命じた廷杖によって多数の死傷者が出た。即位当初に大多数の異議にさらされるという個人的な経験がその後の異議を忌避する姿勢につながったと考えられる。

そこで世宗は「詢謀僉同」の理念によって独断という形式ではない政策決定を模索した。その理念のもと、世宗が具体的にとった政治手法が内閣および寵臣への諮問、関係官僚の会議、そして廷議の開催である。これらの任意の形式を通じて内閣、寵臣、関係官僚、廷議の賛同を得ることで皇帝の意志が「公」であり「私」ではないことを証明して政策決定の正当性を獲得できるというのが世宗の思考様式であった。

そして、「詢謀僉同」の実行は内閣および寵臣への諮問と密接にかかわっていた。内閣および寵臣への諮問を通じて彼らの賛同を得ることも「詢謀僉同」であり、また、彼らは朝廷の廷議において世宗が欲する「僉同」を導くことを期待されてもいた。世宗と彼らの対話は大量の書面および召対という形式で行われた。諮問を受ける内閣および礼部尚書、そして勲臣は世宗の政治において重大な役割を果たした。ゆえに諮問対象者の筆頭である内閣首輔は大きな政治権力をもつに至った。ただし、世宗は内閣首輔一人だけではなく、他の文官や勲臣をも諮問対象者に含めた。それは一人だけの賛同では「僉同」ではないからであり、世宗は文武の寵臣が共同して自らの政治を支持し、彼らが自らを支持する朝廷輿論の形成のための調整者としての役割を果たす政治体制を追求し、理念的には嘉靖十年代以降、自らが思い描いた理想的な政治体制の構築を達成したといえる。

「詢謀僉同」という理念そのものは官僚にも共有されていた。しかし、世宗は政策決定をくだすことができたが、官僚にはそれはできない。その意味では「詢謀僉同」を単なる理念としてではなく実行できるのは皇帝である世宗のみに限られた。この理念の背景にあるのが、明代政治における皇帝の意志の重要性である。明代における大臣召対は皇帝が必要とするときに任意で行われた。また、廷議の反対意見に譲歩するか、召対時に呈された反対意見をどう処理するかは、やはり皇帝の意向に任された。世宗の治世は皇帝の意志により政策決定がなされるという明代の政治構造がよりわかりやすく可視化された時代ともいえる。

ただし、皇帝の意志は明代の政治においてきわめて重要であったが、絶対的であったかについては留保が必要である。確かに明代の政治の最終決定権は皇帝の意志にあった。しかし、もし皇帝の意志がアプリオリに絶対性を有しているのであれば、大礼の議が起こる余地はそもそも存在しないのではないか。また、たとえ大礼の議については外藩から即位した少年天子という特殊事情により皇帝の意志の絶対性を発揮しえなかったと解釈するにしても、それ以後の世宗が「詢謀僉同」によって自身の意志の正当性を証明しようとした行為をどのように説明したらよいのだろうか。

世宗の「詢謀僉同」の実行については二つの視点からとらえることができる。一つは「詢謀僉同」という言葉は経書に由来するという視点である。先行研究では世宗は経書に書かれた理念を忠実に実行しようとした原理主義者とされてきた。本書では決して世宗が盲目的に経書の理念を崇信していたから「詢謀僉同」を唱えていたわけではないことを明らかにしたが、しかし一方では世宗および当時の官僚の政策決定の理念はこの一言に集約されえた。世宗の政策決定が実際には特定の寵臣の賛同を得て実行されたにすぎないとしても、この理念自体は否定できない。その意味では経書に記載された理念を掲げることで、経書の威信によって正当性を担保したといえる。もう一つは、世宗が自分の意志を実行するためには他者を必要としていたという視点である。他者の賛同によってはじめて自分の意志の正当性が証明しうると世宗は考えていた。世宗は経書や他者という外部の存在によって自らの意志の正当性を証明しようとしたのではないか。

ここで参照したいのが管志道の思想である。張居正奪情問題において張居正を批判しえなかったことが管志道の思想に大きな影響を与えた。管志道は後年、言論の責任を担う官僚の範囲を限定すべきだという主張を行い、また、その主張の根拠を太祖が定めた法に求めた。そして、太祖の「六諭」に象徴されるような皇帝から庶民に至るまですべての人々がおのおのの職責のみを果たしていくという理想世界の構想をもつに至った。管志道も太祖の法という外部の規範に正当性を求める。そこには本書で明らかにしたように、士大夫としての政治的主体性を発揮しえなかったという個人的な政治体験という背景が存在し、ゆえに管志道の理想世界は士大夫としての政治責任からの逃避だったとみなすことができる。

同様の事象が世宗の思考様式や政治運営にも指摘できるのではないだろうか。いわゆる宋明理学においては、政治参加者には主体性が求められた。皇帝は主体として政治を統括せねばならず、(1)一方で士大夫も政治主体として想定された。(2)このような主体性の要求は宋明理学という学術の中にだけ見られる概念ではなく、むしろ当時の社会通念に沿って皇帝や士大夫を定義づけたとも考えられる。そして、世宗即位の前後には陽明学が勃興してくる。陽明学は朱子学以上に自己の主体性を求め、自己の内部に規範を設けようという思潮である。陽明学が支持を拡大した一因には、当時の人々にとって陽明学の主張が受け入れやすかったこと、つまり自分自身を規範とするという思考様式が支持されていたことが想定できるだろう。このような思想の潮流のなかでは皇帝にも士大夫にも主体性が求められる。主体的に政治を行おうとした世宗はある意味では当時の価値観に合致した皇帝であったともいえる。

しかし、世宗は自分の意志を経書の記載と他者の賛同という外部由来の正当性によって発現した。外部による正当性の証明という手段を使うことで、世宗は一種の責任放棄を行った。それは政策決定を誤ったと判断したときに、賛同した寵臣に責任転嫁した事例、たとえば夏言や仇鸞の悲劇に端的に表れている。(3)独断という形式の忌避は、世宗個人の偏見による政策決定を避けるというプラス面と、政治責任を臣下に押し付けるというマイナス面の両方が存在した。世宗の政治に対する姿勢は、一見主体的だが、同時に無責任でもあった。そして、このような無責任さの原因こそが政治主体としての皇帝という概念であったのではないか。政治を行う以上、失策ももちろん存在する。しかし、失策の責をどのように負うべきなのか。もちろん皇帝が自分自身に咎を帰する「罪己詔」を出すなどの方策はあるが、聖人である皇帝が(4)失策を続けるわけにはいかない。それを避けるには他者に責任を押し付けるのが得策である。

皇帝は政治の最終決定権をもっている。ゆえに現代的な価値観から見れば、最終決定権をもつ皇帝が政治の責任をとるべきである。ただし、「詢謀僉同」の理念のもとにおいては、最終決定者は皇帝ではない。まず皇帝の意志が存在し、その後に他者の賛同がある。実際には皇帝は他者の賛同を得るために書面や召対などの手段を用いることができ、他者に自由意志があるわけではない。しかし、自分の意志を他者に諮問するということはある意味では他者に決定権を丸投げしているのであり、失策は賛同した他者の責任になる。このような政治構造においては、皇帝が主体的に政治を行おうとすればするほど、皇帝の無責任さも拡大する。

世宗は主体的に政治を行うことを意識していたがゆえに、自己の政治の結果にともなう責任も大きく感じざるをえなかった。それゆえに世宗は独断ではなく臣下の賛同を得た政治を行おうとした。そうすることによって世宗は自己の責任を臣下に転嫁することが可能になった。世宗のこのような政治運営については、個人の個性と明代政治の構造という二つの面から考えることができる。主体的に政治を行った世宗は明代の皇帝のなかでは少数派である。世宗が主体的に政治を行おうとし続けたのは、大礼の議によって自分の意志の実現が困難であるという状況に直面したからである。また、その間に多数の異議や死傷者を出したことは、世宗に自分の意志の正当化の必要性を痛感させた。外藩から即位し、大礼の議の風波にさらされた世宗は、明代の皇帝のなかでは特殊事例だともみなせる。

一方、明代の政治構造という側面から見てみると、世宗が自分の意志を実現するためにとった方策は世宗の独創ではなかった。「詢謀僉同」あるいは「君臣同遊」という理念は、臣下にも共有されていた。そして、書面の交換や大臣召対という政治手法も世宗の独創ではない。密諭・密疏は仁宗（一三七八～一四二五、在位：一四二四～一四二五）・宣宗（一三九八～一四三五、在位：一四二五～一四三五）に前例があり(5)、朝廷に公開されない形で内閣など特定の臣下が皇帝に上奏するという方式はその他の皇帝の治世にも広範に存在した(6)。大臣召対は世宗以外の皇帝も行っていた。そして、自分の意志を押し通すために行ったという点も同じである。つまり、世宗は主体的な政治を行うために既存の制度を利用していたのである。それは世宗の即位以前から明代の政治構造の中には取り得る政治手法の方策がすでに埋め込まれていたことを意味する。いいかえれば、明代の政治構造の中には皇帝の意志を実現させる方法、そして皇帝の政治責任を他者に転嫁する方法がもともと存在し、世宗はそれを運用したにすぎない。

本書で取り上げた世宗および管志道の事績については、明代の政治構造や中国の政治構造に直接的な変化をもたらしたものはない。もちろん短期的には世宗はその治世において、北虜南倭問題への無策、大規模工事による財政困窮など当時の人々の生活や明朝という国家には小さくない打撃を与えた。しかし、長期にわたる政治構造そのものを左右したかといえば、少なくとも本書で取り上げた事績からは政治構造の変容という側面は見えてこなかった。

本書で世宗の政治手法を検討することで見えてきたのは、明代における政治主体と責任の関係である。世宗は皇帝として政治主体となろうと努めた。そして皇帝が主体性を増すとともに、皇帝の無責任さも可視化された。同様の事例は皇帝のみに見られるのではない。政治主体としての士大夫の役割や士大夫の自己意識が高まる風潮のなかで、士大夫としての責任を果たしえなかった管志道は政治主体としての士大夫を否定し、そうすることで政治責任からも逃れようとした。世宗および管志道の思考様式は、明代の皇帝政治の構造における皇帝と士大夫のそれぞれの政治における主体性との向き合い方についての問題提起としての意義がある。彼らを通して見えてきた問題が明代の皇帝政治に限るのか、それともより幅広い中国の政治にかかわるのかについては、今後の研究をすすめていくなかで引き続き考えていきたい。

注

（1）田中（二〇一五）参照。
（2）余英時（二〇〇四）参照。
（3）城地（二〇一二）第一章、第二章参照。
（4）張璁が世宗に送った書面の中に世宗を「大聖人」あるいは「聖人」と呼ぶ例が頻出する。たとえば、張璁『諭対録』巻三、嘉靖六年十二月二十七日「伏読聖諭、欲以臣与一清所擬三殿行礼之儀、下礼部翰林院、仍参以礼科会議、恐来者怠心生焉、且杜讒頑小人異議、大聖人謨断、真明且遠矣。」
（5）大石（二〇〇二）。
（6）王剣（二〇〇五）。

日本語文献

稲山（二〇一四）、稲山新「中国近代思想における「専制」「自由」「自治」——「ばらばらの砂」の近代」『社会学ジャーナル』三九
足立（一九九八）、足立啓二『専制国家史論——中国史から世界史へ』柏書房
荒木（一九七二）、荒木見悟「管東溟——明末における一儒仏調和論者の思惟構造」『明代思想研究』創文社
荒木（一九七九）、荒木見悟『明末宗教思想研究』創文社
荒木（一九九二）、荒木見悟「性善説と無善無悪説」『陽明学の位相』研文出版
荒木（一九九六）、荒木龍太郎「王心斎新論——思惟構造の観点から」『中国哲学論集』二二
新田（二〇〇四）、新田元規「唐宋より清初に至る禘祫解釈史」『中国哲学研究』二〇
新田（二〇〇八）、新田元規「君主継承の礼学的説明」『中国哲学研究』二三
新宮（二〇〇四）、新宮学「明末清初期の諸史料にみえる燕王府＝西苑所在説の再検討」『北京遷都の研究』汲古書院
伊藤（二〇一〇）、伊藤正彦『宋元郷村社会論』汲古書院
井上（二〇〇一）、井上徹「石頭霍氏——広東の郷紳の家」『名古屋大学東洋史研究報告』二五
井上（二〇〇四）、井上徹「霍韜による宗法システムの構築——商業化・都市化・儒教化の潮流と宗族」『都市文化研究』三
井上（二〇〇七）、井上徹「霍韜と珠璣巷伝説」追悼記念論叢編集委員会編『山根幸夫教授追悼記念論叢　明代中国の歴史的位相(上)』汲古書院
岩井（一九九三）、岩井茂樹「明末の集権と「治法」主義——考成法のゆくえ」『明清時代の法と社会』編集委員会編『和田博徳教授古稀紀念　明清時代の法と社会』汲古書院
岩井（二〇一一）、岩井茂樹「午門廷杖考——私刑から皇帝儀礼へ」冨谷至編『東アジアにおける儀礼と刑罰』日本学術振興会　科学研究費基盤研究（S）「東アジアにおける儀礼と刑罰」研究組織

岩見（一九八六）、岩見宏「明の嘉靖前後における賦役改革について」『明代徭役制度の研究』同朋舎
大石（二〇〇二）、大石隆夫「明代嘉靖初年の密掲政治について」『人文論究』五二―二
大石（二〇〇三）、大石隆夫「明代嘉靖朝の西苑再建」『人文論究』五三―三
大石（二〇〇五）、大石隆夫「明代の政策決定過程の変容――文華殿を中心に」『関西学院史学』三二
大木（一九九七）、大木康「厳嵩父子とその周辺――王世貞、『金瓶梅』その他」『東洋史研究』五五―四
大島（一九八一）、大島晃「宋学における道統論について」『中哲文学会報』六
大塚（一九九四）、大塚秀高「嘉靖定本から万暦新本へ――熊大木と英烈・忠義を端緒として」『東洋文化研究所紀要』一二
四
小野（一九九六）、小野和子『明季党社考――東林党と復社』同朋舎
小山（一九九二）、小山正明「明代の十段法」『明清社会経済史研究』東京大学出版会
川（二〇〇四）、川浩二「一矢、睛を貫く――史書『皇明通紀』と歴史小説『英烈伝』の語り――」『中国文学研究』三〇
川（二〇一二）、川浩二「天一閣博物館蔵『国朝英烈伝』と『皇明英烈伝』」『日本中国学会第一回若手シンポジウム論文集　中国学の新局面』日本中国学会
川（二〇一三）、川浩二「歴史小説『皇明英烈伝』における「太祖十二英」――明後期における開国功臣への評価の変遷とその表出」『中国文学研究』三九
岸本（二〇〇二）、岸本美緒「皇帝と官僚・紳士――明から清へ」網野善彦編『岩波講座　天皇と王権を考える第二巻　統治と権力』岩波書店
木下（二〇〇九）、木下鉄矢「「格物」という陥穽」『朱熹哲学の視軸――続朱熹再読』研文出版
桑野（二〇〇八①）、桑野栄治「朝鮮中宗代における宗系弁誣問題の再燃」『久留米文学部紀要（国際文化学科編）』二五
桑野（二〇〇八②）、桑野栄治「朝鮮中宗二〇年代の対明外交交渉――『嘉靖会典』編纂の情報収集をめぐって」『東洋史研究』六七―三
桑野（二〇〇九）、桑野栄治「朝鮮中宗三〇年代における対明外交交渉―宗系弁誣問題をめぐって」『久留米大学文学部紀要（国際文化学科編）』二六
桑野（二〇一〇）、桑野栄治「朝鮮明宗代の対明外交交渉――朝鮮使節が入手した二種の『嘉靖会典』写本」『久留米大学文

学部紀要（国際文化学科編）』二七
小島（一九八九）、小島毅「郊祀制度の変遷」『東洋文化研究所紀要』一〇八
小島（一九九二）、小島毅「嘉靖の礼制改革について」『東洋文化研究所紀要』一一七
呉震（一九九二）、呉震「無善無悪論について——陽明学を中心に」『中国思想史研究』一五
後藤（一九六九）、後藤末雄著・矢沢利彦校訂『中国思想のフランス西漸2』平凡社
酒井（一九九九）、酒井忠夫『酒井忠夫著作集一　増補善書の研究上』国書刊行会
阪倉（一九八三）、阪倉篤秀「武宗朝における八虎打倒計画について」小野和子編『明清時代の政治と社会』京都大学人文科学研究所
阪倉（二〇〇〇）、阪倉篤秀『明王朝中央統治機構の研究』汲古書院
櫻井（一九九二）、櫻井俊郎「明代題奏本制度の成立とその変容」『東洋史研究』五一—二
島田（二〇〇三）、島田虔次『中国における近代思惟の挫折』平凡社
焦堃（二〇一二）、焦堃「陽明派士人と嘉靖初年の政治——陽明学の政治倫理について」『東洋史研究』七一—一
焦堃（二〇一四）、焦堃『陽明学と明の政治』京都大学大学院文学研究科博士論文
城地（二〇一二）、城地孝『長城と北京の朝政——明代内閣政治の展開と変容』京都大学学術出版会
城地（二〇一三）、城地孝「咸寧侯仇鸞の周辺——十六世紀の商業化時代における明朝政治考察の一助として」『史林』九六—三
城井（一九八五）、城井隆志「嘉靖初年の翰林院改革について」『九州大学東洋史論集』一四
城井（一九八七）、城井隆志「明代の六科給事中の任用について」『史淵』一二四
城井（一九九三）、城井隆志「明代の科道官の陞進人事」川勝守編『東アジアにおける生産と流通の歴史社会学的研究』中国書店
末岡（一九八八）、末岡実「唐代「道統説」小考——韓愈を中心として」『北海道大学文学部紀要』三六—一
曾我部（一九五三）、曾我部静雄「明太祖六諭の伝承について」『東洋史研究』一二—四
曾我部（一九五四）、曾我部静雄「明太祖六諭の伝承についての補正」『東洋史研究』一三—四
曹永禄（二〇〇三）、曹永禄著・渡昌弘訳『明代政治史研究——科道官の言官的機能』汲古書院

高橋（二〇一二）、高橋亨「明代内閣職掌形成過程の研究――経筵制度の成立を分析の焦点として」『史林』九五―三
高橋（二〇一四）、高橋亨「明代中国成化年間の「早朝」」『歴史』一二三
田中（二〇一五）、田中秀樹「朱子学的君主論――主宰としての心」『朱子学の時代――治者の〈主体〉形成の思想』京都大学学術出版会
谷（一九七二）、谷光隆「明代の勲臣に関する一考察」『東洋史研究』二九―四
谷井（二〇一四）、谷井陽子「書評　城地孝著『長城と北京の朝政――明代内閣政治の展開と変容』」『史林』九七―三
田村（一九六二）、田村實造「丘濬と大学衍義補」東方学会編『東方学会創立十五周年記念東方学論集』東方学会
檀上（一九九五）、檀上寛『明朝専制支配の史的構造』汲古書院
張玲（二〇一六）、張玲「中国中央政府の教育政策動向に関する考察」『ICCS 現代中国学ジャーナル』九―一
陳永福（二〇一二）、陳永福「万暦党争における密掲制度と情報格差――王錫爵内閣と東林党との対立を中心に」『中国史学』二二
鶴成（一九九一）、鶴成久章「顧憲成による無善無悪説批判の経緯について」『哲学』四三
鄭台燮（二〇〇一）、鄭台燮『中国近世の礼学』京都大学大学院文学研究科博士論文
中（一九九一）、中純夫「徐階研究」『富山大学教養部紀要』二四―一
中（一九九二）、中純夫「張居正と講学」『富山大学教養部紀要』二五―一
中（一九九四）、中純夫「耿定向と張居正」『東洋史研究』五三―一
中（一九九六）、中純夫「王畿の四無説について」『富山大学人文学部紀要』二五
中（一九九七）、中純夫「心と矩――顧憲成における朱子学と陽明学」『中国思想史研究』二〇
中砂（二〇〇二）、中砂明徳『江南』講談社
中山（一九九五①）、中山八郎「王陽明と明代の政治・軍事」『中山八郎明清史論集』汲古書院
中山（一九九五②）、中山八郎「明の嘉靖朝の大礼問題の発端」『中山八郎明清史論集』汲古書院
中山（一九九五③）、中山八郎「再び「嘉靖朝の大礼問題の発端」に就いて」『中山八郎明清史論集』汲古書院
中山（一九九五④）、中山八郎「明朝内廷の女訓書について」『中山八郎明清史論集』汲古書院
西村（一九七一）、西村元照「明後期の丈量に就いて」『史林』五四―五

野田（二〇〇〇）、野田徹「嘉靖朝における鎮守宦官裁革について」『史淵』一三七
早坂（一九九六）、早坂俊廣「「絜矩」に関する覚書」『東洋古典学研究』二
平岡（一九五一）、平岡武夫『経書の伝統』岩波書店
平田（二〇一二）、平田茂樹「宋代の政策決定システム――対と議」『宋代政治構造研究』汲古書院
藤井（一九五二）、藤井宏「創行期の一条鞭法――傅漢臣の上言をめぐる諸問題」『北海道大学文学部紀要』九
藤本（二〇一四）、藤本猛『風流天子と「君主独裁制」――北宋徽宗朝政治史の研究』京都大学学術出版会
藤本（二〇一八）、藤本幸夫『日本現存朝鮮本研究史部』東国大学校出版部
夫馬（二〇一五）、夫馬進「明清中国による対朝鮮外交の鏡としての対ベトナム外交――冊封問題と「問罪の師」を中心に」『朝鮮燕行使と朝鮮通信使』名古屋大学出版会
前田（二〇一一）、前田尚美「大礼の議における慈寿皇太后の懿旨の意味」『京都女子大学大学院文学研究科研究紀要史学編』一〇
間野（一九七九）、間野潜龍『明代文化史研究』同朋舎
松川（一九九一）、松川健二「従心と縦心」『印度哲学仏教学』六
水盛（二〇一三）、水盛涼一「召見の風景――清朝後期における謁見儀礼の基礎的研究」『文化』七七―一・二
溝口（一九七七）、溝口雄三「いわゆる東林派人士の思想――前近代期における中国思想の展開（上）」『東洋文化研究所紀要』七五
溝口（一九八〇）、溝口雄三「「無善無悪」論の思想史的意義――荒木見悟『仏教と陽明学』『明末宗教思想研究』によせて」『歴史学研究』四八七
宮崎（二〇〇三）、宮崎市定『科挙　中国の試験地獄』中央公論新社
宮崎（二〇一五）、宮崎市定『中国史』岩波書店
森（一九八八）、森正夫『明代江南土地制度の研究』同朋舎
森（二〇〇五）、森紀子「泰州学派の形成――塩場からの異軍突起」『転換期における中国儒教運動』京都大学学術出版会
諸橋（一九七五）、諸橋轍次『諸橋轍次著作集第一巻』大修館書店
モンテスキュー（一九八九）、モンテスキュー著・野田良之・稲本洋之助・上原行雄・田中治男・三辺博之・横田地弘訳

『法の精神（上）』岩波書店
山根（一九六六）、山根幸夫「明代中期における徭役制度の展開」『明代徭役制度の展開』東京女子大学学会
山本（一九六八）、山本隆義『中国政治制度の研究』東洋史研究会
吉川（一九九六）、吉川幸次郎『論語（下）』朝日新聞社
和田（二〇〇二）、和田正広「明末吏治体制下の撫・按の官評」『明清官僚制の研究』汲古書院

中国語文献

曹国慶（一九八九）、曹国慶「明代的廷議制度」『江西社会科学・史学論文専輯』一九八九
陳宝良（二〇〇〇）、陳宝良「明末儒家倫理的困境及其新動向」『史学月刊』二〇〇〇—五
陳時龍（二〇〇六）、陳時龍『晩明中期講学運動（一五二二～一六二六）』復旦大学出版社
陳時龍（二〇一四）、陳時龍「極権性格的養成——嘉靖初年朱厚熜的心路歴程（一五二一－一五二四）」『明史研究論叢』一三
鄧志峰（一九九九）、鄧志峰「嘉靖初年的政治格局」『復旦学報（社会科学版）』一九九九—一
鄧志峰（二〇〇四）、鄧志峰『王学与晩明師道的復興運動』社会科学文献出版社
戴不凡（一九八〇）、戴不凡『小説見聞録』浙江人民出版社
丁易（一九七一）、丁易『明代特務政治』汲古書院
方志遠（二〇一〇）、方志遠「〝山人〟与晩明政局」『中国社会科学』二〇一〇—一
胡吉勛（二〇〇七①）、胡吉勛『〝大礼議〟与明廷人事変局』社会科学文献出版社
胡吉勛（二〇〇七②）、胡吉勛「明嘉靖李福達獄及相関歴史評論考論」『明史研究論叢』七
胡吉勛（二〇一四）、胡吉勛「従科挙宴排位争議看明嘉靖初皇権之強化」『明史研究論叢』一二
胡吉勛（二〇一五）、胡吉勛「郭勛刊書考論——家族史演繹刊布与明中葉政治的互動」『中華文史論叢』一一七
黄進興（二〇〇五）、黄進興「毀像与聖師祭」『聖賢与聖徒』北京大学出版社
黄進興（二〇一〇）、黄進興「道統与治統之間——従明嘉靖九年（一五三〇）孔廟改制論皇権与祭祀礼儀」『優入聖域——権力、信仰与正当性（修訂版）』中華書局
李晋華（一九三二）、李晋華『明代勅撰書攷附引得』燕京大学図書館

李巍（二〇一五）、李巍「明代武定侯家族墓誌解析」『北京文博文叢』二〇一五―四
李小波（二〇一七）、李小波「論明代的章奏通進渠道」『文史』一二〇
李小波（二〇一八）、李小波「記北京大学図書館蔵康熙鈔本《嘉靖祀典考》」『文献』二〇一八―四
李洵（一九八六）、李洵「〝大礼議〟与明代政治」『東北師大学報』一九八六―五
李振宏（二〇〇五）、李振宏「絜矩――一個已消亡的文化概念」『史学月刊』二〇〇五―三
李焯然（二〇〇五）、李焯然『丘濬評伝』南京大学出版社
梁姗姗（二〇一四）、梁姗姗「従南北榜到定額取士――明代会試取士区域矛盾的合理解決」『貴州文史叢刊』二〇一四―三
林乾（一九九二）、林乾「論中国古代廷議制度対君権的制約」『社会科学戦線』一九九二―四
林慶彰（二〇一五）、林慶彰『豊坊与姚士粦』万巻楼図書
林延清（二〇〇八）、林延清「蒋太后与大礼議」『史学集刊』二〇〇八―五
劉勇（二〇〇八）、劉勇「黄宗羲対泰州学派歴史形象的重構――以《明儒学案》〈顔鈞伝〉的文本検討為例」『漢学研究』二六―一
劉勇（二〇一五）、劉勇『中晩明士人的講学活動与学派建構――以李材（1529～1607）為中心的研究』商務印書館
欒成顕（一九九八）、欒成顕『明代黄冊研究』中国社会科学出版社
羅輝映（一九八五）、羅輝映「論明代〝大礼議〟」『明史研究論叢』三
馬静（二〇〇八）、馬静「《明倫大典》的編纂始末」『江南大学学報（人文社会科学版）』七―二
馬静（二〇一一）、馬静「桂萼的経世思想与政治実践」『井岡山大学学報（社会科学版）』三二―四
秦博（二〇一三）、秦博「試論嘉靖朝〝銀印密疏〟的使用」『故宮学刊』二〇一三―二
秦博（二〇一五）、秦博「勲臣与晩明政局」『史林』二〇一五―四
任文利（二〇一四）、任文利「従頒行《敬一箴》于天下看世宗心中的〝君権〟与〝道統〟」『治道的歴史之維――明代政治世界中的儒家』中央編訳出版社
譚家斉（二〇〇八）、譚家斉「明太祖《御製大誥》在洪武朝以後行用情況新探」『中国文化研究所学報』一六―七
唐文基（一九九一）、唐文基『明代賦役制度史』中国社会科学出版社
田澍（二〇〇二）、田澍『嘉靖革新研究』中国社会科学出版社

田澍（二〇一三）、田澍『正徳十六年――〝大礼議〟与嘉隆万改革』人民出版社
王剣（二〇〇五）、王剣『明代密疏研究』中国社会科学出版社
王剣（二〇〇九）、「密疏政治与嘉靖朝内閣傾軋之新探」『吉林大学社会科学学報』四八―五
王其榘（一九八九）、王其榘『明代内閣制度史』中華書局
王天有（一九八四）、王天有「東林党与張居正――兼論東林党的発端」『学習与思考』一九八四―二
王興亜（一九九九）、王興亜『明代行政管理制度』中州古籍出版社
韋慶遠（一九九九）、韋慶遠『張居正和明代中後期政局』広東高等教育出版社
王毓銓（二〇〇五）、王毓銓『王毓銓史論集』中華書局
魏宏遠（二〇一四）、魏宏遠「附魅、祛魅和返魅――曇陽子伝記形象的歴史演変――従王世貞《曇陽大師伝》説去」『社会科学』二〇一四―一〇
魏月萍（二〇一六）、魏月萍「管志道――以「乾元統天」為法界、以「群龍無首」為行門」『君師道合――晩明儒者的三教合一』聯経出版
呉晗（一九五六）、呉晗「記明実録」『読史劄記』生活・読書・新知三聯書店
呉孟謙（二〇一七）、呉孟謙『融貫与批判――管東溟的思想及其時代』允晨文化
呉震（二〇〇三）、呉震『明代知識界講学活動繫年』学林出版社
巫仁恕（二〇〇七）、巫仁恕『品味奢華――晩明的消費社会与士大夫』聯経出版
徐美潔（二〇一〇）、徐美潔「曇陽子〝昇化〟与晩明士大夫的宗教想像」『青島大学師範学院学報』二七―四
徐朔方（一九九三）、徐朔方『晩明曲家年譜』浙江古籍出版社
許建平（二〇一二）、許建平編著『王世貞書目類纂』鳳凰出版社
謝国禎（一九三四）、謝国禎『明清之際党社運動考』商務印書館
楊新成（二〇一一）、楊新成「明代奉慈殿興廢考」『故宮博物院院刊』一五五
楊艶秋（二〇一二）、楊艶秋「明世宗朝官修《明倫大典》述論」『蘇州大学学報』二〇一二―三
楊一凡（二〇〇九）、楊一凡『明大誥研究』社会科学文献出版社
易名（一九八二）、易名「郭勛生卒年考」『学術月刊』一九八二―一

尤淑君（二〇〇六）、尤淑君『名分礼秩与皇権重塑——大礼議与嘉靖政治文化』国立政治大学歴史学系
于平・王柏中（二〇〇四）、于平・王柏中「明朝内廟祭祀制度探討」『吉林大学社会科学学報』二〇〇四—一
于志嘉（二〇〇四）、于志嘉「論明代的附籍軍戸与軍戸分戸」《文集》編委会編『顧誠先生紀念暨明清史研究文集』中州古籍出版社
余英時（二〇〇四）、余英時『宋明理学与政治文化』允晨文化
曾光正（一九九六）、曾光正『不離俗而證真——泰州学派倫理観的研究』国立台湾大学歴史研究所博士論文
張璉（二〇〇五）、張璉「天地分合——明代嘉靖朝郊祀礼議論之考察」『漢学研究』二三—二
張芸曦（二〇一一）、張芸曦「飛昇出世的期待——明中晩期士人与龍沙讖」『新史学』二二—一
張治安（一九九二）、張治安『明代政治制度研究』聯経出版
趙克生（二〇〇六）、趙克生『明朝嘉靖時期国家祭礼改制』社会科学文献出版社
趙克生（二〇〇七）、趙克生「明代丁憂制度述論」『中国史研究』二〇〇七—二
趙永翔（二〇〇九）、趙永翔「関于〝弘治中興〟之評価問題」『河西学院学報』二五—一
朱鴻（一九七八）、朱鴻「「大礼」議与明嘉靖初期的政治」国立台湾師範大学歴史研究所碩士論文
朱鴻林（二〇一二）、朱鴻林「明太祖的教化性敕撰書」徐蘋芳先生紀念文集編輯委員会編『徐蘋芳先生紀念文集』上海古籍出版社

英語文献

Dardess（2013）John W. Dardess, *A Political Life in Ming China: A Grand Secretary and His Times*, Rowman & Littlefield: Lanham
Dardess（2016）John W. Dardess, *Four Seasons: A Ming Emperor and His Grand Secretaries in Sixteenth-century China*, Rowman & Littlefield: Lanham
Langlois and Sun（1983）John D. Langlois Jr. and Sun K'o-K'uan "Three Teachings Syncretism and the Thought of Ming T'ai-tsu" *Harvard Journal of Asiatic Studies*, vol.43, no.1
Waltner（1987）Ann. B. Waltner, "Tan-yang-tzu and Wang Shi-chen: Visionary and Bureaucrat in the Late Ming", *Late*

Imperial China, vol.8, no.1
Weisfogel (2010) Jaret Wayne Weisfogel, *A Late Ming Vision for Local Community: Ritual, Law and Social Ferment in the Proposals of Guan Zhidao*, Society for Ming Studies: Vancouver

韓国語文献

尹貞粉（二〇一一）「弘治年間（1488-1505）의 経筵과 政局運営――내각제 복원과 공론정치와 관련하여」『中国史研究』七三

引用文献一覧

『英宗実録』（中央研究院歴史語言研究所、一九六六）
『嘉靖祀典考』（北京大学図書館所蔵康熙抄本）
『孝宗実録』（中央研究院歴史語言研究所刊本）
『弘治十八年会試録』（『天一閣蔵明代科挙録選刊会試録』寧波出版社、二〇〇七所収）
『弘治十八年進士登科録』（『天一閣蔵明代科挙録選刊登科録』寧波出版社、二〇〇六所収）
『五倫書』（『続修四庫全書』上海古籍出版社、一九九五〜二〇〇三、第九三五〜九三六冊所収）
『神宗実録』（中央研究院歴史語言研究所刊本）
『成化二年進士登科録』（『天一閣蔵明代科挙録選刊登科録』所収）
『成化十一年会試録』（『北京図書館蔵古籍珍本叢刊』書目文献出版社、第一一六冊所収）
『成化二十三年進士登科録』（『天一閣蔵明代科挙録選刊登科録』所収）
『世宗実録』（中央研究院歴史語言研究所刊本）
『世宗宝訓』（中央研究院歴史語言研究所刊本）
『正徳九年会試録』（『天一閣蔵明代科挙録選刊会試録』所収）
『太祖実録』（中央研究院歴史語言研究所刊本）
『（正徳）大明会典』（汲古書院、一九八九）
『（万暦）大明会典』（『続修四庫全書』第七八九〜七九二冊所収）
『大明律』（『四庫全書存目叢書』台南荘厳文化事業、一九九七、史部第二七六冊所収）
『大礼集議』（国立公文書館所蔵明刊本）
『（万暦）丹徒県志』（『天一閣蔵明代方志選刊続編』上海書店、一九九〇、第二三冊所収）

『朝鮮王朝実録』（国史編纂委員会、一九七六）
『勅議或問』（『叢書集成初編』上海商務印書館、一九三六～一九三九所収）
『武宗実録』（中央研究院歴史語言研究所刊本）
『穆宗実録』（中央研究院歴史語言研究所刊本）
『明倫大典』（国立公文書館所蔵嘉靖刊本）
于慎行『穀城山館文集』（国立公文書館所蔵明刊本）
王艮『王心斎先生全集』（長澤規矩也編『和刻本漢籍文集』中文出版社、一九七五所収）
王守仁『王陽明全集』（上海古籍出版社、二〇一二）
王樵『方麓集』（『欽定四庫全書』台湾商務印書館、一九七三～一九七七、第一二八五冊所収）
王世貞『弇州四部稿続稿』（京都大学人文科学研究所所蔵万暦刊本）
王世貞『弇山堂別集』（中華書局、一九八五）
王世貞『嘉靖以来首輔伝』（『欽定四庫全書』第四五二冊所収）
王世徳『崇禎遺録』（『四庫禁燬書叢刊』北京出版社、一九八八、史部第七二冊所収）
王錫爵『王文粛公文集』（『四庫禁燬書叢刊』集部第七・八冊所収）
何喬遠『名山蔵』（北京大学出版社、一九九三）
夏永年『夏氏宗譜』（上海図書館所蔵本）
夏言『桂洲先生文集』（国立公文書館所蔵万暦三年序刊本）
夏言『桂洲奏議』（国立公文書館所蔵嘉靖二〇年序刊本）
夏言『南宮奏稿』（『欽定四庫全書』第四二九冊所収）
夏言『賜間堂稿』（南京図書館所蔵嘉靖二十五年序刊本）
夏良勝『中庸衍義』（『欽定四庫全書』第七一五冊所収）
夏良勝『東洲初稿』（『欽定四庫全書』第一二六九冊所収）
賈三策『（万暦）成安県志』（『国家図書館蔵明代孤本方志選』全国図書館文献縮微複製中心、二〇〇〇所収）
賀復徴『文章辨体彙選』（『欽定四庫全書』第一四〇二～一四一〇冊所収）

艾穆『艾熙亭先生文集』（『四庫未収書輯刊』北京出版社、一九九八、第五輯第二一冊所収）
郭勛『毓慶勲懿集』（東洋文庫所蔵国立北平図書館所蔵本景照本）
霍韜『渭厓文集』（『四庫全書存目叢書』集部第六九・六八冊）
霍韜『宮保霍文敏公年譜黄淮集』（北京大学図書館所蔵明抄本）
霍韜『石頭録』（広西師範大学出版社、二〇一五）
管志道『我執公参』（尊経閣文庫所蔵『管東溟先生文集』所収）
管志道『管子酬諮続録』（尊経閣文庫所蔵『管東溟先生文集』所収）
管志道『従先維俗議』（『四庫全書存目叢書』子部第八八冊所収）
管志道『師門求正牘』（尊経閣文庫所蔵『管東溟先生文集』所収）
管志道『奏疏稿』（尊経閣文庫所蔵『管東溟先生文集』所収）
管志道『続問辨牘』（『北京図書館古籍珍本叢刊』第六八冊所収）
管志道『惕若斎集』（国立公文書館所蔵万暦二十四年序刊本）
管志道『問辨牘』（『北京図書館古籍珍本叢刊』第六八冊）
韓浚『（万暦）嘉定県志』（『四庫全書存目叢書』史部第二〇八・二〇九冊所収）
韓邦奇『苑洛集』（『欽定四庫全書』第一二六九冊所収）
丘濬『重編瓊台稿』（『欽定四庫全書』第一二四八冊所収）
丘濬『大学衍義補』（『欽定四庫全書』第七一二・七一三冊所収）
許誥『荷谷先生文集』（『韓国歴代文集叢書』景仁文化社、一九九七、第一六一三冊所収）
桂萼『桂古山先生年譜』（『明代名人年譜続編』国家図書館出版社、二〇一二、第四冊所収）
桂萼『文襄公奏議』（『四庫全書存目叢書』第六〇冊所収）
厳嵩『嘉靖奏対録』（『原国立北平図書館甲庫善本叢書』国家図書館出版社、二〇一四、第二一九冊所収）
厳嵩『鈐山堂集』（『四庫全書存目叢書』集部第五六冊所収）
厳嵩『歴官表奏』（京都大学人文科学研究所所蔵東洋文化研究所所蔵嘉慶十七年序刊本景照本）
胡容『（嘉靖）威県志』（『天一閣蔵明代方志選刊続編』第二冊所収）

呉坤修『（光緒）重修安徽通志』（『続修四庫全書』第六五一～六五五冊所収）
呉中行『賜余堂集』（『四庫全書存目叢書』集部第一五七冊所収）
呉良『万暦疏鈔』（京都大学人文科学研究所所蔵尊経閣文庫所蔵万暦三十七年序刊本景照本）
高廷珍『東林書院志』（『四庫全書存目叢書』史部第二四六・二四七冊所収）
項喬『甌東私録』（方長山・魏得良点校『項喬集』上海社会科学院出版社、二〇〇六所収）
黄虞稷『千頃堂書目』（上海古籍出版社、二〇〇一）
黄宗義『明儒学案』（中華書局、二〇〇八）
黄宗義『明夷待訪録』（『四部備要』台湾中華書局、一九六五）
黄瑜『双槐歳鈔』（中華書局、一九九九）
谷応泰『明史紀事本末』（中華書局、二〇一五）
司馬光『資治通鑑』（中華書局、一九七六）
司馬遷『史記』（中華書局、一九五九）
謝純『楊文襄公事略』（京都大学人文科学研究所所蔵『雲南叢書』第二編所収）
朱熹『晦庵集』（『欽定四庫全書』第一一四三～一一四六冊所収）
朱熹『大学章句』（『四書章句集註』中華書局、二〇一二所収）
朱熹『大学或問』（『欽定四庫全書』第一九七冊所収）
朱熹『中庸章句』（『四書章句集註』所収）
朱熹『論語集註』（『四書章句集註』所収）
朱熹『論語或問』（『欽定四庫全書』第一九七冊所収）
朱元璋『御製大誥』（楊一凡点校『洪武法律典籍』科学出版社、一九九四所収）
朱元璋『御製文集』（蓬左文庫所蔵朝鮮本）
朱元璋『皇明祖訓』（『四庫全書存目叢書』史部第二六四冊所収）
周敦頤『通書』（『欽定四庫全書』第二〇一冊所収）
荀悦『前漢紀』（『欽定四庫全書』第三〇三冊所収）

徐階『世経堂集』（『四庫全書存目叢書』第七八・七九冊所収）
章潢『図書編』（『欽定四庫全書』第九六八〜九七二冊所収）
焦竑『玉堂叢語』（中華書局、一九八一）
焦竑『国朝献徴録』（台湾学生書局、一九六五）
蒋冕『湘皐集』（『四庫全書存目叢書』集部第四四冊所収）
邵雍『撃壌集』（『欽定四庫全書』第一一〇一冊所収）
邵雍『邵子全書』（『中国子学名著集成』中国子学名著編印基金会、一九七八所収）
聶豹『双江聶先生文集』（『四庫全書存目叢書』集部第七二冊所収）
申時行『賜閒堂集』（『四庫全書存目叢書』集部第一三四冊所収）
沈徳符『万暦野獲編』（中華書局、一九五九）
沈懋学『郊居遺稿』（『四庫全書存目叢書』集部第一六三冊所収）
鄒元標『願学集』（『欽定四庫全書』第一二九四冊所収）
鄒元標『仁文講義』（尊経閣文庫所蔵明刊本）
曹胤儒『盱壇直詮』（羅汝芳『羅汝芳集』鳳凰出版社、二〇〇七所収）
曹封祖『（康熙）安吉州誌』（京都大学人文科学研究所所蔵内閣文庫所蔵康熙十年序刊本景照本）
孫継芳『磯園稗史』（『続修四庫全書』第一一七〇冊所収）
孫能伝『内閣蔵書目録』（『続修四庫全書』第九一七冊所収）
張鐸『（嘉靖）湖州府志』（京都大学人文科学研究所所蔵静嘉堂文庫所蔵嘉靖二十一年序刊本影印本所収）
張瀚『皇明疏議輯略』（『続修四庫全書』第四六二・四六三冊所収）
張居正『張居正集』（湖北人民出版社、一九八七）
張璁『太師張文忠公集奏疏』（『四庫全書存目叢書』集部第七七冊所収）
張璁『東甌張文忠公奏対稿』（『四庫全書存目叢書』補編第七六冊所収）
張璁『諭対録』（『四庫全書存目叢書』史部第五七冊所収）
張廷玉等『明史』（中華書局、一九七四）

張鹵『皇明嘉隆疏抄』(『四庫全書存目叢書』史部第七二・七三冊所収)
趙憲『重峰先生文集』(『韓国歴代文集叢書』第二一九・二二〇冊所収)
趙用賢『松石斎集』(『四庫禁燬書叢刊』第四一冊所収)
陳洪謨『治世余聞』(中華書局、一九八五)
陳子龍『皇明経世文編』(中華書局、一九六二)
陳循『芳洲文集』(『四庫全書存目叢書』集部第三一冊所収)
陳棐『(嘉靖)広平府志』(『天一閣蔵明代方志選刊』第五冊所収)
丁仁『八千巻楼書目』(『続修四庫全書』第九二一冊所収)
程嗣功等『(嘉靖)武康県志』(『天一閣蔵明代方志選刊』上海古籍書店、一九六二~一九六六所収)
鄭曉『今言』(中華書局、一九八四所収)
鄭汝璧『皇明功臣封爵考』(『四庫全書存目叢書』史部第二五八冊所収)
鄭鼐『(康熙)五河県志』(国立公文書館所蔵康熙二十二年序刊本)
鄧以讃『鄧定宇先生文集』(京都大学人文科学研究所所蔵国立公文書館所蔵万暦三十一年序刊本景照本)
陶允宜『鏡心堂草』(京都大学人文科学研究所所蔵国立公文書館所蔵明刊本景照本)
范欽『奏進郭勛招供』(『天一閣蔵明代政書珍本叢刊』中国線装書局、二〇一〇所収)
范守己『皇明粛皇外史』(『四庫全書存目叢書』史部第五二冊所収)
范邦甸『天一閣書目』(上海古籍出版社、二〇一〇)
費宏『太保費文憲公摘稿』(『続修四庫全書』第一三三一冊所収)
畢士俊『(康熙)貴溪県誌』(国立公文書館所蔵康熙二十四年序刊本)
馮時可『馮元成選集』(『四庫禁燬書叢刊補編』第六一~六四冊所収)
方献夫『西樵遺稿』(『四庫全書存目叢書』集部第五九冊所収)
抱甕外史『星変志』(『百部叢書集成』台北芸文印書館、一九六四~一九七〇所収『紀録彙編』所収)
龐尚鵬『百可亭摘稿』(『四庫全集存目叢書』集部第一二九冊所収)
毛紀『辞栄録』(『四庫全書存目叢書』史部第五九冊所収)

楊一清『閣諭録』（『楊一清集』中華書局、二〇〇一所収）
楊一清『密諭録』（『楊一清集』中華書局、二〇〇一所収）
楊儀『保孤記』（『北京図書館古籍珍本叢刊』第八三冊所収）
楊廷和『楊文忠三録』（『欽定四庫全書』第四二八冊所収）
羅洪先『羅洪先集』（鳳凰出版社、二〇〇七）
羅大紘『紫原文集』（『四庫禁燬書叢刊』集部第一三九・一四〇冊所収）
羅倫『一峰文集』（『欽定四庫全書』第一二五一冊所収）
李賢『天順日録』（『国朝典故』北京大学出版社、一九九三所収）
李時『南城召対』（『四庫全書存目叢書』史部第四六冊所収）
李燾『続資治通鑑長編』（『欽定四庫全書』第三一四～三二二冊所収）
李東陽『燕対録』（『国朝典故』北京大学出版社、一九九三所収）
李東陽『懐麓堂稿』（周寅賓・銭振民編『李東陽集』岳麓書社、二〇〇八所収）
李東陽『懐麓堂続稿』（周寅賓・銭振民編『李東陽集』岳麓書社、二〇〇八所収）
陸深『儼山外集』（『欽定四庫全書』第八八五冊所収）
柳希春『眉巖先生全集』（『韓国歴代文集叢書』第一一一～一一三冊所収）
劉世節『劉忠宣公年譜』（『明代名人年譜』第三冊、北京図書館出版社、二〇〇六所収）
劉大夏『宣召録』（劉伝貴校点『劉大夏集』岳麓書社、二〇〇九所収）
梁儲『鬱洲遺稿』（『欽定四庫全書』第一二五六冊所収）
廖道南『玄素疏牖集』（京都大学人文科学研究所所蔵国立公文書館所蔵明刊本景照本）
林俊『見素集』（『欽定四庫全書』第一二五七冊所収）

あとがき

本書は二〇一七年に京都大学に提出した学位請求論文「中国明代後期における皇帝専制政治の追求」を大幅に修正して加筆したものである。本書の内容と筆者がこれまでに発表した論文・口頭発表との関係は以下の通りである。特に記載がないものについては書下ろしである。

はじめに　第三節
「嘉靖帝の「公」と「私」――大礼の議における皇帝の正当性」（宋代史明清史合同夏合宿、二〇一六）口頭発表

第一章
「「君臣同遊」の変容――中国明代における君臣関係の表象」（洛北史学会定例大会、二〇一八）口頭発表

第二章　第三節
「嘉靖朝召対初探」（第十七届明史国際学術研討会暨紀念明定陵発掘六〇周年国際学術研討会、二〇一六）口頭発表

第三章
「嘉靖六年年末の内殿儀礼改定――中国明代の専制君主と政策決定の正当性」（『史林』九九―三、二〇一六）

第四章・第五章

「嘉靖朝勲臣的政治立場――以武定侯郭勛為例」（中国明史学会・寧遠県人民政府編『第十六届明史国際学術研討会暨建文帝国際学術研討会論文集』九州出版社、二〇一七）

附論一

「明代後期の原理主義をめぐる一考察――桂萼の土地制度改革論とその思想的背景」（京都大学人文科学研究所「東アジア近世の地域をつなぐ関係と媒介者」共同研究班、二〇一六）口頭発表

附論二

『中国明代嘉靖年間の内閣首輔・夏言の著作について――『桂洲先生文集』と『桂洲奏議』を中心に』（富士ゼロックス株式会社、二〇一八）

附論三

「関于《宮保霍文敏公年譜黄淮集》」（西樵理学名山五〇〇年暨中国古代書院与社会学術研討会、二〇一七）口頭発表

第六章

「管志道の思想形成と政治的立場――万暦五年張居正奪情問題とその後」（『史林』一〇一―三、二〇一八）

第七章

「管志道『従先維俗議』の政治思想」（『東洋史研究』七二―三、二〇一三）

私がなぜ明代後期という時代に興味を持ったのか、そしてなかでも嘉靖帝（世宗）と管志道に関心を持ったのかを考えてみると、指導教員である夫馬進先生の授業がすべての始まりだった。東洋史学専修にすすんだ三回生のころ、夫馬先生の『廿二史劄記』演習の授業に出席した。当初の私は予習の仕方もよくわからず読解は間違いばかりで、前期が終わるころには心が折れかかっていた。ところが、夏休みが明け、『廿二史劄記』の

内容が明代に入ると、一転して授業が楽しくなった。先生に予習の仕方の初歩からご教授いただいたおかげで、自分なりに漢文の内容を理解してから授業に臨むことができるようになったからである。また、先生がお話しくださる明代についての関連情報（今から思うと最新の研究知見だったが、当時の私にとっては余談）を聞くのも楽しみだった。このように『廿二史箚記』の授業に対するモチベーションが上がる中で、ある日の授業中、先生が「嘉靖帝は実にけったいな男だ」とおっしゃった。「けったいな」嘉靖帝とは一体何者なのか。先生のこの何気ない一言が頭の中にずっと残っていた。

同じ頃、夫馬先生が担当されていた別の授業にも私は出席していた。その中で出された課題の一つが、宮崎市定「明代蘇松地方における士大夫と民衆——明代史素描の試み——」を読むことだった。そして、私は人々の息遣いが聞こえてくるようなその文章に衝撃を受け、この時代を生きた人々についてもっと知りたいと思った。さらに宮崎論文に描かれた時代はなんとあの「けったいな」嘉靖帝の治世でもあった。そこで私は卒業論文では嘉靖帝に関係することを取り扱いたいと思うようになった。ここから私の嘉靖帝への興味が始まった。

また、管志道に興味を抱くきっかけも夫馬先生だった。博士課程進学当初、同期の木村可奈子さんが夫馬先生と一緒に『万暦疏鈔』を読んでいると知り、私も便乗して参加した。私はたまたま管志道の「祖訓疏」を読むことにした。「祖訓疏」を読んでみると、管志道は張璁を名宰相の列に入れ、嘉靖年間の政策を高評価していた。そのことを意外に思って管志道という人物について調べ始めたところ、陽明学や東林党などの明代後期を代表する思潮とは別の思想を持った「けったいな」人物であることがわかってきた。そこで嘉靖帝と管志道という「けったいな」人物たちがなぜ明代後期という時代に誕生したのかを明らかにすることによって、明代後期の政治文化を解明することができるのではないかと考えるようになり、博士論文および本書の作成につながった。

自分がなぜ世宗や管志道に興味を持ったのかを振り返ってみて、夫馬先生から大きな影響を受けていることに気づいた。私は先生からのアドバイスをしばしば素直に受け取ることができず、先生には無礼者と思われても仕方のないような不出来な学生だった。そんな学生でも見捨てることなく、新しい論文を出したらご連絡をくださるなど今も見守ってくださることに心の中ではいつも感謝している。本書に対してどのような厳しいご意見やお叱りを賜るのか大きな恐怖を感じているが、先生には引き続きご指導ご鞭撻いただきたい。

夫馬先生が二〇一三年に定年退職された後、中砂明徳先生が指導教員を引き継いでくださった。先生は博士論文の主査も務めてくださった。そして本書の出版に関して、博士論文出版助成への応募を勧めてくださったのも先生だった。その後、先生はなかなか執筆が進まない私の尻を叩きつつ、内容上の矛盾点や曖昧な点をご指摘くださり、原稿完成後には校正作業までお手伝いくださった。先生の呼びかけやご助力がなければ本書を完成させることはできず、本当に感謝している。そして、誤字脱字や不適当な文章表現が非常に多くお手を煩わせてしまったことに申し訳なく思っている。今後は尻を叩かれなくても研究活動を行っていくことで、先生から受けたご恩に報いていきたい。

博士課程進学以降、人文科学研究所の岩井茂樹先生の研究班に参加して多くの研究者と知り合い、たくさんの刺激をいただくことができた。そして、岩井先生がいらっしゃらなければ博士論文を完成できていなかったかもしれない。二〇一六年九月、予定していた博士論文提出締め切りを三か月後に控えていたにもかかわらず、思い通りに執筆できずに行き詰まり、もう一年粘った方がよいのだろうかと思い始めていた。そこで先生に今年提出すべきか来年提出すべきか相談したところ、先生は「そもそも提出しても審査に通るとは限らないよ」とおっしゃった。このお言葉のおかげで、自分が満足するものが書けたら学位がとれるという自己中心的な考え方に陥っていたことに気づかされた。そして、地に足をつけて自分のできることを着実にしようと気持ちを新たに執筆に向かうことができた。そのほかにも先生から研究について数多くのご教示をいただき、また私の経済的な窮状にもさりげなくご配慮くださった。私が研究を続けられているのは先生のご指導のおかげであり、お礼を申し上げたい。

博士課程の時、二〇一三年から二〇一五年の二年間、中国政府奨学金高級進修生として北京大学歴史系に留学した。中国社会の中で実際に暮らすことで、中国政治や中国文化という大きな枠組みと自分の研究がどのようにつながるのか、そして外国人として中国史を研究する意義とは何なのかという問題を考えさせられた。また、北京大学図書館はもちろん、国家図書館や上海図書館など中国各地の図書館で史料を集めることができ、本書の作成には留学生活は不可欠だった。留学生活をサポートしてくださったのが、北京大学の受け入れ教官である郭潤濤先生である。中国で円滑な研究活動を進めるために、留学中もそのあとも便宜をはかってくださることに心から感謝している。また、中国での学会参加に関しては、阿風先生を始めとした中国社会科学院の先生方および中山大学の劉勇先生、台湾での史料調査では中央研究院の巫仁恕先生にお助けいただいた。感謝の意を表したい。

博士論文提出後、二〇一七年度は非常勤講師としての授業準備とアルバイトに追われて研究をする時間はほとんどなかった。そのような日々の中でアルバイト先の方々が私に温かく接してくださったことは、精神状態を保つ上で非常にありがたいことだった。とりわけ学部生の時から留学期間以外、十年以上勤めてきたコンビニのオーナーご夫妻やベテラン店員の皆さまにはずっと温かく見守っていただいた。すばらしいアルバイト先に恵まれたことが、経済的にどんなに苦しくても私が研究を続けてこられた一因であり、アルバイト先で出会った皆さまにお礼を申し上げたい。

とはいえ、どれだけアルバイト先に恵まれていても、また非常勤先の授業が楽しくても、将来に対する不安は募るばかりで、研究者の道をあきらめた方がいいのではないかと思い始めていた。そのように迷っていたなかで、公募に応募していた大谷大学からご連絡をいただき、これは本当に現実なのかと信じられないくらいうれしかった。二〇一八年四月から大谷大学の任期制助教として着任することができた。一年前に比べて金銭的・時間的な不安が格段に減少したことで自分の研究のための時間を確保することができるようになった。また、大谷大学には多くの研究書・漢籍が所蔵されており、本書の改稿作業・校正作業にあたっては大いに活用することができた。現在の研究環境を与えてくださった大谷大学にはとても感謝している。さらに歴史学科の先生方は助教が任期つきであるということを常にご配慮くださり、助教が研究に打ち込める環境を守ろうとしてくださっている。先生方のご厚情を無駄にしないよう、今後も研究と学生の支援に全力を尽くしたい。

私の研究生活はさまざまな方たちから受けた学恩に支えられてきた。この場を借りて感謝の意を申し上げたい。紙幅の都合上、すべての方のお名前をここに挙げることはできないが、中純夫先生や城地孝先生、尤淑君先生など自分の研究の主要な先行研究の作者である先生方と実際に交流を持つことができたのは本当に幸運であり、私の研究に対して貴重なご意見ご批判を賜り、心から感謝している。特に中先生は門外漢の私が『朱子語類』読書会に参加することをお許しくださり、東洋史出身の私が今も中国哲学研究者と交流を続けられているのは先生のおかげであり、お礼を申し上げたい。また、京都大学の先生方、研究室の先輩・同期・後輩、そして研究活動の中で出会った国内外の研究者の方々にも、感謝を申し上げたい。

最後に武上真理子先生に対して感謝の意を記したい。私と武上先生との出会いは、博士課程のときに村上衛先生の研究班の名物の鍋作りをお手伝いしたことだった。先生はとても親しみやすいお人柄の方で、そして研究への情熱に溢れた方だった。また、出会ってからまもなく、私が女性研究者として研究に携わっていくことに不安を覚えた時、先生は本当に親身になって私のために行動してくださった。先生とは共通の趣味である海外サッカーについて話すことが多く、理想のプレースタイルの違いから言い合いをしたこともあった。一方で、当時の私は先生に向かって自分の研究の話をすることはなかった。それは自分の研究に対して自信が持てず、先生のように精力的に活動されている研究者と研究の話をするためにはもっと成果を上げてからでないといけないと思っていたからだった。先生は二〇一七年三月に京都大学を去られたが、私は今後も村上先生の研究班に行けばいつでもお会いできると思っていた。ところが先生はご退職後まもなく病に倒れられた。懸命のリハビリの結果、私がお見舞いに行くよりも早く先生は退院された。ご退院の知らせを聞いた私は翌年に迫ったロシアワールドカップについて先生と話に花を咲かせることができると楽しみにしていた。しかし、先生はご退院後まもなく、二〇一七年一〇月にご逝去された。先生ともっといっぱい話しておくべきことがあった、本当は研究の話もしたかったと悔やまれてならない。先生のような情熱と優しさを兼ね備えた女性研究者になることが私にできる先生への恩返しだと思ってこれからも生きていきたい。

なお、本書は京都大学の平成三〇年度総長裁量経費（若手研究者に係る出版助成事業）による助成を受けて出版することができた。ここに感謝の意を表する。また、編集作業をご担当くださった京都大学学術出版会の國方栄二氏にお礼を申し上げる。

二〇一九年一月

岩本真利絵

Despotism in Late Ming China

Marie Iwamoto

Introduction

Whether the Chinese political system is despotic has been discussed since the time of the enlightenment philosophers in France in the eighteenth century, but no conclusion has been reached because the definition of "despotism" varies according to individual philosophers and scholars. To understand the Chinese political system, I believe it is necessary to analyze the thought patterns of Chinese rulers, emperors in Imperial China, and the influence of the political system on their reigns carefully.

In this book, I dissect the political thought of the two men in Ming China (1368–1644): Emperor Jiajing 嘉靖帝 (1507–1566) and the scholar-official Guan Zhidao 管志道 (1536–1608). Jiajing was aiming to handle the affairs of his state by his own will, so I attempt to clarify his political thoughts as well as how he tried to handle these. The "Great Rites Controversy" greatly influenced his reign, so I begin by discussing its process. Jiajing thrice issued proclamations and needed a period of 3 years to conclude the Great Rites Controversy and carry out his will. So, in this book, I examine how Jiajing carried out his will during his reign. At the same time, I investigate Guan Zhidao's thought patterns to clarify the political thoughts of scholar-officials in late Ming China.

Chapter 1: Transformation of the meaning of the term "*jun chen tong you* 君臣同遊 (sovereign and subjects play together)"

In this chapter, I clarify the political culture of Ming China before the Jiajing

period by tracing the transformation of the meaning of the term "*jun chen tong you*," which represented the ideal relationship between sovereign and subjects in Ming China. Emperor Hongwu 洪武帝 (1328–1398) devised this term, which was the title of the first chapter of his pronouncements (*Dagao* 大誥), to criticize contemporary subjects; it was meant to represent the chapter as an antithesis of the contemporary relationship between sovereign and subjects. In the middle period of Ming China, the interpretation of this chapter underwent a transformation in which scholar-officials began to think of it as referring to the emperor's summoning of his ministers and the ideal relationship between sovereign and subjects that existed during the Hongwu period. At the end of the Hongzhi period (1488–1505), its meaning was restored to reflect the political attitude of Emperor Hongzhi 弘治帝, who was said to carry out the summoning of his ministers actively. Through the transformation of the meaning of "*jun chen tong you*," I clarify how the political attitudes of each emperor profoundly affected politics in Ming China.

Chapter 2: Emperor's summoning of his ministers in Ming China

In this chapter, I analyze the emperor's summoning of his ministers during the Hongzhi and Jiajing periods. Emperor Hongzhi actively carried out the summoning of his ministers, especially in his closing years, but this did not equate to a good relationship with his subjects; the reason he practiced summoning his ministers was to carry out his will. On the other hand, Emperor Jiajing practiced summoning of the Grand Secretariat during the Great Rites Controversy. Similar to Hongzhi, Jiajing's aim was also to carry out his will, but all of the discussions ended up as "he said, she said" arguments, so his political decisions were not directly influenced by his summoning of the Grand Secretariat. From these phenomena, I clarify that the emperor's summoning in

Ming China was unrelated to the good relationship between sovereign and subjects and how it reflected the political system of Ming China, which depended exclusively on the emperor's will.

Chapter 3: The revision of rituals in the inner palaces at the end of Jiajing 6 (1527)

In this chapter, I clarify Emperor Jiajing's thoughts about the legitimacy of political decisions by analyzing the revision of rituals in the inner palaces at the end of Jiajing 6. To end the everyday rituals in the inner palaces, Jiajing consulted with Zhang Cong 張璁 (1475–1539), one of the Grand Secretaries who had Jiajing's trust. Zhang and Yang Yiqing 楊一清 (1454–1530), the Senior Grand Secretary, devised the revision plan through private letters exchange with Jiajing. Jiajing once wanted to deliberate the revision plan among the officials concerned at a meeting, but Zhang and Yang did not agree. Finally, Jiajing carried out the revision plan proposed by the Grand Secretariat. However, immediately after the revision, eunuchs lodged a protest to Jiajing. Jiajing then wrote *Jiji Huowen* 忌祭或問 to argue about the legitimacy of the revision procedures by advocating the concept of "*xunmou qiantong* 詢謀僉同"; by practicing this concept, he thought that he would show that his will was public, not private. Therefore, to prove the legitimacy of his will, he tried to practice this concept, for example, by holding court counsels, holding meetings among the officials concerned, and consulting the Grand Secretariat.

Chapter 4: The restart of Jiajing's summoning of his ministers in Jiajing 10 (1531)

In this chapter, I clarify Jiajing's political style by analyzing the restarting of his summoning of ministers in Jiajing 10. After the Great Rites Controversy,

Jiajing always denied proposals to summon his ministers, even when offered by his favorites such as Zhang Cong. At that time, Jiajing had political discussions with his favorites through private letter exchanges, so he did not feel the need to summon anyone. Subsequently, since he began the reform of the rites system in Jiajing 9, a disagreement occurred between Jiajing and Zhang. Because of his disagreement with Zhang, starting in Jiajing 10, Jiajing began to practice summoning his ministers, including Zhang, by holding up the concept "*jun chen tong you.*" In addition, he continued to exchange private letters with his favorites to discuss political issues.

Chapter 5: The political position of the nobility class during the Jiajing period: The case of the Marquis of Wuding Guo Xun 武定侯郭勛

In this chapter, I clarify Jiajing's intention of his relying on specific nobilities by analyzing the political life of the Marquis of Wuding Guo Xun (1475/76–1542). Guo had been a high-ranking noble military minister before the Great Rites Controversy. His achievement in regard to the Great Rites Controversy was supporting Zhang Cong's proposal as the military's chief of state. Afterwards, Guo lost political power, but Jiajing appointed him to a principal office to reform the rites system. Guo gradually participated in general affairs of the state, and was involved in political discussions through Jiajing's summoning and private letter exchanges, similar to the Grand Secretariat. The increased importance of Guo in politics stemmed from his usefulness at the Court meeting for Jiajing. This phenomenon, in which the chief military ministers played important roles, continued even after the tragic death of Guo, when the Duke of Chengguo Zhu Xizhong 成国公朱希忠(1516–1572) took over. Jiajing aimed to secure the support of public opinion for his will by adjusting opinions with favorites through summoning and private letter exchanges and making them adjust his opinions

in accordance with the Court.

Additional Chapter 1: The reform plans of tax and forced labor system proposed by Gui E 桂萼

In this chapter, I clarify the opinions regarding changes to the system by analyzing the process in which the tax and forced labor system reform proposals by Gui E (1478–1531), one of Jiajing's favorites, were dismissed. Most of his reform plans had already been carried out in some prefectures and counties, but his proposals gained the reputation of "recklessly changing the law constituted by former emperors 変乱成法." This negative reputation in regard to Gui's proposals came from traditional thoughts that handling state affairs should depend on human abilities, not on making new laws. Gui wanted Jiajing to play an active role in carrying out the reforms, but Jiajing also employed traditional thought; he believed that he should handle affairs by selecting the right officials, not by changing the system.

Additional Chapter 2: Books written by Xia Yan 夏言: *Guizhou Xiansheng Wenji* 桂洲先生文集 and *Guizhou Zouyi* 桂洲奏議

Xia Yan (1482–1548), one of the Chief Grand Secretaries the Jiajing period, played an essential role in Jiajing politics from the reform of the rite system in Jiajing 9 until his execution in Jiajing 27. In this chapter, I reveal various versions of his literary works, *Guizhou Xiansheng Wenji*, and his memorials, *Guizhou Zouyi*. Because of his tragic death and not having an heir, many versions of his literary works and memorials exist, so when his books are used, the content of each version should be compared to ensure accuracy.

Additional Chapter 3: Huo Tao 霍韜's two biographies: *Gongbao Huo*

Wenmingong Niaupu Huanghuaiji 宮保霍文敏公年譜黄淮集 and *Shitoulu* 石頭録

Huo Tao (1484–1540) was one of Jiajing's favorites. In this chapter, I compare his two biographies: *Gongbao Huo Wenmingong Nianpu Huanghuaiji*, which was transcribed in the Wanli 万暦 period (1573–1620) and is now part of the collection in Peking University Library, and *Shitoulu*, which was printed in the Tongzhi 同治 period (1862–1874) of Qing China. *Huanghuaiji* includes some content that is not part of the Tongzhi version, in which articles related to the Li Fuda 李福達 case or that gave a good account of Guo Xun, were removed. At the same time, this version reduced the number of gossip articles about Xia Yan. The reason for the difference in content between the *Huanghuaiji* and Tongzhi version was the different situations surrounding when they were composed; the editor of *Huanghuaiji* was Huo Tao's son, whose family reputation was damaged by Xia Yan and was involved in politics as a middle-level official. On the other hand, the editor of the Tongzhi version was one of Huo Tao's descendants, Xia, and Guo had already become merely a historical figure with no direct relation to them.

Chapter 6: The formation of Guan Zhidao's thoughts and political stance: His attitude towards the issue of Zhang Juzheng 張居正's filial mourning in Wanli 5 (1577) and its aftermath

In this chapter, I clarify the relation between Guan Zhidao's thought formation and his political stance by analyzing how he tried to get along in the political world as a scholar-official. At the time of Zhang Juzheng's (1525–1582) filial mourning issue, Guan was closely related to anti-Zhang officials. However, he was also waiting for a vacant post in Beijing, so he did not wish to oppose Zhang openly and thus tried to protect himself. After Zhang's death, Guan began

to call for his own reinstatement because Wang Xijue 王錫爵 (1534–1614), who was from the same hometown as Guan and had opposed Zhang, had been reinstated. Guan then had his acquaintances write prefaces to his memorials to embellish his image in the dispute over filial mourning. His disciple wrote a story describing Guan as a consultant and supporter of anti-Zhang officials at the time of the filial mourning issue. However, his reinstatement drive did not go well, and after Wang lost his excellent reputation, he finally retired from the political world.

Chapter 7: The political thought of Guan Zhidao's *Congxian Weisuyi* 従先維俗議

In this chapter, I clarify Guan Zhidao's political thought by analyzing *Congxian Weisuyi*, which was written in his later years. He defined the laws made by Emperor Hongwu as a senior exemplar to be followed, and especially valued Hongwu's *Liuyu* 六諭. He regarded it as the *ju* 矩 (rule) to be followed. His ju was more thoroughly external than the ju defined in Zhuzixue and Yangmingxue. He also regarded Hongwu as the successor of the *daotong* 道統 (the traditional way) and opposed Zhuzixue and Yangmingxue scholars, who recognized their own capacity to carry on the way of Yao and Shun. He sought a different role between the emperor and scholar–officials, and he further tried to limit the responsibility of speaking about state affairs to specific officials. His argument regarding limiting this responsibility was intended to justify the political life that he himself had protected, and did not oppose Zhang Juzheng.

Conclusion

In this book, I find that Emperor Jiajing completed his ideal system of handling state affairs in Jiajing 10s'. He successfully installed a political system in which his favorites supported his reign in tandem and became coordinators

that adjusted his opinions in accordance with the Court, as opposed to his ideal system, which would have damaged the Ming government and people. His reign could be recognized as the period visualizing the importance of the emperor's will on the politics of Ming China.

Although the role of the emperor's will on the stage of the politics in Ming China was vital, it is difficult to say that it was absolute because Jiajing tried to practice the concept of "*xunmou qiantong*" and to avoid making decisions only by his will. These intentions meant shifting responsibility to others as Guan Zhidao sought to avoid the responsibility associated with being a scholar-official.

In late Ming, when Jiajing and Guan lived, both the emperor and scholar-officials were required to have a self-directed ability to handle state affairs. The political thoughts of Jiajing and Guan, both of whom wanted to shift their responsibilities to others, reflect the larger responsibility problem as a leading political actor in Ming China.

索　引

人名索引

サ行

タ行

日本人研究者

外国人研究者

事項索引

ア行

カ行

書名索引

史料（本文中に書名を挙げた明人の著作）のみを掲載する。

著者略歴

岩本　真利絵（いわもと　まりえ）
大谷大学任期制助教
二〇一七年京都大学大学院文学研究科博士課程修了　博士（文学）
専攻は中国明代史

主な論文

「管志道『従先維俗議』の政治思想」（『東洋史研究』七二（三）、二〇一三年）
「嘉靖六年年末の内殿儀礼改定――中国明代の専制君主と政策決定の正当性」（『史林』九九（三）、二〇一六年）
「管志道の思想形成と政治的立場――万暦五年張居正奪情問題とその後」（『史林』一〇一（三）、二〇一八年）

プリミエ・コレクション　100
明代《みんだい》の専制政治《せんせいせいじ》
二〇一九年三月三十一日　初版　第一刷発行

著　者　岩《いわ》本《もと》真《ま》利《り》絵《え》
発行者　末　原　達　郎
発行所　京都大学学術出版会
〒606-8315　京都市左京区吉田近衛町六九京都大学吉田南構内
電話〇七五(七六一)六一八二　FAX〇七五(七六一)六一九〇
URL　http://www.kyoto-up.or.jp/
印刷所　亜細亜印刷株式会社

ISBN978-4-8140-0206-1　C3322